Katerina Gordeeva

Nimm meinen Schmerz

GESCHICHTEN AUS DEM KRIEG

Aus dem Russischen von
Jennie Seitz

Besuchen Sie uns im Internet:
www.droemer-knaur.de

Originalausgabe Oktober 2023
© 2023 Droemer Verlag
Ein Imprint der Verlagsgruppe Droemer Knaur GmbH & Co. KG, München
Катерина Гордеева. 24: Унеси ты моё горе
© Katerina Gordeeva 2023
Die Veröffentlichung des Buches wurde vermittelt durch
Banke, Goumen & Smirnova, Literary Agency,
in Zusammenarbeit mit der Literaturagentur Maria Schliesser
Alle Rechte vorbehalten. Das Werk darf – auch teilweise – nur mit
Genehmigung des Verlags wiedergegeben werden.
Die Nutzung unserer Werke für Text- und Data-Mining im Sinne
von § 44b UrhG behalten wir uns explizit vor.
Covergestaltung: Büro Jorge Schmidt
Coverabbildung: Getty Images/© Wolfgang Schwan/Anadolu Agency
Satz und Layout: Adobe InDesign im Verlag
Druck und Bindung: GGP Media GmbH, Pößneck
ISBN 978-3-426-27917-5

4   6   7   5   3

»Der Hass eilt von Süden nach Norden
dem Frühling auf Flügeln voraus«

Joseph Brodsky[1]

*Für meine Großmutter Rosa, die in Mykolajiw
geboren und in Rostow am Don gestorben ist.
Für meine Großmutter Katja, die in Moskau
geboren und in Kyjiw gestorben ist.*

In diesem Buch wird aktuelles Kriegsgeschehen geschildert sowie Flucht, Vertreibung, Verletzung und Tötung von Menschen und Tieren.

VORWORT

1.

Der Verlag bat mich um ein Vorwort. Ich sollte kurz erzählen, wie dieses Buch entstanden ist. Ich habe mich bemüht, die Bitte innerhalb der vorgegebenen Frist zu erfüllen, aber stattdessen saß ich wochenlang vor einem leeren Dokument.

Ich bin Journalistin. Ich habe jahrelang für das russische Fernsehen gearbeitet, war als Reporterin an vielen Brennpunkten unterwegs. Ich musste meine Tätigkeit für das Fernsehen aufgeben, als das freie Wort nach und nach durch Propaganda ersetzt wurde und die Professionalität durch Loyalität gegenüber dem Regime. Nach der Annexion der Krim und der Entfesselung des Kriegs im Südosten der Ukraine verließ ich Russland. Ich wurde freie Journalistin: Ich betreibe einen *YouTube*-Kanal mit 1,5 Millionen Followern, meine Filme werden von Dutzenden Millionen von Menschen gesehen. Auch im Exil hörte ich nicht auf, von Russland zu erzählen: Eine andere Heimat werde ich in diesem Leben nicht haben.

Am 24. Februar 2022 überwältigte mich das Gefühl, dass das alles jeden Sinn verloren hat. Ich hätte nie gedacht, dass ich zu meinen Kindern jemals den Satz sagen würde müssen: »Heute Morgen hat der Krieg begonnen.« Und noch weniger habe ich kommen sehen, dass ich ihnen erklären muss, dass diesen Krieg jenes Land begonnen hat, das unsere Heimat ist.

Die Hälfte unserer Familie lebt in der Ukraine, in Kyjiw: mein Cousin und meine Cousine, ihre Familien und Kinder, mein Onkel, der 1939 geboren ist.

Der Staat, dessen Bürgerin ich bin, hat – formell also auch in meinem Namen – die Menschen angegriffen, die ich liebe.

Mein Beruf hat mir geholfen, nicht den Boden unter den Füßen zu verlieren: Ich habe sofort beschlossen, die Ereignisse festzuhalten. Wir alle sind auf den schwärzesten Seiten des Geschichtsbuchs gelandet.

Seit Februar war ich kaum zu Hause. Ich reiste herum, redete mit Menschen, drehte. Aber neben den geplanten Reisen und Terminen kamen die Heldinnen und Helden dieses Buches zu mir: an Grenzübergängen, im Zug, auf der Straße, über Bekannte und Bekannte von Bekannten, aus zufällig mitgehörten Gesprächen, zufällig gestellten Fragen.

Der Krieg zerstörte Leben, riss uns mit auf der Abwärtsspirale von endlosem Hass, aber Schritt für Schritt gelang es mir, hinter das Unerträgliche, Unverzeihliche, Tödliche zu dringen. Ich weiß, wie schwer es für meine Heldinnen und Helden manchmal war, sich mit mir zu treffen und zu sprechen. Ausgerechnet mit mir zu sprechen. Manchmal war genau das das Problem. Aber jedes Mal nahmen diese großartigen Menschen irgendwo die Kraft her. Und wir redeten.

So entstand der Film, der im Sommer 2022 auf meinem *You-Tube*-Kanal erschienen ist.

Ich dachte, dass es mir leichter ums Herz würde, sobald der Film herausgekommen wäre. Dass ich aufhören würde, mit dem Gehörten und Gesehenen zu leben, dass ich die Geschichten loslassen würde. Dass ich durchatmen könnte.

Doch der Film erschien, und die Figuren – sowohl die im Film als auch die, die nicht in der endgültigen Fassung vorkamen – ließen mich nicht los. Ich träumte von ihnen. Hörte ihre Stimmen ständig in meinem Kopf. Mir wurde klar, dass ich es aufschreiben muss, dass es anders nicht geht.

So begann ich im Sommer 2022, an diesem Buch zu arbeiten. Und während ich schrieb, kamen immer neue Figuren in mein Leben. Der Krieg war nicht vorbei. Obwohl es immer schwieriger wurde, sich nicht daran zu gewöhnen. Auch dagegen schrieb ich an. So entstand dieses Buch.

Als der Verlag mich nun bat, ein Vorwort zu verfassen, saß ich also wochenlang vor einem leeren Blatt. Es war unheimlich, ich verstand nicht, was mit mir los war, warum ich kein Wort zu Papier bringen konnte.

Mich rettete ein Brief, den mir eine der Heldinnen dieses Buchs schrieb, nachdem sie das Manuskript gelesen hatte. Sie schrieb: »Jeder von uns hat seine schreckliche, tragische Geschichte erlebt – aber nur die eine. Und du hast sie alle erlebt.«

Ja, da ist etwas dran.

2.

Mit dem Zug sind es von Berlin nach Naumburg gute drei Stunden, mit einem Umstieg in Halle an der Saale.

In Halle muss ich 28 Minuten auf den nächsten Zug warten. Es ist ein großer Bahnhof. Mit einem Glasdach. Ein Flugzeug fliegt vorüber. Ich stelle mir vor, wie es eine Bombe direkt über dem Bahnhof abwirft. Über so etwas denke ich jetzt ständig nach.

Außerdem kann ich mir keine Videos ansehen, die mit einer Drohne aufgenommen wurden. Es nimmt absurde Züge an: Ein Bekannter schickte mir Videoaufnahmen von einer Elchkuh in der russischen Oblast Iwanowo, die Junge geboren hat und mit ihnen im Wald lebt. Die Aufnahmen hat er mit einer Drohne gemacht: Elchkuh, Elchjunge, Wald. Aber ich kann nicht hinsehen. Ich habe Angst. Ich denke, jeden Moment könnte jemand aus dem Wald gerannt kommen und anfangen zu schießen; dann schießt jemand zurück; er stirbt; dieser Tod wird gefilmt, und ich muss ihn sehen. Den Tod anstelle der süßen Elchjungen. Ich weine nicht. Nach anderthalb Jahren Krieg habe ich, wie alle anderen auch, das Weinen verlernt.

Aber ich bin am Bahnhof in Halle. Alles ist gut. Niemand hat vor, uns zu bombardieren, niemand hier hat Angst vor Drohnen. Ich versuche, meine Angst unauffällig wegzuatmen. Ich kaufe mir einen Orangensaft. Wie viel hat er gekostet? Drei Euro? Vier? Zwei fünfzig? Ich weiß es nicht mehr. In dem Moment, als der Preis an der Kasse aufleuchtete, schrieb mir Tanja aus Mariupol: »Seit Anfang März, als der Morskoy-Boulevard, wo unsere Wohnung war, unter Dauerbeschuss stand, lebte ich mit den Kindern im Keller des Hauses meiner Mutter auf dem Meotydy-Boulevard. Alle drei bis vier Tage lief ich zu Fuß etwas mehr als einen Kilometer zu uns nach Hause, wo unsere zwei Katzen geblieben waren. So ging ich sie auch am 11. März füttern. Ich wollte gerade wieder aufbrechen, als der Beschuss losging. Die Armee hatte auf dem Dach unseres Hauses einen Granatwerfer positioniert. Das Haus bebte, Zementstaub hing in der Luft. Eines der Geschosse schlug ganz in der Nähe ein, es traf die Baptistenkirche. Die Splitter und die Druckwelle schlugen die Fenster samt den Rahmen aus. Auf der Straße hörte man Maschinengewehre. Durch die Wohnung pfiffen Kugeln, sie flogen durch die Fensteröffnungen und blieben in den Wänden stecken. Ich lag auf dem Boden im Durchgang zwischen zwei Wohnungen. Die Nachbarn waren nicht da. Bomben, Dunkelheit, Kälte, vollkommene Einsamkeit. Gegen Abend gab es wieder einen Einschlag, das Haus ging in Flammen auf. Es brannte die ganze Nacht. Ich hatte Angst, dass das Feuer auf unseren Hauseingang überspringt, der Wind kam aus Osten. Aber gegen Morgen beruhigten sich die Kämpfe, und das Feuer erlosch fast vollständig. Gegen 4:30 Uhr schüttete ich den Katzen mehrere Kilo Trockenfutter auf den Boden, füllte eine Waschschüssel mit Wasser und verließ das Haus. Vor mir tat sich ein Bild der Apokalypse auf. Es fühlte sich surreal an, und ich hatte das akute Gefühl, dass ich sterben würde, wenn ich in die Wohnung zurückkehrte. Zu dem Zeitpunkt wusste ich noch nicht, dass ich nie mehr nach Hause zurückkehren würde, dass mein Haus ein paar Tage später zusammen mit meinen geliebten Tieren, meinen bettlägerigen Verwandten und den darin Verstorbenen niederbrennen würde …

Ich rannte über Glasscherben und Schutt zurück in den Schutz-keller zu meiner Familie, kletterte über Betonplatten. Ich rann-te vorbei an toten Körpern, die eingeklemmt unter einem Kin-dergartenzaun lagen. Von zu Hause habe ich nur meinen Pass und meinen Behindertenausweis mitgenommen. In meiner Tasche steckte, für den Fall, dass ich nicht ankomme, ein Zettel mit meinem Namen und den Adressen meiner Mutter und meines Bruders, damit man sie benachrichtigen konnte, wenn ich gefunden würde.

Unterwegs begegnete mir nicht eine lebendige Seele. Aber ich schaffte es in den Schutzkeller. Noch in der Tür fragte mich meine Tochter: »Wo ist denn Ljoscha?« Mir wurde schlecht. Ljoscha ist mein Sohn. Er war mich am Abend suchen gegan-gen. Aber er ist weder an unserem Haus noch zurück im Keller angekommen. Wenige Tage später fanden ihn die Männer aus unserem Versteck auf einer Brachfläche zwischen den beiden Häusern. Sein Bauch war aufgerissen. Es ist meine Schuld, er wollte mich suchen. Das werde ich mir nie verzeihen. Wir be-erdigten Ljoscha im Hof.

Ich fahre nach Naumburg, um Tanja zu treffen. Ich habe ein Foto von ihr: Eine dunkelhaarige Frau steht im Gang eines Zugwagens mit Abteilen. Sie lässt die Arme hängen, es sieht aus, als würde sie in der einen Hand einen Beutel tragen. Viel-leicht trägt sie auch gar nichts. Dieses Foto hat mir der Freiwil-lige geschickt, der Tanja geholfen hat, von Russland nach Naumburg zu fliehen. Der Freiwillige sagte zu mir: »Tanja war für mich der schwierigste Fall des ganzen Kriegs.«

Ich denke daran, wie vielen Menschen dieser Freiwillige wohl zur Flucht verholfen hat. Und daran, dass dieser Freiwillige in seinem früheren Leben Zahnarzt in einer mittelgroßen russi-schen Stadt war und in seiner Freizeit Kaschmirschals gestrickt hat. Jetzt weiß er, wie man jemanden ohne gültige Papiere aus Russland herausbringt, wie man jemanden, der alles verloren hat, überredet, weiterzuleben, wie man Gewebeproben aus

Russland in die Ukraine bringt, um Tote zu identifizieren. Wichtige Kenntnisse.

Tanja versucht, mir das Treffen auszureden: »Ich habe Kinderlähmung«, schreibt sie, »das ist kein schöner Anblick.« Und ich denke: Mit so einer Krankheit zwei Kinder zur Welt bringen, das ist mutig! Wie stolz sie gewesen sein muss.

Tanja stammt gebürtig aus der russischen Region Fernost. Anfang der 1980er-Jahre brachten ihre Eltern sie nach Mariupol, ans warme Asowsche Meer. Das sollte Patienten mit Kinderlähmung helfen. Tanjas Eltern kamen ins sowjetische Mariupol, verliebten sich in die Stadt und blieben. Tanja wuchs heran, heiratete und bekam zwei Kinder: einen Jungen und ein Mädchen. Sie hatten eine Wohnung mit Blick aufs Meer.

Ich setze mich in den Zug. Ich habe noch eine gute Stunde, bis ich Tanja treffe. Der Zug setzt sich in Bewegung, da erreicht mich eine neue Nachricht: »Nachdem mein Mann und mein Sohn gestorben waren, saßen meine Mutter, meine Tochter und ich die ganze Zeit im Keller. Wir gingen nie raus. Außer uns waren dort etwa hundert Menschen. Wir schliefen im Sitzen, weil nicht genug Platz war. Es gab keinen Strom, kein Wasser, keine Verbindung zur Außenwelt. Wir wuschen uns nicht, wir zogen nicht einmal unsere Stiefel und Mützen aus. Es war sehr kalt. Erst tranken wir das Wasser aus den Spendern in den zerstörten Supermärkten, dann schmolzen wir Schnee, kochten Brauchwasser ab und tranken das. Dann war das Wasser alle. Die Scharfschützen, die sich in den Wohnhäusern verschanzt hatten, schossen auf die Männer, die aus den Kellern kamen, um Wasser aufzutreiben oder einen Kochtopf aufs Feuer zu stellen. Die Toten beerdigten wir vor dem Haus, in den Bombenkratern.

Am 19. März ging meine Tochter hoch in die Wohnung meiner Mutter, um weitere Decken, Medikamente und Getreide zu holen. Sie war schon fast zwanzig Minuten weg. Jemand sagte: ›Vielleicht findet sie die Medikamente nicht.‹ In diesem Moment gab es einen höllischen Knall, das Haus erzitterte, die Luft füllte sich mit Zementstaub und Stille. Dann begannen die Menschen zu schreien.

Als wir aus dem Keller kamen, sahen wir, dass unser Haus brannte. Ein Nachbar rannte hinein. Aber kurz darauf kam er zurück. Er sagte, Ljuda sei nicht mehr da. Danach passierte alles wie im Nebel, in Zeitlupe.

Ich wollte hochgehen, aber die Leute ließen mich nicht.«

In der Reihe neben mir nehmen Studenten *TikTok*-Videos auf, lachen.

Ich atme kurz und schnell, um nicht loszuweinen. Tanja schreibt, dass sie mir ihre Geschichte erzählt hat, damit sie das nicht tun muss, wenn wir uns treffen. Tanja schreibt, dass sie fürchtet, ihre Emotionen nicht im Griff zu haben, und weinen wolle sie nicht.

Tanja fährt fort, dass der Weg aus jenem Bezirk in Mariupol, in dem sie und ihre Familie festsaßen, nur nach Russland möglich war. So fand sich Tanja mit ihrer verletzten Mutter in Rostow am Don wieder, in meiner Heimatstadt. Kurz darauf starb Tanjas Mutter. Tanja wurde in ein anderes Auffanglager gebracht, nach Rjasan, hundert Kilometer entfernt von Moskau.

Ein Jahr später stellte die Lagerleitung Tanja vor die Wahl: Entweder sie gibt ihre ukrainische Staatsbürgerschaft auf und nimmt die russische an oder sie muss ihre temporäre Bleibe verlassen. Tanja wandte sich an russische Freiwillige, die ukrainischen Geflohenen bei der Flucht nach Europa helfen und dafür strafrechtliche Konsequenzen in Kauf nehmen. So fand sich Tanja, die gebürtige Russin mit ukrainischem Pass, die im belagerten Mariupol alle verloren hatte, die sie liebte, in Naumburg wieder.

Tanja wartet am Bahnsteig auf mich. Außer uns ist niemand da. Wir gehen raus. Aber wohin? Auf dem Bahnhofsvorplatz steht ein Denkmal für eine Frau mit einem Koffer. Ich nehme es nur aus dem Augenwinkel wahr, ich bin nervös.

»Die Kinderlähmung merkt man Ihnen gar nicht an«, sage ich zu Tanja.

»Das ist, weil ich noch nicht müde bin«, antwortet sie.

Es ist Sonntagabend, alles hat geschlossen. Gegenüber vom Bahnhof gibt es eine Eckkneipe mit Kegelbahn, dort ist es leer. Wir setzen uns an die Bar und bestellen Milchkaffee.

Tanja sagt: »Ich habe keine Fotos von meinen Kindern auf dem Handy. Ich habe alles gelöscht, ich kann sie mir nicht ansehen. Also fragen Sie mich bitte nicht danach.«

Wir reden übers Meer. Darüber, dass Tanja als Kind einen Sonnenhut tragen musste. Darüber, dass ich als Kind in den Ferien auch dort gewesen bin, an ihrem Asowschen Meer, und dass man ganz weit reinlaufen muss, und es ist immer noch knietief. Weil es so seicht ist, ist es warm.

Da sagt Tanja: »Als wir im Keller saßen, hat eine junge Frau, sie war dreiundzwanzig, ihr erstes Kind geboren. Sie hatte überhaupt keine Milch, natürlich nicht, die Nerven. Ihre Mutter ist immer rausgegangen, um über dem Feuer Wasser für ihre Tochter und ihr Enkelkind warm zu machen. Eines Tages wurde sie bei einem Beschuss getötet. Bald darauf starb ihr Enkel, der Sohn dieser jungen Frau. An Hunger und Kälte. Können Sie sich das vorstellen?«

Ich kann es nicht. Aber auf einmal wird mir klar – wenn es eine Hölle gibt, dann muss sie für diejenigen, die diesen Krieg angefangen haben, genau so aussehen: ein Keller, ein Kind wird geboren und stirbt immer wieder, und du weißt genau, dass du daran schuld bist.

Tanja begleitet mich zum Zug. Ich kehre nach Berlin zurück, mit einem Umstieg in Halle, und Tanja in die Naumburger Unterkunft für Geflohene aus aller Welt. In der Unterkunft leben an die dreihundert Menschen, die sich auf vier Etagen mit neun bis elf anderen Bewohnern je ein Zimmer teilen. Es ist zu viel für das kleine Naumburg. Deshalb soll die Unterkunft spätestens Ende des Sommers aufgelöst werden. Davor hat Tanja am meisten Angst: Sie weiß nicht, wo sie hinsoll. Sie hat niemanden, der irgendwo auf sie wartet.

Tanja umarmt mich und sagt ganz leise, als würden Blätter rascheln: »Ich weiß nicht, warum ich lebe, wozu ich überlebt habe und wie ich weiterleben soll. Wenn Sie wollen, können Sie meine Geschichte für Ihr Buch nehmen.«

3.

Ich möchte all den Heldinnen und Helden in diesem Buch noch einmal meinen unendlichen Dank aussprechen. Für das Vertrauen, das sie mir entgegenbrachten, indem sie sich dafür entschieden haben, mit mir zu sprechen, und für die Kraft, die es jede und jeden von ihnen gekostet hat, offen zu sein.

Ich glaube daran, dass diese Geschichten Zeitzeugnisse sind, Dokumente der Kriegszeit, die uns in einer wie auch immer gearteten Zukunft dabei helfen werden, nicht zu vergessen, weder den Krieg noch die Feindseligkeit noch die Gewalt, die uns angetan wurde.

Meine Dankbarkeit gilt auch meinen teuren Freunden Katja Bolotowskaja und Dmitri Muratow, Tatjana Jerschowa und Xenija Rappoport, Tschulpan Chamatowa und Jelena Kostjutschenko, Natalija Fischman und Darija Truschkina, Katja Michailowa und Galina Timtschenko, die das Manuskript ganz oder in Auszügen gelesen haben, mit den Heldinnen und Helden mitgefühlt und mich in den schwierigsten Momenten meiner Arbeit unterstützt haben.

Einen herzlichen Dank an Jana Kutschina, Olga Bobrowa und Anna-Marija Guschtschina, den Redakteurinnen des russischen Originals, das zu meinem großen Bedauern in absehbarer Zeit nicht veröffentlicht werden wird: Es gibt keinen Verlag in Russland, der gewagt hätte, dieses Buch herauszubringen.

KAKERLAKEN

Frühmorgens. 29. April 2022. Grenzübergang zwischen Russland und Estland. Auf der russischen Seite heißt er Schumilkino, auf der estnischen Luhamaa. Vier Grenzkontrollposten, drei russische, ein estnischer, verteilt über anderthalb Kilometer auf der noch aus Sowjetzeiten stammenden Schnellstraße von Riga nach Pskow. Drum herum Wald. Von Zeit zu Zeit gesellt sich ein Fuchs zu den Wartenden. Er ist nicht wild, aber er kommt auch nicht zu nahe: Huscht aus dem Wald, schaut sich um und verschwindet. Kurz darauf zeigt er sich auf der anderen Seite der Grenze.

Gleich hinter dem estnischen Checkpoint gibt es einen Imbiss. Dort werden die Trucker mit deftigem Frühstück versorgt: Eine riesige Portion Spiegeleier mit Speck, Bratkartoffeln und Toast. Ich bestelle einen Kaffee. Eine Frau kommt herein. Auf dem Arm hat sie ein Baby, an der Hand ein Kind. Hinter ihr folgt ein Mann mit drei großen karierten Taschen und einem Rollkoffer. Sie kommt an den Tresen, bestellt auf Russisch Tee und einen Schokoriegel und fragt, ob sie in Rubel bezahlen kann.

»Nein.«

Sie fragt, ob sie mit einer russischen Kreditkarte bezahlen kann.

»Nein.«

Sie fragt, ob sie in Hriwna bezahlen kann.

»Nein.«

Aber sie hat sich schon abgewendet, ohne die Antwort abzuwarten.

Ich sage zu ihrem Rücken: »Lassen Sie mich bezahlen.«

Sie dreht sich nicht um. Dafür das Kind, ein Mädchen. Aber die Mutter zieht sie an der Hand, und die Kleine schaut weg.

Ich kaufe zwei Schokoriegel und einen Tee. Sie stehen im Eingang zum Imbiss. Ich halte ihnen die Schokolade und den Tee hin, aber sie nehmen nichts an. Ich sage: »Na kommen Sie, Sie können doch nicht …«

»Was können wir nicht?«

Sie sagt es nicht laut, aber ich sehe, dass sie wütend ist. Sie hält die Hand ihrer Tochter fest umschlugen.

Ich erwidere nichts.

Und sie: »Wir brauchen Ihre Schokolade nicht, wir haben eine Thermoskanne.«

Ich sage wieder nichts.

»Wir kommen aus Mariupol.«

»Ich verstehe.«

Aber ich verstehe gar nichts. In meiner Hand sind zwei *Twix*. Ich stehe da und bewege mich nicht von der Stelle. Weil ich nicht weiß, ob ich lieber gehen oder bleiben soll. Und dann noch diese Schokoriegel.

Deshalb sage ich: »Ich heiße Katja.«

»Marina«, sagt sie und nickt in Richtung ihrer Töchter: »Anja, Lena. Das ist mein Mann Serhij.«

Ich frage: »Kann ich Ihnen irgendwie helfen?«

»Wir brauchen keine Hilfe. Wir werden gleich abgeholt. Wir fahren nach Polen.«

Ich sage, ich habe Bekannte in Polen. »Wenn Sie wollen, rufe ich sie an, vielleicht können sie Ihnen eine Unterkunft vermitteln.« Das wirkt, Marina stimmt zu.

Meine Bekannten gehen zum Glück gleich ans Telefon, wir verabreden einen Treffpunkt in Krakow.

Ich weiß nicht, warum, aber ich biete ihnen wieder die Schokoriegel an.

Sie sagt: »Nein danke, wir brauchen nichts.«

Ich frage: »Ist es, weil ich aus Russland komme?«

Sie sagt: »Es ist, weil ich Sie nicht kenne.«

Und fügt hinzu: »Tut mir leid.«

Ich biete an, mit Ihnen zu warten, bis sie abgeholt werden. Für alle Fälle, ich bin ja mit dem Auto hier.

Marina sagt: »Nein, wir warten alleine.«

Wir bleiben trotzdem zu fünft auf der Bank sitzen, im Imbiss am Grenzübergang Luhamaa zwischen Russland und Estland. Wir schweigen. Die Kinder schweigen auch. Sie schweigen und rühren sich nicht – das sieht merkwürdig aus.

Von unserem gemeinsamen Schweigen wird mir ganz mulmig. Ich gehe an die frische Luft.

Ihr Mann kommt hinterher, zum Rauchen. Er erzählt: »Sie ist eigentlich ganz anders. Sie spielt Akkordeon, singt. Auf unserer Hochzeit hat sie selbst gespielt und gesungen. Können Sie sich das vorstellen? Sie war stellvertretende Schulleiterin, hat Kulturveranstaltungen organisiert. Konzerte, Veranstaltungen, hat für die Kinder lustige Sketche geschrieben. Alle haben gelacht. Können Sie das glauben? Ich glaube es selbst nicht. Wir haben drei Wochen lang im Keller gesessen, haben genug gesehen. Marina hatte einen Nervenzusammenbruch, ich dachte, sie verliert den Verstand. Unsere Jüngste ist eins geworden da unten, im Keller. Am 23. März.«

»Ich habe auch am 23. März Geburtstag«, sage ich, um irgendetwas zu sagen. Ich halte immer noch die beiden Schokoriegel in der Hand. Marina kommt mit den Mädchen nach draußen. Um uns die Zeit zu vertreiben, erzähle ich von dem Fuchs.

Und sie schließt an: »Als der Krieg begann, verschwanden bei uns die Kakerlaken. Einfach so, über Nacht. Unsere Wohnung liegt im Erdgeschoss, mein Mann und ich hatten schon alles ausprobiert, um sie loszuwerden, es wimmelte davon. Aber dann, auf einen Schlag, waren sie weg. Schlaue Tierchen. Wissen Sie zufällig, wo die hin sind?

Wir haben gar nicht daran gedacht, dass wir wegmüssen, uns retten. Also blieben wir. Auch als die Bomben fielen. Wir haben bis zuletzt nicht geglaubt, dass so etwas möglich ist. Wir dachten, es sei das Übliche – sie kämpfen irgendwo am Stadtrand, schießen ein bisschen, dann ist wieder Ruhe. Wie in den letzten acht Jahren. Wir haben ja gehört, wie sie geschossen haben, es knallte mal hier, mal dort. Aber Krieg? Nein, das konnten wir uns nicht vorstellen. Heißt das, dass wir dümmer sind als Kakerlaken?«

Ich schweige.

Marina ist achtundzwanzig. Sie ist klein, reicht ihrem Mann gerade mal bis zur Brust. Dunkelhaarig, mit großen braunen Augen, die immer leicht erstaunt aussehen. Ihre kleine Tochter Anja ist ein Jahr alt, die große, Lena, wird im Herbst acht. Lena kam in einem Krankenhaus in Donezk zur Welt, 2014, als die ersten Bomben fielen.

»Wir sind für die Geburt nach Donezk zu meiner Schwiegermutter«, erzählt Marina. »Sie ist Hebamme. Wir wollten auf Nummer sicher gehen. Tja. Aber dann musste ich mein Baby nehmen und nichts wie weg aus diesem Donezk. Und er«, sie deutet mit einer Kopfbewegung auf ihren Mann, »hat sich verflucht, weil er uns zu seiner Mutter geschickt hat. Aber wir haben es irgendwie nach Hause geschafft. Wir hatten eine neue Wohnung, mit Blick aufs Meer, theoretisch zumindest – unsere Wohnung lag zu weit unten. Aber man konnte es riechen. Eine halbe Stunde zu Fuß war das Meer von uns weg. Eine schöne Wohnung, ich habe sie geliebt. Wir haben uns wohlgefühlt, wir haben alles selbst eingerichtet. Für uns, verstehen Sie? Wir hatten gerade einen neuen Fernseher gekauft. Eine tolle Wohnung, tja. Zwei Zimmer. Und jetzt ist sie weg. Und wir werden nirgendwo mehr unsere Ruhe finden. Nirgendwo. Nie.«

Ich habe Angst, dass sie gleich weint. Aber sie weint nicht. Wiederholt bloß immerzu: »Nirgendwo. Nirgendwo. Nie.«

Dafür weint Anja. Sie geben ihr Tee aus der Thermoskanne.

Das Telefon klingelt. Der Freiwillige, der sie abholen und an die polnische Grenze bringen soll, verspätet sich. Ich sage: »Lassen Sie mich fahren. Wir fahren ihm entgegen.«

Sie will nicht. Aber sie stimmt zu. Wir fahren los.

Sie spricht weiter: »Die Natur ist so interessant hier, wie ganz im Norden, so hohe Fichten. Oder sind das Kiefern? Ich kann mich nicht daran gewöhnen.«

Ich frage: »Woran?«

Marina entgegnet: »An nichts kann ich mich gewöhnen, verstehen Sie? Ich bin keine Kakerlake. Es ist mir nicht egal. Ich kann nicht einfach weggehen, wenn es gefährlich wird, und wiederkommen, wenn es wieder Essen gibt. Verstehen Sie das?«

Serhij berührt sie am Ellbogen: »Marina.«

Sie sagt: »Mir geht's gut. Es sind nicht die Nerven. Ich kann mich bloß nicht daran gewöhnen.«

Marina spricht mal viel und schnell, mal verstummt sie wieder. Jetzt, wo Serhij sie unterbrochen hat, schweigt sie. Mir ist so, als hätte sie nicht zu Ende gesprochen, aber sie schweigt und sieht aus dem Fenster. Nichts als Kiefern, Kiefern, Kiefern.

Eine halbe Stunde fahren wir schweigend. Estland hört auf, Lettland fängt an.

Serhij sagt: »Die Straßen sind gut hier, nicht wie in Russland. Bei uns in der Ukraine sind die Straßen auch gut. Waren gut. Jetzt gibt es wahrscheinlich gar keine Straßen mehr. Was von den Bomben verschont geblieben ist, haben die Panzer aufgeschlitzt.«

Warum sagt er nicht »zerstört«, »kaputt gemacht«, »ruiniert«?

»Unsere Stadt hat sich wirklich gemacht in den letzten Jahren. Der neue Bürgermeister hat viel getan: Die alten Gebäude restauriert, die Straßen neu gemacht, das Theater, alles wurde renoviert. Dann wurde der neue Eispalast gebaut, damit die Kinder Hockey spielen können. Der Strand war auch wunderschön.

Wussten Sie, dass Mariupol zu Sowjetzeiten fast eine Million Einwohner hatte? Erst später, als die UdSSR zerfiel, sind viele weg. Aber jetzt, ich meine vor dem Krieg, kamen die Leute wieder. Die Stadt war wunderschön, die Springbrunnen, das kön-

nen Sie sich nicht vorstellen! Wir haben uns sogar überlegt, dass wir diesen Sommer gar nicht wegfahren, sondern einfach bei uns Urlaub machen. Tja, da haben wir unseren Urlaub.«
Er steckt sich eine an.

Marina erzählt: »Er hat bei Asowstahl gearbeitet, hat gut verdient. Bei uns waren alle entweder bei Asowstahl oder bei Iljitsch, dem anderen großen Stahlwerk. In den 1990ern war die Bezahlung schlecht, aber in den letzten Jahren ging es bergauf. Aber das wollte ich gar nicht sagen.

Als das alles anfing, die Sirenen, der Luftalarm, war Serhij bei der Arbeit. Er rief mich an und sagte: ›Nimm die Kinder, kommt her, sie richten einen Schutzbunker ein.‹ Ich rannte durch die Wohnung, ließ alles fallen. Ich habe es einfach nicht geschafft zu packen. Ein dummer Grund, nicht zu fahren, oder? Ich weiß nicht, wie ich Ihnen das erklären soll, aber wir sind nicht gefahren. Dann wurde es etwas ruhiger.

Als er an dem Abend von der Schicht nach Hause kam, bat er mich: ›Komm, pack zusammen, wir fahren in die Fabrik, dort ist es sicher.‹ Ich sagte: ›Serhij, ich weiß nicht, vielleicht ist das eine Vorahnung oder so was, ich will da nicht hin. Das ist eine Falle: Wenn etwas passiert, kommen wir dort nicht mehr raus. Hier sind wir im Erdgeschoss, wir sind als Erste im Keller, lass uns hierbleiben, in unseren eigenen vier Wänden, sie werden uns beschützen.‹ Und noch während ich das sage, gibt es einen ohrenbetäubenden Knall. Als wäre mitten im Zimmer eine Bombe explodiert. Überall Rauch, Brandgeruch, es wurde ganz dunkel und still. Ich war eine Minute lang betäubt von dem Knall. Ich habe Anja auf dem Arm, halte sie fest. Aber von Lena keine Spur. Dann kommen nach und nach die Geräusche wieder, wie unter Wasser. Ich höre Anja schreien, ich höre Serhij, wie er nach mir ruft, ob wir heil sind. Und ich brülle zurück: ›Lena, Lena! Du musst Lena suchen!‹, und dann stürzt das Haus ein, es fällt in sich zusammen, als wäre es aus Pappe.

Sie wissen doch, wie man sagt, dass einem der Boden unter den

Füßen weggezogen wird? Genauso war das. Als würdest du dich selbst von außen sehen, du glaubst nicht, dass das mit dir passiert. Das Grauen packt dich, aber du fühlst nichts, du handelst schnell, aber es kommt dir vor wie in Zeitlupe.

Ich muss wirklich neben mir gestanden haben, Serhij hat mich und Anja gepackt und praktisch aus dem Fenster geworfen, dann ist er zurück zu Lena. Er war eine Ewigkeit weg. Ich stand mit Anja draußen, ich weiß nicht, wie wir das überlebt haben. Vielleicht kam es mir nur so lange vor. Er sagt, er hätte sie gleich gefunden: Sie hatte sich vor Schreck hinterm Kühlschrank versteckt, ganz klein zusammengerollt. Er packte sie und rannte raus – dann stürzte der ganze Hausbereich zusammen.

Wir stehen da, nur mit dem, was wir am Körper tragen, vor unserem ehemaligen Haus. Es ist kein Haus mehr, sondern nichts als ein Haufen Schutt. Es ist kalt, ich weiß nicht, wie viel Grad, aber es war tierisch kalt. Und aus irgendeinem Grund sah ich hoch. Ich weiß nicht, ob ich Gott gesucht habe oder was. Aber der Himmel war nicht zu sehen. Nur eine trübe graue Masse, aus der schwarzer Schnee auf unsere Köpfe fiel. Dieser widerliche, Würgreiz erregende Brandgeruch steckt mir immer noch im Hals. Ich habe alles Mögliche versucht, sogar mit Spiritus gegurgelt, aber er geht einfach nicht weg.

Wenn mein Mann nicht gewesen wäre, wäre ich wahrscheinlich dort erfroren. Dieser schwarze Schnee hat mich wie hypnotisiert. Ich habe weder Lena gehört noch Anja, die auf meinem Arm geweint hat. Aber er rüttelte mich wach und zerrte mich ins Haus gegenüber. Da gab es eine Art Schutzbunker – keinen richtigen, das waren ja alles Neubauten. Aber die waren unterkellert.

Es waren zwei elfstöckige Häuser, in jedem ein Keller. Wissen Sie, das ist wohl Schicksal: Wir haben diesen einen ausgewählt, und wenn wir in den anderen gegangen wären, würden Sie jetzt nicht mit mir sprechen. Dort schlug fast sofort eine Bombe ein.

Ich weiß jetzt, wie lange ein elfstöckiges Haus braucht, um auszubrennen: vierzig Minuten. Und fertig. Nichts und niemand mehr übrig. In unseren Keller wurde ein Junge aus diesem Haus gebracht, schon bewusstlos, er war am Kopf verletzt. Die kleinen Arme und Beine hingen schlaff herunter, man sah, dass es vorbei war, nichts mehr zu machen, sein Gesicht war ganz weiß. Aber die Menschen konnten es nicht glauben, sie umringten ihn, jemand versuchte es mit künstlicher Beatmung, ein anderer mit Herzmassage oder so, ich kenne mich nicht aus. Eine Frau spülte die Wunde aus, wollte sie mit irgendwas bearbeiten. Und da sehe ich – das ist ein Junge von meiner Schule, ich weiß, wie er heißt, er hat bei unseren Konzerten mitgesungen. Er hatte eine ganz zarte hohe Stimme, wie ein Engel. Ich hörte sie plötzlich, und da konnte ich nicht mehr. Ich brüllte los: ›Ihr Schweine, ihr Dreckskerle! Ich hasse euch, ihr sollt verflucht sein!‹ Mein Mann gab mir eine Ohrfeige, die Leute zerrten mich weg. Ich brauchte sehr lange, bis ich wieder zu mir kam. Aber irgendetwas in mir ist mit diesem Jungen gestorben. Als hätte man mir das Herz herausgenommen. Dabei ist es nicht mein Kind, meine Kinder sind hier, sie leben, Gott sei Dank. Aber ich werde sein weißes Gesicht mit dieser riesigen Wunde seitlich an der Stirn niemals vergessen, ich werde es mit ins Grab nehmen.

Und in diesem Moment habe ich beschlossen, dass ich am Leben bleibe und da rauskomme. Und meine Kinder da raushole. Und meinen Mann. Wir werden nicht sterben. Ich habe mir diesen Tag gemerkt. Das war der 6. März. Danach habe ich aufgehört zu zählen. Erst nach dem Filtrationslager haben wir nachgerechnet, dass wir einundzwanzig Tage in diesem Keller gesessen haben. Anja ist dort unten eins geworden. Serhij hat gesagt, dass Sie am gleichen Tag Geburtstag haben. Sie haben ihn wahrscheinlich anders verbracht.«

Anja schläft auf dem Schoß ihrer großen Schwester, Lena schaut auf die großen Kiefern, die am Straßenrand vorbeirauschen. Marinas Mann Serhij raucht aus dem Fenster. Wir erreichen die verabredete Tankstelle in Lettland, treffen den Freiwilligen, laden ihre Sachen in sein Auto um. Ich gebe ihnen für alle Fälle meine Nummer. Wir verabschieden uns, sie brechen nach Polen auf. Ich bin absolut sicher, dass wir uns niemals wiedersehen. Ich empfinde so etwas wie Erleichterung. Es war schwer für mich, mit ihr zu sprechen.

Aber ein paar Wochen später bekomme ich eine Nachricht: »Hallo, hier ist Marina aus Mariupol. Ich habe Ihnen von den Kakerlaken erzählt. Können wir reden?«

MAGNET

Yulias Haare sind zu einem Zopf zusammengebunden und am Hinterkopf mit einer Klammer festgesteckt. Wenn man Yulia von der Seite betrachtet, dann sieht man kurz unter dem Zopf ein Stück Metall, das aus ihrem Kopf ragt. Das ist ein Bombensplitter. Er hat sich am 6. März 2022 in Yulias Kopf gebohrt.

Ich treffe Yulia sechs Wochen nach ihrer Verletzung. Sie lacht: »Stell dir vor, wir haben einen Magnet drangehalten, und er ist nicht runtergefallen!«

Ich frage Yulia, warum sie lacht. Yulia nimmt die Haarklammer weg und öffnet langsam ihre Haare. Dann sagt sie: »Ich habe schon genug geweint. Weinen ist an sich ziemlich leicht. Wenn dir etwas wehtut, ist es leichter zu weinen, als nicht zu weinen, wusstest du das? Man legt einfach die Hände in den Schoß und jammert: Ich habe nichts mehr, ich bin am Ende, man hat mir meine Heimat weggenommen. Ja, stimmt. Man hat uns unser Zuhause weggenommen, unser Leben. Alles, was wir geliebt haben, hat man uns weggenommen und getötet. Die, die wir geliebt haben, auch … getötet. Das lässt sich nicht zurückbringen, egal, was sie uns über das neue Leben erzählen, das wir jetzt angeblich führen werden. Es ist alles weg. Aber meine Tränen werden sie nicht bekommen. Ich weine nicht mehr. Ich muss leben. Wir müssen irgendwie weiterleben, verstehst du?«

Yulia sieht sich um, als würde sie suchen, wo und mit wem sie genau weiterleben will. Yulia ist in Mariupol geboren und aufgewachsen. Im Mai 2022 treffe ich sie in Taganrog im Süden Russlands. Es ist fast still, obwohl wir von vielen Menschen umgeben sind. Sie reden alle im Flüsterton.

Wir sitzen auf zwei Bürostühlen in einer Ecke der ehemaligen Basketballhalle im Sportpalast an der Lenin-Straße.

Im Februar 2022, noch vor Beginn des Krieges, wurde der Sportpalast »Roter Heizer« in Taganrog zum Aufnahmelager umfunktioniert. Von der einen Wand bis zur anderen stehen hier in acht Reihen die Feldbetten. Darauf sitzen, liegen, schlafen, essen – leben Geflüchtete, die man aus den zerbombten und verwüsteten ukrainischen Städten nach Russland bringt. In solchen Aufnahmelagern verbringen die Menschen zwischen einem und fünf Tagen, dann werden sie weiter ins Landesinnere geschickt.

Die Halle ist für maximal 560 Menschen ausgelegt. Im Moment sind es weniger. Viele sind mit ihren Kindern hier, wie Yulia. Die meisten Kinder sind ins Handy vertieft. Aber Yulias Sohn Platon ist noch zu klein, um sich lange auf eine Sache zu konzentrieren, selbst auf das Handy. Er ist zwei Jahre und vier Monate alt.

Für die Kinder gibt es in der Halle eine »Spielecke«. Dort liegt eine Turnmatte, auf der ein paar Spielsachen verteilt sind: vier Holzklötzchen, ein Spielzeuglaster ohne Kabine, ein Hebekran ohne Laster und ein kleines rotes Spielzeugauto. Damit spielt Platon.

Yulia lässt ihren Sohn nicht aus den Augen. Immer, wenn Platon seinen Namen hört, kommt er zu seiner Mutter. Trinkt ab und zu einen Schluck Wasser aus der Nuckelflasche, die Yulia in den Händen hält.

Sie sagt: »Wenn ich nicht aufhöre zu weinen, wer soll sich um ihn kümmern? Was soll er mit einer Mutter, die die ganze Zeit weint und ihm nichts erklären kann? Stell dir vor, wie es in ihm aussehen muss: Er hat zwei Monate lang im Keller gesessen. Durchgehend, verstehst du? Ich kann mir nicht mal vorstellen, was er durchgemacht hat. Er spricht nicht. Aber ich habe mir seine Fragen schon viele Male selbst gestellt: Wie kommt es, dass ich zwei Jahre lang ein normales Leben hatte, jeden Tag im

Park spazieren war, zu Fuß zu Oma und Opa laufen konnte, und jetzt darf ich nicht einmal vor das Tor?

Wo sind meine ganzen Spielsachen, wo ist mein Kindergarten? Warum habt ihr alle so viel Angst, warum seid ihr so anders?

Wer sind diese Menschen, die in unser Haus kommen und sagen, wir sollen auf die Knie gehen?

Wo ist unser tolles Leben, Omas Garten, Freunde, Springbrunnen, warum ist das alles nicht mehr da?

Vielleicht stellt er sich auch andere Fragen, ich kann es nicht wissen, weil er ja nicht spricht. Aber es war nicht mein Plan, dass mein Sohn an so etwas denkt anstatt an Ballspielen und Schiffchen. Verstehst du?«

Ich frage Yulia, ob sich Platon sehr vor den Explosionen und Schüssen gefürchtet hat. Yulia ruft Platon her und sagt ruhig, während sie ihm in die Augen schaut: »Bumm.« Platon hält sich die Ohren zu. Das hat Yulia ihm noch im Keller beigebracht. Außerdem hat sie ihm beigebracht, ganz still zu sein und nicht zu weinen, wenn Soldaten am Haus vorbeilaufen, und sich auf den Boden zu legen, wenn Mama sagt: »Hinlegen.« Das heiß, irgendwo in der Nähe schlägt eine Rakete ein. Yulia sagt: »Hinlegen.« Platon legt sich auf den Boden und hält schützend die Hände über dem Kopf zusammen.

Ich habe noch nie ein zweijähriges Kind gesehen, das solche Kommandos kennt und sie so brav ausführt. Aber Yulia, die Platon jetzt umarmt, meint, dass das eine Frage von Leben und Tod war. Dann schaut sie zur Seite und sagt, weder an mich noch an ihren Sohn gerichtet, sondern zur grünen Wand der ehemaligen Basketballhalle im Sportpalast: »Manchmal wache ich nachts schweißgebadet auf und denke, was ist, wenn er überhaupt nicht mit dem Sprechen anfängt? Was ist, wenn sich das so auf ihn ausgewirkt hat? Was werde ich dann tun, wie soll ich dann leben? Immerhin sagt er Mama. Was denkst du, ist das normal für sein Alter?«

Ich sage, es komme auch ohne Krieg vor, dass Kinder spät mit dem Sprechen anfangen. Aber in Wirklichkeit habe ich keine Ahnung, was dieser Zweijährige aus dem Krieg davontragen wird.

Yulia sagt: »Im April sind wir zum ersten Mal rausgegangen, um humanitäre Hilfe zu holen. Ich musste ihn hinter mir herziehen, er hatte Angst, hat geweint. Wir gingen an den Nachbarhäusern vorbei, in denen er früher oft gewesen ist: Hier hat sein Patenonkel gelebt, dort meine Patentante, etwas weiter die Schwestern seines Vaters, seine Großeltern. Es scheint alles so vertraut, es ist Frühling, es sollte nach Frühling riechen. Aber es riecht nur nach Rauch. Die Häuser, in denen früher unsere Freunde und Verwandten gelebt haben, stehen leer: Die Fenster eingeschlagen und dunkel, alles verwüstet, draußen liegen Möbel. Aus einem Fenster hing ein Sofa. Es war blau, das weiß ich noch.

Die meisten Stadthäuser haben bei uns Vorgärten, und in fast jedem steckte ein Stock mit einem Schild: ›Leiche‹. Mein Kleiner kann nicht lesen, aber er sieht ja alles! Die Leichen lagen überall: Mal provisorisch mit Erde bedeckt, mal in einen Teppich gerollt, sodass der Kopf noch rausguckte, einer lag einfach so da, ganz vertrocknet, die Rippen waren schon zu sehen. Im Hof meiner Schwester lag einer auf der Bank, in eine Jacke gewickelt, ohne Kopf. Es war ein Bekannter von uns, er wurde später an der Schule beerdigt.

Es gibt dort weder eine Stadt noch Menschen. Ich weiß nicht, was sie euch im Fernsehen zeigen, wer soll dort noch leben, wie? Wer sind diese Menschen überhaupt?

Als wir an dem Tag durch die Straßen liefen, wurde mir klar, dass wir nicht bleiben können. Wir fahren weg und fangen ein neues Leben an, oder, mein Kleiner?«

Yulia nickt ihrem Sohn zu. Ihre Blicke treffen sich. Platon kommt wieder, um einen Schluck Wasser aus der Nuckelflasche zu trinken. Sie ist leer. Aber Yulia merkt es nicht. Platon dreht die Flasche in den Händen, gibt sie seiner Mutter zurück und geht wieder mit dem roten Auto spielen.

Über Platon, über Yulia und allen anderen, die sich in der Halle befinden, ragt ein riesiges Plakat: »Chabarowsk wartet!« Ich frage Yulia, auf wen Chabarowsk wartet und warum?

Sie sagt, das sei ein Programm für Geflüchtete: Wer sich entschließt, nach Chabarowsk zu gehen, bekommt Willkommensgeld, ein Stück Land und den Flüchtlingsstatus. Das Programm wird vom Staat finanziert. In der umfunktionierten Sporthalle liegen überall Broschüren, die von der Schönheit der Region erzählen und wie gut es den Menschen dort geht.

Chabarowsk liegt in der russischen Pazifikregion Fernost. Zwischen Taganrog und Chabarowsk liegen 7000 Kilometer. Yulia sagt, eine Familie sei dem Ruf gefolgt. Aber seit ihrer Abreise habe niemand mehr Kontakt zu ihnen. Niemand wisse, wie es ihnen jetzt geht.

»Ich will nirgendwohin. Ich habe beschlossen, hierzubleiben. Hier ist das Meer. Das ist mir wichtig. Und es erinnert mich alles irgendwie an Mariupol. Mehr oder weniger.«

Taganrog ist eine der schönsten und ältesten Städte im Süden Russlands. Sie liegt am Asowschen Meer. Genau wie das schöne und noch ältere Mariupol, aus dem Yulia stammt. Zwischen den beiden Städten liegen 113 Kilometer, das sind zwei Autostunden. Als Kind war Yulia mit ihrer Mutter in Taganrog, um das Anton-Tschechow-Museum zu besuchen. Jetzt sagt sie: »Wir haben acht Stunden hierher gebraucht. Man steht mehr, als dass man fährt. Die größte Hürde ist die Filtration. Die Befragungen dauern ewig: Ob man Leute kennen würde, die gegen die russische Befreiungsoperation sind, wollen die wissen. Meinen die das ernst? Meinen die, wir hätten alle dagesessen und nur darauf gewartet, dass sie kommen, uns alles wegnehmen und alle erschießen? Wo gibt es solche Menschen? Oder wollen sie die mit ihrer Filtration ausfindig machen?«

Yulia verstummt. Sie hat sich weggedreht und schaut zur grünen Wand mit dem »Chabarowsk wartet!«-Plakat, zum Basketballkorb, der sinnlos und deplatziert über den erschöpften Menschen hängt.

»Weißt du, ich hätte ihnen ja gerne erzählt, wie das alles war. Aber ich glaube nicht, dass sie das wissen wollten. Wozu Details, sie waren ja nicht diejenigen, die man befreit hat. *Sie* waren ja die Befreier.«

Ich frage Yulia, ob sie Angst hatte. Yulia schüttelt den Kopf:

»Kein bisschen. Hör mal, ich habe das Lager bei Asowstahl geleitet, ich habe vor gar nichts Angst. Meine Mutter hat schon immer gesagt, ich sei furchtlos. Ich bin dieses Weib mit den Eiern aus Stahl aus dem Witz. Deshalb wusste ich gleich, als der Krieg begann, dass ich nicht aufgeben würde. Ich würde überleben und meinen Sohn da rausholen.

Nur einmal, das war ganz am Anfang, da saß ich am seinem Bett und überlegte, ob ich ihn wecken sollte oder nicht. Ich dachte, je länger er schläft, desto länger wird er eine Kindheit haben. Ohne Krieg. Und so war es ja dann auch. Er schlief noch, und draußen ging schon die Welt unter.

Aber Angst hatte ich keine. Ich wusste, dass wir es schaffen. Auch als am 2. März das Licht ausging, als die Verbindung weg war, als es kein Wasser mehr gab: Wir saßen im Keller, unsere ganze Familie – meine Mutter, meine Schwester und ihr Mann, etwa zehn Verwandte, darunter ein Baby, es wurde neun Monate da unten. Dann kamen noch eine Frau und ihre Tochter aus dem Haus gegenüber dazu: Es war von einem Geschoss getroffen worden, im Keller lagen Leichen mit abgerissenen Gliedmaßen. Vier von sechs waren tot, nur die beiden hatten überlebt. Das Mädchen hatte eine Brandverletzung an der Hand, ihre Mutter an der Schulter … Wir haben sie in der Nacht heimlich ins Krankenhaus gebracht. Ich weiß nicht, was aus ihnen geworden ist.

Irgendwann, ich weiß nicht mehr, welcher Tag es war – da war schon alles zu einem einzigen Tag, oder eher einer einzigen Nacht verschmolzen –, hielten mehrere Panzerwagen vor dem Wohnheim gegenüber. Soldaten sprangen raus, man hörte Flüche, Schüsse, Schreie: Sie jagten alle aus dem Keller und nisteten sich selbst dort für die Nacht ein. Fraßen die ganzen Vorräte leer. Es war ihnen vollkommen schnurz, ob jemand Kinder dabeihatte, sie setzten alle vor die Tür, in die klirrende Kälte. Die mit den Kindern nahmen wir bei uns auf. Drei Menschen für eine Nacht. Aber nicht länger, wir mussten ja selbst irgendwie überleben. Ich hoffe, sie haben es geschafft.

Wir saßen das aus, Katja, wir verhielten uns still. Wir ertrugen alles, denn ich wusste, dass wir nur durchhalten müssen.«

Yulia verstummt plötzlich und fragt dann: »Willst du Tee?« Ich will nicht, aber wir gehen aus der Sporthalle in den Speisesaal mit den blauen Wänden. Füllen Wasser aus dem Spender in Platons Trinkflasche. Yulia setzt Teewasser auf. Eine Frau kommt rein, sagt, dass es um sechs Abendessen gibt, aber sie könne uns Brot geben.

»Wie im Pionierlager«, sagt Yulia und zwinkert mir zu. Der Frau antwortet sie höflich, dass wir kein Brot brauchen, wir hätten alles, vielen Dank.

»Gehen wir ein bisschen raus?«, fragt sie und vergisst den Tee. Wir gehen vor die Tür. Auf dem Platz vor dem Eingang spielen Kinder in verschiedenen Altersstufen, Platon schließt sich ihnen an. Die Eltern stehen etwas weiter weg und rauchen. Das Gelände des Sportpalasts ist umzäunt, die Bewohner dürfen es nicht verlassen. Zwischen den Tretrollern und Fahrrädern, die am Eingang auf einem Haufen liegen, finden wir ein großes gelbes Plastikauto für Platon. Wir gehen um die Ecke und suchen uns einen Platz an der Rückseite des Sportpalasts.

Yulia steckt sich eine Zigarette an und sagt: »Als die Kämpfe an unserem Haus vorbeigezogen waren, weiter Richtung Asowstahl, trauten wir uns langsam raus. Holz hacken, Luft schnappen, rauchen. Und so gingen wir auch am Abend des 6. März zu viert zum Rauchen raus. Eine von uns war gleich tot. Mich erwischte es am Kopf, am Arm und am Kreuz.«

Sie inhaliert den Rauch. Ich betrachte sie schweigend. Ein paar merkwürdige Sekunden: Sie will und will gleichzeitig nicht darüber sprechen. Ich weiß nicht, woran sie gerade denkt, aber nach dem nächsten Zug weiß ich, dass sie sich entschieden hat. Und Yulia erzählt: »Ich habe nicht gleich verstanden, was passiert war: Zuerst haben wir versucht, unsere Freundin irgendwie aufzusammeln und sie ins Krankenhaus zu bringen. Aber es war eine Bauchverletzung … keine Chance. Dann spürte ich, dass ich nichts mehr sehe, es lief von meinem Kopf in die Augen, auf den Pulli. Ich hielt meine Hände drunter, damit ich nicht alles volltropfte, lief ins Haus und beugte mich übers Spülbecken. Wir hatten nichts zu Hause: Kein Wasser, keinen Strom, und aus mir, aus meinem Kopf heraus floss Blut. Man sagt, in Strömen, oder? Aber nein, es war eher so, als würde man Wasser aus einem Krug gießen. Ich spürte, dass ich gleich das Bewusstsein verliere, und da bekam ich es doch mit der Angst zu tun: Wie kann das sein? Werde ich jetzt sterben und mein Kind in dieser Hölle zurücklassen? Ich hatte panische Angst, Katja. So groß, dass ich mich selbst ermahnte: Das könnte euch so passen.

Ich krallte mich am Spülbecken fest und sagte zu meiner Mutter: ›Wasser, gib mir ein Glas Wasser.‹ Ich hatte irgendwo gehört, dass man Wasser trinken soll, wenn man ohnmächtig wird.

Und ich wurde nicht ohnmächtig. Ich blieb auf den Beinen. Meine Mutter desinfizierte alles mit Wodka, wir verbanden mir den Kopf. Als wir damit fertig waren, merkte ich, dass mich an der Seite irgendetwas stört: In meinem Pullover war ein Loch, da steckte was. Es war ein Splitter, den meine Rippe wieder rausgeschoben hatte, das Ende guckte raus. Was jetzt? Wieder Wodka und rein damit. Ich habe ihn wieder reingeschoben, ohne einen Mucks. Wir versuchten, alles möglichst leise zu machen, ohne viel Wind. Stell dir vor, der Kleine ist nicht mal aufgewacht.«

Sie lacht. Sie ist stolz auf sich. Ich frage sie: »Yulia, warum bist du nicht ins Krankenhaus?«

»Und was hätte ich mit dem Kleinen gemacht? Wenn man da im Keller sitzt, hat jeder seine Aufgabe: Abwaschen, Kochen, Putzen, Heizen … Meine Verletzung hat mich sowieso schon aus der Bahn geworfen, ich konnte fast drei Wochen lang nicht richtig mithelfen. Ich stieg die Wände hoch. Aber an dem Morgen haben wir mir noch eine Mütze aufgesetzt, damit Platon sich nicht erschreckt.«

Sie zündet sich die nächste an. Ich frage, ob sie noch weiß, aus welcher Richtung das Geschoss kam. Sie inhaliert. Bläst Rauch aus.

»Aus Richtung Vynohradne. Na und?«, fragt sie zurück.

Sie fragt das mit einem Vorwurf in der Stimme, als müsste ich wissen, wer in Vynohradne positioniert war, und als müsste mich ihre Antwort schockieren.

Aber zum letzten Mal war ich 1989 in Mariupol, als es mit der Sowjetunion zu Ende ging, obwohl wir noch gar nichts davon wussten. Ich kaufte mit meiner Großmutter Kirschen auf dem Markt und schwamm im Meer.

Ich kann mich nicht einmal an die Straße erinnern, in der wir damals gewohnt haben, geschweige denn, ob das weit von Vynohradne entfernt war.

»Wer stand da?«, frage ich, weil Yulia das offensichtlich von mir erwartet.

»Die DNR«, sagt sie.

Nach einer Pause spricht sie weiter: »Am nächsten Tag kamen welche von der Nationalgarde zu uns, also unserer, der ukrainischen. Sie fragten auf Ukrainisch:

›Sind hier Männer?‹

›Nein.‹

›Nur ihr?‹

›Ja.‹

Sie drohten uns mit ihren Gewehren, es war unheimlich. Aber wir verrieten unsere Männer nicht, wir brauchten sie selbst: Sie mussten Holz hacken, uns beschützen, wenn es hart auf hart kommt.«

So erfahre ich, dass Yulia einen Mann hat. Und dass er und noch drei andere mit ihnen im Keller waren. Aber bevor ich etwas dazu sagen kann, erzählt sie weiter: »Danach war es ein Kommen und Gehen: Die Nationalgarde, die DNR, die von Asow, die Kadyrowzy, die Russen, man konnte gar nicht schnell genug seine Flagge wechseln. Aber wir hatten keine Flagge. Wir harrten einfach aus und warteten, bis sie endlich alle weg waren. Ich übte jeden Tag zu atmen: Ich atmete meine Angst weg. Du atmest ein, zählst bis zehn, dann atmest du aus, zählst wieder bis zehn. Am Anfang wurde mir schwindelig. Aber dann ging es.

Eines Tages hat mir das geholfen. Die ›Befreier‹ kamen: ›Maul halten, auf die Knie, Passkontrolle.‹ Und trieben uns mit ihren Gewehrläufen an: ›Schneller, was kramst du da.‹

Ich sah ihnen zu und atmete.

Ich zählte:

›Eins,

zwei,

drei,

vier,

fünf,

sechs.

sieben,

acht, neun, zehn.‹

Nicht gegen die Angst. Gegen die Wut. Wenn Platon nicht gewesen wäre, ich hätte diesem ›Befreier‹ was aufs Maul gegeben, ich schwör's dir. Der wär rückwärts wieder raus. Aber ich atmete.

Irgendwann hielt ich es nicht mehr aus und sagte auf meine eigene Gefahr und die Gefahr meines Kindes hin: ›Und danach wollt ihr, dass die Menschen euch hier akzeptieren? Wie willst du nachts schlafen – mit dem Gewehr in der Hand?‹

Er sagte nichts. Zuckte nur mit der Waffe. Ich habe mir seine Augen gemerkt. Da war nichts: kein Zorn, kein Mitleid. Er hätte uns erschießen können, aber er ließ es. Wahrscheinlich war er zu faul.

Nach einer Woche war alles vorbei. Es wurde still. Woran haben wir das gemerkt? Wir hörten die Vögel wieder zwitschern. Und da wusste ich, dass wir abhauen müssen. Also uns ›evakuieren‹. Das war der Tag, an dem ich mit dem Kleinen durch die Stadt lief, um humanitäre Hilfe zu holen. Das war schon im April.«

Es dämmert. Sie raucht auf. Wir gehen wieder zurück in den ehemaligen Sportpalast. Bald gibt es Abendessen. Die Menschen versammeln sich allmählich im Speisesaal. Nebenan, im ehemaligen Gymnastikraum, werden Dokumente ausgeteilt. In der ehemaligen Ringerhalle ist ein Erste-Hilfe-Raum eingerichtet.

Auf der Tür der Umkleide hängt ein Zettel mit der Aufschrift »Boutique«. Hier kann man sich Kleidung aussuchen. Die meisten Geflüchteten kommen mit einer einzigen Tasche an. Yulia ist sehr stolz, dass sie alles mitgenommen hat, was sie für wichtig hielt, für sich und ihren Sohn.

Sie zählt auf, was sie dabeihat – sogar Pumps, für die Vorstellungsgespräche, wenn sie auf Arbeitssuche geht. Und einen Wasserkocher.

Sie zählt an den Fingern ab:

»Stiefel,

Sandalen,

Platons Pyjama,
ein Kleid,
Schneeanzug,
Pürierstab.«

Sie überlegt, versucht, sich an etwas zu erinnern. Ich mache mir die Pause zunutze und frage endlich: »Yulia, warum bist du nach Russland?«

»Wohin sonst?«

»Russland hat die Ukraine überfallen.«

»Ich weiß.«

»Warum bist du nach Russland gegangen?«

Sie wiederholt: »Wohin sonst?«

Ich formuliere meine Frage anders: »Warum bist du nicht nach Europa?«

Sie erwidert: »Hat da irgendwer auf uns gewartet? Da gibt es auch ohne uns genug Bedürftige. Wenn du aus Mariupol kommst, bist du gleich ein Notleidender. Aber unsere Stadt ist groß, für alle reicht Europa nicht.

Außerdem muss ich den Kleinen durchbringen. Dort bin ich stumm wie ein Fisch, ich kenne keine Fremdsprachen. Ich würde nur rot anlaufen, weil ich irgendwas falsch gesagt habe. Meine Sprache ist Russisch. Ich spreche auf Russisch, und ich denke auf Russisch. Wir müssen unser Leben leben, ich habe keine Zeit, mir Gedanken zu machen, ob mit mir irgendwas nicht stimmt, ob ich meine Schuhe ausziehen soll, wenn ich zu irgendwem nach Hause komme. ›Hilfe, rettet uns, wir sind aus Mariupol!‹ – Nein, ich werde mich nie so erniedrigen.

Ich werde hier leben. Meine Mutter ist in Mariupol, wir müssen in der Nähe bleiben, damit sie uns besuchen kann. In Europa wüssten wir überhaupt nicht, was aus uns wird.«

Ich frage sie nach ihrem Mann. Sie nickt irgendwo in die Tiefen der Sporthalle: »Vitali, wink mal der Frau, sie ist Journalistin.« Vom äußersten Feldbett der mittleren Reihe hört man ein heiseres »Hier«. Ein Mann stützt sich verschlafen auf seinen Ellbogen, winkt kurz, dreht sich wieder um und deckt seinen Kopf mit dem Kissen zu. Yulia schaut weder ihn noch mich an. Sie kramt konzentriert in den Taschen ihrer Trainingsjacke. Findet offenbar nicht, was sie sucht.

Das Abendessen kommt. Schmortopf mit Kartoffeln. Yulia sagt, sie habe keinen Hunger. Bittet einen Freiwilligen im roten Sweatshirt mit der Aufschrift »DOBRO«, »das Gute«, auf Platon aufzupassen.

Wir gehen raus. Sie zündet sich eine Zigarette an, sagt: »Wir schaffen das schon, wir haben Schlimmeres überlebt. Jetzt suchen wir eine Wohnung hier. Ich halte durch, ich kann doch jetzt atmen. Warum guckst du so? Überleg doch selbst: Ich werde hier schneller Arbeit finden und auf die Füße kommen. Bis Platon in die Schule kommt, werde ich so viel Geld verdient haben, wie wir brauchen. Ich kann jetzt nicht an mich denken. Ich habe für ihn überlebt. Und wir werden leben. Die Stadt hat Ähnlichkeit mit Mariupol. Es ist dasselbe Meer. Und die Leute sprechen ähnlich, wir werden nicht auffallen. Selbst die Tulpen – genau wie bei uns. Ich liebe Tulpen. Weißt du, im Park bei uns nebenan wurden vor dem Krieg ganz viele Tulpen gepflanzt. Als wir wegfuhren, drehte ich mich um und sah sie: Tulpen. Das hat mir einen Stich versetzt.«

»Sie haben geblüht?«

»Meinst du, nur weil Krieg ist, hören sie auf zu wachsen? Nein. Sie sind gewachsen und aufgeblüht. Hier ein Bombenkrater, dort ein Grab, und drum herum bunte Tulpen. Dann kam ein Windstoß, und sie neigten die Köpfe, als würden sie sich von mir verabschieden. Da musste ich weinen. Ich sagte zu mir: ›Wein ruhig, aber das ist das letzte Mal, Yulka.‹ Und das war es auch.

Mich gibt es nicht mehr. Ich bin dort geblieben, in diesem Keller. Aber Platon muss leben, damit bei ihm alles anders wird. Damit ihm niemand ein Gewehr von die Nase hält. Das ist die

Hauptsache. Ich scheiß drauf, wer recht hat und wer schuld ist, was dort überhaupt passiert ist.«

Ich sage, dass ich ihr das nicht abkaufe.
Das macht sie wütend. »Was ist schon die Wahrheit? Was ändert das, wenn ich sie sage? Werden wir beide den Krieg aufhalten? Alle Bösen bestrafen, und die Guten kommen nach Hause, wenn sie überhaupt noch leben?
Niemand braucht deine Wahrheit. Wir müssen leben. Punkt. Alles andere ist unwichtig. Ich höre die Leute immer sagen: ›Wenn mein Kind groß ist, werde ich ihm die ganze Wahrheit erzählen.‹ Und ich frage: ›Was ist denn eure Wahrheit?‹ – ›Na, die einen sind dies, die anderen jenes.‹ Und ich sage: Dann klopf mal beim Nachbarn, der sagt dir genau das Gegenteil. Und der dritte Nachbar sagt, es ist überhaupt alles ganz anders gewesen. Der vierte sagt das Vierte. Und während wir darum streiten, wo die Wahrheit liegt, wer recht hat, frisst der Krieg uns auf. Wir haben den Krieg nicht angefangen, aber er ist zu uns gekommen und hat uns alles weggenommen. Hier gibt es nichts zu deuten. Eine andere Wahrheit gibt es nicht. Der Krieg ist gekommen und hat allen die Hände entfesselt. Allen.
Ja, Russland hat den Krieg begonnen, ihr habt uns angegriffen. Aber die Gräueltaten hat danach jeder für sich begangen. Oder nicht? Im Krieg gibt es keine Guten. Diese Wahrheit wird dir niemand erzählen. Darüber wird nicht gesprochen. Weil die Wahrheit im Krieg auf beiden Seiten gefiltert wird: Das hier dürft ihr glauben, aber das hier geht euch nichts an, darum kümmern wir uns selbst. Wer sich gut benommen hat und wer schlecht – darüber werde ich meinem Sohn jedenfalls nichts zu erzählen haben. Alle haben sich von ihrer besten Seite gezeigt, sagen wir mal so. Deshalb heißt es ja Krieg.
Aber eins werde ich ihm mit Sicherheit erzählen. Ich werde ihm erzählen, dass er in der Ukraine geboren ist. Dass die Ukraine seine Heimat ist, sein Land. Auch wenn er einen russischen

Pass haben wird – da mache ich mir nichts vor, es ist, wie es ist –, seine Herkunft werde ich ihm nicht verheimlichen. Die soll er kennen. Und in seinem Herzen wissen: Ich bin Ukrainer. Der Rest sind Kleinigkeiten, die wir in diesem Leben wahrscheinlich gar nicht mehr klären werden. Irgendwann vielleicht. Aber ich persönlich glaube nicht daran.«

»Willst du mal anfassen?«, fragt Yulia plötzlich und hebt die Haare am Hinterkopf an.
Ich will eigentlich nicht unbedingt, aber ich nicke.
Yulia hält ihr Haar hoch, ich sehe erst, und dann berühre ich den Metallsplitter, der ein paar Zentimeter weit aus Yulias Kopf ragt. Er ist kühl, kälter als Yulias Haut. Sie holt einen schwarzen Magneten aus der Jackentasche und befestigt ihn am Metallstück in ihrem Kopf.
»Siehst du?«
Nimmt den Magneten wieder weg und steckt ihn zurück in die Tasche.
Ich weiß nicht, was ich sagen soll. Also schweige ich.

Während Yulia und ich miteinander sprechen, stehen die ganze Zeit ein Security-Mitarbeiter in Uniform und ein Mann in Zivil hinter uns. Über den zweiten haben mir die Leute im Lager im Flüsterton erzählt, dass er vom Geheimdienst sei. Von welchem genau, konnte niemand sagen.
Sie weichen Yulia und mir nicht von der Seite. Wenn wir leiser werden, kommen sie näher, um auch ja jedes Wort zu verstehen.
Ich frage: »Yulia, hast du gar keine Angst vor denen?«
Sie zuckt mit den Achseln: »Ich habe keine mehr übrig. Ich kann mich nicht mehr fürchten. Als hätte ich dieses Gefühl aufgebraucht. Ich weiß nicht, was passieren müsste, damit es mir noch schlechter geht als jetzt, verstehst du? Nein, tust du nicht. Und das ist auch gut so. Das heißt, du hast das nicht erlebt.«

Ich gebe ihr meine Telefonnummer. Sage, dass sie mich jederzeit anrufen kann. Ich speichere ihre Nummer ein, lasse es klingeln, um sicherzugehen, dass ich alles richtig notiert habe.

Wir verabschieden uns. Ich schreibe ein paar unbedeutende Nachrichten von unterwegs, sie schreibt zurück.
Wir bleiben noch ein paar Wochen in Kontakt. Nichts Großes: Ich lebe noch – und du? Aber dann kehrt Stille ein.
Seit dem 19. Mai 2022 ist Yulia in keinem mir bekannten Messenger zu finden, sie meldet sich nicht mehr. Im Flüchtlingslager in Taganrog, in dem wir uns kennengelernt haben, liegen keine Informationen dazu vor, wo sich Yulia und ihr Sohn aufhalten. Wo ich noch suchen soll, weiß ich nicht.

Yulia, wenn du das hier liest, bitte melde dich. Meine Telefonnummer hast du.

BAUCH

Ich weiß nicht, ob ich meine Tochter liebe oder nicht. Ist das nicht furchtbar? Als sie geboren wurde, konnte ich sie nicht ansehen, sie nicht in den Arm nehmen. Ich hatte keine Milch. Aber ich wollte auch gar nicht stillen, ich hätte es nicht gekonnt.

Ich wusste nicht einmal, wie ich sie nennen soll. Jetzt heißt sie Ljuda. So hieß die freiwillige Helferin, die mich hierhergebracht hat. Jetzt habe ich eine Tochter namens Ljuda. Aber ich empfinde nichts für sie. Ich weiß nicht, warum ich sie geboren habe. Ich weiß nicht, wozu sie leben wird. Mir gab meine Mutter den Namen Raja: damit mein Leben paradiesisch wird (das Wort ›rai‹ bedeutet im Russischen wie Ukrainischen ›Paradies‹). Aber mein Leben ist die Hölle geworden. Nur kommt man normalerweise wegen seiner Sünden in die Hölle, aber wir sind einfach so dort gelandet. Weil unser Nachbarland beschlossen hat, uns zu überfallen, weil es seine Soldaten zu uns geschickt hat. Sie schossen, sie urinierten und hinterließen Fäkalien in unseren Häusern, in den Häusern, in denen wir gelebt und geliebt hatten. Sie haben dort reingeschissen.

Sie überfielen uns am 24. Februar 2022. Ich war in der 20. Woche schwanger, also fast im sechsten Monat.

Ich spürte, wie der Krieg das Leben aus mir saugt, obwohl er noch weit weg war. Aber die Welt wurde für mich schwarz: Ich wollte kein Kind, ich wollte nichts. Ich wollte nur keine Angst mehr haben. Sechzehn Wochen lang lebten wir in Angst, in unaufhörlichem Horror. Dann beschlossen wir zu fliehen. Weil Petja, mein Mann, meinte, dass wir das Kind in einer großen Stadt bekommen müssten. Also flohen wir. Wissen Sie, was ein Riss in der Zeit ist? Wenn die Zeit aufreißt und du in einen

Abgrund fällst, in dem weder die Zeit existiert noch sonst irgendetwas, nur
der Abgrund,
und ich fiel hinein.

Das Letzte, woran ich mich erinnere, ist, wie Petja und ich Kaffee trinken. Wir hatten noch löslichen Kaffee im Küchenregal.
Ich trank normalerweise keinen, weil ich schwanger war, aber
an diesem Morgen tranken wir beide einen Kaffee.

Die Schüsse waren schon ganz nah, alles dröhnte.

Das Dröhnen hörte man schon seit einigen Tagen, es war die
Kriegstechnik, die näher kam. Aber jetzt dröhnte es überall.
Die Erde zitterte. Ich übertreibe nicht. Sie zitterte ganz leicht,
aber es war furchterregend. Wir setzten uns hin, bevor wir das
Haus verließen, das ist bei uns so Brauch. Er legte seine Hand
auf meinen Bauch. Ich betrachtete die Hand, die schwarzen
Haare auf seinem Handgelenk. Und weil die Erde zitterte, zitterten auch sie. Mein Mann heißt Pjotr, habe ich das schon gesagt? Wir weckten Ilana, unsere sechs Jahre alte Tochter, und
gingen nach draußen. Wenn der Bauch nicht gewesen wäre,
hätte ich sie hochgenommen, ich hätte sie getragen, sie mit
meinem Körper beschützt. Ich schwöre Ihnen, ich hätte sie beschützt. Aber ich konnte es nicht. Wenn mein Mann mir sagte,
ich soll mich hinsetzen oder ducken, war der Bauch im Weg.
Ich führte Ilana also an der Hand. Mal rannten wir, dann versteckten wir uns wieder. Die Soldaten beschossen sich gegenseitig, sie waren ganz nah. Aber uns schienen sie nicht zu bemerken.

Ich weiß noch, wie mir ein Gedanke durch den Kopf schoss,
wie eine Eingebung: Wenn wir nur so einen Zaubermantel hätten, der uns unsichtbar macht, wie bei Harry Potter, dann
könnten wir einfach rennen, raus aus der Stadt. Es hat nicht
mehr viel gefehlt, bis wir in Sicherheit gewesen wären.

Aber jetzt denke ich, uns hätte auch kein Zaubermantel gerettet. Es kam direkt von oben. Erst hörte man ein Pfeifen, dann

wurde es sehr heiß, dann gab es einen lauten Knall. Ich umfasste instinktiv meinen Bauch, und Petja, Pjotr, mein Mann, umfasste Ilana. Zumindest denke ich das, denn so lagen sie zusammen da. Nur dass sie schwarz waren. Schwarzes Fleisch. Das verkohlte Fleisch der beiden Menschen, die ich am meisten liebe, verstehen Sie, was ich sage?

Ich weiß nicht, ob sie Schmerzen hatten, ob sie etwas gespürt haben. Ich frage jetzt alle danach, ob sie wohl etwas gespürt haben.

In diesem Moment fiel ich in dieses *Loch in der Zeit*. Ich wurde ohnmächtig. Später erzählte man mir, dass ich bewusstlos dagelegen und Ilanas Hand gehalten habe. Besser gesagt das, was von ihr übrig war. Ich wurde von Soldaten gefunden, die nach ihren Leuten suchten.«

Ich frage: »Welche Soldaten?«

»Eure Soldaten. Eure«, antwortet Raja und fährt fort: »An diesem Tag kamen eure Soldaten nach Rubischne. Ich erfuhr später, dass es sehr schwere Kämpfe gewesen waren.«

Rajas Tränen fließen ruhig, gleichmäßig und ohne Unterlass, wie Wasser aus einem Wasserhahn, wie der Atem oder ein Waldbach fließen. Sie wischt sie nicht weg. Die Tränen fließen ihr Gesicht hinab, tropfen vom Kinn auf die Brust, auf der Brust bilden sich zwei riesige feuchte Flecken. Ich denke kurz, dass es auch Milch sein könnte – Frauen, die stillen, haben manchmal solche Flecken, wenn die Milch einschießt. Aber Raja stillt nicht. Sie spricht weiter, während sie an mir vorbeischaut, aus dem Fenster.

»Ist Ihnen klar, dass meine zweite Tochter überlebt hat, weil sie in meinem Bauch war? Und meine erste Tochter gestorben ist, weil ich sie wegen diesem Bauch, in dem ihre Schwester war, nicht beschützen konnte? Ich weiß nicht, wie wir mit der Erinnerung an das, was geschehen ist, weiterleben werden. Wozu wir leben werden. Ich weiß nicht einmal, warum ich Ihnen das alles erzähle. Ehrlich gesagt hatte ich bloß nicht die Kraft, nein zu sagen.«

Raja hat ihre Hände auf die Knie gelegt. Sie sind weiß, blutleer. In der Berliner Wohnung, die ihr freiwillige Helfer vermittelt haben und die andere freiwillige Helfer für sie bezahlen, gibt es nichts als einen Küchentisch mit zwei Stühlen, ein Kinderbettchen und das Klappbett, auf dem Raja schläft. Sie hat keine Sachen, außer denen, die sie am Körper trägt. Und einem Mantel, der im Flur hängt. Den hat sie auch von den Freiwilligen bekommen.

Rajas vier Wochen alte Tochter Ljuda hat einen Stapel Strampler, Jäckchen, Overalls, Windeln, ein paar Rasseln und einen Kinderwagen von einer modischen Marke. Das alles haben ihr fremde Menschen gespendet.

Im Juli 2022 wurde Raja von Freiwilligen aus der Ukraine nach Russland gebracht, von dort aus nach Estland und dann weiter nach Deutschland: eine Standardroute für jemanden, der sich entschieden hat, nach Europa zu fliehen. Aber Raja hat nichts entschieden.

Sie erinnert sich an nichts.

»Sie fragten mich, ob ich Verwandte in eurem Land hätte. Aber wir hatten niemanden. Dann fragten sie mich, wo ich das Kind zur Welt bringen wollte. Ich hatte nicht darüber nachgedacht. Ich wollte sterben, damit ich nicht mehr da bin, damit dieser Bauch nicht mehr da ist, damit ich an den Morgen zurückkehre, als wir in unserer Küche gesessen und Kaffee getrunken haben. Damit ich ihnen sagen kann: ›Geht nicht da raus, da wartet der Tod!‹

Verstehen Sie, sie haben nicht auf uns geschossen, ist Ihnen das klar? Es war Zufall. Es hätte jeden treffen können. Was ist das für ein Krieg, wenn es jeden treffen kann? Womit haben wir das verdient? Warum habt ihr uns das alles angetan?«

Raja weint nicht mehr. Sie spricht leise, erhebt nicht ihre Stimme. Das macht es noch schrecklicher. Ljuda ist in ihrem Bettchen aufgewacht. Sie wird von der freiwilligen Helferin gefüttert. Ich kenne ihren Namen nicht, und ich glaube, Raja auch nicht: Die Frauen wechseln sich ab. Vielleicht spricht diese Frau nicht einmal Ukrainisch oder Russisch. Dem kleinen Mädchen singt sie auf Englisch vor.

Raja sieht mir plötzlich direkt in die Augen: »Habe ich Ihnen eigentlich erzählt, dass ich Lehrerin für russische Literatur war? Es gibt da dieses eine Buch, das ich nie verstanden habe: ›Anna Karenina‹. Als der Krieg begann, war ich gerade dabei, es noch einmal zu lesen. Und kam wieder an diese eine Stelle, die ich nie verstanden habe: Anna bekommt eine Tochter, die sie nicht liebt. Das war für mich immer am schwierigsten – den Kindern zu erklären, wie eine Mutter ihr eigenes Kind nicht lieben, nichts für das Kind empfinden kann.
Und jetzt bin ich selbst in ihrer Lage.
Nur dass es jetzt niemanden mehr gibt, den ich lieben könnte. Ich habe keine Liebe mehr in mir, kein bisschen. Erstaunlicherweise aber auch keinen Hass. Nur eine sehr große Müdigkeit. Ich beneide diese Anna sogar irgendwie: Sich einfach vor einen Zug werfen, es wäre so einfach.«

WURZELN

Tania lächelt.

Sie zeigt mir gerade Fotos von ihrem Haus in Vyshehrad auf ihrem Handy:

»Wir haben ein sehr schönes Haus, das wir mit viel Liebe gebaut haben. Überhaupt alles drehte sich um die Liebe: drei kleine Kinder, drei Hunde, Chinchillas, Wellensittiche – und die Liebe. Bohdan und ich verstanden nicht gleich, was für ein Glück es ist, dass wir aufs Land gezogen sind und jetzt ein eigenes Haus haben. Nach und nach baute ich eine Verbindung zu diesem Haus auf, zu dem Ort: Du wachst auf, während alle anderen noch schlafen, gehst barfuß auf die Terrasse, berührst mit dem kleinen Finger den Tau, blinzelst in die Sonne. In diesen Momenten fühlte ich mich, als würde ich fliegen. Ich flüsterte mir sogar selbst ganz leise zu: ›Das ist das Glück, Tania. Du bist glücklich.‹«

Das große Haus in Vyshehrad, das etwa vierzig Kilometer westlich von Kyjiw liegt, haben Tania und Bohdan im Sommer 2021 fertiggestellt. Tania, die zuvor die Kyjiwer Filiale eines großen französischen Modelabels geleitet hatte, zog mit ihren Hunden und Kindern aufs Dorf. Ich frage sie: »War es schwer, die Arbeit aufzugeben?«

Sie erwidert: »Alles ist leicht, wenn du glücklich bist. Ich war glücklich. Wir haben unsere Mutter zu uns geholt. Nach und nach stellte sich dieses Zuhausegefühl ein. Wie bei den drei kleinen Schweinchen: ›Mein Haus – meine Festung.‹«

Tania lacht.

Am 24. Februar 2022 waren Tania, ihr Mann Bohdan, ihre Mutter und die drei kleinen Kinder zu Hause in Vyshehrad. Ihre älteste Tochter Darina war in Kyjiw.

Am 25. Februar 2022 versammelten sich in Tanias und Bohdans Haus fünfundzwanzig Menschen: Darina mit ihren Freunden sowie Kollegen und Verwandte von Tania und Bohdan.

Am 26. Februar 2022 kamen die Nachbarn Pascha, Ljuda und deren Tochter Sascha aus Kyjiw auf ihrer Datscha an. Pascha klopfte, um zu sagen, dass er Arzt und jederzeit verfügbar sei, wenn jemand Hilfe brauche. Sie tranken einen Tee zusammen. Tania erzählt: »Abends, wenn alle schlafen gingen, habe ich leise gebetet. Ich sagte immer wieder: ›Ich will, dass meine Kinder leben, lass sie einfach nur leben. Einfach leben – das ist alles.‹ Ich weiß nicht, zu wem ich es sagte: zu Gott, zu mir selbst, dem Raum um mich herum, zu den russischen Soldaten, die immer näher an unser Haus heranrückten. Dieses Dröhnen, es wurde immer lauter. Mir wurde ganz übel davon. Die Kinder schliefen ein, aber ich konnte nicht. Die Nächte waren am schlimmsten.

Morgens wurde es besser. Wir verteilten die Aufgaben: Der eine kocht, der andere füttert die Tiere, macht Wasser heiß, wäscht seine Haare.

Wir wohnen nicht weit von Hostomel. Die Stadt stand unter Dauerbeschuss. Über uns flogen Kampfflieger hinweg, manchmal fielen Bomben. Dann versteckten wir uns alle im Haushaltsraum, weil er keine Fenster hat.

Wir haben weder geweint noch gezittert, wir verhielten uns ruhig und beherrscht. Der Mensch ist ein interessantes Wesen: Wenn die Angst auf dem Höhepunkt ist, dann bleiben die Panikattacken aus. Man kann nicht mehr Angst als Todesangst haben.

Mir ging es noch vergleichsweise gut: Dem Kleinsten, David, gab ich die Brust, der Mittleren, Daiana – sie ist vier –, das Handy, und Danik mit seinen zehn fand das alles spannend –

die Flugzeuge, die Explosionen, die Schützengräben. Er fühlte sich wie im Computerspiel. Ich ließ ihn in dem Glauben, damit er keine Angst bekam. Als der Strom weg war, flossen Tag und Nacht in eins, aber wir machten weiter: Malten bei Kerzenschein, spielten Scharade, dachten uns Wortspiele aus.

Aber dann kamen die Soldaten in unser Dorf. Ich war wie gelähmt, als ich durch das Fenster den ersten Panzer sah.

Ein Panzer!!

Ein Panzer!!!

Ein Panzer rollt durch meine Straße!!!

Der Panzer drehte seinen Turm hin und her, er sah aus wie lebendig. Er suchte nach einem Ziel, er hätte alles zerstören können, jedes Leben mit Leichtigkeit beenden. Ein Panzer hat kein Herz.«

Tania zeigt mir ein Handyvideo: Über die graue Dorfstraße rollt im grauen Dämmer des Märzmorgens eine Panzerkolonne. Ein Panzer dreht sich, und der Lauf zeigt mitten in die Kamera. Das Video bricht ab.

Tania erzählt: »Bohdan sagte, ich soll eine Tasche mit unseren Papieren packen, klein und leicht. Hinter unserem Haus liegt ein Naturschutzgebiet, umgeben von einer Betonmauer. Er würde uns aus dem Haus lotsen, wenn sich die Möglichkeit ergibt. Dann müssten wir ganz schnell zur Mauer rennen. Dahinter wären wir eine Zeit lang sicher.

Bohdan stand mit den anderen Männern beim improvisierten Checkpoint am Dorfausgang Wache. Ein paarmal rief er an und sagte: ›Jetzt. Zieht euch schnell an und los.‹

Das kann vielleicht ein Erwachsener, sich schnell anziehen und los. Aber ich musste drei kleine Kinder fertig machen. Ich zog sie an, wir gingen raus, und da rief er schon wieder an: ›Alle zurück ins Haus, gleich wird geschossen!‹ Wir rannten ins Haus, legten uns auf den Boden und warteten, bis der Beschuss vorbei war. So ging es mehrere Male.

An dem Abend rief er an, als ich gerade alle ins Bett gebracht hatte und endlich durchatmen konnte. Seine Stimme klang angespannt: ›Tania, schnell, ihr müsst weg!‹

Ich sagte zu ihm: ›Ich bleibe hier, Bohdan. Ich kann nicht mehr, es kommt, wie es kommt, ich habe keine Kraft mehr.‹ Ich spürte, dass er sich ärgert, dass auch er am Ende seiner Kräfte ist. Aber er wurde nicht laut, sondern sagte ganz ruhig: ›Tania, ich flehe dich an, verlasst sofort alle das Haus.‹

Ich streifte Daiana einen Skianzug über das Schlafshirt und die Leggins, Danik zog sich selbst etwas über, David bekam eine Hose und ein Herbstjäckchen. Ich schlüpfte in meine Stiefel und meinen Mantel. An die Tasche dachten wir nicht. Zum Glück hatte ich wenigstens das Handy dabei.

Wir gingen aus dem Haus, ich sah uns wie von oben und etwas von der Seite – verloren, verschlafen, verwirrt; Menschen, die den kostbarsten Ort auf der Welt verlassen, ihren Kraftort. Vielleicht für immer.

In meiner Schläfe pochte die Frage: ›Warum?‹

Aber ich verscheuchte sie. Bohdan sagte mir, wo lang, und wir liefen. Hinter uns blieb unser Haus zurück, in dem meine Hunde bellten und bellten und bellten.«

Tania zieht Luft durch die Nase ein. Atmet mehrmals kurz aus. Holt ihr Handy aus der Tasche. Zeigt mir Fotos: Zwei Schäferhunde mit glänzendem Fell schlecken Tania über beide Wangen. Ein Beagle macht fröhlich Männchen.

Tania sagt: »Meine Hunde haben sie erschossen. Ein paar Stunden, nachdem wir weg waren. Ich frage mich, ob sie uns auch erschossen hätten? Sie haben auf die Hunde geschossen, weil sie bellten. Hätten sie auf die Kinder geschossen, weil sie weinten?«

Ich weiß nicht, was ich sagen soll, ich kneife die Augen zusammen. Aber Tania sieht mich nicht an, sie erzählt weiter: »Bohdan gab uns Anweisungen, wann wir uns auf den Boden werfen und vor den Kugeln schützen sollten, den Kopf zwischen die Knie geklemmt. Aber ich hatte David auf dem Arm. Wie soll man sich auf den Boden werfen und die Hände schützend über den Kopf halten, wenn man ein Baby trägt? Ich hockte mich hin und sah zu, wie sich neben mir meine Kinder auf den Boden legten, sah, wie sich meine 78 Jahre alte Mutter hinkauerte, wie ihre ältere Schwester sie stützte, damit sie nicht hinfiel. Ein paarmal verlor ich Daiana und Danik aus den Augen, dann fand ich sie wieder. Dann zog sich der Himmel zu, es fielen wieder Schüsse, und wir tauchten wieder in das schwarze Loch. Weißt du, es war, als würde das nicht mit uns passieren, ich spürte weder Angst noch Unruhe. Ich wusste nicht, wie das alles für uns ausgehen würde, und ich dachte nicht darüber nach. Bohdan rief: ›Auf den Boden!‹ – und ich duckte mich, er rief: ›Weiter!‹, und wir rannten weiter. Wie die Hasen. Aus dem Reservat, in dem wir uns verstecken wollten, kamen uns russische Kampffahrzeuge entgegen, deshalb rannten wir in die andere Richtung. An der großen Straße wurde auch geschossen, also bogen wir in eine Seitenstraße ab. Und da taucht plötzlich wie aus dem Nichts ein Auto auf, ein gelber *Schiguli*. Ein Mann, den wir noch nie gesehen hatten, steckt seinen Kopf aus dem Fenster und ruft:

›Frauen und Kinder, schnell ins Auto!‹

Wir krochen auf allen vieren hin, kletterten rein: meine Mutter, ihre Schwester, ich, die Kinder. Und er trat aufs Gas. Ich schaute zurück und sah meinen Mann und meine älteste Tochter im Straßengraben stehen, im Kugelhagel, während ich wegfuhr. Das war der schlimmste Moment meines Lebens.«

Tania sucht in ihrem Telefon. Zeigt mir Fotos von ihrer Tochter und ihrem Mann Bohdan. Sie stehen nebeneinander: ein gut aussehender grauhaariger Mann mit blauen Augen – das ist Bohdan. Daneben Darina – dünn und dunkelhaarig, wie die Mutter. Auf dem Foto lächeln Vater und Tochter, es sieht aus wie eine Familienfeier.

»Das war mein Geburtstag«, sagt Tania. »2021.«

»Schwer zu glauben, oder?«, rettet Tania das Gespräch.

»Ja.«

»Der Mann mit dem *Schiguli* brachte uns zu seinem Haus und raste wieder zurück nach Vyshehrad, in der Hoffnung, noch jemanden zu retten, da rauszuholen. Wissen Sie, ich habe in diesen Monaten oft gesehen, wie unsere ukrainischen Mitmenschen einen unglaublichen Heldenmut an den Tag legten und sich selbst für andere aufopferten. So war es mit unserem Fahrer. Er hat uns das Leben gerettet, aber sein Auto wurde auf dem Rückweg beschossen. Er starb. Tja.

Und wir … Wir überlebten. Wir verbrachten die Nacht in seinem Haus, bei seiner Frau und seiner Mutter. Um uns herum explodierte alles, die Fenster zitterten, die Kinder weinten. Das war gefährlich für die beiden Frauen, also sagten sie zu uns, dass wir am nächsten Morgen wegmüssten.

Im Nachbardorf lebte meine Bekannte, die Leiterin des Kindergartens. Wir gingen zu ihr. Dort fand uns meine Große, Darina. Es war ihr gelungen, ihr Auto zu holen und aus Vyshehrad rauszukommen. Wir wussten nicht, wohin, wir fuhren einfach drauflos. Weg vor dem Krieg.«

Tania blättert wieder in ihrem Handy. Zeigt mir identische Bilder von der Straße; am Straßenrand ausgebrannte Autos, verkohlte Bäume, kaputte Maschinen, zurückgelassene Dinge, die einmal irgendwessen Leben waren. Ich frage: »Warum hast du das fotografiert?«

»Das war ein Schutzmechanismus. Alles, was man fotografiert, rückt in die Vergangenheit. Wir fuhren achtzehn Stunden lang, wir flohen, und der Krieg folgte uns. Ich nahm alles auf, damit alles, was wir sahen, möglichst schnell Vergangenheit wird.

Und weißt du, was mir damals klar wurde? Das Schlimmste am Krieg sind nicht die Technik, die Bomben oder der Kugelhagel. Das Schlimmste ist der Mensch. Einmal passierten wir einen russischen Checkpoint, ein russischer Soldat guckte ins Auto. Er richtete sein Gewehr auf uns und fragte – uns, Frauen und Kinder –, wo welche Truppen stationiert, wo unsere Männer sind, wie wir zum Krieg stehen. Er war ein lebendiger Mensch, aber seine Augen waren tot.

Ich hatte furchtbare Angst, aber dann verstand ich, oder spürte vielmehr: Wenn seine Augen tot sind, dann ist er innen drin auch längst tot. Er hat keinen Glauben, keine Liebe mehr in sich. Und das bedeutet, dass er niemals gewinnen wird.

Als er sagte: ›Ihr könnt weiter‹, war ich mir sicher, dass er von hinten auf uns schießen würde. Aber er tat es nicht. Wir fuhren und fuhren, der Weg kam mir vor wie eine Ewigkeit. Die Kinder schauten aus dem Fenster und stellten Fragen:

›Mama, ist das da ein Bein?‹

›Ist das ein totes Bein?‹

›Wem gehört das Bein?‹

›Ist das ein Panzer?‹

›Und ist das da ein Kind? Ist das Kind tot?‹

›Wie ist es gestorben?‹

›Warum?‹

Am ukrainischen Checkpoint wurde es leichter. Unser Soldat beugte sich herunter, steckte nicht sein Gewehr, sondern seinen Kopf durchs Fenster und sagte auf Ukrainisch: ›Dobrogo dnya. Gehören die Kinder zu Ihnen? Wie viele Jungen und Mädchen? Wie viele insgesamt?‹

Das brachte mich durcheinander, ich antwortete: ›Drei im Auto, ein Mädchen und zwei Jungen, und meine Große hinten im Kofferraum, anders haben wir nicht reingepasst.‹ Und da lacht er und tätschelt mir die Wange. Holt aus den Kisten, die da stehen, Bonbons und Spielzeug, sagt: ›Hier, verteilt das unter den Kindern.‹ Und da brechen wir alle in Tränen aus, alle gleichzeitig, kannst du dir das vorstellen? Wir weinten zum ersten Mal seit Kriegsbeginn. Und ich hörte nicht mehr auf zu weinen, bis wir in Deutschland waren. In Deutschland weinte ich auch. Weil sich die Welt plötzlich vom Kopf auf die Füße stellt, weil niemand mehr auf dich schießt, nichts explodiert, du nachts nicht vom Heulen der Flugzeuge und dem Rasseln der Panzerketten geweckt wirst. Du bist gerettet, du und deine Kinder. Ihr habt es aus dem Bombenhagel geschafft. Aber du bist nicht mehr du. Du bist kein Mensch mehr, du bist ein Flüchtling. Oder anders: Der Flüchtling – das bist jetzt du.

Es ist ein Schock, zu einem Stapel fremder Sachen zu gehen, die freiwillige Helfer gesammelt und für dich bereitgelegt haben, und um eine Packung Windeln zu bitten. Es ist ein Schock, wenn du gefragt wirst: ›Welche Kleidung brauchen Sie?‹, und du weißt nicht, wie du antworten sollst – jetzt ist Frühling, aber bald ist Sommer, was brauchen wir?

Sie fragen: ›Was fehlt Ihnen?‹

Und ich antworte automatisch: ›Nichts, wir haben alles!‹

Aber dann fällt mir ein, dass wir gar nichts haben. Überhaupt nichts.

Ich hatte alles im Leben. Uns hat es an nichts gefehlt. Warum stehe ich jetzt hier und wühle in einem Haufen fremder Sachen, um meine Kinder für die Weiterreise anzuziehen? Eine Reise, die uns immer weiter von unserem Zuhause wegbringt, das ich so sehr geliebt habe?

Jeder Abend, jede ruhige Nacht verwandelte sich in Folter, weil die Kinder vor dem Schlafen wissen wollten: ›Lebt Papa noch?‹

›Was denkst du, Mama?‹

›Mama, sag schon?‹

›Wann fahren wir zurück nach Hause?‹

›Wie geht es den Hunden?‹

›Haben sie keine Angst vor den Schüssen?‹

Ich hatte jedes Mal andere Antworten. Als wir auf der Flucht waren, wussten wir bereits, dass unser Nachbar erschossen worden war. Die Chancen, dass unsere Männer überlebten, waren sehr gering.

Weißt du, was witzig ist? An dem Tag hatte meine Mutter Pfannkuchenteig angerührt und am Herd stehen lassen. Ich versuchte mich die ganze Zeit zu erinnern, ob sie Öl hineingetan hat, wenn nicht, brennen sie doch an …«

Erst nach einem Monat bekam Tania einen Anruf von jemandem, der in ihrem Haus Zuflucht gesucht hatte. Er sagte, Bohdan sei am Leben, er habe sich retten können. Aber die Schäferhunde seien von den russischen Soldaten erschossen worden – das Bellen hätte sie genervt.
Noch eine Woche später meldete sich Bohdan selbst aus Kyjiw. Er erzählte ihr die Geschichte ihrer Nachbarn: Ljuda, Pascha und Sascha. Und sagte, dass er die Soldaten angefleht hätte, die Hunde nicht zu erschießen. Tania sagt:
»Was hätte er schon tun sollen?« Und hält sich die Hand vor den Mund.

Als Tania und ich uns treffen, läuft der dritte Kriegsmonat. Zu diesem Zeitpunkt haben Tania und ihre Kinder bereits sieben Mal den Wohnort gewechselt. Wir rufen Bohdan per Video in Kyjiw an. Er spricht langsam und sachlich, versucht die Fassung zu bewahren.
»Hallo, mein Schatz. Ich bin okay. Ich vermisse euch. Wie geht's den Kleinen?« Ein langes Gespräch ist für beide zu viel.
»Über diese drei Monate ohne einander können wir nur persönlich sprechen«, sagt Tania. »Ich vermisse ihn. Ich will nach Hause.«
Sie fasst mich am Arm und fragt: »Hast du ein Zuhause?«
Ich weiß es nicht: Ich bin aus meiner Heimatstadt weg, dann aus der Stadt, in der meine Kinder geboren wurden, und dann aus meinem Land. Ich lebe in einer Mietwohnung in einem fremden Land, das sich nicht sonderlich über meine Anwesenheit freut, aber woanders kann ich nicht hin. Diese Mietwohnung nenne ich seit acht Jahren mein Zuhause. Seit dem Moment, als mein Land Tanias Land überfallen hat, was schließ-

lich zum großen Krieg führte, der nun auch Tania ihr Zuhause genommen hat.

»Ich glaube nicht«, antworte ich.

»Dann wirst du es nicht verstehen.«

»Was meinst du?«

»Vor dem Krieg war ich vollkommen glücklich. Aber ich hatte keine Erklärung dafür, ich konnte es nicht formulieren. Jetzt verstehe ich plötzlich alles.

Ich bin unglücklich.

Hier kümmert man sich um uns, wir haben es gut, man kauft uns Kleidung, meine Kinder gehen zur Schule, wir bekommen psychologische und medizinische Hilfe, wir haben Freunde, alles! Aber ich will nach Hause. Ich will zu Bohdan, ihn riechen, zu Hause neben ihm aufwachen.

Hier kann ich mir die einfachsten Fragen nicht beantworten: Wie geht es weiter? Wo sind wir? Wer sind wir? Wann werde ich wieder auf meine Terrasse treten und in meinen Himmel blicken?

Es sieht nur so aus, als wäre der Himmel überall gleich. Ich erinnere mich an den Himmel über unserem Haus. Ich sehe ihn vor mir … Verstehst du?«

Sie schüttelt den Kopf. Beugt sich zu mir. Sagt: »Es ist wie bei Pflanzen: Man kann sie überallhin verpflanzen, in jeden Topf, sie werden sich irgendwie anpassen. Aber es gibt einen konkreten Platz, einen Ort, ein Klima, in dem diese Pflanze gewachsen ist, wo die Erde und die Luft selbst sie genährt, sie stärker und schöner gemacht haben, wo sie ihre Wurzeln hat. Weißt du, was das ist? Das ist Heimat. Meine Heimat, mein kleines Stück Land, das mir die russischen Soldaten weggenommen haben – sie haben mich samt der Wurzel aus meinem Boden gerissen, und jetzt bin ich hier. Ich werde hier nicht ankommen, ich will hier nicht ankommen, Katja.«

Sie holt wieder ihr Telefon raus.

»Hier, sieh dir das an.«

Ich sehe Bilder, die Bohdan in ihrem Haus gemacht hat, nachdem die russischen Soldaten weg waren: Auf dem Boden liegen Müll und Dreck, schmutzige Mullbinden, irgendwelche Sachen, die Fenster sind eingeschlagen, in den Wänden Schusslöcher, die Matratze ausgeweidet, der Inhalt des Kleiderschranks auf dem Boden verteilt, von dem Fernseher sind nur die Wandhalterung und die Antenne übrig, die Waschmaschine ist zerbeult, aber steht an ihrem Platz – die konnten sie wohl nicht tragen.

»Das ist mein Zuhause, unser Zuhause«, sagt Tania. Nichts weiter.

Im Oktober 2022 schickt mir Tania ein neues Video. Ich habe es mir viele Male angesehen, ich kenne es auswendig. In dem Video rennen ihre Kinder durchs Haus, berühren mit den Händen die Fenster, die Türen, die Veranda. Tania selbst umarmt die alten Nachbarinnen, dann bückt sie sich plötzlich und geht in die Hocke, die Kamera fängt zwei weiße Steinplatten in der Erde ein – die Gräber ihrer Hunde, die Namen sind nicht zu erkennen.

In der nächsten Einstellung kommt ein Beagle auf Tania zugerannt – er konnte sich retten, als die Besatzer ins Dorf kamen. Er springt an Tania hoch, leckt ihr die Tränen vom Gesicht.

Tania geht ins Haus und sagt: »Ich bin zurück.« Das Video endet.

Ein paar Wochen später rufen sie mich über Video an: Tania, Bohdan, Ljuda, Sascha, die Kinder. Sie sitzen am Tisch im großen Haus. In den Rahmen sind neue Fensterscheiben, der Müll ist weggeräumt, die Glühbirnen sind noch nackt, und an den Fenstern fehlen die Vorhänge, aber das Haus wirkt belebt.

Es fällt mir schwer, mit ihnen zu sprechen, ich habe Angst, loszuweinen. Aber ich bedanke mich für den Anruf und dafür, dass sie russisch mit mir sprechen. Ich weiß, dass viele Ukrainer jetzt nicht mit Russen sprechen wollen, besonders nicht auf

Russisch, und sie haben jedes Recht dazu. Das sage ich zu Tania, nachdem wir die Neuigkeiten ausgetauscht haben.

Sie denkt kurz nach und antwortet: »Ich habe keinen Hass. Ich wünsche niemandem das, was wir erlebt haben. Niemand braucht das. Es wird niemanden etwas lehren. Weißt du, was der Krieg mich gelehrt hat? Dass man eine ausweglose Situation, eine Situation, die man nicht kontrollieren kann, besser erträgt, wenn man sich um jemanden kümmert: Sei es jemand, mit dem du spielen, ein Haustier, das du streicheln kannst, jemand Älteres, den du nach seinem Leben ausfragen kannst – alte Menschen mögen es, wenn man sie fragt, wie es war, als sie jung waren, dann fangen sie sofort an zu lächeln –, oder sei es ein Garten, den du pflegen kannst. Hass wird deinen Schmerz nur größer machen.

Wir sind nach Hause zurückgekehrt, wir haben angefangen, es wieder zu unserem Zuhause zu machen.

Und da dämmerte mir, was uns passiert ist, Katja: Es ist nicht einfach nur ein Krieg, nicht nur Land gegen Land, Soldat gegen Soldat. Das ist ein Kampf zwischen Licht und Dunkel, Gut und Böse. Gegen wen haben sie in unserem Dorf gekämpft? Es war kein einziger ukrainischer Soldat hier, nichts von strategischer Bedeutung, nur Menschen, die in ihren Häusern gelebt, ihre Kinder, ihre Hunde und ihr Land geliebt haben. Geliebt …

Und sie sind gekommen, um das zu zerstören, sie schossen, um zu schießen: auf uns, unsere Häuser, aufeinander – sie knallten sich gegenseitig ab, verstehst du? Sie wussten überhaupt nicht mehr, was sie taten, sie waren keine Menschen mehr. Ich habe Angst um sie. Es ist so leicht, das Menschliche in sich zu verlieren. Aber findet man es jemals wieder?«

Ich frage Tania: »Werdet ihr uns irgendwann verzeihen können?«

Sie schweigt einen Moment lang und antwortet dann: »Weißt du, Katja, verzeihen kann man vielleicht, aber die Frage ist, was wir daraus ziehen, was wir lernen, wie wir damit weiterleben. Wir können unsere Nachbarn ja nicht gegen andere eintauschen. Es geht also nicht ums Verzeihen, sondern darum, wie wir nebeneinander existieren. Ich glaube, das ist wichtig. Ich habe darauf noch keine Antwort. Ich weiß nicht, was ich meiner Tochter erzählen soll. Wir haben gerade ihren fünften Geburtstag gefeiert, und als sie die Kerzen ausgepustet hat, hat sie sich gewünscht, dass die Hunde wieder aufwachen und der Krieg vorbeigeht.«

Am 23. November 2022, als Russland über hundert Raketen auf die Ukraine abfeuerte, versuchte ich stundenlang erfolglos, Ljuda, Tania und Bohdan zu erreichen.
Später erfuhr ihr, dass Tania in Kyjiw war – ihre älteste Tochter wurde am Knie operiert, am Tag des groß angelegten Angriffs versuchten sie über eine Stunde lang, bei Glatteis von einer Straßenseite auf die andere zu kommen, um ins Auto zu steigen und nach Vyshehrad zu fahren.
Erst abends schrieb mir Tania: »Mach dir keine Sorgen, uns geht es gut. Strom gibt es nur ein paar Stunden am Tag, aber wir haben uns arrangiert: Wir füllen Wasser ab, heizen den Kamin. Für die Kinder habe ich Lichterketten an die Heizungen gehängt, sie warten förmlich darauf, dass es dunkel wird.«
Ich lade Tania, Bohdan, Ljuda, Larissa, Natascha, Vitali und alle, die ich in der Ukraine kenne, zu mir ein, bis wenigstens das Schlimmste vorbei ist. Alle bedanken sich höflich und sagen, dass sie so lange zu Hause bleiben wollen, wie es geht. Tania schreibt: »Kann ich dich etwas fragen? Aber sei bitte ehrlich.« – »Natürlich, Taniuscha.«

Tania [26. 11. 2022, 21:32]
»Katja, wie ist es eigentlich in Russland? Was sagen die Menschen dort über den Krieg?«

Tania [26.11.2022, 21:35]

»Verstehen sie überhaupt, was passiert? Ist es wahr, dass sie sich darüber freuen, dass unsere Kinder nicht in die Schule und in den Kindergarten gehen können? Freuen sie sich wirklich, dass die Menschen frieren, dass sie kein Wasser haben? Ist es wahr, dass sie wissen, dass auch Alte und kleine Kinder, Neugeborene in den dunklen, kalten Wohnungen sitzen, sich nicht waschen können, nicht aufwärmen, dass die Menschen ihre Kinder an Tankstellen bringen müssen, um ihre Beatmungsgeräte anzuschließen, dass für manche eine warme Mahlzeit gerade unerreichbar ist? Ist es wahr, dass sie das alles wissen und trotzdem wollen, dass die Bombardierungen weitergehen?«

Tania [26.11.2022, 23:04]

»Weißt du, Katja, wir sind mittlerweile zu allem bereit, solange die Ukraine gewinnt. Wenn man weiß, wofür man leidet, lässt sich alles leichter ertragen. Aber ich wüsste gerne, wie die Russen sich ihr Unglück erklären. Wofür ertragen sie ihr schweres, unfreies Leben, verbiegen ihr Gewissen? Hast du sie das mal gefragt, Katja? Was antworten sie dir?

Wir wissen, wofür wir kämpfen, aber ihr?«

Ich versuche, ehrlich zu sein. Ich antworte, dass natürlich nicht alle so denken. Aber dass die überwiegende Mehrheit für richtig hält, was passiert. Ich schreibe Tania, dass ich nicht genau weiß, ob die Menschen, die den Krieg unterstützen, wirklich verstehen, wie viel Unglück er bringt. Ich schreibe, dass ich nicht weiß, ob man den Menschen im russischen Fernsehen von dem Leid der ukrainischen Bevölkerung erzählt: von der Dunkelheit, der Kälte, dem Tod, den die russischen Raketen bringen. Und ich bitte sie um Verzeihung, dass ich nichts tun kann, um mein Land zu stoppen.

RING

Sie wirkt gehetzt. Ihr Gesicht ist grau, die Augen geschwollen und rot, die Haare schauen wirr unter der Kapuze hervor. Ihre Hände zittern. Sie hat Kunstnägel, auf einem klebt ein Strassstein.

Wir treffen uns am Bahnhof einer Kleinstadt mitten in Sibirien, der Nachbarstadt zu ihrer.

Trotzdem hat sie Angst, dass sie jemand erkennt.

Sie richtet sich immerzu die Kapuze und schaut sich nervös um.

»Ändern Sie bitte meinen Namen und die Stadt. Geht es nicht vielleicht auch ganz ohne Namen? Einfach: junge Frau, Kriegswitwe?«

»Das geht nicht«, sage ich. »Name und Stadt sind wichtig. Die Menschen, die das lesen, müssen sich vorstellen können, wer Sie sind, wie das alles passiert ist.«

»Tja, es ist passiert. Was sollen wir jetzt damit tun? Davon haben wir sicher nicht geträumt. Im Gegenteil …«

Was das Gegenteil ist, spricht sie nicht aus.

Stattdessen reicht sie mir einen Fotostreifen aus dem Automaten. So welche, wie sie Frischverliebte bei einem Date machen: Zwei junge Menschen, die in die Kamera lächeln und lustige Grimassen schneiden. Von dem Blitz sind ihre Augen rot, die Gesichter glänzen.

»Da waren wir in Moskau, bei der Weltmeisterschaft. Wir konnten uns den Eintritt ins Stadion nicht leisten, also sind wir einfach herumgelaufen und haben uns die Leute angeschaut. Das war 2018, erinnern Sie sich? Es war Ljoschas Idee, da hinzufahren. Nicht wegen dem Fußball, sondern wegen der Stadt, der Menschen, die sie besuchen. Die ganze Welt war bei uns zu Besuch. Es war richtig schön, ein Fest! Ich glaube, damals haben wir beschlossen, dass wir unsere Hochzeitsreise ins Ausland machen, wenn wir heiraten. Wir wollten in die Türkei, nach Antalya. Ich habe auf *Instagram* gesehen, dass sie dort am Strand so schöne Fotosessions für Hochzeitspaare machen, allein dafür hätte es sich gelohnt: eine Erinnerung fürs Leben. Wir hatten sogar schon die Ringe. Jetzt kann ich sie nicht mehr sehen, die waren ja am Ende an allem schuld.

Also, lassen wir Ljoschas Namen stehen – über Tote lügt man nicht, das ist ein schlechtes Omen. Aber meinen ändern Sie bitte, okay?

Sie können mich Natascha nennen, ja? Aber die Stadt lassen Sie weg. Es ist eine Kleinstadt, da kennt jeder jeden. Und ich arbeite ja an der Schule. Da steht man unter Dauerbeobachtung.

Ich wollte nie als Lehrerin arbeiten, ich habe die Stelle nur vorübergehend angenommen, damit ich nicht arbeitslos bin. Bei uns gibt es nicht viel Auswahl – der Supermarkt oder die Schule. Ljoscha sagte: ›Geh du zur Schule, ich verdiene das Geld.‹ Wenn Sie das für Ihre Leser brauchen, schreiben Sie Republik Komi. Hier sieht es eh überall gleich aus.

Auch das Leid ist jetzt bei allen gleich. Hier, noch ein paar Fotos.«

Sie holt ausgedruckte Fotos aus ihrer Handtasche, reicht sie mir: »Das sind wir ein Jahr vor der Armee, da waren wir mit Freunden angeln. Hier sind wir auf einer Hochzeit von Freunden. Und das ist bei seiner Verabschiedung. Wir haben Lieder gesungen. Wie hätten wir das alles kommen sehen sollen?

Unser Plan war: Er geht zur Armee, verdient ordentlich, wir heiraten, und dann können wir uns gemeinsam etwas aufbauen. Ljoscha wollte studieren, aber wir dachten, das kann er dann immer noch. Er hat sich zum Dienst gemeldet und gleich im ersten Monat den Vertrag unterschrieben. Wir waren zufrieden, dass alles nach Plan läuft, er hat es mir sogar so geschrieben: ›Alles läuft nach Plan, Süße, die Heimat gibt uns zu essen, zieht uns an, das Geld kommt rein.‹

Seine Mutter hat sich natürlich Sorgen gemacht – Ljoschas Vater war beim Militär, sie mussten viel umherziehen deswegen. Aber wir haben sie überzeugt, dass alles gut wird, dass wir nur etwas Geduld haben müssen. Und Ljoscha hat sich nie beschwert. Als der Winter kam, brachte ihm seine Mutter warme Sachen, er hatte ihr geschrieben, dass sie frieren. Aber da waren sie noch hier in der Nähe stationiert. Dann wurden sie in die Oblast Belgorod an der ukrainischen Grenze versetzt. Dort haben wir ihn nicht mehr besucht. Nur telefoniert an Silvester. Er fragte: ›Wie läuft's mit dem Geld, gibst du auch nicht zu viel aus?‹

Ich hatte ja seine Bankkarte. Da kam das Geld an: 60000 Rubel im Monat. Ich bezahlte davon die Nebenkosten für uns und seine Mutter, den Rest sparten wir. Einen Sohn und Freund wie ihn kann man sich nur wünschen. Alle anderen saufen und treiben sich nur rum, aber Ljoscha sorgte für mich und seine Mutter.

Am 21. Februar schrieb er, dass es Probleme mit der Verbindung geben würde. Sonst nichts. Danach hatten wir keinen Kontakt.

Dann erfuhren wir, dass es losging … Ich kann nicht sagen, was, das verbietet das Gesetz. Offiziell heißt es militärische Spezialoperation, aber das sagt bei uns niemand. Man umschreibt es irgendwie, und alle wissen, was gemeint ist.

Ljoscha wurde am 26. Februar bei Mala Rohan gefangen genommen, wie wir später erfuhren. Wir erkannten ihn auf einem Video.

Auf dem Video sagt er, er habe nicht gewusst, wohin man sie schickt, und dass er nicht geschossen hat, weil er gleich in Gefangenschaft geriet. Unter dem Video habe ich einen Kommentar hinterlassen. Zuerst wurde ich nur von Ukrainern beschimpft, aber dann hat jemand meiner Mutter geschrieben, dass er helfen könne, ihren Sohn da rauszuholen, und dass wir um ihn kämpfen müssten.

Also beschlossen seine Mutter und ich zu kämpfen.

Damals habe ich Ihnen zum ersten Mal geschrieben, erinnern Sie sich? Sie haben uns angeboten, ein Interview aufzunehmen, gesagt, dass es etwas bringen könnte, an die Öffentlichkeit zu gehen. Wir hatten uns eigentlich schon dafür entschieden. Aber dann kam die Kommandantur zu uns. Direkt zu uns nach Hause. Sie sagten, wir sollten bloß die Füße stillhalten. Und den Mund schön geschlossen. Bald würde es eine Offensive geben, dann holen sie unsere Jungs da alle wieder raus. Das sagte dieser Typ zu uns. Er fuhr fort, dass wir Probleme bekommen würden, wenn wir zu viel mit irgendwelchen Journalisten reden: Ljoschas Mutter auf der Arbeit, und ich am Institut. Sie ließen uns ein Lebensmittelpaket da: Brot, Fleischkonserven und Saft. Zum Abschied meinten sie noch, wir sollten durchhalten, Ljoscha würde bald nach Hause kommen, sie würden ihn nicht im Stich lassen.

Aber es passierte nichts. Nur sein Geld kam nicht mehr. Seine Mutter ging zum Militäramt, die sagten ihr: Welches Geld? Kämpft er etwa?

Sie legte sich lieber nicht mit ihnen an. Sagte, wenn wir Druck machen, schaden wir ihm vielleicht nur, und dann holen sie ihn gar nicht da raus. Na gut, dachte ich, wenigstens ist er am Leben.

Aus der Gefangenschaft hat Ljoscha drei Mal angerufen. Einmal mich und zweimal seine Mutter. Er hat nichts Besonderes erzählt, nur dass alles okay ist, er uns vermisst und nach Hause will. Was hätte er auch sagen sollen? Er war ja nicht alleine. Er wurde mit gefesselten Händen vor die Kamera geführt, jemand hielt das Telefon, und er sprach hinein. Ljoscha sah nicht gerade gut aus, aber er schien unverletzt zu sein. Er sagte, dass er mich liebt und dass ich auf ihn warten soll.

Am 20. September bekamen wir einen Anruf vom Militäramt. Man sagte uns, wir sollten Ljoscha morgen abholen kommen. Er sei auf dem Weg.

Ich konnte die ganze Nacht nicht schlafen. Seine Mutter und ich deckten den Tisch. Als ich das Bett bezog, brach ich plötzlich in Tränen aus. Gott sei Dank, dachte ich, das Warten hat ein Ende. Wissen Sie, ich dachte noch, wie gut, dass er nur so kurz dagewesen ist und kein Unheil anrichten konnte. Mein Vater hat in Afghanistan gekämpft. Meine ganze Kindheit hindurch hat er getrunken. Und wenn er betrunken war, drehte er durch. Er sah überall Gespenster. Nachts brachte entweder er irgendwen um, oder er wurde selbst getötet.

Ich dachte, Gott sei Dank wird es bei Ljoscha anders sein. Was kann er schon in drei Tagen Krieg groß gesehen haben?

Das dachte ich.

Er wurde mit drei anderen zurückgebracht, alle aus unserem Viertel. Im Bus sah ich ihn sofort. Er hatte sein Gesicht ans Fenster gelehnt, schaute nicht in unsere Richtung. Wir warteten mit Blumen auf ihn. Brachten ihn nach Hause. Er war sehr dünn. Wir stellten das Essen auf den Tisch. Seine Mutter hatte seine Lieblingspiroggen gemacht, mit Eiern und mit Kohl. Und ich Schweinefleisch mit Mayonnaise und Tomaten überbacken, kennen Sie das? Er duschte, zog sich um, setzte sich an den Tisch. Und ich sehe, irgendetwas stimmt nicht: Er isst mit der linken Hand.

Verstehen Sie, das war nicht gleich klar. Vielleicht bin ich dumm, dass ich es nicht gleich gemerkt habe, ich mache mir deswegen Vorwürfe. Aber er hat den rechten Arm irgendwie immer versteckt. Und da sagte ich zu ihm: ›Ljoscha, warum isst du denn mit links?‹

Da fing sein Kinn an zu zittern, er warf die Gabel hin und ging auf den Balkon rauchen.

Seine Mutter zischte mich an: ›Lass ihn doch in Ruhe, alles musst du wissen.‹ Er rauchte auf, kam wieder rein und sagte:

›Ma, schenk uns was ein! Lasst uns trinken, Mädels. Und keine Fragen mehr. Was geschehen ist, ist geschehen.‹

Wir stießen an. Saßen eine Weile zusammen. Das Gespräch kam nicht in Gang. Was sollten wir ihm erzählen? Dass Sonja und Pascha, mit denen er zur Schule gegangen ist, einen Sohn bekommen haben? Und wir nicht, wir haben keinen Sohn bekommen. Dass Tante Ljuda gestorben ist, die Tante seiner Mutter? Interessiert ihn das denn gerade? Oder hätten wir über Politik sprechen sollen?

Also schwiegen wir uns an. Seine Mutter weinte leise. Wir tranken noch ein Gläschen, dann ging sie nach Hause.

Ich sagte: ›Wollen wir schlafen gehen?‹ Ich war noch so dumm gewesen, unsere Verlobungsringe aufs Bett zu legen. Extra in einem hübschen Kästchen. Ich dachte, nach all dem ist das doch so etwas wie unsere Hochzeitsnacht. Ich habe mich vorbereitet, rasiert und so weiter. Ich war ihm die ganze Zeit treu. Ich wollte so sehr, dass er zurückkommt, dass wir uns wiedersehen und uns berühren, ich habe mir so oft vorgestellt, wie er mir diesen Ring an den Finger steckt. Ja, davon habe ich geträumt, ich gebe es zu, warum nicht. Aber es kam alles anders. Ljoscha ging ins Schlafzimmer, sah das Kästchen mit den Ringen auf dem Bett, gab mir einen Kuss auf die Wange, und das war's. ›Tut mir leid, ich schlafe besser auf der Couch.‹ Und dann drehte er sich um.

Ja, ich war dumm. Aber ich ließ mir meine Enttäuschung nicht anmerken. Ich umarmte ihn, sah ihm in die Augen und sagte: ›Ljoscha, du bist mein Ein und Alles, ich werde dich immer lieben, egal, was ist. Alles wird gut, du musst mir nur vertrauen.‹ Er schob mich weg und ging schlafen.

Am nächsten Morgen machte ich Frühstück. Ich ließ extra das Nachthemd an, mein schönstes, fast durchsichtig. Ich trug die Haare offen. Er umarmte mich von hinten und gab mir einen Kuss auf den Kopf, so ganz zärtlich, wissen Sie. Und ging aus dem Haus.

Ich dachte, er geht rauchen. Ich dachte noch, es tut sich was bei uns.

Aber er ist in den Schuppen gegangen und hat sich am Balken aufgehängt.

Als ich Ljoscha vor der Beerdigung wusch, sah ich es zum ersten Mal: An seiner rechten Hand waren alle Finger abgehackt. Da waren nur noch lila Stumpen.

Das war's.«

LINSE

Mitte April 2022 treffe ich Ljuda am Berliner Ostbahnhof. Sie wollte ihre Tochter mitbringen. Zur verabredeten Zeit stehe ich am gelb-blauen Würfel, der in mehreren Sprachen ukrainische Geflüchtete in Deutschland willkommen heißt, und halte nach den beiden Ausschau.

Ljuda entpuppt sich als kleine, zierliche Person.

Sie kommt durch die bunte Berliner Menge auf mich zu und winkt mit links. Den rechten Arm schont sie auffällig. Aber vielleicht fällt es auch nur mir auf.

Neben Ljuda läuft Sascha, ihre Tochter. Um das Eis zu brechen, sprechen wir über Saschas Plattfüße. Einigen uns darauf, dass sich das mit der Zeit auswachsen wird.

Dann sagt Ljuda: »Das ist alles so nebensächlich. Aber gerade dachte ich plötzlich, wie sehr ich das brauche – einfach über Nebensächlichkeiten zu sprechen.«

Sie fügt hinzu: »Danke.« Und lächelt. Damals fiel mir zum ersten Mal auf, dass sie in schwierigen Situationen lächelt.

Ich treffe Ljuda, um ein Interview für den Dokumentarfilm über Geflüchtete aufzuzeichnen, den ich gerade drehe. Drei Filmstudios haben mir abgesagt, weil niemand mit russischen Journalisten arbeiten wollte, zumal zwei von den Studios von Ukrainern geführt werden. Leider alles verständlich.

Das erzähle ich Ljuda, um zu erklären, warum wir das Interview in der Wohnung einer Bekannten aufzeichnen werden – einer erfolgreichen russischen Geschäftsfrau, die Russland kurz nach dem 24. Februar verlassen hat.

Die Wohnung wird gerade renoviert. Das verstärkt das Gefühl von Unbehaustheit, das wir beide gut kennen. »Seit Februar ist es, als ob ich unserer Welt dabei zuschaue, wie sie bergab rollt, hüpfend wie ein Ball«, sagt Ljuda. Ich hätte es nicht treffender beschreiben können.

Noch bevor wir anfangen, fröstelt es Ljuda. Sie gibt zu, dass sie Angst hat: Indem sie zugestimmt hat, mir ihre Geschichte zu erzählen, stimmte sie freiwillig zu, sie noch einmal zu durchleben. Ich frage sie wieder, ob sie wirklich bereit ist. Ljuda nickt.

»Ich schätze, das, was wir erlebt haben, ist etwas, das alle erleben, die aus dem Fleischwolf des Kriegs in die Falle des Hasses geraten, der durch diesen Krieg entfesselt wurde. Meine Geschichte ist in ihren Einzelheiten besonders. Aber eigentlich handelt sie nicht von mir. Sie handelt von den Menschen. Manche verwandelt der Krieg schnell zu Bestien. Ich habe solche gesehen: Man gibt ihnen eine Waffe, und sie verlieren sofort alles Menschliche. Verlieren ihr Gewissen und Mitgefühl. Ich habe gesehen, wie schnell das geht.

Manche sind anders. Sie brechen nicht. Sie … Sie spüren nicht das Recht des Stärkeren hinter sich, die Waffe in ihrer Hand veranlasst sie nicht dazu, alles und jeden um sich herum sofort zu vernichten. Verstehen Sie, was ich meine? Das ist eine Barmherzigkeit, die über das Mitgefühl mit einer konkreten Person hinausgeht, eine Achtsamkeit im Umgang mit Menschen, die eigentlich uns allen angeboren sein sollte, wir sind doch alle Menschen. Aber manche vergessen das sehr schnell. Und verlieren ihre Menschlichkeit. Ich habe es gesehen, Katja. Das ist schrecklich. Aber ich habe auch anderes gesehen … Weil ich davon erzählen wollte, habe ich diesem Interview zugestimmt.«

Ich schreibe dieses Kapitel im Spätherbst 2022. Im April hatten wir alle eine andere Sensibilität gegenüber Worten und Emotionen. Im April 2022 war Ljuda die erste Person, die ich traf, die die Hölle des Kriegs erlebt hatte und das Wort Barmherzigkeit in den Mund nahm.

Ich hatte vor diesem Interview genauso viel Angst wie Ljuda.

Wir füllten lange Wasser in die Gläser, setzten uns umständlich hin, schauten immer wieder auf unsere Handys. Gingen raus zum Rauchen. Tranken Kaffee. Packten Butterbrote aus und wieder ein, weil es unmöglich war, etwas zu essen. Ich habe gewartet, bis sie bereit war. Und dann sagte sie selbst: »Ich werde nie bereit sein. Ich fange einfach ganz von vorne an, okay?«

Ljudas Geschichte. Teil 1

»Vor ein paar Jahren lernte ich Pascha kennen, das hat mein Leben sehr verändert. Pascha war um einiges älter als ich, viele hatten kein Verständnis für unsere Partnerschaft. Ich kann es Ihnen nicht erklären, aber ich fühlte mich wohl mit Pascha. Ich hatte vor nichts Angst. Pascha akzeptierte mich mit meiner Tochter. Wir zogen zusammen. Ich bewunderte ihn: Pascha war Kinderaugenarzt. Ein Arzt vor dem Herrn, wie man so sagt. Er erzählte nicht oft von seiner Arbeit, aber wenn, dann hörte ich mit angehaltenem Atem zu.

Es gibt Menschen, die sind heilig, wissen Sie? Pascha war ein Heiliger.

Ich vertraute ihm, ich glaubte an ihn. Wie soll ich sagen? Das nennt man wahrscheinlich Glück. Als ich hörte, dass die russischen Soldaten uns befreien kommen, war ich ehrlich erstaunt: Vor wem wollen sie uns denn befreien? Wir sind doch frei! Wir lebten, liebten, sprachen die Sprache, die wir sprechen wollen. Ich habe mein ganzes Leben lang Russisch gesprochen, na und? Pascha genauso.

Im Februar haben wir uns nicht auf einen Krieg vorbereitet. Nur einmal haben Pascha und ich besprochen, dass wir, falls etwas passieren sollte, auf unsere Datscha in Vyshehrad fahren. Das ist etwa vierzig Kilometer westlich von Kyjiw. Wir hatten dort ein kleines Häuschen mit Banja, alles mit den eigenen Händen gebaut. Wir haben so viel Liebe, so viel Herzblut hineingesteckt.

Aber der Krieg begann. Um vier Uhr morgens, wie bei allen. Wir fuhren nicht auf die Datscha. Pascha ging zur Arbeit, er hatte eine OP an dem Tag, und Sascha und ich blieben zu Hause.

Nur langsam drang es zu uns durch: Es war wirklich Krieg. Und wir mittendrin. Man hatte uns überfallen. Sie waren gekommen, um uns zu vernichten.

Auch wenn ich das gerade so sage, und die Worte an sich ungeheuerlich sind, konnten wir unmöglich begreifen, dass es um uns geht, dass sie uns töten wollen. Niemand glaubt an seinen eigenen Tod, oder?

Am dritten Kriegstag beschlossen wir, nach Vyshehrad zu fahren. Der Verstand kann das Ausmaß einer Katastrophe wie einen Krieg nicht vollständig fassen, er nimmt alles in Bruchstücken, Ausschnitten wahr. Deshalb planten wir nur, bis Montag auf der Datscha zu bleiben. Am Montag musste Pascha wieder ins Krankenhaus.

Wir fuhren den russischen Truppen in die Arme. Aber davon wussten wir noch nichts. Wir kamen an, heizten das Haus, aßen zu Abend. Und dann begann es zu dröhnen, erst leise, dann immer lauter. Dieses Dröhnen ist das vorherrschende Geräusch des Krieges. Es wächst an, und mit ihm das Grauen.

Aber wir blieben tapfer. Gingen rüber zu den Nachbarn Tania und Bohdan, die das ganze Jahr über im Dorf lebten. Sie hatten ein großes Haus, viele Kinder, zwei Hunde und andere Tiere. Sie hatten Bekannte aus Kyjiw da, die vor dem Krieg geflohen waren, und Freunde ihrer ältesten Tochter. Das Haus war voll, man hätte meinen können, man sei auf einer Familienfeier gelandet.

Wenn da nicht dieses Dröhnen gewesen wäre. Es schwoll an, kam näher.

Es gibt dieses Wort: Unabwendbarkeit. Dieses Dröhnen war die Unabwendbarkeit.

Aber wir ließen uns nicht unterkriegen. Als die Heizung ausfiel, hackten wir Holz, als das Licht ausging, zündeten wir Kerzen an, als das Wasser weg war, gingen wir zum Brunnen. Pascha und ich gingen zu zweit. Am Anfang war es, als würden wir einfach spazieren gehen, wie früher.

Als es richtig unheimlich wurde, ging Pascha alleine. Sascha und ich blieben zu Hause. Es war kein weiter Weg bis zum Brunnen, fünf Minuten hin, fünf zurück. Aber das Dröhnen kam immer näher. Vereinzelt hörte man schon Schüsse, Explosionen. Wir hatten Angst.

Ein paarmal wurde Pascha mit dem Auto abgeholt: Die Leute wussten, wer er war, und kamen, wenn in den Nachbardörfern ein Arzt gebraucht wurde. Sie brachten ihn nach Menshayevo, Kolonshchyna, noch irgendwohin. Er operierte, nähte Wunden zu. Uns erzählte er keine Details. Er sagte: ›Ihr braucht nicht zu wissen, wo ich war und was ich gesehen habe.‹

Das war am 3. März. Die Nacht war unruhig. Am nächsten Morgen zogen wir in die Banja um: Das Haus kühlte aus, wir konnten es nicht mehr richtig heizen.

Wir frühstückten. Pascha sagte, er müsse Wasser holen gehen, solange es hell ist. Sobald er wieder da war, wollten wir alle zusammen Tee trinken. Ich machte im Haus Wasser heiß, kam mit dem Wasserkocher in die Banja zurück. Aber Pascha kam nicht. Stattdessen kamen Soldaten. Sie schlugen mit ihren Stiefeln und Gewehrläufen gegen die Wände, schauten in die Fenster der Banja. Ich flüsterte Sascha nur mit den Lippen zu: »Drück dich an die Wand!« Ich selbst blieb wie angewurzelt im Eingang stehen, den Wasserkocher in der einen, Tassen in der anderen Hand.

Ich wunderte mich noch über das merkwürdige Russisch, das die Soldaten untereinander sprachen, sie hatten einen Akzent. Manchmal wechselten sie in eine andere Sprache, die ich nicht verstand, dann klangen nur einzelne russische Wörter durch. Durch den Türspalt konnte ich erkennen, dass sie eher klein waren, dunklere Haut und asiatisch aussehende Augen hatten. Sie schlugen mit den Gewehren gegen die Fenster und die Türen, fluchten.

Am meisten Angst hatte ich, dass sie die Tür eintreten würden. Das wäre unser Ende gewesen. Als Pascha raus war, hatte ich nicht richtig abgeschlossen, die Tür war nur angelehnt. Pascha sollte ja jeden Moment wiederkommen.

Sie schafften es nicht, die Haustür zu öffnen. Also stiegen sie durch das obere Stockwerk ein. Sie wussten nicht, ob jemand im Haus ist: Zuerst schossen sie, dann stießen sie die Zimmertüren mit dem Fuß auf, schossen wieder. So liefen sie durchs Obergeschoss, gingen die Treppe runter. Aber bis zur Banja kamen sie nicht. Kehrten um, stiegen wieder durch das Fenster im ersten Stock, das war Saschas Zimmer. Liefen wieder zur Haustür, traten dagegen, fluchten, weil sie nicht aufgehen wollte. Wechselten ein paar Worte und gingen weg.

Ich stellte ganze leise den Wasserkocher auf den Boden und schlich zur Tür, um sie abzuschließen. Ich hatte den Schlüssel gerade halb im Schloss gedreht, da machten sie kehrt und begannen, wahllos auf das Haus zu schießen. Eine Kugel ging durch die Tür und traf mich: mitten in meinen Brustkorb.

Am meisten wundert mich heute, dass ich nicht geschrien habe. Es tat nicht weh. Nur das Blut, das so heiß und dunkel aus dir heraussprudelt, versetzt dich in Schock. Ich hatte nicht einmal Angst um mich. Ich hatte Angst, weil Sascha da war und gleich sehen würde, wie ich sterbe.

Ich sagte: ›Sascha, ich wurde getroffen, aber hab keine Angst.‹ Sascha fing an zu schreien.

Ich flehte sie an: ›Saschenka, bitte, schrei nicht. Sie werden dich hören. Sie werden dich hören, zurückkommen und uns töten. Schrei bitte nicht, meine Kleine. Kriech vorsichtig zu mir herüber.‹

Sascha half mir, mich auf die linke Seite zu drehen, zog mich von der Banjatür weg, legte mich auf die Matratze, schob mir ein Kissen unter den Kopf. Das Blut kam langsam meine Kehle hoch. Sie deckte mich zu, weil es sehr kalt wurde. Dann legte sie sich neben mich und umarmte mich. Sie weinte lautlos. Dann beruhigte sie sich.

Ich weiß nicht, wie lange wir so dalagen. Aber ich spürte, wie das Leben aus mir wich. Langsam wurde es dunkel.

Ich weiß nicht, wie ich mich zu diesem Schritt entschlossen habe, aber eine andere Möglichkeit gab es nicht: Wenn wir nichts unternommen hätten, dann wäre ich entweder in Saschas Armen verblutet, oder die Soldaten wären irgendwann zurückgekommen und hätten uns beide getötet.

Ich sagte zu ihr: ›Saschenka, Pascha ist nicht da, und ich kann nicht aufstehen. Du bist die Einzige, die etwas tun kann … Lauf zu den Nachbarn, sag ihnen, dass deine Mutter verletzt ist.‹

Als Sascha zur Tür ging, stellte sich heraus, dass eine der Kugeln direkt ins Schloss getroffen hatte, es klemmte. Sie bekamen die Tür nicht auf.

Sie hatte sehr große Angst. Ich kann mir nicht einmal ausmalen, wie viel Angst sie gehabt haben muss.

Ich hätte mir nie vorstellen können, dass meine Tochter, meine Sascha, so stark ist: Ihre Mutter so zu sehen, blutüberströmt, mich hinzulegen, zuzudecken … Und dann alleine zu lassen. Verstehen Sie, was sie tun musste? Sie musste mich dort zurücklassen und alleine in diese Hölle raus, ganz alleine da durch. Die Erde dröhnte, es wurde ununterbrochen geschossen. Ihr war klar, dass vor unserer Tür die reinste Hölle herrschte. Und es gab niemanden, der sie hätte umarmen, an der Hand nehmen, durch diese Hölle führen und ihr versprechen können, dass alles gut wird.

Sie musste ganz alleine da durch: Das Letzte, was ich sah, war, wie Sascha ihren kleinen Rucksack nahm, ihre weiße Mütze aufsetzte, mir einen Kuss gab und aus dem Zimmer ging. Sie ging nach oben und kletterte vom Balkon auf den alten Birnbaum, der vor unserem Haus wuchs. Dann rannte sie über das Feld zu unseren Nachbarn, Tania und Bohdan.

Und ich lag da und dachte nur eins: Warum hat sie diese Mütze angezogen? Sie war doch weiß! In der Dunkelheit, auf dem schwarzen Feld, das von allen Seiten beschossen wurde, war sie damit wie eine lebende Zielscheibe. Warum? Warum nur? Ich hatte keine Kraft, sie zu rufen, sie davon abzuhalten, diese Mütze aufzusetzen. Ich schloss einfach die Augen. Ich lag da und betete, dass mein Kind überlebt.

Sie klopfte bei den Nachbarn, Tania und Bohdan, und sagte: ›Pascha ist nicht zurückgekommen, Mama ist im Haus eingesperrt, helfen Sie uns, retten Sie uns, bitte!‹

Bohdan ging zusammen mit seinem Bruder Volodymyr los, um mich zu befreien.

Kaum waren sie weg, kamen russische Soldaten in ihr Haus. Sie verpassten sich knapp. Als sie bei uns ankamen und sahen, dass die Tür nicht aufging, kehrten sie noch einmal zurück, um Werkzeug zu holen. Da sahen sie, dass ihre Hunde tot waren, erschossen, und im Haus – Soldaten. Sie sagten zu ihnen: Bei den Nachbarn ist eine Frau verletzt, sie braucht Hilfe. Der Kommandeur – sein Rufname war Staryj, der Alte – erwiderte, er würde mitkommen.

Er ging mit Bohdan zusammen zurück. Schoss das Schloss auf, sie kamen rein. Staryj rief sofort jemanden über Funk an. Sagte, er habe eine verletzte Frau, eine 300er, eine Einheimische, sie müsse ins Krankenhaus.

Der Arzt antwortete ihm, dass er wegen einer wie mir nicht mitten in der Nacht losgehen würde. Staryj fuhr ihn an.

Ich fragte Bohdan leise, ob er Pascha gesehen hätte. Bohdan antwortete: ›Ljuda, du musst jetzt an dich denken, du musst überleben, für Sascha.‹

Erst später erfuhr ich, dass mein Pascha von denselben Soldaten, die bei uns im Haus gewesen waren, auf dem Weg vom

Brunnen zurück erschossen wurde, direkt vor unserem Haus. Sie haben aus nächster Nähe auf ihn geschossen. Auf einen Arzt, der Kinder heilt, verstehen Sie? Ich habe seinen Körper nicht gesehen, ich habe ihn nicht beerdigt. Ich kann mir nicht vorstellen, wie jemand auf einen Menschen schießen kann, der zwei Eimer Wasser zu seiner Frau und seiner Tochter trägt. Was für ein Soldat bist du danach?

Du bist eine Bestie, eine Bestie, die alles Lebendige auslöscht. Ich hasse sie …

Ich habe Pascha nie wiedergesehen. Das letzte Mal war an diesem Morgen am 4. März. Ich verfluche diese Soldaten. Für immer, sie alle …

Verzeihen Sie.
Ich brauche Wasser.

Staryj, Bohdan und Wladimir trugen mich auf der Matratze in Bohdan und Tanias Haus. Jemand brachte Medikamente aus dem Stützpunkt. Sie gaben mir eine Spritze, klebten die Wunde zu, Staryj gab einen Befehl, die Soldaten banden die Matratze an eine Trage, mich an die Matratze und trugen mich durch den Wald zum Stützpunkt. Bevor wir aufbrachen, nahm ich noch mein Kreuz ab und gab es Sascha. Küsste sie. Und bat Bohdan, sich um meine Tochter zu kümmern, falls mir etwas passiert. Er nickte. Dann trugen mich die Soldaten weg.

Sie müssen zwanzig oder dreißig Minuten gelaufen sein. Ich verlor immer wieder das Bewusstsein, an den Weg erinnere ich mich nicht. Alles dröhnte. Die Wunde schmerzte, ich spürte meinen Arm nicht. Aber dieser Staryj lief die ganze Zeit neben mir. Ich muss ihn jedes Mal, wenn ich zu mir kam, nach Sascha gefragt haben. Einmal sagte er nämlich: ›Ljuda, ich verspreche dir, deiner Tochter passiert nichts. Ich gebe dir mein Wort.‹

Sie brachten mich zu ihrem Lager, legten mich in ein Auto und stellten einen Soldaten auf mich ab, der mich bewachen sollte.

Das war die schlimmste Nacht meines Lebens: Die Erde dröhnte nicht mehr bloß, ich war im Epizentrum des Gedröhns. Es ließ das Auto erzittern, in dem ich lag, mich selbst, meine Wunde.

Der Soldat trat mich ständig. Wenn er gekonnt hätte, hätte er mich umgebracht. Aber er konnte nicht. Staryj hatte ihm befohlen, mich zu bewachen. Er hasste mich, hasste diesen Befehl, er brüllte mich an: ›Wenn du dich rührst, verteil ich deine dreckigen ukrainischen Gedärme im ganzen Auto, du Schlampe! Mein Gewehr ist geladen, ich hab das Sagen hier, kapiert?‹ Ich lag auf der Seite und hielt still. Wenn er mich schlug, versuchte ich, nicht zu schreien, um ihn nicht noch mehr zu provozieren. Das ist das Bestialische: Je mehr das Tier sieht, dass es dir Schmerzen zufügt, desto wilder wird es.

Wenn ich ehrlich bin, glaubte ich nicht eine Sekunde lang daran, dass ich den Morgen noch erleben würde. Aber dann dämmerte es. Es kamen andere Soldaten, legten mich in ein anderes Auto und fuhren mit mir irgendwohin. Ich konnte die Straße nicht sehen, nur ein Stück Himmel und Bäume durch ein Loch in der Plane. Wenn im Auto einer ›Luftalarm!‹ rief, hielten wir an, und alle rannten in den Wald. Nur ich blieb liegen. Dann machte ich die Augen zu und betete, dass es nicht das Auto trifft.

Wenn der Alarm vorbei war, stiegen alle wieder ein, und es ging weiter. Irgendwann fuhren wir in eine große, mit Plastik überdachte Anlage. Während die Soldaten das Auto ausluden, flog ganz niedrig eine Rakete über uns hinweg. Danach war alles übersät mit Plastiksplittern.

Ich wurde aus dem Wagen geholt. Ein Arzt kam. Spritzte mir Antibiotika und ein Schmerzmittel. Schrieb mir die Uhrzeit auf den Arm und was er mir verabreicht hatte. Sagte, dass ich so schnell wie möglich mit einem Hubschrauber ins Krankenhaus gebracht werden müsse. Es waren schon zwei Tage vergangen, ich hatte lebensgefährlich viel Blut verloren. Dann sagte er, dass er nicht wüsste, wann der Hubschrauber kommt: Es werde gekämpft, und der Hubschrauber sei im Einsatz.

›Unsere Armee‹, ergänzte der Arzt, ›beschützt euch.‹ Ich hielt es nicht aus und fragte: ›Vor wem?‹ Er wurde ganz kleinlaut und ging weg.

Ich weiß nicht, wie lange ich dort gelegen habe. Ich verlor wieder das Bewusstsein und kam erst wieder zu mir, als man mich in ein Fahrzeug brachte, das sie Linse nannten. Es sieht aus wie ein Panzer, ohne Fenster und Türen. Damit transportiert man Verwundete. Es gab zwei, die lagen, mehrere, die saßen, und ein Minenopfer, das so zerfetzt war, dass ich mich fragte, woran sich da die Seele noch festhielt. Er schien nicht zu wissen, wo er war, er war orientierungslos, verloren in Raum und Zeit, in der Schlacht gefangen. Er fuchtelte mit den Armen, heulte. Sein Heulen war nicht das eines Menschen, sondern das eines verwundeten Tieres. Es war grauenerregend.«

Ljuda unterbricht kurz, um einen Schluck zu trinken und Atem zu holen, da klingelt es an der Tür. Das Klingeln zerreißt die Stille, als wäre es keine normale Türklingel im friedlichen Zentrum einer europäischen Hauptstadt, sondern eine Maschinengewehrsalve. Alle zucken zusammen. In der Tür erscheint eine große Frau mit dunklen Locken. Es ist Tania – die Nachbarin, bei der Ljuda in jener Nacht ihre Tochter Sascha gelassen hatte.

Sie ist früh dran, und ich hatte noch keine Gelegenheit, Ljuda vorzuwarnen. Und was viel wichtiger ist: Ich habe nicht daran gedacht, dass sich Ljuda und Tania seit dem 4. März 2022 nicht mehr gesehen haben.

Die kleine Ljuda fällt der großen Tania um den Hals, so stehen sie da und weinen. Zum ersten Mal in meinem Berufsleben spüre ich, dass meine Nerven gleich reißen. Ich lasse meinen Kopf auf den Tisch fallen, ich würde mich am liebsten in Luft auflösen, nicht mehr mit ansehen, wie zwei Frauen, vereint durch den Krieg, weinen und lachen, während sie einander in den Armen liegen. Und ich kann sie nicht umarmen, weil ich Staatsbürgerin des Landes bin, das ihre Leben zur Hölle gemacht hat. Das ist mir jede Sekunde meines Lebens bewusst.

Wir unterbrechen die Aufnahmen. Gehen auf die Terrasse. Tania umarmt Sascha. Sascha lacht. Sie tauschen die Neuigkeiten aus: Tanias Kinder gehen wieder zur Schule, Bohdan ist nach Kyjiw gezogen. In Kyjiw haben die Restaurants wieder geöffnet.

Ich sage: »Sascha, entschuldige, dass wir über deine Plattfüße gesprochen haben. Du bist eine Heldin, Sascha. Du bist so tapfer!«

Sascha schaut zu ihrer Mutter: »Sprecht lieber über meine Plattfüße als über den Krieg.«

Aber Ljuda und ich müssen über den Krieg sprechen. Wir schicken Tania und Sascha ins Café nebenan. Füllen die Wassergläser wieder auf. Wischen die Tränen trocken. Und Ljuda erzählt weiter.

Ljudas Geschichte. Teil 2

»In einem der Soldaten, die in der Linse waren, erkannte ich den einen, der mich zusammen mit Staryj von Bohdans Haus durch den Wald getragen hatte. Mit diesem Soldaten wechselte ich ein paar Worte, als wären wir alte Bekannte. Er brachte mir eine Thermoskanne mit Tee, in die er einen Tropfschlauch steckte, damit ich im Liegen trinken konnte. Es war das erste Mal seit zwei Tagen, dass ich etwas Warmes zu mir nahm. Ich war ihm sehr dankbar. Ich sagte zu ihm: ›Bitte, Sie haben doch ein Funkgerät, ich flehe Sie an, rufen Sie Staryj an. Ich möchte einfach nur wissen, ob mein Kind lebt.‹ Er wollte es versuchen. Dann wurde er ausgewechselt. Und wir fuhren weiter mit der

Linse durch die Gegend und lasen Verwundete auf. Ich hatte keine Ahnung, wie es weitergeht.

Dann fragte ich den neuen Soldaten, was mich erwartete. Sein Vorgesetzter kam und sagte, dass sie uns nach Belarus bringen würden, sobald sie die Verletzten eingesammelt hatten.

Ich sagte: ›Was soll ich in Belarus, wenn Kyjiw, mein Kyjiw, vierzig Kilometer entfernt ist? Warum kann ich nicht einfach nach Hause?‹

Sie erwiderten, ich könne gerne aussteigen und auf meinen zwei Beinen nach Hause laufen.

Ich fing an zu weinen.

Niemanden interessierte es, was ich wollte. Willst du überleben? Dann bleib liegen und warte, bis wir fertig sind und der Hubschrauber kommt. Wenn er überhaupt kommt. Sonst überlebst du eben nicht. Ganz einfach.

Ich glaube, das war der Moment, in dem ich völlig verzweifelte. Es muss so sein – denn Wunder passieren immer dann, wenn man nicht mehr daran glaubt. Jedenfalls ging in diesem Moment die Tür auf, und meine Sascha kam rein. Es stellte sich heraus, dass Staryj von der bevorstehenden Evakuierung erfahren und beschlossen hatte, sie zu mir bringen zu lassen.

Sascha wurde nachts von zwei Soldaten durch den Wald geführt. Ihr ist nichts passiert. Ich wusste, was mit anderen Mädchen geschah, die in den ukrainischen Dörfern und Städten auf russische Soldaten trafen, mir war bewusst, was für ein Wunder das war.

Mir ist klar, dass es Irrsinn ist, dafür dankbar zu sein, dass ich nicht umgebracht und meine Tochter nicht vergewaltigt wurde. Aber ich bin dankbar.

Sascha bekam eine Decke und einen Schokoriegel. Ein paar Stunden nach ihrer Ankunft rief jemand: ›Fertig machen, gleich kommt der Hubschrauber!‹

Die Linse manövrierte lange übers Feld, um möglichst nah an den Hubschrauber zu kommen. Es wurde geschossen.

Sobald die Tür aufging, hörte man: ›Wer laufen kann, los!‹
Alle rannten los, auch Sascha. Mich trugen zwei Soldaten auf der Trage. Wir flogen etwa eine Dreiviertelstunde, dann erreichten wir ein Militärkrankenhaus. Es lag auf einem Truppenübungsplatz, außerhalb der Stadt.

Die Ärzte legten mir Drainagen an, sagten, es sei ein Wunder, dass ich noch lebte. Sascha bekam heißen Tee und eine Tüte mit Antibiotika. Danach wurden wir in ein Krankenhaus in Masyr gebracht, das ist in der Nähe von Gomel. Die Ärzte staunten immer noch, sie waren ratlos: Mein Lungenflügel war stark beschädigt. Ich bekam eine Lungenentzündung.

Sascha und ich hatten ein Einzelzimmer, niemand durfte zu uns, außer den Krankenschwestern und dem behandelnden Arzt. Die Krankenschwestern kamen in zwei Schichten. Es war deutlich zu sehen, wie gespalten die Gesellschaft dort ist. Die einen kamen und wiederholten diese abgedroschene Propaganda: Man hat euch befreit, ihr müsst dankbar sein. Und dann gab es die anderen, die die Nachrichten im Internet verfolgten und wussten, was los war, wer wen angegriffen hatte.

Sie wussten genau, woher ich meine Verletzung hatte. Aber mir offen ihre Solidarität erklären konnten sie nicht. Sie hatten Angst, ihre Arbeit zu verlieren.

Als es mir etwas besser ging, bekam ich Besuch von belarussischen Menschenrechtlern. Sie boten mir einen Flüchtlingsstatus an. In Belarus. Können Sie sich das vorstellen?

Ich rief: ›Nein. Niemals. Ich weiß, dass Raketen auf mein Land von eurem Boden geflogen sind und immer noch fliegen. Niemals. Ich will nach Hause.‹

Dann sagten sie, ich müsse dem Staatsfernsehen ein Interview geben, als Dank dafür, dass sie mich gerettet und gut behandelt haben. Das sei die einzige Möglichkeit, da rauszukommen. Das Lösegeld, sozusagen.

Ich hatte keine Wahl. Eine Journalistin kam mit dem Auftrag zu mir, eine Reportage über russische Soldaten zu drehen, die eine einfache Ukrainerin vor den eigenen Marodeuren gerettet haben.

Und sie machte ihre Arbeit. Ich sprach darüber, dass es solche und solche Soldaten gab. Das schien mir wichtig. Dass die einen wie die anderen auf unseren Grund und Boden gekommen waren, ohne dass sie jemand darum gebeten hatte. Dass sie uns nur Unglück, Leid und Tod gebracht haben.

Aber die Reportage handelte nur davon, wie russische Soldaten eine Ukrainerin vor ukrainischen Marodeuren gerettet haben.

Danach entließen sie uns aus dem Krankenhaus.

Wir wurden mit dem Bus zu einem Filtrationspunkt gebracht, dann mit einem anderen Bus nach Polen und dann mit dem Zug nach Deutschland.

Hier wurden wir herzlich aufgenommen, ich mache eine Rehabilitationskur, mein Arm ist fast wiederhergestellt, tut nur noch manchmal etwas weh. Sascha bekommt psychologische Unterstützung. Wir versuchen zu leben, wir strengen uns wirklich an, weiterzuleben.

Das ist die ganze Geschichte.«

Als Ljuda zu Ende gesprochen hat, schweigt sie fast eine Minute lang, dann fängt sie doch an zu weinen. Wie ein Kind, ein kleines. Sie weint und lächelt gleichzeitig: Es ist ihr unangenehm, in Anwesenheit von fremden Menschen zu weinen. Sie lässt die Tränen nicht fließen, wischt sie sofort mit dem Handrücken weg.

Sascha und Tania kommen zurück. Das Kamerateam packt die Technik zusammen, alle verabschieden sich. Ljuda wird abgelenkt, hört auf zu weinen. Wir trinken Tee. Ich frage sie nach Fotos von Pascha. Ich würde ihn gerne sehen. Ljuda sagt:

»Ich habe keine. Ich habe kein einziges Foto, Katja. Als sie mich aus Bohdans und Tanias Haus wegbrachten, gab ich mein Telefon Sascha. Sie hatte mein Telefon und ihr eigenes. Aber als sie zu mir in die Linse gebracht wurde, nahmen sie ihr beide ab.

Ihr Handy schossen die Soldaten vor ihren Augen kaputt. Meins, ein *iPhone*, nahmen sie ihr weg. Alle Fotos in meiner Cloud wurden gelöscht. Das Gerät benutzen sie. Manchmal sehe ich bei *Telegram*, dass meine Nummer online ist.«
Ich frage Ljuda, wie sie und Sascha jetzt weiterleben werden. Sie antwortet:
»Ich weiß es nicht. Es hat sich alles auf das Grundlegende reduziert: Leben, Tod, Schwarz, Weiß. Russland hat uns Leid gebracht. Alle unsere Träume und Hoffnungen zerstört. Es lässt sich nichts zurückbringen. Russland ist gekommen und hat uns alles weggenommen. Und ist selbst dadurch auch nicht glücklicher geworden. Unser Leben ist wie eine Christbaumkugel, die uns jemand wegnehmen wollte, aber sie ist heruntergefallen und in tausend Stücke zerbrochen. Alles, was übrig ist, ist Leid. Leid, Katja. Damit müssen wir nun leben.«

Ein paar Monate nach unserem ersten Treffen schrieb mir Ljuda einen Brief, in dem sie sagte, unser Gespräch habe ihr geholfen, mit dem Geschehenen abzuschließen. Dass sie den Film, der daraus entstanden ist, mehrmals gesehen habe.
»Ich habe mich beruhigt«, schrieb mir Ljuda. »Ich habe verstanden, dass ich weiterleben werde. Und dass ich das nur zu Hause kann.«
Einen weiteren Monat später rief mich Ljuda über Video an. Sie war mit Sascha nach Kyjiw zurückgekehrt. Sie waren gerade zu Besuch bei Bohdan, zusammen mit anderen Freunden, die ich nicht kannte. Diese fremden Menschen schauten in die Kamera und grüßten mich.
Ich fragte Ljuda, wie sich Kyjiw verändert habe. Sie überlegte:
»Weißt du, es ist, als wäre dein Kind lange und schwer erkrankt. Du weißt, dass es überleben wird, die Ärzte haben dir schon gesagt, dass die Krankheit zwar schwer ist, aber heilbar, trotzdem siehst du, wie es leidet, und dein Herz zieht sich zusammen.

Kyjiw ist leer geworden, aber es hat nicht aufgegeben. Viele sind weg, manche tot – wie mein Pascha. Diese Leerstellen, die Lücken, die die Menschen hinterlassen haben, die für immer weg sind, sind spürbar. Aber ich hoffe, dass die Wunde allmählich heilen wird. Wir werden wieder lernen, zu leben. Wir haben so viel über uns selbst gelernt. Wir wissen jetzt, wie wenig wir brauchen, um glücklich zu sein. So sieht's aus, Katja.«

Ich bedankte mich. Sie fragte: »Wofür?«

»Für unser Treffen, für deinen Brief, für den Anruf, dafür, dass weder du noch Tania noch Bohdan noch die fremden Menschen auf eurer Party einen Feind in mir seht«, sagte ich.

Ljuda erwiderte: »Es ist genug Leid für alle da, Katja. Wozu es noch mehren.«

MÜTZE

In Warschau geht Iryna gerne auf den Markt. Es ist für sie zum fast täglichen Ritual geworden: Sie steht früh auf, zieht sich etwas Hübsches an, trägt Wimperntusche auf, etwas Puder.

Manchmal kauft sie gar nichts. Streift einfach umher und schaut sich die Ware an. Iryna sagt, auf dem Warschauer Markt sehen alle Waren schön aus.

Manchmal kauft sie Lebensmittel. Trägt sie nach Hause. Packt alles aus. Wäscht. Schneidet. Kocht. Es sei wichtig, den Tisch zu decken und das fertige Essen hübsch anzurichten.

Iryna empfängt oft Gäste in ihrer kleinen Mietwohnung: Ihre ukrainischen Freundinnen fliehen über Warschau in die unterschiedlichsten Teile der Welt.

»Vor Kurzem war eine Bekannte da, die nach Japan wollte«, sagt Iryna. Das wundert sie nicht. Genau das sagt sie: »Das wundert mich nicht. Mich wundert sowieso nichts mehr. Nur manchmal, wie schön Lebensmittel aussehen können: Die Tomaten so rot, die pure Lebensfreude. Das Fleisch ganz frisch, mit Liebe ausgeschnitten und verarbeitet, und so schön angerichtet, dass man sich nicht sattsehen kann. Und so viele verschiedene frische Kräuter. Greifen Sie zu, essen Sie!«

Vor mir steht ein Teller mit Brötchen und Blätterteigtaschen, die Iryna extra für mich gebacken hat. Sie nimmt mir gegenüber Platz, faltet die Hände und wartet darauf, dass ich zu essen anfange. Neben Iryna sitzt ihre Hündin Kora, eine Corgi. Auch sie wartet.

Es wird still. In der Wohnung duftet es schwindelerregend nach Frischgebackenem. Hunger habe ich keinen.

Ich weiß, dass Iryna aus Butscha kommt, aber während der

Vorbereitung auf das Interview ist mir keine Frage eingefallen, mit der ich das Gespräch beginnen könnte.

Soll ich vielleicht fragen: Wie haben Sie das überlebt?

Oder: Wie haben Sie es geschafft, Ihren Hund mitzunehmen?

Oder: Sind noch viele von Ihren Angehörigen in Butscha?

Oder: Was müsste passieren, damit Sie dorthin zurückkehren?

Oder: Kehren Sie überhaupt jemals zurück?

Oder: Ist das überhaupt alles wahr?

Weil ich in meiner friedlichen Welt nicht begreifen kann, wie Menschen anderen Menschen so etwas antun können?

Es gibt keine Frage, mit der man dieses Gespräch richtig beginnen könnte. Deshalb sage ich zu ihr: »Sie sehen sehr schön aus.«

Sie lächelt. Wir sitzen da. Kora hat keine Lust mehr zu warten und streckt sich auf dem Boden aus.

Ich frage Iryna, ob sie früher vielleicht Schauspielerin war. Sie lacht.

Sie ist über sechzig, aber Frauen wie sie sind mit fünfundvierzig und älter genauso schön und unerreichbar wie mit fünfundzwanzig. Sie hat ein tiefes, angenehmes Lachen. Wenn sie lacht, wirft sie ihren Kopf zurück wie die schönsten Heldinnen in alten Liebesfilmen.

»Nein.«

Dann lässt sie ihren Kopf sinken und schaut auf ihre Hände, auf die Brötchen. Und erst dann zu mir. Ihr Blick verändert sich. Sie sagt heiser: »Ich weiß nicht, wer ich bin.«

Man sieht, dass sie den Tränen nahe ist. Aber sie weint nicht. Sie reibt eine Handfläche an der anderen. Ihre Hände sind trocken, man hört die Haut rascheln. Sie spricht mühelos weiter, aber so, als würde sie von jemand anderem sprechen, nicht von sich: »Ich weiß nicht, wie ich das erklären soll, aber ich fühle mich … Ich weiß nicht mehr, wer ich bin. Wo ich bin, warum ich hier bin und nicht irgendwo anders. Ja, hier ist es schön und ruhig. Ich müsste auch ruhig sein. Aber ich bin es nicht. Ich bin nichts. Mir ist alles gleich. Nur, dass meine Seele keine

Ruhe hat. Selbst wenn ich jetzt an einem weißen Sandstrand auf Bali liegen würde, hätte ich keine Ruhe. Ich würde daran denken, was dort gerade passiert: zu Hause. Was jetzt aus uns allen wird. Und wann das alles endlich vorbei ist.

Meine Großmutter war überzeugt, dass alles, was einen Anfang hat, auch ein Ende hat. Also endet auch der Krieg irgendwann: Entweder mit einer Niederlage oder dem Sieg. Wenn man mich noch vor ein oder zwei Jahren gefragt hätte, wie der Krieg ausgeht, ich hätte es nicht gewusst. Bei uns hieß es früher immer: ›Zwischen Nachbars Garten ist ein Zaun gut.‹ Jeder lebte für sich. Aber jetzt ist alles anders. Wir sind anders. Hätten Sie geglaubt, dass ein geteiltes Leid die Menschen dermaßen zusammenschweißen könnte? Ich auch nicht. Ich dachte, wir sind so wenige, und Russland ist so groß. Aber es ist alles ganz anders gekommen. Wir sind anders. Und wir werden siegen.

Daran denke ich die ganze Zeit: *Wir werden siegen.*

Manchmal wird mir bei dem Gedanken daran, was uns noch bevorsteht, ganz übel. Buchstäblich. Dann gehe ich spazieren. Meistens auf den Markt. Der Markt beruhigt mich. Dort kann ich mich vergessen, ich lasse mich einfach mit dem Strom treiben, dann denke ich nicht mehr an den Krieg, wenn ich das überhaupt so sagen kann.

Ich laufe einfach, sehe mir all die schönen Dinge an, freue mich an ihnen und denke an nichts anderes. Manchmal nehme ich Kora mit.

In Butscha war ich oft mit Kora spazieren. Wir gingen oft in den Park bei uns um die Ecke – das ist einer der schönsten, der mit dem Bulgakow-Denkmal.

Wussten Sie, dass Bulgakows Familie eine Datscha in Butscha hatte? Sie verbrachten dort ihre Sommer.«

Das wusste ich nicht. Ich sitze in der winzigen Küche in Irynas Warschauer Mietwohnung und stelle mir den Schriftsteller Michail Bulgakow vor – den echten, nicht die Statue: Er wurde

1891 in Kyjiw geboren, der Vater ein russisch-orthodoxer Theo-
loge, die Mutter eine Lehrerin aus der Ukraine. Ich versuche,
ihn mir im März 2022 in Butscha vorzustellen. Es geht nicht.

Ich frage: »Stimmt es, dass Sie von Donezk nach Butscha gezogen sind?«

Ich weiß, dass es stimmt. Warum frage ich?

Aber sie antwortet auch nicht, stellt nur klar, dass es vor dem
Krieg war. Nein, keine Vorahnung, nur Zufall. 2012, zwei Jahre,
bevor alles anfing.

Jetzt fragt sie mich: »Und wussten Sie, dass Donezk vor dem
Krieg zur zweitschönsten Industriestadt der Welt gewählt wurde, nach Chicago?«

Auch das wusste ich nicht.

Sie sagt: »Es stimmt, wir hatten eine Million Rosen. Ein großes
schönes Stadion, Springbrunnen. Es ist eine wohlhabende und
sehr schöne Stadt. War. Eine stolze Stadt. Vielleicht mochte
man uns deswegen nicht. Aber wir liebten unsere Stadt. Ich
wollte nicht weg, ich bin wegen der Arbeit nach Kyjiw. Ich war
Geschäftsführerin bei einer russischen Firma. Das war 2012,
verstehen Sie?«

Ich verstehe.

2012 war ich in Donezk in der Donbass-Arena. Wir waren mit
einer größeren Gruppe mit dem Auto von Moskau gekommen.
Die Ukraine spielte gegen England. Ich glaube, England hat ge-
wonnen. Aber das war nicht so wichtig, denn wir hatten eine
tolle Zeit: Ein schönes Spiel, schöne Menschen und eine sehr
schöne Stadt. Ich weiß noch, wie überrascht meine Freunde
und ich damals waren, dass eine Bergbaustadt so schön sein
kann.

Als Russland 2014 zum ersten Mal in die Ukraine einmar-
schierte, wurde das Stadion im Fernsehen gezeigt: Eine Zeit
lang befand sich dort die zentrale Ausgabestelle für humanitäre
Hilfe der selbst ernannten Volksrepublik Donezk.

Das erzähle ich ihr.

Sie nickt nachdenklich: »Ich denke immer, Gott hat mich von dort weggeführt. Ich musste nicht mitansehen, wie meine Heimatstadt zerstört wurde. 2012 bekam ich diese Stelle in Kyjiw und zog um.«

Sie macht eine Pause.

Schaut geradeaus.

Sagt: »Ich war Geschäftsführerin einer russischen Firma. Das klingt seltsam unerträglich, oder? Heute wäre das undenkbar. 2012 hatten wir ein ganz anderes Leben, Katja. Es war völlig normal, dass es in Kyjiw russische Firmen gab. Man musste sich nicht schämen, für sie zu arbeiten. Wie viel man in nur einem Jahrzehnt kaputt machen kann, nicht wahr?«

Iryna holt ihr Handy aus der Jackentasche. Scrollt durch die Videos. Dreht den Bildschirm zu mir. Ich sehe lebensfrohe crèmefarbene Stadtvillen, umgeben von Kiefern. Die Kamera macht einen Schwenk. Bäume, eine asphaltierte Straße, ein Kind auf einem Fahrrad.

Sie sagt: »Das ist Butscha. Als ich dort hinkam, verliebte ich mich sofort. Es ist so grün dort, die Luft so gut, man konnte frei atmen. Ich hatte schnell einen Käufer für meine Wohnung in Donezk gefunden, der Umzug verlief so problemlos, dass ich die ganze Zeit das Gefühl hatte, als würde mich jemand führen. Sogar in Butscha hatte ich Glück: Mein Haus war das einzige in der Straße, das direkt an den Wald grenzte. Ich kaufte eine Wohnung im Erdgeschoss, mit eigenem Garten, in dem Kiefern und Thujen wuchsen. Ich ging morgens raus, schloss die Augen und atmete einfach.

In Butscha kamen viele aus Donezk. Zuerst mochten uns die Einheimischen nicht, wir galten als reich, stolz und arrogant. Aber dann gewöhnte man sich: Die besten Friseure kamen aus Donezk, die besten Zahnärzte – aus Donezk. Wir freundeten uns an, alles war gut. Butscha wurde von Jahr zu Jahr schöner. Und wir lebten dort …

Ich freute mich immer, dass Kora und ich nach Butscha gezogen sind. Vielleicht hat mich das Schicksal eingeholt? Was meinen Sie?«

Iryna zeigt mir ein neues Video.

Auf der Straße liegt Schnee. Das lebensfrohe crèmefarbene Stadthaus wirkt verloren. Es gibt keinen Ton, aber es ist, als würde man eine Tür zuknallen hören. Das Fenster ist kaputt, von einer Kugel durchlöchert. Durch die sternförmige Öffnung drängt ein scharlachroter Tüllvorhang nach draußen. Flattert. Schlägt im Wind.

Die Kamera schwenkt auf den Nachbarhof. Mitten im Hof liegt eine ausgeweidete Matratze. Das Innere ist nach außen gekehrt, sie ist abstoßend schmutzig.

Die Kamera schwenkt auf die Straße, wandert zum Haus gegenüber. Iryna packt ihr Telefon weg. Sie sagt: »Es war der schlimmste Tag meines Lebens. Ich weiß genau, dass ich noch nie etwas Schlimmeres erlebt habe, und ich bin sicher, dass es so bleibt. Es war der 8. März. Sie bombardierten uns die ganze Nacht, den ganzen Morgen. Unser Haus liegt nicht weit von der Schnellstraße nach Warschau. Gegenüber war ein Einfamilienhaus.

Meine Tür stand damals immer offen, wir lebten ja schon ein paar Tage unter Belagerung, und ich kochte für alle das Essen: Aus dem Erdgeschoss konnte man es einfacher verteilen.

Ich stehe also in der Küche, schäle Kartoffeln in einem großen Topf. Plötzlich fährt ein Panzer vorbei. Er bleibt fünf Meter vor meinem Haus stehen, am Haus gegenüber. Und der obere Teil des Panzers – wie nennt man das, Turm? – beginnt sich um die eigene Achse zu drehen. Der Panzerfahrer guckt raus, sieht mich an. Ich stehe da wie gelähmt.

Verstehen Sie, das Fenster geht zur Straße raus, das mochte ich immer: Man kocht und schaut dabei auf die Straße. Und jetzt schaue ich nach draußen und sehe einen Panzer, dessen Turm sich dreht.

Er drehte sich, drehte sich wieder, und entschied sich gegen mich. Kennen Sie das Gefühl, wenn der Panzer sich gegen Sie entscheidet? Ich kann nicht erklären, was ich in diesem Moment gefühlt habe.

Aber der Panzer entschied sich für das Haus gegenüber. Und schoss. Der Gartenzaun kippte um. Die Hunde bellten kurz und verstummten, für immer. Sie schossen noch einmal. Dann machten sie kehrt und fuhren weg.

Die Nachbarn waren gerade nicht zu Hause. Im Haus war die alte Mutter, ich wusste nicht, ob sie noch am Leben war.

Die Nachbarn kamen ungefähr zwanzig Minuten nachdem der Panzer weg war zurück. Sahen den Zaun, die toten Hunde. Sie hatten einen schönen Schäferhund.

Und gingen ins Haus. Danach sah ich sie nicht mehr wieder.

Weil die Soldaten zurückkamen. Ich weiß noch, dass sie alle wie kleinwüchsig waren und dass sie grölten, als sie geschossen haben. Erst schossen sie auf das Haus und dann zündeten sie es an.

Ich stehe also an der Spüle, meine Hände in einem Topf mit Wasser, reibe automatisch irgendwas mit meinen Fingern sauber, die steif sind vor Kälte und Angst, und sehe das Haus gegenüber in Flammen aufgehen. Und ich spüre nichts als Leere. Ich sehe diesen Film. Nur, dass er sich direkt vor meinen Augen abspielt.

Nach etwa fünfzehn Minuten kommen die Soldaten wieder zurück. Die Flammen schlagen hoch, das Haus brennt noch. Aber sie gehen in die Garage, die an das Haus grenzt. Kommen mit irgendwelchen Säcken und Bündeln wieder raus. Laden alles auf ihren Panzer. Sagte ich schon, dass vor unserem Haus Kiefern wachsen?

Ich beobachte also durch diese Kiefern die Soldaten, die sich an der Nachbarsgarage zu schaffen machen, und sehe plötzlich eine junge Frau, die sich ganz lang an eine der Kiefern schmiegt. Unsere Blicke treffen sich. Ich bedeute ihr: ›Lauf, lauf hier rüber!‹

Sie huscht wie ein Schatten durch die Tür, hockt sich mit dem

Rücken an die Spüle. Und ich neben sie. Da bricht sie in Tränen aus: ›Mein Mann und sein Freund sind da drüben, sie sind zu den Soldaten gerannt. Wo sind sie? Ist es das Ende? Ist es aus? Wie sollen sie da lebend rauskommen?‹

Ich sehe aus dem Fenster: Sie laden immer noch das fremde Hab und Gut ins Auto, immer weiter.

Ich setze mich wieder hin. Und plötzlich sagt sie: ›Alles Gute zum Frauentag.‹ Ehrlich, ich dachte erst, sie hätte vor Angst den Verstand verloren. Aber sie lächelt: ›Wissen Sie nicht mehr? Heute ist der 8. März.‹

Ich krieche auf allen vieren zum Küchenregal, ziehe eine Flasche Wein raus. Wir stoßen an. Endlich sind die Soldaten fertig. Sie rennt wieder weg.

Ich stehe auf und spüle die Gläser. Auf einmal höre ich Gepolter: Ein junger Mann, um die vierzig vielleicht, kommt ins Haus gerannt, außer Atem, die Augen weit aufgerissen, wie wahnsinnig. Noch in der Tür sagt er, ohne Luft zu holen: ›Sie schießen … Kann ich hier … Sie schießen mit Gewehren.‹

›Komm rein, setz dich auf den Boden, na, was ist denn?‹, sage ich zu ihm. Er schlottert richtig mit den Zähnen, ist ganz bleich. Und weint. Und wissen Sie … Wie sagt man so etwas … Aber ich sage es einfach, damit Sie wissen, was uns widerfahren ist. Nein, was sie uns angetan haben, diese … Unmenschen. Dieser junge Mann, er hat sich vor Angst in die Hosen gemacht. Können Sie sich das vorstellen? Ein erwachsener Mann, so sehr hat er sich erschrocken.

Und draußen vor dem Fenster rennen diese kleinen Soldaten mit ihren Maschinengewehren vorbei. Schießen ununterbrochen. Auf wen? Warum? Wozu?

Das frage ich mich immer wieder: Warum so viel Hass, woher diese Grausamkeit? Wo haben sie ihre Menschlichkeit verloren, wie konnten sie so werden? Ich hätte niemals gedacht, dass ich so etwas mit meinen eigenen Augen sehen würde. Und jetzt werde ich es nie mehr vergessen.«

Mir ist übel von dem Duft des Blätterteigs. Oder von etwas anderem. Ich frage sie, ob wir eine rauchen wollen.

Iryna hat diese dünnen Zigaretten. Wir rauchen schweigend aus dem Fenster. Plötzlich dreht sie sich zu mir um: »Jetzt erzähl ich Ihnen mal was Lustiges. Einmal standen ein paar Nachbarn an der Kreuzung, da kam ein russischer Soldat auf sie zu. Die Zigarette im Mundwinkel, so ganz machomäßig. Erst hockte er sich etwas abseits hin, dann kam er näher und fragte: ›Wo ist hier die Kotschubeja-Straße?‹ Er hat irgendwen gesucht. Sie antworten ihm: ›Hier ist die Schewtschenko-Straße, du gehst drei Straßen weiter, dann kommst du zur Kotschubeja.‹ Da klappt ihm die Kinnlade runter: ›Wie Schewtschenko? Ich bin doch Schewtschenko. Heißt das, meine Vorfahren waren Nazis?‹

Kratzt sich am Hinterkopf, dreht sich um und geht.

Die Nachbarn diskutieren: ›Warum haben wir ihm nicht einfach die Arme auf den Rücken gedreht?‹

Und beantworten sich die Frage selbst: ›Er hat ein Gewehr, was sollen wir schon gegen ihn ausrichten.‹ Und während er davonläuft, sieht man richtig, wie es in ihm arbeitet, wie er über seinen Nachnamen nachdenkt. Witzig, oder?«

Ich finde nicht. Aber sie lächelt. Als könnte diese Geschichte die andere, die davor, wettmachen. Als wäre das tatsächlich irgendwie komisch.

Ich frage: »Wie sind Sie da rausgekommen?«

Sie antwortet: »Es war Zufall. Ich wollte nicht fahren. Ich dachte nicht, dass ich noch irgendwie aus Butscha rauskomme. Wenn gekämpft wurde, versteckte ich mich mit Kora im Bad. Aus unserem Leben verschwand nach und nach alles: Licht, Wärme, Wasser, das Internet. Der Begriff Normalität selbst löste sich auf. Verschwamm. Verpuffte … Denken Sie sich selbst ein Verb aus, ich habe nicht mehr genug Worte übrig.

Du warst ein ganz normaler Mensch, bist mit deinem Hund im Park spazieren gegangen, und plötzlich schläfst du an diesen

Hund geschmiegt auf dem Badezimmerboden. Dann kochst du in löchrigen Handschuhen irgendwas über dem Feuer, das du in einer fremden Kühltruhe gefunden hast. Braust irgendwas zusammen. Ich habe diesen Geruch noch in der Nase: süßlich, ekelerregend. Du hast das Gefühl, so bleibt es für immer. Du wäschst dich nicht, du siehst dich nicht im Spiegel, du bist nicht du. Wahrscheinlich habe ich in diesem Moment aufgehört, mich selbst zu spüren.«

Sie ist wieder den Tränen nahe. Und wieder weint sie nicht.

Ich weiß, dass ich sie nicht unterbrechen sollte, aber ich kann nicht anders, ich muss sie fragen: »Iryna, weinen Sie viel?«

Sie schaut zu mir hoch. Sieht mir lange in die Augen und fragt, auf einmal per Du: »Was denkst du?«

Ich bereue, dass ich gefragt habe.

Draußen springt eine Autoalarmanlage an. Und verstummt wieder. Ein Vogel landet draußen auf dem Fensterbrett. Guckt uns an. Ich muss daran denken, wie meine Großmutter mir, als ich klein war, einmal erzählt hat, Vögel seien die Seelen Verstorbener. Ich schaue den Vogel an, er schaut mich an. Iryna sitzt mit dem Rücken zum Fenster, bemerkt ihn nicht. Sie sagt: »Ich hätte nicht gedacht, dass ich dort jemals rauskomme. Ich dachte, der Tod holt mich dort, ich dachte, das Ende ist da, der Tiefpunkt erreicht.

Aber dann kam der Moment, als die Okkupanten erlaubten, sich durch die Stadt zu bewegen. Und dann auch aus der Stadt hinaus. Alte, Kranke, Kinder wurden mit Bussen evakuiert. Die, die überlebt hatten. Die Glück gehabt hatten.

Ich sah mir diese Menschen an und verstand, dass eine wie mich niemand retten würde, dass ich nicht die Kriterien für jemanden erfüllte, den man retten, den man bemitleiden muss: Eine ältere alleinstehende Frau mit Hund. Wen interessierte, was aus mir wird?

Aber meine Nachbarn nahmen mich mit. Die Nachbarn von oben. Wir fuhren mit dem Auto, ich und drei weitere Frauen.

Und Kora. Es war sehr schwer, wegzufahren, als würde man sich das Herz herausreißen, alles in dir drin, alles. So, als könntest du nicht weg, aber bleiben kannst du auch nicht. Verstehen Sie?

Es wehte ein starker eisiger Wind. Wir mussten die Straße nach Schitomyr nehmen, bis nach Belohordka, und dann weiter nach Kyjiw. In friedlichen Zeiten höchstens eine Stunde, selbst mit Stau.

Als wir Butscha verließen, fuhren wir an Menschenkolonnen vorbei, die zu Fuß liefen. Massen von Menschen. Kleine Kinder, Alte, alle trugen irgendwelche Rucksäcke, seltener Taschen. Manche trugen ihre Haustiere, das weiß ich noch.

Am Leib trugen sie Gott weiß was. Viele hatten fremde Sachen an. Die Gesichter waren schwarz: Wir hatten so viele Tage über dem Feuer gekocht, dass der Ruß sich eingebrannt hatte.

Aber damals sah niemand den anderen an. Ich versuche, mich an die Details zu erinnern, um sie Ihnen zu erzählen.

Die Menschen gingen zu Fuß, weil sie nichts hatten, womit sie wegfahren konnten. Ich hatte Glück, dass meine Nachbarn Kora und mich mitgenommen haben. Großes Glück. Ich hielt sie auf meinem Schoß fest. Aber eigentlich war ich es, die sich an ihr festhielt.

Wir fuhren langsam, in Schrittgeschwindigkeit. Alle zwei bis drei Kilometer waren Checkpoints aufgebaut. Man musste die Fenster herunterlassen, damit die Soldaten sahen, wer im Auto saß, ob jemand Waffen dabeihatte und so weiter.

An einem der Checkpoints hielt uns ein Mann an, einer vom Militär.

›Machen Sie das Fenster auf.‹

Ich saß am Fenster, also ließ ich es herunter. Er schaut mich an.

›Guten Tag.‹

Und sieht mir direkt in die Augen. Mir läuft es kalt den Rücken runter. Ich denke daran, wie der Pastor, der uns in Butscha auf die Evakuierung vorbereitete, gewarnt hat: ›Seht ihnen nicht in die Augen. Schaut zur Seite, weicht dem Blick aus, aber nicht in die Augen. Sie werden euch ansehen, was ihr von ihnen haltet, sie werden nervös werden und schießen.‹

Er also: ›Guten Tag.‹

Mir wird ganz anders. ›Guten Tag‹ – das bin nicht ich, es kommt einfach raus.

Und plötzlich sagt er: ›Ziehen Sie sich eine Mütze über, Sie werden sich noch erkälten.‹

Erst traute ich meinen Ohren nicht, ich schaute ihn an, verstieß gegen jede Regel. Aber er sah an mir vorbei. Er hatte ein glattes weißes Gesicht und sehr blaue Augen, die nichts ausdrückten, aber alles sahen. Er hatte schon das Interesse an mir verloren, sie kontrollierten den Kofferraum.

›Aufmachen. Heben Sie die Sachen hoch. Was führen Sie mit sich? Haben Sie Waffen dabei?‹

Aber das hörte ich nur noch wie durch Watte: Direkt hinter ihm lagen zwei Leichen. Zwei kleine Kinder. Eines davon war in eine Decke gewickelt, ein Säugling. Das zweite war ein Junge, etwas älter. Sie lagen neben einem zerbombten Auto. Und etwas weiter entfernt lag ein Junge, mit einem Fahrrad. Er war vielleicht fünfzehn, und er hatte ein weißes Laken umgebunden, wahrscheinlich, damit man nicht auf ihn schießt. Aber sie haben auf ihn geschossen. Und so lag er da auf der Seite, und hinter ihm das weiße Laken, wie ein Umhang. Das alles hatte der Rücken des Soldaten verdeckt, der mir riet, eine Mütze aufzusetzen, damit ich mich nicht erkälte, verstehen Sie? Was hat er dabei gefühlt? Fühlte er überhaupt irgendetwas?

Als wir aus Butscha rausgefahren waren, hatten wir Leichen auf den Straßen liegen sehen, Autos mit toten Fahrern am Steuer und Hausbesitzer, erschossen vor ihren Häusern. Ich hatte das alles gesehen, aber nicht geweint.

Zum ersten Mal weinte ich, als ich diese kleinen Kinder sah, die der Rücken des Soldaten vor meinem Blick verborgen hatte. Hatte er sie getötet? Aber er hatte sie nicht einmal zugedeckt, sich kein einziges Mal zu ihnen umgedreht. Er redete von dieser Mütze, obwohl er genau gewusst haben muss, dass hinter ihm diese toten Kinder liegen, die sein Land ermordet hat, vielleicht sogar er persönlich. Wie kann er damit leben?

Haben die Mütter dieser Männer ihnen keine Märchen zum Einschlafen vorgelesen, keine Schlaflieder vorgesungen? Haben sie sie überhaupt jemals in den Arm genommen, sie festgehalten, wenn sie nachts weinten, vor Bauchschmerzen oder einfach nur aus Angst?

Was hat man ihnen eingeflößt, was ist in ihnen zerbrochen, dass sie ganz normale Menschen so hassen? Ich weiß nicht, was das für Menschen sind und wie so etwas passieren kann.

Wissen Sie, meine Freundin hat am 3. März 2022 in Butscha ihre Tochter verloren, eine Medizinstudentin. Sie war achtzehn Jahre alt. Sie wurde vor den Augen ihrer Mutter ermordet. Sie kann noch immer nicht darüber sprechen. Weil es einfach keine Worte gibt, die das beschreiben könnten.

Ich weiß nicht, ich hätte vielleicht nachfragen sollen, ob sie diesen Kindern, bevor sie sie getötet haben, auch geraten haben, sich eine Mütze anzuziehen und die Jacke gut zuzumachen? Wie passt das alles zusammen?

Wissen Sie, ich will nicht, dass dieser Militär oder die, die das mit uns gemacht haben, das Gleiche erleben wie wir. Nein, ich wünsche es ihnen trotz allem nicht. Aber ich will, dass sie verstehen, was sie angerichtet haben. Es eingestehen. Das wäre schon eine Strafe.«

Auf dem Handy, das mit dem Bildschirm nach oben auf dem Tisch liegt, läuft immer noch das Video aus Butscha: zerbombte Tore, ausgeschlachtete Matratzen, erstarrte Panzer mit zur Seite verdrehten Hälsen, eine in der Mitte durchgeknickte Ampel.

Und das kaputt geschossene Fenster, aus dem der scharlachrote Vorhang in die Eiseskälte drängt. Der Wind wirbelt ihn herum, peitscht ihn hin und her. Aber der Vorhang gibt nicht auf, reißt

nicht, lässt sich nicht hängen, als würde er es genießen, draußen zu sein und die Aufmerksamkeit auf sich zu ziehen.

Iryna folgt meinem Blick. Dreht das Telefon mit dem Bildschirm nach unten.

»Essen Sie, die Brötchen sind ganz frisch.«

KÜHLSCHRANK

Es gibt da diese Redewendung: Sich die Augen ausweinen. Ich habe nie verstanden, wie das gehen soll. Aber jetzt betrachte ich Galina Lwowna und sehe, was das bedeutet.

Galina Lwowna sitzt auf einem Stuhl im Hof eines fremden Hauses in der Nähe von Taganrog bei Rostow am Don, wo man ihre Familie »vorübergehend« untergebracht hat. Der Stuhl ist klein, ein Klappstuhl. Und sie ist groß und ausladend.

Sie trägt eine fremde Strickjacke, die zu eng sitzt. Unter der Strickjacke ein geblümtes Kleid, an den Füßen Socken und Gummischlappen.

Sie hat ihre Hände auf die Knie gelegt und blickt aus ihren unglaublich hellblauen, wie durch die Tränen ausgewaschenen Augen geradeaus.

Der warme Wind zerzaust ihre Haare. Sie wirken mal grau und mal blond, ich kann es nicht eindeutig sagen.

Galina Lwowna sieht viel älter aus, als sie ist. Es sind ihre Augen. Sie hat die Augen einer steinalten Frau.

Wenn sie mich ansieht, tut es mir körperlich weh.

Aber sie sieht mich nicht an. Sie blickt starr geradeaus.

»Warum sind Sie hier? Ich verstehe nicht, was Sie hier wollen. Sie sind anders. Ich sehe, dass Sie anders sind, dass Sie andere Ansichten haben, Sie glauben nicht uns, Sie glauben denen. Wer hat Sie so erzogen, wer hat Ihnen das beigebracht? Warum ist unser Schmerz kein Schmerz für Sie, warum sind wir keine Menschen? Warum hat man uns acht Jahre lang vernichtet, und Sie glauben uns nicht?«

Der Wind weht ihr durchs Haar und lässt ihr Kleid kurz aufflattern. Ich sehe, dass ihre Knie voller blauer Flecken sind. Meine jüngste Tochter hat auch so welche: Sie macht Eiskunstlauf und fällt mehrmals pro Training hin. Aber Galina Lwowna ist ganz sicher nicht nach Eiskunstlaufen zumute.

Ich frage, woher sie die blauen Flecken hat.

Sie sieht mich an, als hätte ich sie mit einem grellen Schrei von etwas Wichtigem abgelenkt, auf das sie sich gerade konzentriert hatte.

Als hätte sie erst jetzt gemerkt, dass hier noch jemand ist, der ihr im Hof des fremden Hauses auf einem Klappstuhl wie dem ihren gegenübersitzt.

Sie zieht das Kleid wieder über die Knie.

»Achten Sie nicht darauf. Zu Hause in Donezk hatte ich Knieschoner. Als wir evakuiert wurden, habe ich sie vergessen. Ich muss die ganze Zeit knien, wegen meinem Sohn: Ich muss ihn umdrehen, waschen, anziehen, hochheben. Daher die blauen Flecken.«

Auf der Abflussrinne des Hauses, in dessen Hof ich Galina Lwowna treffe, landet ein sommerlich fetter Spatz. Zwitschert laut, beharrlich.

Sie sieht zu ihm hinüber. Vergisst mich wieder. Zu wem spricht sie? »Sehen Sie, was für ein Leben wir führen? Verstehen Sie das, nein? Mein Serjoscha ist jung und stark, eins neunzig groß. Er könnte ein normales Leben führen, verstehen Sie? Er hat doch Kinder. Und eine Frau.«

Sie weint.

Das Fenster hinter Galina Lwowna steht offen. Ich kann über ihre Schulter ins Zimmer schauen. Auf dem Boden stehen Taschen, Bündel, ein Stuhl. Am Fenster – ein Bett. Auf dem Bett liegt ein großer Mann. Das ist ihr Sohn Sergej. An der Wand vor ihm hängt ein Fernseher. Er läuft.

Sie sagt: »Wir hatten ein gutes Leben. Wenn Ihnen jemand etwas anderes erzählt, glauben Sie ihm nicht. Ein sehr gutes Leben hatten wir. Alles war gut. Ich war so glücklich. Ich schicke Ihnen ein Foto, wenn ich es wiederfinde. Ich habe ganz anders ausgesehen. Alles war ganz anders.«

Sie weint. Damit sie nicht mehr weint, frage ich sie nach ihrem früheren Leben. Ganz früher.

»Was sind Sie von Beruf?«

»Ich? Eigentlich bin ich Kindergärtnerin, aber das war noch zu Sowjetzeiten. Ich bin in Donezk geboren und aufgewachsen. Unsere Stadt war sehr schön, glauben Sie mir. Wir haben einen Park mit schmiedeeisernen Figuren, es gibt Sternzeichen und welche zum Thema Liebe, aber auch patriotische. In letzter Zeit gab es viele Figuren aus Geschossen. So sind eben die Zeiten. Aber es ging uns gut, unser Leben war gut.

Ich hatte immer Rosen zu Hause. Ich weiß nicht, ob sie jetzt noch da sind. Als wir evakuiert wurden, war es Winter. Aber vor 2014 war die ganze Stadt voller Rosen. Und als die Kämpfe langsam weniger wurden, haben die Leute wieder angefangen, Rosen zu pflanzen. Im Sommer 2021 blühte die ganze Stadt. Natürlich, das ist ja unser Aushängeschild, die Rosen.

Rosen. Überall Rosen.

Warum haben Sie davon angefangen? Ich sehe sie direkt wieder vor mir. Was für ein Leben wir hatten! Ich habe in Donezk geheiratet. Ich erinnere mich an unsere Hochzeit. Als wir unsere Kinder großgezogen haben, war es nicht leicht. Na ja, es waren eben die 1990er. Aber es ging schon irgendwie, auch wenn wir kaum Geld hatten. Hätte mir damals mal jemand gesagt, dass Geldnot nicht das Schlimmste ist, dass es noch viel schlimmer kommen kann.

Mein Mann ist beim Militär, wir sind oft umgezogen. Als es die UdSSR noch gab, durch die ganze Union. Und als die Ukraine unabhängig wurde – in der Ukraine. Meine Tochter ist in Tscherkassy geboren, mein Sohn in Donezk. Dort sind wir geblieben. Haben uns ein Heim geschaffen. Nach dem ganzen Umherziehen fühlte sich das so gut an: Du kaufst Vorhänge, Tischdeckchen, eine Schöpfkelle, trägst alles nach Hause, weißt, dass das jetzt alles dir gehört, du nirgendwo mehr hinmusst, keine Kisten packen, keine Bündel schnüren. Als ich verstand, dass wir nicht mehr weggehen werden, fiel mir ein Stein vom Herzen.

Mein Gott, wie gut wir es doch hatten.

Jedes Jahr machten wir Urlaub am Meer, in Mariupol. Haben Sie eine Vorstellung, wie das jetzt klingt? Aber wir waren so glücklich, es ging uns so gut. Wer hätte ahnen können, dass das Glück nur so kurz währt?«

Galina Lwowna laufen die Tränen übers Gesicht. Sie tupft sie mit einem Taschentuch ab, das sie im Ärmel versteckt. Ich frage:

»Wann hat das gute Leben aufgehört und das schlimme angefangen?«

Jetzt schaut sie mir in die Augen. Beugt sich etwas vor und fragt zurück:

»Das wissen Sie nicht? Denken Sie etwa, das geht Sie nichts an? Denken Sie, dass wir, die Donezker, Luhansker, dass wir keine Menschen sind? Gehen Sie unsere Probleme nichts an? Denken Sie, der Krieg ist erst seit Februar da? Und was ist mit uns, die wir acht Jahre ohne Strom und Wasser unter den Bomben gelebt, die ihr Leben gelassen haben? Was ist mit unseren Kindern, die in Kellern aufgewachsen sind? Warum hören Sie unsere Stimmen nicht? Was ist mit uns?«

Sie hält sich die Hand vor den Mund. Aus dem geöffneten Fenster hört man jemanden nach ihr rufen. Galina Lwowna geht ins Haus. Macht das Fenster von innen zu. Kommt kurz darauf mit zwei Jungen im Grundschulalter raus, einer etwas älter als der andere. Sie nennen sie Mama und sagen, dass sie in einer Stunde wieder da sind. Sie gibt ihnen einen Kuss und segnet sie, als sie weggehen.

Zu mir kommt sie zurück wie zur Folter. Setzt sich auf den unbequemen Klappstuhl. Sieht mich an. Ich weiche ihrem Blick aus. Ich weiß nicht, wie ich dieses Gespräch führen soll. Aber sie spricht von sich aus weiter:

»Ich habe lange dagegen gekämpft, dass sie Mama zu mir sagen. Ich sagte, ihr habt schon eine Mama, ich bin die Oma. Zum Älteren habe ich gesagt, wenn du willst, sag Mama-Oma. Kinder brauchen eben eine Mutter. Und von dem Kleinen, was soll man da verlangen? Er war ein Jahr und zwei Monate, als das alles passiert ist. Er erinnert sich überhaupt nicht an seine Mutter. Aber der Große … er hat sich lange erinnert. Letztens komme ich nach Hause und sehe, wie er weint. Ich frage ihn: ›Was hast du denn?‹ Und er: ›Oma, ich kann mich nicht mehr an Mama erinnern.‹ Ich sage, komm mit, wir gehen raus und gucken uns die Sterne an. Das habe ich ihnen von Anfang an so erzählt. Ich zeigte in den Himmel und versicherte ihnen: ›Eure Mama ist der hellste Stern am Himmel, sie schaut auf euch herab und lächelt.‹ Da waren sie noch klein, sie stritten sich immer, welcher Stern ihre Mama ist.

Wie lange werden sie noch daran glauben? Wie viel Zeit wird vergehen, bis sie vergessen haben, was ihnen zugestoßen ist, was sie mit ihrer Mutter, was sie mit uns allen gemacht haben?«

Ich will fragen, wer »sie« sind, aber ich bin zu langsam. Galina Lwowna ist schon weiter. Sie spricht ohne Pausen, und ohne das Taschentuch vom Gesicht zu nehmen. Es ist ganz nass.

»Wissen Sie, mein Sohn hatte eine gute Familie. Ich war als Mutter sehr froh. Wenn du siehst, dass es deinem Sohn gut geht, dann breitet sich so eine innere Ruhe aus. Wir haben alles für sie getan. Alles. Wir haben für sie ein Haus neben unserem gebaut. Eines Tages ging Serjoscha, mein Sohn, zu ihnen nach Hause, um Olja und den Kleinen zu holen. Es wurde schon geschossen, wir hatten in unserem Keller alles eingerichtet: Medikamente, Essensvorräte, Kerzen, Schaufel, Axt, Bettzeug, alles. Man entwickelt schnell Gewohnheiten. Wir waren das schon gewohnt, wir dachten, wir müssten bloß ein paar Tage aussitzen, eine Woche vielleicht. Und dann würden wir befreit. So wurde es uns gesagt. Und wir waren bereit, zu warten. Wir schätzten uns glücklich, dass wir so einen Keller hatten. Normalerweise versammelte sich die ganze Familie bei uns zum

Abendessen, dann gingen wir runter in den Keller. Deshalb ist Serjoscha sie holen gegangen. Der Große blieb bei uns. Kaum war Serjoscha aus dem Haus, hörte man ein Pfeifen und eine Explosion. Und noch eine. Und dann nichts mehr.

Dann war unser Leben vorbei.«

Ich frage, ob Galina Lwowna weiß, woher die Rakete kam. Sie sieht mich nicht einmal erstaunt an, sondern vielmehr erschrocken. Holt kurz und tief Luft, wahrscheinlich, um nicht etwas Grobes zu sagen. Meine Frage ist unangemessen, undenkbar, sie hat sie sich noch nie gestellt, weil die Antwort auf solche Fragen *immer klar* ist. Sie schaut mir in die Augen:

Mein Mann und ich rannten rüber. Als Erstes sahen wir unseren Sohn da liegen. Er ist groß und kräftig, wir schafften es nicht, ihn hochzuheben, dachten erst, er wäre tot. Aber er war nur bewusstlos. Der Rettungswagen kam sofort, mein Mann fuhr mit Serjoscha mit. Ich ging weiter ins Haus, durch den Staub, durch die Trümmer, durch den Rauch.

In der Küche sah ich in der Ecke Olja sitzen, meine Schwiegertochter. Sie hielt den Kleinen fest an sich gepresst. Ihre Hauptschlagader war durchtrennt, er war von oben bis unten von ihrem Blut bedeckt. Ich dachte erst, er sei auch tot. Dann nahm ich ihre Arme weg und versuchte ihn wegzuziehen. Er hielt sich so fest an sie geklammert, dass ich ihn kaum losbekam. Aber er lebte, er atmete. Sie hatte ihn mit ihrem Körper geschützt, der Splitter war durch sie hindurchgegangen, und er hat nur ein bisschen am Kopf abgekriegt. Ich zog ihn von ihr weg, drückte ihn an mich und fing an, ihm etwas vorzusingen. Und plötzlich, stellen Sie sich vor, geht die Kühlschranktür auf, und da stehen Oljas Töpfe, Schüsseln, alles … Und alles ist durchsiebt. Können Sie sich das vorstellen? Da steht ein Topf mit Borschtsch, und die rote Suppe fließt durch die Löcher auf die blutüberströmte Olja. Dieses Bild werde ich auf dem Sterbebett noch vor mir sehen, ich habe es immer vor Augen. Danach bricht meine Erinnerung ab. Ich heulte los, jagte dem Kleinen

Angst ein. Als ich nach draußen ging, standen da schon die Leute. Sie haben uns gepackt, ab in den Rettungswagen und ins Krankenhaus.

Später erzählten mir die Nachbarn, dass unser Großer bis in den Abend auf der Straße herumgeirrt ist. Er wollte nach Hause, rief nach seiner Mutter. Die Nachbarn nahmen ihn für die Nacht zu sich. Und jetzt sagen Sie mir, oder meinetwegen jemand anders: Womit haben wir das alles verdient?«

Galina Lwowna weint nicht mehr. Sie wischt sich nur mechanisch mit dem Taschentuch übers Gesicht. Dann lässt sie die Hände sinken, reibt ihre geschwollenen Knie. Hinter dem Zaun fährt mit quietschenden Reifen ein Auto vor, eine Tür knallt, laute Popmusik schallt herüber, Gelächter. All das passiert ganz nah – uns trennt nur ein dünner Schieferzaun – und gleichzeitig wie auf einem anderen Planeten.

Auf diesem Planeten sitze ich Galina Lwowna gegenüber und kann ihr nicht in die Augen sehen.

Sie sagt: »Ich verstehe ja, sie wollten Macht und Geld, kriegten den Mund nicht voll. Aber so? Das sind doch alles Menschenleben, Schicksale. Ich will, dass sie jede Nacht davon träumen, wie meine Kinder weinen und nach ihrer Mutter rufen, wie mein Sohn in seinem Rollstuhl vor Kummer winselt. Sie sollen es in ihren Albträumen sehen. Diese Faschisten.«

Ich frage: »Wann hat man in Donezk angefangen, die Westukrainer Faschisten zu nennen?«

»Ich weiß nicht. Aber 2014 war das schon so.« Und sie fügt hinzu: »Verstehen Sie, unsere Familie hatte nie etwas mit Politik zu tun. Unser Donbass ist immer irgendwie allein zurechtgekommen. Wir haben Russisch gesprochen, niemand hat sich in unser Leben eingemischt. Und dann brach dieser Konflikt aus. Ungefähr 2013. Zuerst war der Konflikt nur politisch, aber dann schwappte er auch auf die Straße. Uns war klar, dass Russland uns beschützen würde und die Ukraine nicht, sie brauchte uns nicht. Wir haben auf Russland gewartet, wir hielten durch, wir beerdigten unsere Kinder in der Hoffnung, dass die russische Welt bald kommen würde, der russische Frühling, wir haben ihn herbeigesehnt, gehofft, aber die Bomben fielen weiter, sie wollten uns vom Erdboden tilgen. Und dann, als uns Wladimir Putin am 22. Februar 2022 anerkannte, wurden wir endlich evakuiert und in ein Auffanglager gebracht. Da gab es ein Feuerwerk. Wir tranken Sekt, lagen uns in den Armen und weinten. Wir waren so glücklich. Ich sehe Sie an und weiß, dass Sie mir nicht glauben. Sie verstehen es nicht, Sie sind anders, das habe ich gleich gesehen.«

Sie schaut auf die Uhr: Es ist Zeit, ihren Sohn zu füttern. Sie lässt mich mit dem Spatz im Hof allein. In einer Ecke des Hofs, der zu dem Haus gehört, das Galina Lwowna zusammen mit ihrem Mann, dem behinderten Sohn und den beiden Enkeln mithilfe von Freiwilligen bezogen hat, gibt es ein winziges, vielleicht einen Quadratmeter großes Beet: In der Erde stecken zwei Rosensträucher, einer rot und einer weiß. Sie blühen bereits, aber jede Rose hat noch eine Knospe in Reserve. Wenn sie im Wind schaukeln, berühren sich die weißen und die roten Blütenköpfe.

Galina Lwowna kommt zurück. Ich ringe mich zu einer Frage durch:

»Wie haben Sie sich den russischen Frühling vorgestellt? Leben Sie jetzt so, wie man es Ihnen versprochen hat?«

Sie wundert sich über die seltsame Frage: »Wie früher, alle zusammen, in Frieden.«

»In Frieden mit wem?«

»Mit Russland.«

»Und die Ukraine?«

»Die kann mir gestohlen bleiben.«

Ich erwidere: »Galina Lwowna, ich habe hier auf Band, wie Sie selbst sagen, dass Sie früher gut und sogar glücklich gelebt haben. Das war doch vor 2014, vor dem russischen Frühling.«

»Ja.«

»Die blühenden Rosen, das Stadion, das Haus, das Sie für Ihren Sohn und seine Familie gebaut haben.«

»Ja.«

»Das war doch die Ukraine?«

»Ja.«

»Und was war dann? Wer hat angefangen zu schießen?«

Sie guckt mich erschrocken an.

»Was wollen Sie von mir hören? Sie wissen doch nichts darüber, wie unser Leben war.«

Wir schweigen. Der Spatz nutzt die Pause und zwitschert los. Ich nehme meinen Mut zusammen, um ihr noch eine Frage zu stellen. Ich weiß, dass sie sich wieder ärgern wird, aber ich muss fragen: »Galina Lwowna, wann kamen die ersten russischen Soldaten nach Donezk?«

Sie guckt skeptisch. Aber antwortet: »Sie sind gekommen, um uns zu beschützen, verstehen Sie das nicht? Niemand wollte uns helfen, sie kamen, um uns vor den Nationalisten zu beschützen.«

»Aber Putin hat 2014 doch von den ersten russischen Soldaten in Serkalnyj behauptet, sie hätten sich verlaufen?«

Sie beugt sich zu mir vor, greift meine Hand und sieht mir in die Augen, sodass ich nicht wegschauen kann: »Wozu sagen Sie das alles? Warum machen Sie das? Lassen Sie mich zu Ende erzählen, dann werden Sie verstehen. Ich erkläre es Ihnen am Beispiel unserer Familie. Bevor die Raketen zu uns kamen, wollten wir nicht weg. Unser Kleiner wurde operiert und entlassen, er war nicht ernsthaft verletzt. Mein Sohn kam auf die neurologische Station. Aber dann schlugen die Raketen überall ein, alle Stationen im Krankenhaus wurden zusammengelegt. Alle Patienten wurden im selben Trakt untergebracht. Es gab kein Wasser.

Am Krankenhaus war vor dem Krieg ein großer Springbrunnen. Die Feuerwehrleute brachten Wasser und kippten es ins leere Becken. Wenn sie kamen, rannten wir alle mit Eimern,

Einmachgläsern, mit allem, was wir hatten, dahin: Ich musste ja Serjoscha waschen, und das Zimmer. So ging es allen dort.

Aber *sie* machten vor nichts halt, sie bombardierten immer weiter. Das Krankenhaus wurde immer leerer. Als meinem Sohn die Fäden gezogen wurden, sagte der Arzt: ›Bringen Sie ihn irgendwohin, wo man etwas für ihn tun kann, wir können ihm nicht mehr helfen.‹

Wir wollten ihn nach Russland bringen, aber es ging ihm psychisch so schlecht, dass er nicht wollte. Er sagte: ›Ich gehe nur dahin, wo meine Kinder sind.‹ Aber die waren in Kyjiw bei meiner Tochter, ihrer Tante, wo hätten wir sie sonst hinbringen sollen? Also fuhren wir.

Wir luden meinen Serjoscha ins Auto, wir haben einen 10er *Schiguli*, wissen Sie? Und dann fuhren wir los. Im Auto schlief ich ein. Ich träumte, dass ein schwarzer Bus durch die Stadt fährt. Die Menschen rennen vor ihm weg, verstecken sich, aber ich muss zum Markt und denke, vielleicht ist das eine neue Linie, die schneller ist?

Also stehe ich alleine da und warte. Der Bus kommt näher, ich nehme ein Geräusch wahr, ich höre es nicht nur, ich spüre es mit meinem ganzen Körper, ein Dröhnen, das mich in den Wahnsinn treibt. Und da sehe ich, wie jemand, der diesem Bus entkommen will, hineingesogen wird. Er verschwindet einfach. Als hätte der Bus weiche Wände. Ich bleibe stehen, renne nicht weg. Es ist, als würde sich der Bus wundern, aber er hält weiter auf mich zu, ohne schneller oder langsamer zu werden. Und da sehe ich ein Wort vor meinem inneren Auge: UNABWENDBARKEIT. Es pulsiert, obwohl niemand etwas gesagt hat. Ich bekomme Angst, ich will weg. Ich denke: Deswegen sind also alle weggerannt. Der Bus rollt direkt auf mich zu, aber ich kann meine Beine nicht bewegen. Ich höre nur die Ansage in meinem Kopf: ›Nächster Halt: Unabwendbarkeit.‹

Ich sehe, dass der Fahrersitz leer ist. Der Bus fährt von alleine, starrt mich mit dieser gähnenden Leere an. Er lockt und bedroht mich zugleich. Ich bete zu Gott, obwohl ich weiß, dass das nicht helfen wird. Dann fange ich an, dem Bus aufzuzählen, was ich alles liebe: dass wir ein gutes Leben haben, dass wir nichts brauchen, dass meine Tochter und mein Sohn schon selbst Familie haben, mein Sohn schon Kinder, dass wir ein Haus gebaut haben, dass ich eine gute Großmutter bin, dass ich jetzt nicht sterben darf. Ich bitte ihn, mich zu verschonen. Weil ich Enkel habe. Ich strecke ihm, dem Bus, meine Hände flehend entgegen und sage: Hörst du, ich habe Enkelkinder!

Aber er hört natürlich nichts, es ist ja ein Traum. Er kommt auf mich zu, und ich verstehe, dass ich es nicht schaffe, dass er mich mitnehmen wird. Ich lasse die Hände sinken und schließe die Augen, er saugt mich ein, und ich spüre, dass ich sterbe. Das ist alles. Ich werde Teil von diesem Bus. Ich werde Teil des Albtraums.

Ich wachte schweißgebadet auf, wir fuhren durch das nächtliche Kyjiw, zum nächsten Krankenhaus. Gott sei Dank fanden wir jemanden, der Dienst hatte, er half, Serjoscha hochzutragen. Natürlich gleich auf die Intensivstation. Es ging ihm sehr schlecht. Am nächsten Morgen kam der Arzt und sagte: ›Wir entlassen ihn.‹ ›Warum?‹ ›Weil Sie aus Donezk sind. Wir behandeln hier keine Verräter.‹ Er drehte sich um und ging.

Und Serjoscha sprach er noch an: ›Was liegst du rum, Feigling? Kommst hier an. Hättest zurückschießen sollen.‹

Verstehen Sie? Das haben sie zu uns gesagt! Zu jemandem, der seine Frau verloren hat, der alles verloren hat, der vielleicht nie mehr aufstehen wird.

Wir fuhren wieder los, fanden ein Kreiskrankenhaus, in dem man sich um Serjoscha kümmerte. Erst dort erfuhren wir, dass sein Rückenmark beschädigt und er für immer gelähmt ist, dass er nie wieder laufen wird. Das war's, verstehen Sie?

Wir konnten nicht einmal ein MRT machen, weil in seiner Wirbelsäule noch Splitter stecken.

Wir kehrten zurück. Und dann fing unser neues Leben an.«

»Warum sind Sie nicht weg aus Donezk?«

»Wohin hätten wir denn gehen sollen?«

»Nach Russland, zum Beispiel.«

»Kennen Sie das Wort Heimat? Unsere Heimat ist Donezk. Das ist unser Boden. Wir wollten nicht weg. Wir wollten, dass Russland zu uns kommt, darauf haben wir gewartet.«

»Aber Sie haben gesagt, dass geschossen wurde?«

»Ja, und Anschläge gab es auch. Du nimmst den Bus und weißt nie, ob du zurückkommst. Aber wir gewöhnten uns daran. Wenn man zuerst das Pfeifen hört und dann den Knall – dann schießen sie. Wenn es zuerst knallt und dann pfeift, dann schießen wir. Grad-Raketen klingen anders als Granaten.

Der Tod war unser Nachbar. Wir schreckten nicht vor ihm zurück.

Was gucken Sie so? Der Mensch gewöhnt sich an alles. Möchten Sie etwas trinken?«

Aus der Wasserzapfsäule im Hof kommt eiskaltes klares Wasser. Ich halte meine Hände unter den Wasserstrahl, trinke, wasche mir das Gesicht. Die Enkelkinder, für die Galina Lwowna zur Mutter geworden ist, kommen vom Spielen zurück, fragen, ob sie fernsehen dürfen, sie erlaubt es ihnen. Galina sagt: »Setzt euch zu eurem Vater, leistet ihm etwas Gesellschaft. Ich komme sofort.«

Ich frage sie, ob ich ein Foto von ihrer Schwiegertochter Olga sehen darf, Sergejs Frau und der Mutter der beiden Jungs. Sie erwidert: »Das ist alles in Donezk.«

»Haben Sie nichts mitgenommen?«

»Wie denn? Als wir am 18. Februar evakuiert wurden, gaben sie uns zwanzig Minuten zum Packen. Ich musste die Kinder fertig machen, meinen Sohn. An Fotos war gar nicht zu denken.«

Ich frage: »Und im Handy?«

Sie holt aus der Tasche der zu engen Strickjacke ein Tastentelefon und erzählt: »Bei uns in Donezk hatten wir nicht solche

Telefone wie ihr. Zu teuer und zu unsicher. Uns haben die hier gereicht. Aber nächste Woche fahre ich mit dem Bus nach Donezk, die Freiwilligen organisieren das. Ich hole ein paar Sachen, auch die Fotos. Ich schicke Ihnen welche.«

Ich frage, ob es nicht gefährlich ist, jetzt nach Donezk zu fahren, ins Epizentrum des Kriegs.

Sie wischt sich eine Haarsträhne aus der Stirn.

»Wissen Sie, Katja, sterben wäre eine zu große Erleichterung für mich. Gott hat wohl andere Pläne.

Sie sollten jetzt gehen, es wird Zeit.«

Ein paar Wochen später schickt mir Galina Lwowna über die Hilfsorganisation ein Foto: Ein großer Mann mit Geheimratsecken hält ein Bündel mit einem Säugling auf dem Arm, um das Bündel ist eine blaue Schleife gebunden. Das Baby ist nicht zu sehen. Neben ihm steht eine Frau in rotem Pullover und dunkelblauem Rock. Blondes Haar, dunkle Augen, rote Wangen. Zwischen den beiden ein Kind. Es hält sich an Mamas Rockzipfel fest. Unten ein Datum: 13. Juni 2013.

BÜGELEISEN

Im Mai 2022 lernte Inga das Bügeln lieben.

Das Bügeleisen gleitet von rechts nach links, glättet die Kanten und Falten, wärmt.

»Wenn das im Leben bloß auch so wäre«, sagt Inga. Und betrachtet das Bügeleisen.

Es beruhigt sie. Inga bügelt.

Erstaunlich. Sie bügelt sogar Jeans.

»Ich bügele alles, sogar Jeans«, wiederholt sie wie ein Echo. »Nur das Leben lässt sich nicht glatt bügeln.«

So schnell ist unser Gespräch wieder am Anfang angelangt. Wir schweigen.

Das Bügeleisen dampft, fährt hin und her, glättet fremde Kleidungsstücke.

Inga sagt: »Natürlich habe ich Glück gehabt: Ich habe Arbeit, ein Dach über dem Kopf, niemand will etwas von mir noch schulde ich jemandem etwas. Ich bin wie der Held in einem Spionagefilm: Als hätte man mich mit einer Mission hergeschickt, meine Vergangenheit gelöscht, und schon bin ich als unbeschriebenes Blatt an einem Ort, an dem mich niemand kennt. Ich kann erzählen, was ich will und wem ich will. Auch Ihnen …«

Das Bügeleisen fährt von links nach rechts, spuckt Dampf, hält inne. Inga sieht mich an.

Ich betrachte Ingas Hände, die das Bügeleisen umklammern: Sie haben hervortretende blaue Venen und lange musikalische Finger, an der linken Hand steckt ein Ehering. Inga hat blaue Augen und ein schmales blasses Gesicht, umrahmt von platinblonden Locken mit grauem Haaransatz.

Inga ist 42. Ich könnte sagen, dass sie hübsch ist, aber dafür müsste sie lächeln, wenigstens um die Mundwinkel. Aber Inga lächelt nicht, sie sieht mich einfach nur an. Das Bügeleisen spuckt wieder Dampf. Inga beendet ihren Satz:

»Aber ich will nichts erzählen. Wenn man erzählt, durchlebt man alles noch einmal. Das ist, als würde man ein Pflaster von einer offenen Wunde reißen, zusammen mit dem Fleisch. Ein höllischer Schmerz.«

Das Bügeleisen gleitet von rechts nach links. Ich sage, dass ich lieber gehen sollte, dass es eine schlechte Idee war und es mir leidtut. Inga hebt den Kopf und stellt das Bügeleisen aufrecht hin.

»Nein, warten Sie. Ich habe es versprochen. Ich werde es Ihnen erzählen. Und danach nie wieder. Niemandem. Danach fange ich mein Leben von vorne an. Das habe ich so entschieden. Aber lassen Sie mich erst zu Ende bügeln.«

Ich setze mich wieder hin.

»Ich habe das alles schon früher geträumt«, beginnt Inga. »Schon als Kind hatte ich Albträume vom Krieg. Ich dachte, das hätte mit unserer Kindheit zu tun: Sie wissen ja, wie eindrucksvoll unsere Filme über den Krieg waren, die Helden in Romanen und Schulbüchern. Wir waren alle ganz besessen von Kriegshelden. Ich sehe noch vor mir, wie dieser Leutnant mit dem niedlichen Namen Romaschkin sich mit einer Handgranate vor einen deutschen Panzer wirft. Kennen Sie den Film?«

Ich nicke. Sie meint *Wsjat Schiwym*, *Lebendig nehmen*, den schrecklichsten Kriegsfilm meiner Kindheit.

Inga und ich sind gleich alt. Wir wurden beide in der Sowjetunion geboren, einem Land, das es nicht mehr gibt, und jetzt sind unsere Leben komplett unterschiedlich. Aber die Bücher und Filme unserer Kindheit sind die gleichen.

Sie spricht weiter: »Als Kind träumte ich von Stalingrad. Mit Details, von denen ich nichts gewusst haben konnte: Straßenzüge und Straßennamen, zerstörte Häuser. Ich träumte, dass ich mit einem Kind fliehen musste, bis zu einer bestimmten Straßenkreuzung, deren Namen ich gut kannte. Im Traum wusste ich, dass ich die Straßenseite mit den ungeraden Nummern nehmen musste, dass sich in dem Keller der Bäckerei ein Stabsquartier befand, wo wir uns retten konnten.

Aber in diesem Traum, der immer wiederkehrte, schaffte ich es nie bis zu dieser Bäckerei, ich bog falsch ab und landete am falschen Haus. Dann gab es eine Explosion, und ich verlor das Kind.

Ich bin sicher tausendmal in meinem Leben schweißgebadet aufgewacht, weil das Kind nicht mehr in meinen Armen war, weil ich es nicht rechtzeitig zu diesem Haus geschafft hatte. Ein ewiger Albtraum, mit dem ich nicht fertigwurde: Ich habe mein Kind nicht gerettet, ich lebe, aber mein Kind nicht.

Und als es wirklich passierte, fühlte ich nichts mehr. Als hätte ich gewusst, dass es so kommen würde. Verstehen Sie, was ich meine? Das versteht nämlich niemand.

Ich kann niemandem erklären, was ich fühle. Weil ich nichts fühle.«

Ingas Blick ist an das Bügeleisen geheftet. Sie sieht mich nicht an. Es fällt ihr leichter, das alles dem Bügeleisen zu erzählen. Aber selbst das ist schwer.

Sie läuft ein paar Schritte durch den winzigen Haushaltsraum, von einer Ecke in die andere. Setzt sich auf die Kante des Wäschekorbs, sagt: »Ich fange noch mal an.« Sie schiebt den schrecklichsten Moment auf, kehrt immer und immer wieder an den Anfang zurück. Als noch nicht Krieg war.

»Wir haben in einer Einfamilienhaussiedlung gewohnt. Das war das Haus meines Mannes, ich mochte es nicht besonders, ich wollte in einem ›normalen‹ Haus wohnen. Aber er liebte es. Ihm gefiel, dass wir ein ganzes Haus für uns hatten und nicht in einem ›Bienenstock‹ leben mussten, wie er Hochhäuser immer nannte. Er liebte das Grundstück, auf dem wir gärtnern konnten. Wir hatten einen Gemüsegarten.

Mich versöhnte mit dem Haus vor allem das Spülbecken am Küchenfenster, das mein Mann extra für mich dort einbaute. Wenn ich Geschirr spülte, sah ich hinaus auf die Straße und den Hof. Ich stellte mir sogar das Meer vor, wie es hinter den Häusern und Bäumen daliegt. Ich liebe das Meer.

Mariupol ist nicht wie andere Städte, die am Meer liegen. Bei uns dreht sich nicht alles darum. Wir haben Fabriken, Industrie, ein anderes Leben.

Aber das ging alles an mir vorbei. Ich war wie … süchtig? Ja, süchtig nach dem Meer. Ich brauchte es. Mir war wichtig, dass wir abends mit der ganzen Familie an den Strand gehen konnten. Außerdem malte ich es. Eigentlich bin ich Grafikdesignerin, aber zu Hause malte ich zum Vergnügen – und immer nur das Meer. Mein Mann neckte mich: Mal doch mal einen von uns. Und ich antwortete immer: Erst lerne ich, das Meer zu malen. Das war so ein Scherz zwischen uns.

Ich komme eigentlich aus der Gegend bei Charkiw. Als ich nach Mariupol zog, dachte ich: ›Inga, Träume werden wahr, du bist am Meer!‹

Hier gibt es auch einen Strand. Waren Sie schon dort?«

Nein, war ich nicht. Mit »hier« meint Inga die Costa del Sol, den beliebtesten Küstenstreifen Spaniens. Es ist Mai und das Wasser noch kalt, aber es wimmelt bereits von Touristen. Sie vergnügen sich, liegen in der Sonne, manche gehen schon baden. Inga hat es nicht gesehen. Sie geht nie ans Meer. Sie geht so gut wie gar nicht aus dem Haus.

Die Villa, in der ich sie treffe, befindet sich am schicken Stadtrand des Touristenstädtchens Fuengirola. Inga hat Arbeit bei einer Frau gefunden, die allem Anschein nach nicht unbedingt eine Haushälterin gebraucht hätte: Seitdem Inga hier lebt, haben sich die Besitzer nicht einmal blicken lassen.

Die Frau des Hauses hat Inga über eine *Facebook*-Gruppe gefunden, in der man sich anmelden konnte, wenn man bereit war, Geflüchtete aufzunehmen. Freiwillige organisierten den

Rest. So bekam Inga ein Zimmer und Arbeit: Sie putzt, wäscht und bügelt. Aber weil das Haus unbewohnt ist, putzt sie bereits Geputztes, wäscht bereits Gewaschenes und bügelt, was sie schon viele Male gebügelt hat. Sogar die Jeans. Und erzählt. Nicht mir, sondern dem Bügeleisen. So geht es leichter.

»Am 24. war es bei uns noch relativ ruhig. Ich habe alles aus den sozialen Netzwerken erfahren. Ich konnte es nicht glauben: Krieg? Welcher Krieg? Wir schreiben das 21. Jahrhundert, und es gibt Krieg? Natürlich haben wir auf einem Pulverfass gelebt, aber daran hatten wir uns gewöhnt. Manchmal hörte man in der Ferne Explosionen, aber ein Krieg? Ganz bestimmt nicht bei uns: Wir leben hier doch in Frieden.

Unser Haus hatte keinen Keller, nur einen kleinen Vorratsraum, in dem man nicht mal stehen konnte. Ich ging mit meinem Sohn zur Familie meines Mannes, weil er es so wollte. Mein Mann ist beim Militär. Ich habe ihn seit dem 17. Februar nicht mehr gesehen. Wir haben nur telefoniert. Er sagte meistens nur Hallo und Tschüss, alles in Ordnung, ich küsse euch, bin bald wieder zurück. Oder auch nicht.

Aber an dem Tag rief er an und sagte: ›Geht zu meiner Mutter. Sie hat einen Keller, da könnt ihr euch verstecken.‹

Obwohl es schon heftig knallte, waren immer noch alle davon überzeugt, dass es nicht lange dauern konnte. Vielleicht zwei, drei Tage, höchstens eine Woche. Dann wollte mein Mann unseren Sohn sprechen, Petya. Ich weiß nicht, worüber sie gesprochen haben. Sie standen sich schon immer nahe. Dann gab mir Petya den Hörer zurück. Mein Mann erklärte mir, was wir mitnehmen sollten: Taschenlampe, warme Kleidung, ein Kissen, Konserven und Wasser. Wir packten eine Tasche und einen Rucksack. Mein Petya ist ein schmächtiger Junge. Als er diesen Rucksack schulterte, kamen mir die Tränen. Ich rief: ›Petya, lass mich den tragen.‹ Aber er: ›Nein, ich mache das schon. Papa hat gesagt, solange er weg ist, bin ich der Mann im Haus.‹

Ich dachte damals noch: Was heißt, solange er weg ist? Wie lange soll er denn weg sein, wann ist das alles vorbei? Und in diesem Moment hatte ich so etwas wie ein Déjà-vu. Da wusste ich, dass wir da nicht rauskommen, dass es das Ende ist. Ich dachte daran, wie mein Mann am Ende des Telefonats gesagt, oder besser gefragt hat, ob ich wüsste, dass er mich liebt. Er war kein großer Romantiker. Ich habe mich gewundert und geantwortet: ›Ja, natürlich. Ich dich auch, Olescha.‹

Aber ich habe es so nebenbei gesagt. Es schien mir nicht der Moment für Gefühlsduseleien.

Dann gingen wir auf die Straße. Es war kalt. Die Stadt war schon stark beschädigt, Häuser brannten, schwarzer Rauch stieg auf, es roch nach Verbranntem, der Himmel war kaum zu sehen. In der Ferne donnerte es, in der Nähe hörte man Schüsse. Aber wer schoss und von wo, konnte man unmöglich sagen. Sie kamen einfach von überall. Ich kann dieses Gefühl nicht beschreiben. Da stehe ich mit meinem Sohn inmitten dieser Hölle und sehe uns von der Seite: Da ist mein Kind, zehn Jahre alt, ein Musiktalent, er nimmt an Geigenwettbewerben teil, singt im Chor, anstatt am Handy zu hängen wie andere Kinder …

Verzeihen Sie, das tut nichts zur Sache. Ich habe in dem Moment einfach gespürt, dass ich ihn nicht werde beschützen können, wenn irgendetwas passiert.«

Sie hält sich an dem Bügeleisen fest wie an einem Haltegriff im Bus. Bügelt nicht, hält sich einfach nur fest.

Ich sage: »Lassen Sie uns das Bügeleisen ausstellen, es wird heiß.«

Aber sie sagt: »Nein. Ich will bügeln, das beruhigt mich.

Das Bügeleisen beruhigt mich.

Wir sind nicht gleich in den Bombenschutzkeller. Meine Schwiegermutter hatte die Theorie, dass es sicherer wäre, im Haus zu bleiben und im Flur zu schlafen, im Treppenhaus. Also blieben wir dort. Die Taschenlampe war sehr nützlich, das

Kissen auch. Alles, was wir mitgenommen haben. Nichts war umsonst, meinem Mann sei Dank.

In Treppenhaus lagen Petya und ich aneinandergeschmiegt da. In meinem Kopf hörte ich dieses Lied von Nautilus Pompilius, *Dychanije, Atem*, kennen Sie das?

Ich wache schweißgebadet auf
Ich wache aus einem Albtraum auf
Als stünde unser Haus unter Wasser
Und nur wir zwei hätten überlebt
Als wäre über uns meilenweit nur Wasser
Als würden Wale mit ihren Flossen schlagen
Der Sauerstoff geht langsam aus
Im Dunkeln liege ich da
Und lausche unserem Atem
Ich lausche unserem Atem
Ich wusste nicht, dass wir zwei
Nur einen Atem haben
Einen Atem für uns zwei[2]

Petya schlief gut, nach einer Weile gewöhnte er sich sogar an die Explosionen und wachte nicht mehr davon auf. Ich wurde immer wieder wach, schlief mal eine, mal eine halbe Stunde am Stück. Und die ganze Zeit über sah ich meinen Stalingrad-Traum. Aber wie in Fragmenten, Flashbacks – wenn ich aufschreckte, wusste ich nicht, wo der Traum aufhörte und die Wirklichkeit anfing.

An jenem Morgen wachte ich davon auf, dass mein Sohn mich anschaute: ›Mama, du bist schön.‹ Das war unser fünfter oder sechster Tag im Treppenhaus. Wir wuschen uns kaum und trugen dieselben Sachen. Bei den anderen sah ich, dass die Gesichter wie mit Staub bedeckt waren, grau, und die Augen weit aufgerissen vor Verzweiflung. Und plötzlich soll ich schön sein.

Ich weiß nicht mehr, was ich erwiderte, plötzlich knallte und donnerte es überall. In diesen Momenten lässt die Angst dich erstarren, sie ergreift komplett Besitz von dir. Du hast dich nicht mehr unter Kontrolle, die Angst kontrolliert dich. Ich glaube, diese Menschen, die sich wie die Helden in Kriegsfilmen schützend vor jemanden stellen oder sich mit der Handgranate auf den Feind werfen, das sind Menschen, die ihre Angst überwunden haben. Zu denen gehöre ich nicht. Ich hatte die ganze Zeit Angst, dass ich Petya nicht beschützen kann, wenn es darauf ankommt … Entschuldigung, ich schweife wieder ab.«

Das Bügeleisen fährt von links nach rechts. Inga holt tief Luft.

»An dem Morgen kamen Soldaten ins Haus gestürmt, brüllten: ›Es wird gleich gekämpft, alle in den Bunker!‹ Sie schossen in die Luft. Erst da bin ich mit Petya in den Keller gegangen. Er war schon voller Menschen, viele hatten Kinder dabei. Mein Schwiegervater war so etwas wie der Älteste: Er koordinierte die Essenszubereitung, die Putzschichten und die Wasserbeschaffung. Diese Streifzüge waren am unheimlichsten und gefährlichsten.

Zu diesem Zeitpunkt gab es in der Stadt bereits weder Strom noch Heizung. Die Wasserleitung war zerstört: Es gab kein fließendes Wasser.

Unsere Männer gingen in kleinen Gruppen zum Eispalast: Dort hatte das Eis begonnen zu schmelzen, sie füllten das Tauwasser in Kanister und Flaschen und brachten sie zu uns. Wir kochten das Wasser ab, bereiteten Reisbrei zu. Na ja, was heißt Brei: drei Löffel Reis auf einen Topf Wasser, damit die Kinder wenigstens etwas im Magen hatten.

Wir Erwachsenen aßen erst Wassersuppe, die wir mit Dosenfleisch kochten. Und dann … Nun, das müssen Sie nicht wissen. Alles Mögliche haben wir gegessen. Ich glaube nicht, dass ich je wieder Fleisch essen werde.

In den ersten Tagen, als ich wieder zu mir gekommen war,

dachte ich, ich könnte überhaupt nichts essen. Wozu essen, wenn ich nicht leben will? Wozu soll ich leben? Wofür, für wen? Aber die Natur hat gesiegt. Man kann nicht nicht essen. Man kann nicht nicht aufstehen, nicht nicht sprechen. So funktioniert das nicht: Die Menschen um dich herum holen dich aus diesem Dämmerzustand. Dort habe ich verstanden, dass das Leben ein Instinkt ist: Irgendwann kommt der Moment, in dem du einfach isst und trinkst.

Ich konnte mich nicht zu Tode hungern. Ich war zu schwach, um mich umzubringen. Gott hat mich nicht zu sich geholt. Ich denke die ganze Zeit: Was stimmt nicht mit mir? Warum hat er mich nicht zu sich genommen, warum lässt er mich leiden? Verzeihen Sie, ich bin wieder woanders.«

Ich frage, ob wir eine Zigarettenpause machen sollen. Sie schüttelt den Kopf. Wischt die Hände an den Seiten ihres Kleides ab. Seufzt. Sieht sich im Zimmer um, als suche sie etwas, aber findet es nicht. Nimmt das Bügeleisen und bügelt damit das fremde T-Shirt, das sie schon mehrfach gebügelt hat. Man kann nicht erkennen, ob es eins für Männer oder Frauen ist.

Dann sagt sie: »Es bleibt nicht mehr viel zu erzählen, der Rest geht schnell.«

Ich antworte nicht. Sie richtet es ohnehin an sich selbst. Ich bin gar nicht da: Nur sie, das Bügeleisen und ihre Erinnerung.

»Nach ein oder zwei Tagen bekamen die Soldaten mit, dass die Menschen Wasser vom Eispalast holen. Sie fingen an, auf sie zu schießen. Warum? Fragen Sie mich nicht, ich weiß es nicht. Warum waren sie überhaupt da? Warum hat das alles angefangen? Wenn man all diese Fragen zusammennimmt, dann hat man die Antwort auf euer Warum: Einfach so! Weil sie es konnten. Wenn du ein Gewehr hast, dann schießt du auch.«

Ich frage sie: »Was waren das für Soldaten?«

Sie versteht nicht: »Was meinen Sie damit?«

»Die ukrainische Armee, Asow, DNR, die Russen – wessen Soldaten waren das?«

Ihre Antwort erstaunt mich: »Das interessiert mich nicht. Ich weiß nicht, wer es war. Ich habe sie nicht gesehen. Was ändert das auch? Die einen sagen, sie hätten blaues Klebeband an den Helmen gehabt – dann wären es unsere. Die anderen sagen, sie hätten weiße Armbinden – dann wäre es die DNR. Ich war nicht dabei, ich weiß es nicht. Verstehen Sie, in dieser Situation spielt es keine Rolle, wer schießt: Alle schießen. Und du bist der Hase, denn egal, wer schießt – er schießt auf dich.«

Dieses Phänomen begegnete mir später noch mehrmals: Menschen, die sich mitten in der Hölle des Kriegs wiederfinden, unterscheiden nicht mehr, wer auf sie schießt. Sie nennen alle, die schießen, »Soldaten«, ohne zu konkretisieren, welche genau. Ich musste immer nachfragen, welche Seite gemeint ist.

In Erinnerung bleiben oft nur die, die ihnen bei der Ausreise aus dem Kriegsgebiet begegnen. Die konnten mir alle, mit denen ich gesprochen habe, detailliert beschreiben. Wahrscheinlich stellt im Moment der akuten Angst und des Ausgeliefertseins jeder Soldat für einen Zivilisten eine Bedrohung dar. So scheint es in Mariupol gewesen zu sein.

Ich versuche, meine Vermutung mit Inga zu teilen, aber sie winkt ab: »Ich weiß es nicht. Ich habe nie darüber nachgedacht. Verstehen Sie, es ist ganz einfach: Wenn Ihre Soldaten nicht gekommen wären, dann hätten auch unsere nicht zur Waffe gegriffen. Ihr seid gekommen. Wegen euch hat alles angefangen. Der Rest ist unwichtig. Darüber müssen wir gar nicht reden.«

Sie verstummt. Kehrt gedanklich dorthin zurück, wo ich sie mit meinen Nachfragen weggeholt habe. Sie erinnert sich wieder und setzt an dem Punkt an, an dem sie aufgehört hatte: »Ich wollte bloß sagen, dass mein Schwager mit den Jungs Wasser holen gegangen ist und nicht zurückkam. Niemand von den dreien kam zurück. Wir wissen bis heute nicht, wo sein Körper liegt, wer ihn beerdigt hat und wie. Es war in jenen Tagen unmöglich, nach jemandem zu suchen, ihn zu identifizieren und zu bestatten. Mehr als das: Es rückte in den Hintergrund.

Was zählte? Dass wir überhaupt kein Wasser mehr hatten. Licht und Wärme gab es auch nicht. Die Frauen ließen ihre Männer nicht mehr zum Eispalast gehen. Wir fingen an, das Wasser aus Klimaanlagen und Boilern abzulassen. Gingen in Gruppen durchs Haus, suchten Wasser, kochten es ab.

Ansonsten verließen wir den Keller kaum. Durch die Straßen fuhren Panzerwagen und kontrollierten, ob sich irgendwo etwas regte. Dann gingen wieder die Beschüsse los.

Nur unsere übrigen Männer schlichen sich manchmal in kleinen Gruppen in die Stadt, um herauszufinden, wie die Lage war, wer gerade das Sagen hatte. Die Situation war nicht überall die gleiche, es veränderte sich alles andauernd. Was uns vor allem interessierte, waren die humanitären Korridore. Aber es gab keine. Die Männer kamen mit nichts zurück. Berichteten nur flüsternd, wie viele Leichen sie auf den Straßen gesehen hatten: Die einen im Auto erschossen, die anderen in der Schlange nach Hilfsgütern oder beim Wasserholen, so wie mein Schwiegervater.

Ich weiß noch, wie eine Frau im Keller klagte: ›Wie viele Patronen haben die bloß, sie schießen und schießen. Sie werden nie zu Ende gehen, wir werden ewig hier sitzen und sterben, ohne je das Tageslicht zu sehen.‹ Und alle fingen an zu weinen.

Im Keller war es schrecklich: kalt, unheimlich. Die Menschen verließ die Kraft. Weil es feucht und kalt war, wurden die Kinder krank, alle husteten. Auch Petya. Er ist sowieso ein kränklicher Junge.

Aber wir hatten einen guten Platz. Wir saßen gleich am Eingang, wo es wenigstens etwas frische Luft gab. Ich schob ihm die Decke und unser Kissen unter: ›Atme, mein Kleiner, die frische Luft wird alles heilen.‹ Und er umarmte mich immerzu: ›Mama, mach dir bitte keine Sorgen.‹

Ich hätte ihn am liebsten wie ein Baby im Arm gehalten, diesen Impuls hatte ich. Aber er ließ mich nicht. Dann habe ich ihm unsere schönsten Erinnerungen ins Ohr geflüstert: Wie wir im

Park Karussell gefahren sind, wie er einmal vom Fahrrad gefallen ist und sein Papa und ich ihm das Knie gepustet haben, wie er im Schulchor das *Ave Maria* gesungen hat und ich geweint und vergessen habe, es auf Video aufzunehmen, wie sein Vater beim Dobble geschummelt hat, aber wir ihn erwischt haben und er unterm Tisch wie ein Hahn krähen musste ... Entschuldigen Sie, das ist wahrscheinlich unwichtig.

Jedenfalls, als unsere Männer am 19. März aus der Stadt zurückkamen, erzählten sie, dass einige Menschen aus den Kellern kommen und zum Meer gehen. Es sollte dort eine sichere Stelle geben, von wo aus man evakuiert würde. Viele von uns begannen zu packen. Ich sagte: ›Petya, lass uns mitgehen. Wir können nicht mehr im Keller sitzen.‹

Er war einverstanden. Wir wollten am nächsten Morgen mit der ersten Gruppe gehen. Packten zusammen.

Die Nacht war unruhig. Ich habe kaum geschlafen. Ging immer wieder unsere Sachen durch, deckte Petya zu. Und dann, um fünf Uhr morgens, gab es plötzlich eine laute Explosion: Ein Geschoss hatte eine Wohnung in unserem Haus getroffen, alles fing an zu brennen. Der Mann, dessen Wohnung das war, rannte mit einem Freund hoch, sie warfen irgendwelche Sachen aus dem Fenster, wollten etwas retten. Da kamen Soldaten, sagten: Was kümmert ihr euch um diesen Krempel, kümmert euch lieber um euer Leben. Aber das waren eindeutig welche von uns, sie redeten ukrainisch. Sie halfen, das Feuer zu löschen: schleppten Sand, hatten einen Feuerlöscher dabei.

Die Männer kamen zurück. Es wurde langsam hell. Petya wachte auf. Wir aßen etwas, und dann sagte jemand, dass wir jetzt lossollten. Wir verabschiedeten uns von den anderen. Ich weiß noch, wie eine Frau uns segnete und mir ganz tief in die Augen blickte. Und genau in diesem Moment explodierte es wieder schrecklich laut. Die Bombe schlug direkt in den Hauseingang ein, in dem unser Keller war. Alles brannte.

Der Rauch war beißend, das Vordach aus Plastik schmolz. Jemand schrie: ›Macht Lappen nass und haltet sie euch vor den Mund, damit ihr nicht erstickt!‹ Und draußen wieder – ein Knall und ein ohrenbetäubendes Grollen: Unser Haus begann einzustürzen. Können Sie sich vorstellen, wie ein zwölfstöckiges Haus einstürzt? Das ist unfassbar laut, unheimlich. Alle drängten zum Ausgang, draußen war es heiß wie im Ofen, trotzdem schoben wir die Kinder da raus, befreiten uns selbst. Und ich weiß noch, wie Petya und ich da rausklettern. Uns durch diese brennende Hölle ins Freie arbeiten und losrennen, hinter den anderen her, bergab zum Meer. Und der Beschuss nimmt nur zu. Das Haus brennt, es ist heiß, überall wird geschossen. Wenn das nicht die Hölle ist, was dann? Petya und ich rannten zur Schule in unserer Siedlung. Blieben an einer Hauswand stehen, unter dem Schild ›Bäckerei‹. Das war gegenüber von unserem Haus, gegenüber der Schule. Mir schoss es durch den Kopf: Irgendwo hatte ich das schon mal gesehen, ich habe das schon erlebt. Da sagte Petya plötzlich: ›Mama, ich habe den Rucksack im Keller vergessen.‹ Und in diesem Moment fiel das zwölfstöckige Haus in sich zusammen.

Dann traf eine Bombe die Schule. Es gab einen tierischen Knall, ich war wie verbrüht. Ich spürte meinen Arm nicht mehr, von der Schulter abwärts. Wahrscheinlich habe ich in diesem Moment Petyas Hand losgelassen. Wahrscheinlich war es da. Aber ich weiß es nicht.

Verstehen Sie, ab da weiß ich nichts mehr.

Ich glaube, ich habe seinen Namen gerufen, aber vielleicht auch nicht, vielleicht war ich schon im Delirium.

Wissen Sie, wie das ist, wenn man sich nicht an den Moment erinnert, in dem man sein einziges Kind verloren hat? Ich erinnere mich nur, dass mir heiß war und mein Bauch wehtat, dass ich kaum Luft bekam. Ich verliere mein Kind, ich weiß nicht, wo es ist. Was hätte ich tun können? Hätte ich etwas tun können? Was habe ich getan, was haben wir alle getan, dass ihr uns so etwas antut?«

Sie presst ihr Handgelenk an das heiße Eisen. Es zischt, und ich begreife nicht sofort, was gerade passiert. Es riecht nach verbranntem Fleisch. Inga hat sich verbrannt, aber sie zieht ihre Hand nicht weg. Ich reiße ihr das Bügeleisen aus der Hand.

Und sie wiederholt immer nur: »Was haben wir euch getan? Warum tut ihr uns das an? Ich hasse euch, ich hasse euch, ich will nicht mehr leben. Ich habe niemanden mehr.«

Ich streichele Ingas Kopf, halte sie fest. Als wir ihre Hand verbinden, fallen mir weitere Brandnarben auf.

Wir gehen in die Küche. Trinken Wasser mit Eiswürfeln.

Und sie erzählt, wie sie mit einer Bauchverletzung von jemandem aufgesammelt und nach Berdjansk gebracht wurde, dass sie anderthalb Wochen im Kreiskrankenhaus von zwei jungen Ärzten behandelt wurde, einem Mann und einer Frau. Dass der junge Mann später erschossen wurde und sie nicht weiß, warum und wofür. Sie wurde, noch bettlägerig, mit einem Schiff in die Türkei gebracht und von dort aus nach Madrid, in ein großes weißes kühles Krankenhaus.

Inga sagt: »Ich fragte alle: ›Wo ist mein Sohn, wo ist Petya?‹ Ich beschrieb ihn. Aber niemand antwortete mir. Alle nickten nur und meinten, dass man ihn ganz sicher finden würde. Und das ich mir keine Sorgen machen soll, weil ich zu Kräften kommen müsse. Nur sagte mir niemand, wozu.

In Madrid kam eine Dolmetscherin zu mir ins Zimmer. Sie sagte, sie würde in diesem Krankenhaus arbeiten, aber in einer anderen Abteilung. Sie ergänzte, sie sei freiwillige Helferin, und entschuldigte sich, dass sie russisch rede.

Ich weiß nicht, warum, aber da bin ich zusammengebrochen. Ich fing an zu weinen, ich bat sie zu gehen. Ich konnte nichts mehr hören vom Krieg, von Freiwilligen. Ich wollte nur ein Telefon haben, damit ich meinen Mann anrufen konnte und ihm sagen, dass Petya nicht mehr da war, dass ich ihn nicht beschützen konnte.

Diese Dolmetscherin hat mir später ein Telefon geschenkt. Ein brandneues *iPhone*, von dem ich früher geträumt hätte. Aber aus irgendeinem Grund starrte ich nur stundenlang die Verpackung an und konnte es nicht anfassen. Ich saß im Bett – ich konnte schon wieder aufstehen – und verstand: Wenn ich jetzt dieses Telefon anmache, werde ich erfahren, dass Petya wirklich nicht mehr da ist.

Und so war es auch. In unserer Mariupol-Gruppe fand ich eine Frau, die dabei war, als man Petya in ihren Schutzbunker brachte. Aber er war bereits tot, sagte sie. Sie sagte, er hat nicht mehr geatmet. Außerdem sagte sie, dass er eine Kopfverletzung hatte, das heißt, dass es schnell gegangen war. Wissen Sie, ich denke die ganze Zeit: Habe ich bevor oder nachdem er tot war seine Hand losgelassen? Das ist mir wichtig. Es ist so schrecklich, allein zu sterben, wenn du ein kleiner Junge bist.«

Inga wiegt sich in ihrem Stuhl vor und zurück. In ihrem Handy sind Fotos, die sie aus dem russischen sozialen Netzwerk *Odnoklassniki, Schulfreunde*, heruntergeladen hat, das sieht man an dem Logo rechts unten in der Ecke. Auf einem Bild steht ein Junge in schwarzer Anzughose und weißem Hemd vor einem Schulchor, den Mund zum Singen geöffnet.

Auf einem anderen sitzt derselbe Junge, diesmal kleiner, auf einem Pony und winkt.

Auf einem dritten sitzt er bei einem Mann mit hellen Augen und Kurzhaarschnitt auf den Schultern, beide lachen.

»Oleh ist bei den Kämpfen um Mariupol gefallen, hat man mir in seiner Einheit geantwortet. Sie wollen mir seine Papiere und persönlichen Gegenstände schicken, die sind noch in der Kommandantur. Außerdem steht mir Geld von unserem Staat zu.

Ich weiß nicht, wo er gefallen ist. Ich weiß weder, wo mein Schwiegervater liegt, noch kann ich meine Schwiegermutter finden, ich suche in allen verfügbaren Netzwerken nach ihr, aber bisher ohne Erfolg. Meine Freundinnen, die ich finden konnte, schrieben mir, sie hätten gesehen, dass sie ein Foto von mir und meinem Sohn gepostet hat, dass sie uns sucht. Aber ich kann diesen Post nicht finden. Sie sagen aber auch, dass meine Schwiegermutter nach Russland ausgereist ist und uns von dort aus sucht. Ich weiß nicht, ob das wahr ist, ich hoffe nicht.

Zu meinen Eltern habe ich keinen Kontakt. Sie sind noch 2008 nach Orenburg in Russland umgezogen und haben dort die Propaganda aufgesaugt. Meine Mutter schrieb mir am Vierundzwanzigsten: ›Pass auf dich und Petya auf, es geht bald vorbei!‹ Und schickte noch einen Smiley hinterher.

Mir ist es jetzt besonders zuwider, dass ich auf Russisch denke und spreche. Aber ich kann kein Ukrainisch, können Sie sich das vorstellen? Nach so vielen Jahren. Ich möchte es jetzt lernen. Ich werde es lernen. Ich will nicht dieselbe Sprache sprechen wie die, die alle ermordet haben, die ich liebe, die alles zerstört haben, was wir hatten.

Wussten Sie, dass sie jetzt alle auffordern, nach Mariupol zurückzukommen und unter den neuen Machthabern zu leben? Wie stellen die sich das vor? Soll ich durch die Straßen laufen, auf denen die Körper meines Sohnes, meines Mannes und seines Vaters liegen? Was für ein Mensch muss man sein, um das mitzumachen?«

Sie trinkt lange, mit großen Schlucken. Kaut an einem Fingernagel. Trinkt wieder.

Ich frage: »Was kann ich für Sie tun?«

Sie sagt: »Ich brauche nichts. Gar nichts. Wissen Sie, das Einzige, was ich noch irgendwie fühle, ist Hass. Sonst nichts. Es ist, als wäre ich gar nicht da. Aber ich bin da: Ich laufe, bewege mich, bügele. Ich verstehe nur nicht, wozu. Können Sie mir das erklären?«

Ich kann es nicht. Und frage sie: »Möchten Sie Kontakt zu einem Psychologen?«

Sie sagt, diese Frau aus dem Krankenhaus würde manchmal vorbeikommen, und dann würden sie reden. Das sei genug.

Sie fragt: »Glauben Sie an Schicksal?«

Ich weiß nicht, was ich sagen soll. Ich glaube daran, und gleichzeitig auch nicht.

Und sie sagt: »Ich habe seitdem nie mehr von Stalingrad geträumt. Und von meinem Mann nicht. Und auch nicht von meinem Sohn. Ich habe nur ein paarmal geträumt, wie ein Junge mit ganz dünner, kläglicher Stimme im Chor singt, und ich versuche, sein Gesicht auszumachen, aber ich schaffe es nicht.«

Zum Abschied umarmen wir uns. Sie sagt, das Aussprechen habe gutgetan.

Ich denke, das hält nicht lange vor, aber ich sage nichts. Um die Ecke der Villa, in der sie lebt, wartet ein Auto auf mich, das Auto der Besitzerin dieser Villa. Es ist meine Freundin aus Kindheitstagen. Sie und Inga sind sich noch nie begegnet, sie kommunizieren nur über die Organisation. Die Besitzerin ist Russin, sie sagt, sie bringe es nicht übers Herz, Inga unter die Augen zu treten.

TEUFEL

Obwohl ich nicht danach gefragt habe, erzählt Ruslan: »Normalerweise träume ich nicht. Ich bin ein Kerl. Ich habe mein ganzes Leben mit anderen Kerlen im Boxring verbracht. Ich glaube, Frauen träumen öfter, oder? Nein? Na ja, keine Ahnung. Ich habe nie geträumt. Oder ich habe es vergessen. Aber als die massiven Beschüsse losgingen, am 5. oder 6. März, hatte ich einen unheimlichen, verrückten Traum. Ich sitze in einem Keller, und vor mir sitzt der Teufel. Er sieht aus, wie man sich ihn vorstellt: mit Hörnern und Hufen und Schwanz und so glitschigen Höckern auf dem Kopf, wissen Sie, was ich meine?

Und der Teufel hampelt im Traum vor mir herum, kringelt sich auf dem Boden vor Lachen. Ich sitze nur da und kann mich nicht bewegen. Ich flehe ihn an: ›Lass die Kinder leben, lass die Kinder leben, hörst du?‹ Das war in der Nacht, bevor die heftigsten Beschüsse losgingen, heftiger als je zuvor.

Am nächsten Abend das Gleiche. Ich schlafe ein – er taucht auf. Ich habe jetzt weniger Angst, ich bin eher wütend. Ich frage: ›Warum hast du befohlen, auf Kinder zu schießen? Antworte!‹ Und er lacht wieder. Fletscht seine widerlichen gelben Zähne. Er stinkt aus dem Mund. Ich sage zu ihm: ›Hör auf, es reicht, hör auf! Siehst du nicht, wie die Menschen leiden?!‹ Er antwortet nicht. Grinst mich nur hämisch an.

Morgens wurde wieder geschossen. In der Nacht darauf schliefen wir kaum, es war zu laut. Aber wir hielten durch, blieben zu Hause. Am nächsten Morgen wurde es ruhiger. Ich dachte, die Kämpfe wären vorüber, wären weiter Richtung Fabrik gezogen. Aber in der Nacht kam der Teufel wieder. Sitzt da und glotzt: die Augen rot, er blinzelt nicht. Ich sage: ›Was willst du hier, hau ab! Du machst alles nur schlimmer, du bringst nur Leid und Tränen und Tod!‹ Er lachte erst, dann stand er auf und ging weg. Aber bevor er ging, drehte er sich noch einmal um. Er sah mich an und lächelte so furchterregend, dass ich davon aufwachte.

Am nächsten Morgen tranken wir Tee. Es war ein klarer, sonniger, frostiger Morgen. Ich weiß noch, wie ich dachte: Wie früher, ein ganz normaler Morgen mit der Familie. Und plötzlich – ein Einschlag. Stellen Sie sich vor, wir sitzen immer noch am Tisch, aber plötzlich ist eine Wand weg, und mit ihr das ganze restliche Haus, wie mit dem Messer abgeschnitten. Ein ganzer Treppenaufgang war einfach in sich zusammengefallen. Wir sprangen auf und rannten die Betonplatten runter, die unter uns einklappten. Das war am 10. März, das weiß ich noch. Es ist seltsam, so etwas zu sagen, aber ich würde diesen Teufel wiedererkennen, wenn er mir begegnen würde.«

Eigentlich wollte ich mich gerade verabschieden, als Ruslan plötzlich von seinem Traum erzählte. Wir standen schon am Tor der ehemaligen Ferienanlage *Aelita*, die seit Beginn des Krieges als Flüchtlingslager dient: Ruslan, seine Frau Iryna, seine Tochter Katalina und ich. Und da fing Ruslan plötzlich von dem Traum an.

Katalina fragt: »Warum hast uns das nie erzählt?«

»Ich weiß nicht. Es gab Wichtigeres.«

Er umarmt sie. Sie steckt den Kopf unter seinem Arm durch und lacht plötzlich leise in seine Achselhöhle.

»Was ist?«

»Es ist lustig: Wenn es mir schlecht geht, sage ich mir immer, dass ich die Tochter eines Kämpfers bin. Aber jetzt denke ich, du bist doch gar kein Kämpfer, du bist bloß ein Lehrer für Physik und Sport. Wie Nagijew aus dieser einen Serie, weißt du?«

»Nur dass Nagijew mit einem Jeep durch die Gegend fährt. Und ich mit dem Bus.«

»Das ist es nicht.«

»Was denn?«

»Er hat eine Glatze und du nicht.«

»Das lässt sich beheben.«

»Ne, Papa, bloß nicht. Das passt nicht zu dir.«

Sie tätschelt seinen ergrauten Kopf und drückt ihm einen Kuss auf die Wange. Sie lächeln sich an. Er sagt: »Komm, lass uns Tee trinken gehen.«

Und sie gehen Arm in Arm Richtung Kantine.

Ich bleibe mit Ruslans Frau Iryna zurück. Sie schaut ihnen nach und sagt: »Tja, da sehen Sie's. Meine Tochter ist ein Papakind. So war es schon immer. Und jetzt umso mehr. Ich bin für die beiden wie …«

»Wie was?«

»Das ist schwer zu erklären. Meine ganze Familie ist in Odessa. Und Odessa ist nicht Mariupol. Wir wissen genau, dass wir die Ukraine sind und nicht Russland. Kein Mensch spricht von der ›russischen Welt‹. Meine ganze Familie denkt ganz anders als Ruslan.«

»Und was denken Sie?«

»Ich denke, dass ich jetzt hier bin, mit ihm und meiner Tochter. Aber für ihn … Für die beiden ist es, als … Als würden sie mit einer tickenden Zeitbombe leben. Er weiß, was ich denke. Aber ich habe auch all das gesehen, was er gesehen hat. Die eigenen Augen lügen nicht, verstehen Sie? Und jetzt können wir nirgendwo mehr hin: Für die eine Seite sind wir die Bestrafer, für die andere – Verräter. Was du denkst, interessiert niemanden.«

Sie dreht sich um und geht.

Verabschiedet sich nicht. Sagt nichts Hoffnungsvolles, wie etwa: »Wir sehen uns«. Wünscht mir keine gute Fahrt. Sie sagt nichts. Eine zierliche Frau mit griechischem Nachnamen und Vatersnamen im Pass und einer riesigen griechisch-ukrainischen Familie in Odessa, einer ukrainischen Stadt, die heute wieder von russischen Bomben getroffen wurde.

Iryna geht weg, ohne sich noch einmal umzudrehen.

133

Ich bleibe alleine zurück. Ich stehe wieder dort, wo wir angefangen haben. Vor fünf Stunden stand ich schon einmal hier: ein paar Ferienbungalows, ein Gemeinschaftsbereich, Kantine, Waschräume; eine Trauerweide, ein halb ausgetrockneter Teich, in dem ein paar Jungs einem schläfrigen Frosch hinterherjagen. Ganz benebelt vom Frühling und den heißen Kinderhänden, die nach ihm greifen, rollt der Frosch wirr mit den Augen und hüpft beim Versuch zu entkommen sinnlos hin und her. Aber er prallt gegen die Betonwand und rutscht daran ab. Es sieht aus, als sei er tot, aber nein: Die Flossen spreizen sich, der Kopf schaut auf. Der Frosch entlässt einen tiefen gluckernden Ton und setzt wieder zum Sprung an. Die Jungs packen seinen dicken Hals. Alles beginnt von vorne.

»Die da sind aus Mariupol«, hatte mir damals, vor fünf Stunden, Olja ins Ohr geflüstert, die noch vor dem Krieg, Mitte Februar 2022, im Auffanglager auf der linken Uferseite in Rostow am Don gelandet ist, im Zuge der Zwangsevakuierung aus Donezk. »Sie sind gestern angekommen. Reden mit niemandem. Sitzen die ganze Zeit zu dritt am Tisch und schauen in die Sonne. Sie haben eine halbe Ewigkeit im Keller gesessen.«

Wir stehen etwa zwanzig Meter von Ruslan, Iryna und ihrer Tochter Katalina entfernt. Aber da weiß ich noch nicht, wie sie heißen. Ich brauche Zeit und Kraft, um meinen Mut zusammenzunehmen und sie anzusprechen.

Ich hole tief Luft, als würde ich ins Wasser springen, und gehe zu ihnen: »Hallo, ich heiße Katja, ich bin Journalistin. Würden Sie mit mir sprechen?«

Ruslan rutscht zur Seite, macht mir Platz am rechteckigen Tisch. Seinen Arm ziert ein Tattoo mit dem Schriftzug »Schdanow« und einem Anker. Schdanow – so hieß zu Sowjetzeiten Mariupol, zu Ehren des dort geborenen sowjetischen Politikers und Frontkämpfers Andrej Schdanow.

Ruslan fängt meinen Blick ein und sagt: »Das war in der Armee. Ich hatte Heimweh. Als wir geflohen sind, wollte ich es bei der Filtration verstecken. Wegen so was wird man dort hart gefilzt. Aber mich haben sie in Ruhe gelassen.«

Er streckt mir seinen Arm mit dem Anker hin und stellt sich vor: »Ruslan. Und das ist meine Familie: Iryna – aber sie wird nicht mit Ihnen sprechen. Und Katalina, meine Tochter.«

Katalinas Augen sind zwei Farbtöne heller als der Aprilhimmel im Süden. Ich frage Ruslan, woher seine Tochter so einen außergewöhnlichen Namen hat. Er legt seinen Arm um sie und grinst breit: »Meine Frau und ich haben Urlaub am Meer gemacht, als sie merkte, dass sie schwanger ist. Wir waren so glücklich: Wir lagen am Meer, stellten uns vor, wie unsere Tochter wohl werden würde. Wir hatten keine Zweifel, dass es ein Mädchen wird. Und dort, am Strand, rannte ein kleines Mädchen herum, blonde Löckchen, ein Engel. Und die Mutter hinter ihr her: Katalina, Katalina. Wir sahen uns an, und wussten es: Katalina … Bei der Filtration haben sie übrigens auch gefragt, was das für ein Name ist. Aber die haben noch ganz andere Sachen gefragt.«

Es entsteht eine Pause. So stößt jetzt jedes Gespräch unweigerlich auf den Krieg und seine Folgen. Ruslan mustert mich von unten nach oben. Ich helfe ihm, frage: »Wie war die Filtration für Sie?«

»Besser als für andere, sagen wir so. Ich habe gesehen, wie manche entnazifiziert wurden. Haben Sie das Wort schon mal gehört?«

Ich nicke. Er schaut weg und spricht weiter, nicht zu mir, sondern zum Tisch und seinen Händen darauf.

»Dieser Typ in Uniform fragt mich: ›Was hast du gesehen?‹ Und ich: ›Jedenfalls mehr als ich wollte. Wie ihr umgebracht habt und wie ihr umgebracht wurdet. Ich habe dem Tod, wie dir jetzt, in die Augen gesehen. Ich habe gesehen, wie erwachsene Männer mitten auf der Straße laut weinen: Der eine hat seine Frau verloren, aber er kann sie nicht beerdigen, die Nachbarn, die eigenen Leute lassen ihn nicht. Weil sie hier einen

Garten haben, dort einen Hof. Sie haben immer noch gehofft, dass sie ein Leben haben würden. Wir haben alle immer noch gehofft, dass wir ein Leben haben würden …

Die Hoffnung ist ein hartnäckiges Ding. Du gehst aus dem Haus – da liegt ein Mensch ohne Beine, ein Stumpf. Aber dein Verstand hofft immer noch, vielleicht lebt er ja, hat sich nur unbequem hingelegt. ›Ist es nicht so, Genosse Offizier?‹, frage ich den Mann.

Und er fragt mich, als ob er nicht genug bekommen könnte: ›Hast du Leichen gesehen?‹ Sehr komisch. Ich habe mitten unter diesen Leichen gelebt. Ich bin Tag und Nacht durch sie hindurchgegangen. Ich habe gelernt, nicht darauf zu reagieren. Wir sind alle so geworden dort. Du siehst eine Leiche, als würdest du einen Baum sehen. ›So ist das, Genosse Offizier.‹

Und er sagt zu mir: ›Jaja, ich weiß schon, aber du redest da besser mit niemandem mehr drüber.‹ Dann fragt er: ›Wirst du dich ausziehen?‹ ›Keine Frage, wenn's sein muss.‹ Aber wir mussten uns nicht ausziehen. Also hat er das Tattoo nicht bemerkt. Oder er hat so getan. Sie haben uns fotografiert, Fingerabdrücke abgenommen und uns durchgelassen.

Und wissen Sie was? Wir waren danach lange unterwegs, ein paar Tage, bis wir hier angekommen sind, aber ich führe immer noch dieses Gespräch mit dem Offizier. Ich will ihm erzählen, wie wir gelebt haben, wie wir gewartet und geglaubt haben, an solche Offiziere wie ihn. Und was wir dann bekommen haben. Leichen, Schmutz, Zerstörung und Hass. Das hat uns euer ›Russki mir‹ gebracht.

Der ›Russki mir‹, auf den wir gewartet haben. Wir haben daran geglaubt, euch geglaubt, Putin. Dass ihr kommt und unser Leben sich ändert. Wir haben darauf gewartet.«

Katalina nimmt ihren Kopf von seiner Schulter. Iryna sagt, sie müsse kurz weg, ein dringender Anruf. Katalina fällt auch irgendwas Dringendes ein. Zu zweit stehen sie auf und gehen leise eine nach der anderen.

Er knackst mit den Fingerknöcheln, dann mit den Halswirbeln. Räuspert sich. »Ich sehe, dass Sie anders sind. Ich glaube, Sie werden mich nicht verstehen. Sie brauchen meine Wahrheit nicht. Heutzutage wollen die Menschen keine Wahrheit, sie wollen recht haben, stimmt's?«

Ich frage ihn, warum sie nicht schon früher, vor dem Krieg, aus Mariupol weg sind, wenn sie das alles haben kommen sehen.

Er zuckt mit den Schultern.

»Schwer zu sagen. Ich liebe die Stadt. Bis zu einem bestimmten Moment habe ich daran geglaubt, dass wir dableiben können, bis Russland da ist, können Sie sich das vorstellen? Aber 2014 sind die Russen nur bis nach Nowoasowsk gekommen. Da war Schluss. Die DNR konnte Mariupol nicht kontrollieren, unsere Stadt ist eigenwillig. Außerdem waren unter den DNR-Leuten viele Säufer und alles Mögliche, ich sage jetzt nicht, was. Also wurden sie schnell aus der Stadt geworfen, und dann änderte sich der eingeschlagene Kurs. In den Köpfen formierte sich eine andere nationale Idee.

Ich bin ja Boxtrainer bei uns im Studio. Alle Männer, die was erreichen wollen, gehen durch unser Studio, durch mein Training. Ich kann also sagen, dass Asow vor meinen Augen gewachsen ist. Ich kannte viele Asow-Kämpfer persönlich. Das sind nicht alles irgendwelche Nazis. Das ist Propaganda. Ich weiß nicht, warum man das verbreitet hat. Die Jungs hatten was im Kopf, man hat ihnen eine Plattform gegeben, Mittel und Möglichkeiten. Sie haben ihr Ding gemacht. Aber die, die nichts zu tun hatten – die DNR-Fans, die Russen usw. –, sind langsam degeneriert. Die Stärkeren haben sie benutzt. Und wer nicht mitmachen wollte, wurde plattgemacht.

Unsere Wohnung war nicht weit vom Asow-Gelände. An den Straßenlaternen beim Stützpunkt klebten Zettel: Asow-Batailllon, Hotline. Und eine Telefonnummer. Außerdem hingen überall in der Stadt Banner ›Entlarve den Separatisten‹. Und auch eine Hotline-Nummer. Wenn jemand dort angezeigt wurde, kamen Leute vom SBU oder vom Asow-Bataillon, brachten denjenigen aufs Flughafengelände und folterten ihn. Die ganze Stadt wusste, dass unser Flughafen ein Ort war, an dem man unliebsame Exemplare folterte. Nicht zu Tode, als Erziehungsmaßnahme. Wer da rauskam, war gleich ganz anders drauf, hat nicht mehr aufgemuckt.«

»Und Sie?«

»Was, ich? Ich bin Trainer. Wenn ich jeden, den ich trainiere, nach seiner politischen Überzeugung gefragt hätte, würden wir hier nicht miteinander reden. Aber ich habe von dem Glauben gelebt, dass wir früher oder später zu Russland kommen. Und wenn es einen Krieg gibt, dass der höchstens eine Woche dauern würde. Dass Putin und seine Leute wissen, was sie tun ...«

Jetzt sieht er mir in die Augen. Den Kopf etwas nach vorne geneigt, wie professionelle Boxer das machen. Er sieht mir in die Augen, als müsste ich eine Antwort auf die Frage haben, warum alles nicht so gekommen ist, wie er geglaubt hat, nicht so, wie ihm irgendwer, den ich nicht kenne und dessen Ansichten ich nicht teile, versprochen hat.

»Wann haben Sie verstanden, dass alles ganz anders kommen wird?«

»Ich kann das immer noch nicht ganz glauben. Wie ich's dreh und wende, es geht mir nicht in den Kopf. Als wir aus der Stadt rausfuhren, waren überall Ruinen. Auch dahinter. Das Haus meiner Tante in der Nähe von Mykolajiw ist komplett zerstört, sie ist jetzt obdachlos. Was bei meiner Schwiegermutter in Odessa los ist, wissen wir nicht. Ist das die russische Welt? So eine brauchen wir nicht. Was für eine brauchen wir denn, frage ich mich? Und ich weiß die Antwort nicht mehr. Ich weiß nichts mehr. Ich bin müde.«

Die Jungs sind mit ihrer Froschjagd bei unserem Tisch angekommen. Sie schreien wild durcheinander, und ich verstehe nicht mehr, was Ruslan sagt. Ich will sie bitten, leiser zu sein.

Aber er hält mich zurück, duzt mich auf einmal: »Warte. Lass sie Kind sein.«

Der Frosch schlägt eine andere Richtung ein und zieht die Kinder mit. Ruslan sagt: »Sie hatten dieses Leben lange nicht mehr: Du sitzt im Keller – sei still, es explodiert – leg dich hin, du hast Hunger – gedulde dich. Ich weiß nicht, ob sie so eine Kindheit verzeihen werden. Womit haben sie sie auch verdient?«

»Weißt du«, sagt er und überlegt, sieht mich prüfend an, als würde er immer noch zweifeln, ob er mit mir über solche Themen reden kann. Dann schüttelt er den Gedanken ab und spricht entschlossen weiter: »Ich habe so viel Wut in mir, so viel Dunkles, dass ich nie verstehen werde, ich werde nie verzeihen. Ungefähr Mitte März – wir hatten schon keine Wohnung, kein Zuhause, kein Auto mehr –, es war so ein eiskalter Abend, standen wir mit ein paar Leuten im Hof, kochten Essen. Es wurde schon dunkel. Es war gegen sechs. Normalerweise wurde es um diese Zeit ruhiger. Plötzlich kamen ein paar Asow-Leute, suchten sich einen Platz zum Schlafen. Ich ging mit ein paar Jungs zu ihnen, wir sagten ganz normal, wie Erwachsene: ›Männer, wann ist das vorbei? Könnt ihr etwas sagen? Die Kräfte gehen uns langsam aus, die Weiber und Kinder sind alle durchgefroren, es gibt viele Kranke, Verletzte. Wann ist das alles zu Ende, was denkt ihr?‹ Und der eine grinste und meinte: ›Wenn ihr anfangt, euch gegenseitig aufzufressen, dann ist das vorbei.‹ Dann gingen sie.

Am nächsten Tag kommen sie wieder in unseren Hof, um die gleiche Zeit. Richten sich ein, lassen eine Drohne steigen: Suchen Ziele, die sie beschießen können. Wir gehen wieder zu ihnen: ›Was macht ihr Deppen da? Ihr schießt, und dann kommt die Antwort. Habt ihr sie noch alle?‹ Und sie sagen: ›Hier gibt's nur einen Weg für alle.‹ Ich sage: ›Ach ja, und wohin?‹ Weißt du, was die geantwortet haben?«

»Nein.«

»›In die Hölle.‹ Und weißt du was? Ich versuche, genau das

allen Leuten zu erzählen, denen, die nach Europa gegangen sind, und denen, die in der Ukraine geblieben sind. Niemand glaubt mir. Zwei von denen haben mich bei *Facebook* gelöscht. Das waren meine Klassenkameraden. Wir sind quasi zusammen aufgewachsen. Und jetzt sind sie in Deutschland und glauben mir nicht. Ich rufe den einen an, schreibe dem anderen: Warum glaubst du mir nicht? Ich habe alles mit meinen eigenen Augen gesehen, warum glaubst du mir nicht? Er hat mich einfach gelöscht und fertig. Keine Antwort.«

Eine Weile weiß ich nicht, was ich sagen soll. Dann entscheide ich mich, das zu sagen, was ich fühle. Zu lügen wäre sinnlos, zwecklos. Ich sage zu ihm:

»Ruslan, verstehen Sie, dass ich viele Geschichten aus Mariupol gehört habe? Sie sind alle unterschiedlich. Nicht überall hat nur eine Seite Schuld ...«

Er nickt.

Ich frage ihn: »Wie kommt das?«

»Ich weiß nicht. Aber ich sage dir die Wahrheit.«

»Ich weiß. Ich glaube Ihnen. Genau wie den anderen, mit denen ich gesprochen habe. Wo liegt nun die Wahrheit?«

Er schweigt. Lange. Bestimmt drei Minuten. Ich habe Zeit zu bemerken, dass seine Frau und die Tochter aus dem Gebäude gekommen sind und sich etwas abseits unterhalten, uns Blicke zuwerfen. Dann scheinen sie sich geeinigt zu haben und kommen in unsere Richtung.

»Es gibt keine Wahrheit, die man zwischen allen aufteilen könnte, das denke ich. Jeder hat seine eigene. Verstehst du, hier ist die Frage, wer wo gewesen ist und was er gesehen hat. Die Stadt war umstellt, es war unmöglich zu wissen, wer von wo aus schießt. Wir waren erst auf der linken Flussseite, dann flohen wir zu meiner Mutter auf die rechte Seite, in die Nähe der Schnellstraße nach Saporoshje. Ohne es zu wissen, landeten wir an einem strategisch wichtigen Punkt für die ukrainische Armee. Dafür haben wir bezahlt.

Während am linken Ufer das Asow-Regiment Stellung bezogen hatte und die DNR angriff, kamen aus Richtung Saporoshje die russischen Truppen, und die ukrainische Armee verteidigte sich. Ein Granatschütze der WSU war auf dem Dach unseres Hauses positioniert. Die Russen konnten ihn lange nicht erwischen. Mal schossen sie zu weit, mal nicht weit genug. Wenn geschossen wurde, legten wir uns normalerweise in die Türdurchgänge, damit wir nicht von Splittern getroffen wurden. Das Spiel ging lange, unser Schütze hatte echt Schwein. Irgendwann entspannten wir uns, hörten auf, uns zu verstecken.

Aber an diesem Tag beschossen sie ›unseren‹ Granatschützen plötzlich nicht nach Fahrplan. Es war morgens, wir tranken Tee. Ein Treffer – und die halbe Wohnung ist weg. Sie haben ihn mit dem halben Haus hochgenommen. Das Haus klappte zusammen wie ein Kinderbuch, ich hatte nicht mal Zeit, mich zu wundern. Wir rutschten mit den Betonplatten nach unten. Da war das Auto noch ganz, und wir zogen weiter zu meinem Bruder, das war in der Nähe.

Meine Frau und Tochter wollten in den Schutzkeller. Aber als ich einmal drin war, hatte ich eine Panikattacke. Männer reden normalerweise nicht über so was, aber so war es. Mir war klar, dass ich da drin nicht überleben würde. Meine Frau blieb. Meine Tochter hatte ich lieber in meiner Nähe. Wenn es einschlug, rannte sie ins Treppenhaus, und ich legte mich einfach flach hin und wartete. In diesen Momenten dehnt sich die Zeit. Alles passiert ganz langsam. Es ist unheimlich.

Richtig Angst hatte ich nur einmal. Ich ging zum Kirschgarten Wasser holen, dort gibt es eine Quelle. Ich gehe über die Straße mit meinen Plastikflaschen, und plötzlich sehe ich Soldaten herumrennen, mit blauen Binden. Alles gut, denke ich, die gehören zu uns.«

»Zu uns, das heißt zur Ukraine?«

»Was denn sonst, damals war es ja noch die Ukraine«, erwidert Ruslan genervt, weil ich ihn unterbrochen habe. Und spricht weiter: »Da seh ich, wie sich einer mit einem Raketenwerfer hinhockt und schießt, dann noch einer. Ich seh genauer hin – die schießen ja auf eine Wohnsiedlung: Da laufen Kinder rum, Menschen, keine Militärs weit und breit. Ich war so geschockt, dass ich automatisch weiter vor bin, um besser zu sehen, was die da machen. Und da dreht sich einer zu mir um und zielt, zwischen uns liegen vielleicht 200 Meter. Gott sei Dank bin ich Sportler – ich renne los und springe in den Straßengraben, robbe weg. Hinter mir explodiert es. Aber ich schau mich nicht mehr um, seh einfach zu, dass ich da wegkomme auf allen vieren. Meine Plastikflaschen hab ich weggeschmissen, brauchte kein Wasser mehr, nichts. Irgendwann atmete ich durch. Dachte, ich laufe mal ein bisschen, beruhige mich. Gehe Richtung Stadtzentrum, da gibt es besseren Empfang – bei der Polizeischule steht ein Sendemast. Ich wollte Nachrichten checken, mich beruhigen. Als ich hinkomme, steht dort ein Haufen Menschen. Es wird Brot verteilt.

Ich stand ungefähr 300 Meter von dieser Schlange entfernt, es war genau die Grenze zwischen den Plattenbauten und dem privaten Sektor. Plötzlich kommt ein Soldat in Tarnuniform angerannt, hievt einen Raketenwerfer auf die Schulter und ballert mitten in diese Menschenmenge. Verletzte, Schreie, Stöhnen, Fleisch und Blut, das in einem einzigen Strom über den weißen Schnee rinnt. Das Bild hat sich mir eingebrannt. An dem Soldaten konnte ich keine Armbinde erkennen. Nur dass der Helm mit blauem Tape markiert war. War es so oder nicht? Keine Ahnung. In diesem Moment habe ich tierische Angst bekommen. Nicht dass sie mich umbringen. Sondern dass sie meiner Familie was antun und ich nichts dagegen unternehmen kann.«

Katalina tritt von hinten an ihn heran, legt ihm eine Hand auf die Schulter, schaut aus ihren Meerjungfrauenaugen in seine, die gleichen, nur ausgeblichener, und fragt: »Warum hast du nicht mit mir und Mama darüber gesprochen?«

Ruslan zuckt mit den Schultern. »Ich weiß nicht, hat sich wahrscheinlich nicht ergeben.«

Die zwei – Mutter und Tochter – nehmen rechts und links von Ruslan Platz.

Er schrumpft irgendwie, wird weicher. Schlägt vor, dass wir auf einen Tee zu ihnen ins Zimmer gehen. »Aber seien Sie nachsichtig. Wir sind erst seit vorgestern hier, hatten noch keine Zeit, uns einzurichten. Alle behandeln uns wie Schwerverletzte, fassen uns mit Samthandschuhen an. Und wir sind auch noch nicht ganz da. Wärmen uns einfach in der Sonne, wie die Frau da gesagt hat.«

»Das haben Sie gehört?«

»Sie hat ein Organ, das würde ein Taubstummer hören«, lachen sie. Wir gehen Tee trinken. Dazu gibt es Lebkuchen.

Ich frage nach den weiteren Plänen. Er schiebt die Augenbrauen zusammen:

»Russland hat die zweitstärkste Armee der Welt. Sie werden siegen. Das ist unvermeidlich.«

»Ich meine nicht die Geopolitik. Was ist mit Ihren Plänen, was wird aus Ihnen?«

»Man hat mir versprochen, dass ich in einem Monat den russischen Pass habe. Dann werde ich wieder arbeiten. Als Trainer. Einen anderen Weg gibt es für uns nicht. Wir kommen nicht zurück. Eine zweite Chance wird es nicht geben.«

Als sie mich nach draußen begleiten, frage ich: »Warum sind Sie selbst nicht in den Krieg gezogen?«

Er zuckt mit den Schultern: »Ich bin Sportlehrer. Das ist ein friedlicher Beruf. Wer mehr will, wird Trainer. Aber beim Training gibt es keine Gewehre, verstehst du? Und jetzt bin hier. Ist das demütigend? Wahrscheinlich. Sehen mich meine Frau und meine Tochter als Verlierer? Vielleicht. Aber ich weiß, was ich tue. Wir können nicht zurück, verstehst du? Was einmal war, lässt sich nicht mehr zurückholen, es wird nie wieder wie früher. Ich hatte Angebote, als Security für die neue Führung zu arbeiten. Aber das wird nicht passieren. Erstens ist das nicht meine Führung, zweitens kennen die, die jetzt dort hinfahren, diese Stadt nicht, sie fühlen nicht ihr Herz, haben nicht gesehen, wie dieses Herz bei lebendigem Leib herausgerissen wurde. Wenn man das im Fernsehen sieht, ist es das eine, aber wenn man es miterlebt, was ganz anderes. Die, die jetzt den frischgebackenen Bürgermeister bewachen, haben nicht die Menschen auf dem vereisten Asphalt sterben sehen, die blutigen Hände auf der Bank, auf der du deiner Freundin einmal Blumen geschenkt hast, die verkohlten Überreste anstelle des Kinos, in dem wir Händchen gehalten haben, die Bombenkrater im Park, in dem ich Katalina auf den Schultern getragen habe. Und wofür das alles? Wen haben sie gerettet? Wen haben sie glücklich gemacht? Nein, wir haben damit nichts mehr zu tun. Das war's. Dieses Leben wird es nicht mehr geben. Es gibt ein neues.«

Ich bitte ihn, mich aus diesem neuen Leben anzurufen, und drücke ihm die Hand mit dem Schdanow-Tattoo. Umarme Katalina und Iryna. Dann erzählt er mir diesen Traum mit dem Teufel.

Dann fahre ich weg.

Als ich anderthalb Monate später wieder in das Auffanglager in Rostow komme, sehe ich als Erstes Katalina.

»Fragen Sie Papa nur nicht nach seiner Arbeit.«

»Hat es nicht geklappt?«

»Es klappt alles nicht so, wie er gedacht hat. Es ist schwer. Er hat eine Depression.«

Ruslan und ich sitzen und reden am selben Tisch wie im April. Nur dass die Blätter der Trauerweide jetzt so lang sind wie Finger, der künstliche Teich restlos ausgetrocknet und die Jungs im Ferienlager in Anapa, zur Freude des Froschs.

»Und ich bin immer noch hier«, sagt Ruslan.

»Sind Sie erschöpft?«

»Es schwankt zwischen Erschöpfung und Wut: Dort jagten uns Soldaten mit Gewehren, waren die Herren über unser Leben, und hier ist es anders. Hier stehen wir in jedermanns Schuld. Sie haben uns ja gerettet, oder? Aber wie, wer, wozu – das kann niemand erklären. Es war Ende März, als wir Mariupol verließen. Da war alles schon schwarz von den Explosionen und Bränden, es war kein Fleck mehr heil in der Stadt. Wir wollten einen Tag früher fahren, aber wir haben es nicht geschafft. Besser gesagt, wir haben nicht mehr in den Bus gepasst, weil jemand einen Toten mitgenommen hat. Es war der Vater einer der Familien. Sie waren auf dem Weg zum Bus, als er vor ihren Augen von einem Splitter getroffen wurde. Sie schrien, es wurden Plastiktüten und Planen gesammelt – er wurde eingewickelt und ins Gepäckabteil gelegt. Ein paar Sachen mussten dafür raus. Das waren unsere. Also mussten wir den Bus am nächsten Tag nehmen. Kaum waren wir losgefahren, fing der Beschuss an: von vorne, von der Seite. Ich habe einfach die Augen zugemacht und mich dem Schicksal ergeben. Mein Leben gehörte nicht mehr mir.

Und dieses Gefühl wird mit jedem Tag stärker. Ich weiß nicht, wozu ich lebe, für wen, für was. Ich brauche nichts mehr. Ich will nichts mehr. Denkst du, es ist für einen Mann vielleicht einfach, hier im fertigen Nest zu sitzen und Däumchen zu drehen? Okay, die erste Woche haben wir uns ausgeruht, die zweite vielleicht auch noch. Meine beiden haben aufgehört zu weinen. Aber anderthalb Monate? Und kein Ende in Sicht. Wir wurden in diesen Käfig gesperrt, wir dürfen nicht raus und unser Leben wieder in die Hand nehmen. Dort die Soldaten, hier die Bürokraten.«

Er lässt seinen Hals knacksen, rechts, links. Und geht weg. Katalina bleibt bei mir. Sie blättert auf ihrem Handy in den Fotos, die ihr ihre Klassenkameradinnen aus Mariupol schicken: »Stellen Sie sich vor, es gibt nichts mehr. Nichts von dem, was wir geliebt haben. Früher sind wir im Park *Wessjolka* spazieren gegangen, es war traumhaft schön. Und jetzt ist er weg. Alles ist weg, nichts ist mehr da. Nur das Meer. Aber was soll damit auch passieren. Möchten Sie einen Tee?«

Wir gehen in den Gemeinschaftsraum. Jetzt sind hier im Auffanglager viele aus Mariupol. Sie haben sich versammelt und schauen zusammen die Nachrichten auf einem der großen russischen Sender. Es wird berichtet, dass in Mariupol die Strom- und Wasserversorgung wiederhergestellt wurde. Im nächsten Beitrag geht es um die schweren Kämpfe in Richtung Swatowo-Kremennaja.

Die Papiere, die Ruslan erlauben würden, in Russland zu arbeiten, wurden ihm im Mai versprochen, dann im Juni, Juli, August, September, Oktober und November. Im Dezember wurde das Lager am linken Ufer des Don in Rostow geschlossen. Die Bewohner wurden auf andere Auffanglager verteilt, eines davon befindet sich im Hotel *Visit*, einem dreistöckigen Plattenbau am Stadtrand. Dort leben jetzt Menschen aus Mariupol, Donezk, Berdjansk, Cherson und anderen Städten zusammen. Man vertröstet Ruslan immer noch damit, dass seine Papiere bald fertig sind und er im neuen Jahr arbeiten kann. Er glaubt nicht daran. Aber schweigt. Zu streiten, seine Rechte einzufordern, zu kämpfen oder irgendwie seine Meinung kundzutun, dazu fehlt ihm die Kraft. Ruslan ist älter und dünner geworden. Katalina größer und erwachsener.

Zum Geburtstag wünscht sie sich eine Katze, aber das ist im Hotel nicht erlaubt. Deshalb wünscht sie sich, dass ihr Vater bis zum Mai, wenn sie Geburtstag hat, eine Arbeit gefunden hat, damit sie eine eigene Wohnung und eine Katze haben können. Katalina sagt: »Das ist doch ein normaler und realistischer Wunsch, oder? Ich glaube nicht daran, dass der Krieg dann vorbei ist, es gibt zu viele, die wollen, dass er weitergeht, ich glaube nicht daran, dass wir nach Hause zurückkehren, und obwohl ich am Anfang großes Heimweh hatte, schaue ich mir jetzt die Fotos an, die meine Klassenkameraden mir schicken, und verstehe, dass mich nichts mehr mit diesem Ort verbindet. Ich glaube nicht daran, dass Mama wieder lächeln wird, wie soll man lächeln, wenn deine ganze Familie bombardiert wird. Ich glaube an gar nichts mehr. Ich will eine Katze. Ich werde sie streicheln und mit ihr spielen. Wir hatten eine, sogar zwei. Die eine erschreckte sich bei der Explosion und lief weg. Ich weiß nicht, was mit ihr ist. Die zweite ist gestorben. Ich will eine Katze.«

Ich umarme sie.

Es fällt Schneeregen. Und ich habe überhaupt nicht das Gefühl, dass in einer Woche auf der Welt das neue Jahr 2023 beginnt.

Im Fernsehen zeigen sie, wie russische Bagger das Dramaturgische Theater in Mariupol abreißen. Sie sind fast fertig: Das Eingangsportal des Theaters stürzt gerade unter dem Druck der Baggerschaufel ein. Und all die Ziegelsteine, all die Flachreliefs, all die Premieren, Triumphe und Misserfolge werden zu Schutt und Asche.

Der Sprecher, der von den Abrissarbeiten berichtet, ist ein junger Reporter des russischen Staatssenders. Die Baustelle in seinem Rücken ist verhüllt von einem Plastikbanner mit Porträts von russischen Klassikern. Ein Windstoß verändert ihre Gesichtszüge, und für einen Moment scheint Dostojewski zu lachen.

Jemand von den Leuten, die sich vor dem Fernseher in der Lobby des Hotels *Visit* versammelt haben, bemerkt: »Das war's. Jetzt wird wirklich eine neue Seite aufgeschlagen.«

Die anderen schweigen. Ruslan räuspert sich und geht raus auf die Straße. Steht da, atmet die Luft ein, die Hände in die Taschen geschoben. Der Rostower Steppenwind sticht im Gesicht, als wäre er mit Sand versetzt.

An der Absperrung um das Hotel ist es belebt, hier wird geraucht und über die Nachrichten von zu Hause diskutiert.

»Meine Oma hat aus Mariupol angerufen, lobt Putin, sagt, dass er ihr so einen guten Heizlüfter zum Neujahr geschickt hat. Und einen Tannenbaum …«

»Und Selenskyj hätte das wohl nicht.«

»Ne, auf Selja schimpft sie nur. Er hat versprochen, dass es keinen Krieg gibt, sagt sie, also ist er ein Lügner, euer Selja, hat uns das friedliche Leben genommen. Aber Putin hat einen Baum geschickt und einen Heizkörper, unser Väterchen.«

»Wenigstens gibt es jetzt Strom und Wasser in Mariupol, da kann man schon mal Danke sagen. Bei uns in Donezk gibt es beides nicht, sagt meine Schwiegertochter. Die Hunde heulen nachts ganz laut, ob vor Hunger oder Langeweile. Sie hat einen gesehen, da war der Bauch aufgeschlitzt, die Gedärme hingen raus, und am Hals blinkte noch das GPS. Die reinste Apokalypse, verflucht.«

Einer von den Rauchenden zeigt ein Foto auf dem Handy herum, das ihm seine Verwandten, die in der Stadt geblieben sind, geschickt haben: Ein Weihnachtsbasar auf einem verwüsteten Platz, drum herum Häuser mit ausgebrannten Fenstern.

Der Mann mit dem Handy kommentiert: »Langsam kehrt das Leben doch zurück.«

»Es hatte nicht vor, irgendwohin zu verschwinden«, bekommt er zu hören.

Man findet schnell im Internet ein Video von dem Weihnachtsbaum in Mariupol im Dezember 2021. Er steht hell erleuchtet vor genau jenem Theater.

»Wurde er damals nicht vom Wind umgeweht? Da war vielleicht was los! Bei uns im Viertel lebte eine Oma, die hat gesagt, das ist ein schlechtes Zeichen.«

»Oh Mann«, sagt eine heisere Frauenstimme im Dunkeln. Die Rauchenden drücken ihre Kippen aus und gehen auseinander.

AUGEN

Irma sitzt mit dem Gesicht zum Fenster, den Kopf leicht zur Seite geneigt. Sie scheint aufmerksam zu beobachten, wie der Sommer durch den Herbst abgelöst wird, wie er zu Ende geht. Während ich hinter ihr stehe und erzähle, wer ich bin und warum ich gekommen bin, löst sich ein großes purpurnes Ulmenblatt vom Baum und segelt in langsamen Drehbewegungen an ihrem Fenster vorbei.

Aber Irma sieht es nicht. Sie ist blind: Mitten im Segelflug des Blatts, den ein Sehender sicher bis zum Schluss verfolgt hätte, dreht sie ihren Rollstuhl in die Richtung, aus der meine Stimme kommt.

Über ihre Stirn zieht sich schräg vom Haaransatz bis zur Augenbraue eine Narbe.

Abwesend berührt Irma sie mit ihren Fingern. Sie sind dünn, fast durchsichtig. Kalt, denke ich unwillkürlich. Aber in Wirklichkeit weiß ich es nicht.

Irma sagt: »Machen Sie nur keine abrupten Bewegungen und berühren Sie mich nicht. Ich bin noch *neu*. Ich habe mich noch nicht ans Blindsein gewöhnt.«

Ich sage, natürlich. Und will noch etwas hinzufügen, aber sie unterbricht mich mit einer Handbewegung. Redet selbst: »Was werden Sie tun? Setzen Sie sich oder bleiben Sie stehen? Was möchten Sie wissen? Wie viel Zeit haben wir?«

Ich antworte, dann frage ich, wie bei allen meinen Interviewpartnern, ob ich ihren Namen ändern soll. Sie lächelt: »Das Leben ist schon merkwürdig. Als ich klein war, träumten meine Mutter und ich davon, dass ich eine berühmte Geigerin werde und man meinen Namen auf Plakaten in der ganzen Welt lesen kann. Und jetzt werde ich den Menschen in Erinnerung bleiben als die Frau aus Berdjansk in Ihrem Buch, die erblindet ist, als sie ihre Katze gesucht hat. Schon lustig, oder?«

Ich sage, dass ich nichts Lustiges daran finde.

Sie zuckt mit den Schultern: »Alles ist lustig, wenn man es richtig bedenkt. In unserem Fall eben schwarzer Humor. Als ich auf Sie gewartet habe, dachte ich daran, Ukrainisch mit Ihnen zu sprechen. Ich wollte es Ihnen möglichst schwer und unangenehm machen. Ich wollte irgendetwas tun, damit Sie meinen Schmerz spüren.

Eigentlich wollte ich Sie zuerst gar nicht sehen ... Ich meine, mit Ihnen sprechen. Aber man hat mir gesagt, Sie wären anders, nicht wie ...«

Sie hält inne, als würde sie nach dem passenden Wort suchen. Dann sagt sie:

»Nicht wie die anderen Russen. Obwohl, was wissen wir schon von den Russen? Außer, dass sie seelenruhig schweigen und sich um ihre Angelegenheiten kümmern, während ihre Regierung mit Raketen auf uns schießt? Aber das ist wiederum genug, um nicht mehr über euch erfahren zu wollen.

Aber dann dachte ich, dass Sie vielleicht nicht alles verstehen würden, wenn ich auf Ukrainisch rede. Über mich, über uns, darüber, wie ihr unser Leben zerstört habt. Ich werde russisch reden, damit Sie nachher nicht sagen können, dass Sie mich missverstanden haben.«

Ich nicke. Dann besinne ich mich, sage: »Natürlich. Ich setze mich zu Ihnen an den Tisch, okay?«

Jetzt nickt sie. Aber im Gegensatz zu ihr sehe ich sie ja.

Ich frage, wie ihre Katze hieß.

»Die Katze hieß Maus. Sie war grau. Klein, kleiner als andere Katzen. Wir haben sie Maus genannt. Das fanden wir witzig.«

Sie lächelt wirklich. Fragt mich: »Wussten Sie, dass Blinde träumen? Ich träume. Und im Traum kann ich sehen, können Sie sich das vorstellen? In meinen Träumen ist weder Krieg noch Frieden, sondern irgendwas dazwischen. Ich wundere mich nicht über das, was ich sehe: meinen Mann, meinen Sohn, meine Katze. Ein normales Leben. Dann wache ich auf, öffne die Augen, und alles ist schwarz. Als wäre alles umgekehrt: Im Traum ist alles wirklich, und in Wirklichkeit herrscht tiefste finstere Nacht.

In den ersten Tagen wollte ich immer, dass man mir mit einer Taschenlampe ins Gesicht leuchtet. Ich konnte es nicht glauben, berührte die Glühbirne, ob sie warm ist. Ich konnte nicht glauben, dass es jetzt für immer dunkel bleibt. Ich weiß nicht, wie ich es Ihnen erklären soll. Ich habe das Gefühl, dass die Dunkelheit, die über mich hereingebrochen ist, nicht nur meine persönliche Dunkelheit ist, sondern eine existenzielle. Wir tappen alle im Dunkeln. Wie soll man das sonst alles erklären.«

Sie berührt wieder mit ihren Fingern die Narbe.

Am 12. März 2022 lief Irma während eines Mörserfeuers aus dem Keller ihres Hauses in Cherson: Ihre Katze Maus, die sich eigentlich schon an den Krieg gewöhnt hatte, erschrak plötzlich vor einem Knall und rannte nach draußen. Und Irma hinterher.

»Das Letzte, was ich gesehen habe, war Maus, wie sie durch die Rauchschwaden wegrennt. Oder habe ich mir das eingebildet?«, fragt Irma.

Dann verfinstert sich ihr Gesicht, sie beißt sich auf die Lippe und bittet mich, ihr mit der Zigarette zu helfen.

Ich stütze ihre Hand mit dem Feuerzeug. Sie zieht die Augenbrauen zusammen. Es ist ihr unangenehm. Das sagt sie auch:

»Es ist schwer, das Bitten zu lernen. Die grundlegendste Sache.«

Wir öffnen das Fenster. Irma raucht. Erzählt, wie sie eine Stunde oder sogar länger auf der gefrorenen Erde gelegen hat: Es wurde gekämpft, niemand aus dem Keller traute sich, nach ihr zu sehen.

»Sie konnten nicht wissen, ob ich noch lebe oder tot bin.«

Die Verletzung beschädigte Irmas Sehnerv. Aber das konnte ihr am Anfang niemand genau sagen.

»Ich lag in völliger Finsternis im Krankenhaus und verstand aus den Gesprächen, dass mein Leben vorbei war. Es war wie unsere Stadt in Schutt und Asche gelegt worden.«

Sie bittet mich, sie nicht nach den medizinischen Details zu fragen. Und fährt fort:

»Ich hatte Glück, dass ich einen Platz auf dem Evakuierungsschiff in Berdjansk bekam. Es ging nach Istanbul. Von da aus brachte man mich nach Israel. Dort wurde ich operiert. Danach kam ich über eine Hilfsorganisation hierher. Ich bin ganz schön herumgekommen. Sehen Sie die Ironie? Mein ganzes Leben lang habe ich davon geträumt, zu reisen, und in den paar Monaten bin ich um die halbe Welt gefahren. Aber ich habe diese Städte nicht gesehen. Ich erinnere mich nur, wie sie gerochen und geklungen haben.«

Jetzt ist Irma in Deutschland, in einem kleinen sterilen Zimmer einer Sozialeinrichtung: ein Schlafzimmer mit Bad, Gemeinschaftsküche und -wohnzimmer, Rund-um-die-Uhr-Betreuung auf jeder Etage. In ihren ukrainischen Pass ist eine Aufenthaltsgenehmigung für Deutschland eingeklebt. Von der riesigen Ulme vor dem Fenster fallen langsam, aber beständig die Blätter. Sie erzählt: »Sie sagen, meine Sehkraft könnte wiederkommen, aber ich glaube nicht daran. Ich weiß nicht, warum. Ich glaube an nichts Gutes mehr, nur an die ukrainische Armee. An unsere Jungs glaube ich. Das ist unsere einzige Hoffnung. Das Schicksal der ganzen Welt liegt in ihren Händen, verstehen Sie?«

Ich antworte nicht, aber sie will auch keine Antwort. Sie fasst sich mit einer Hand an die Narbe auf ihrer Stirn, beugt den Kopf etwas nach vorne und sagt, während sie in ihrem Rollstuhl hin und her wippt: »Ich denke jeden Tag von früh bis spät an sie, an unsere Jungs. Ich bete für sie. Wissen Sie, bei uns, in Berdjansk, in Cherson, ging alles sehr schnell. In Mariupol war es anders. Bei uns war das Schlimmste nach einer Woche vorbei. Je nachdem, wie man es betrachtet. Danach kam der menschliche Faktor: Sie gingen von Tür zu Tür, suchten nach Verrätern, zerrten die Menschen aus ihren Häusern, steckten sie in Keller, manche verschwanden ganz.

Als die Beschüsse losgingen, wurden alle in die Keller gescheucht. Die anderen Keller. Du sitzt dort zusammen mit den Menschen, schaust sie dir an und denkst: Wer ist hier eigentlich für wen? Und wann werden dich deine gestrigen Freunde wegen deiner Ansichten an die Russen verpfeifen? Wer von denen wird als Erster einknicken und dich denunzieren? Wer wird die russische Flagge hissen? Wer wird für welche materiellen Güter sein Land verraten?

Ich hatte keine Angst. Mein Vater war beim Militär, mein Mann war beim Militär, und mein Sohn ist es auch. Nur schießen sie jetzt aufeinander. Vielleicht auch nicht. Vielleicht bleiben wir wenigstens von diesem Teil der Hölle verschont.«

Es wird still. Irma tastet nach dem Glas auf dem Tisch. Nimmt es und führt es an ihre Lippen. Versucht zu trinken. Ich möchte ihr sagen, dass das Glas leer ist, vielleicht noch ein letzter Tropfen drin ist. Aber mir fällt nicht schnell genug ein, wie ich es ihr sagen könnte. Irma führt das Glas zum Mund, setzt an und merkt, dass es leer ist. Sie ärgert sich und sagt: »Würden Sie bitte Wasser aus dem Spender holen, im Wohnzimmer, rechts neben der Tür. Ich werde trinken müssen. Mein Hals wird immer trocken.«

Ich hole Wasser. Komme zurück.

Sie hat sich wieder beruhigt. Erzählt: »Ich wurde in Taschkent geboren, drei Jahre vor der Perestroika. Mein Vater hat dort gedient, er war beim Militär. Ich kam in den letzten glücklichen Jahren meiner Eltern zur Welt: Mein Vater war ein junger Oberst, meine Mutter und er träumten davon, nach Moskau zu gehen. Aber wir gingen nach Cherson. Dort lebten wir bis 1991. Dann zerfiel die Sowjetunion und mit ihr unser ganzes Leben. Mein Vater wurde nach Liski bei Woronesch versetzt, und meine Eltern wurden russische Staatsbürger. Erst waren sie Sowjetbürger, und jetzt waren sie Bürger Russlands. So war das damals.

Meine Mutter kam aus Poltawa, mein Vater aus Charkiw. Jetzt gehören sie zu denen, die von Russland aus gegen die Faschisten kämpfen. Was macht man dort mit euch, können Sie mir das vielleicht verraten?

Als ich fünfzehn war, besuchten uns ein Armeefreund meines Vaters und dessen Sohn aus Cherson. Sie wollten sich Moskau ansehen. Der Sohn hieß Wenja. Im Jahr darauf sollte Wenja an die Suworow-Akademie in Kyjiw gehen, jetzt heißt sie Ivan-Bohun-Militärakademie.

Am Abend vor ihrer Abreise sagte Wenja zu mir: ›Schau keinen anderen an, du wirst meine Frau.‹ Ich, als Tochter eines Oberst, gehorchte natürlich. Mein Gott, was folgten dann für Zeiten, wir waren so verliebt. Ich besuchte ihn ständig.

Ich erinnere mich noch an jedes unserer Treffen, an jeden Tag, den wir zusammen verbrachten, und ich werde es nie vergessen.«

Irma besinnt sich: Das ist nicht, was sie mir erzählen wollte. Sie reibt ihre Narbe. Nimmt die Hand von der Stirn, trommelt mit den Fingernägeln auf den Tisch. Und sagt schließlich: »Was war Ihre Frage? Was genau wollten Sie wissen?«

Aber ich habe im Grunde noch gar nichts gefragt. Ich weiß nicht, wie ich sie fragen soll, wo ihr Sohn und ihr Mann jetzt sind, ob sie Kontakt zu ihnen hat, ob sie von ihr wissen, wann sie zuletzt miteinander gesprochen haben und worüber. Stattdessen frage ich aus irgendeinem Grund: »Und dann sind Sie Geigerin geworden?«

Sie zuckt mit den Schultern: »Ich zog mit meiner Geige zu Wenja. Studierte in Kyjiw. Wir heirateten. Als Fedja geboren wurde, war es nicht leicht. Das Muttersein fiel mir schwer: Ich hatte keine Milch, Fedja war oft krank. Also zogen wir zu meiner Schwiegermutter nach Cherson.

Als ich in diesem Keller saß, versuchte ich mich die ganze Zeit zu erinnern, warum wir nicht auf die Krim gezogen waren. Die Ärzte sagten uns, das wäre das Beste für Fedja. Aber wir gingen nach Cherson.

Ich dachte darüber nach, wie wir auf jedem Lebensabschnitt eine Wahl treffen, die unser Schicksal bestimmt. Daran dachte ich, kurz bevor Maus wegrannte.

Wenn wir damals auf die Krim gezogen wären, dann wären wir nach der Annexion sofort weg. Dann hätte ich meinen Willen bekommen, und wir wären nach Kyjiw gezogen. Dann gäbe es kein Cherson, keinen Keller, Maus wäre nicht weggelaufen. Und so weiter.

Aber es ist passiert. Alles ist gekommen, wie es nun mal gekommen ist: Wir sind 2003 nach Cherson gezogen. Fedja war drei.

Ich verstehe jetzt, was für eine glückliche Zeit das war. Waren Sie mal in Cherson? Nein? Tja, dann war es das. Dieses Cherson existiert nicht mehr.

Wir lebten in einem Einfamilienhaus, bei Wenjas Eltern. Ich weiß noch, wie sich zu Fedjas Geburtstag die ganze Familie versammelte. Ein großer Tisch wurde gedeckt, es wurde gesungen, geküsst, sich umarmt und getrunken. Mein Vater brachte noch diesen Trinkspruch auf die Sowjetunion, dass sie zwar zerfallen sei, aber wir wären alle ihre Kinder, und unsere große Heimat lebe weiter in den Menschen, der Menschlichkeit ...

Diese ganzen hohlen Phrasen. Als am Vierundzwanzigsten die Bomben fielen, riefen meine Eltern an und erklärten: Wenn die Soldaten kommen, sag ihnen, dass dein Vater bei der Armee ist und einen Haufen Orden hat, dann werden sie dir kein Haar krümmen. Unfassbar. Würden Sie mir mit dem Feuer helfen, bitte?«

Sie zieht und fährt fort: »Wir konnten nicht mehr weg. Der Mann, der versprochen hatte, uns und die Eltern – Wenjas Großeltern – aus der Stadt zu bringen, entpuppte sich als Kollaborateur, als Verräter. Von denen gibt es dort jetzt viele. Andere gibt es natürlich auch. Aber wir haben es nicht mehr geschafft.

Unser Nachbar, ein Arzt, brachte nachts Menschen aus der Besatzungszone raus, riskierte jede Sekunde sein Leben. Ich weiß von etwa fünfzig Menschen, die er gerettet hat. Ich weiß nicht, wo sie jetzt sind. In meinem Zustand ist es schwierig, Kontakt zu halten. Das muss ich noch akzeptieren lernen. Aber ich will nicht. Ich will nicht einmal daran denken, dass ich jetzt blind bin. Dass das jetzt für immer mein Leben ist.«

Ich frage sie nach einer Zigarette. Wir rauchen zusammen aus dem geöffneten Fenster. Irma fragt – oder stellt fest, das ist nicht ganz klar:

»Die Natur soll schön sein hier.«

»Nichts Besonderes«, antworte ich. »Aber die Ulme vor Ihrem Fenster ist wirklich sehr schön.«

Sie sagt: »Ich wollte mit Maus nicht in diesen Keller gehen. Ein Soldat kam, brüllte, alle sollen runter, raus aus ihren Wohnungen, es gebe Luftalarm. Ich fand die Trage in der Eile nicht und steckte Maus in eine Tasche. Das war wohl der Moment, in dem alles entschieden wurde.

Als ich Wenja davon erzählte, meinte er, ich soll aufhören, mir meine Theorien zusammenzuspinnen. Genau das hat er gesagt: deine Theorien.

Aber welche Theorien? Ich versuche einfach zu verstehen, was ich falsch gemacht habe. Denken wir nicht alle darüber nach?

Ich habe immer gedacht, mein Sohn würde etwas mit Computern machen, aber er ist an der Front, hat seinem Vater bei der Flucht geholfen. Und ... wie hätte ich ihn aufhalten sollen? Ich wollte es nicht.

Verstehen Sie, seit 2014, seit dem Moment, als eure Soldaten angefangen haben, auf uns zu schießen, war klar, dass es nicht um Leben, sondern um Tod geht, dass von unseren Beziehungen nichts als Schmerz übrig bleiben wird. Schmerz und Hass. Wir haben bis zuletzt versucht, uns rauszuhalten. Aber dann starb ein alter Studienfreund von Wenja. Fedja verlor einen Kameraden aus dem Volleyballteam: Er ist freiwillig in die Armee und starb noch im selben Monat, er war neunzehn.

Unser Land ist klein, die Toten, die Verwundeten sind für alle sichtbar. Man kann nichts verstecken. Wir haben diese ganzen acht Jahre, von denen eure Propagandisten uns jetzt erzählen, im Blut unserer Kinder gebadet.

Ich bin mit Russisch aufgewachsen, wir haben immer russisch gesprochen, aber jetzt hasse ich diese Sprache, es ist die Sprache des Kriegs. Und kommen Sie mir nicht mit Puschkin. Vielleicht können wir in ein paar Hundert Jahren an euren Puschkin denken. Aber jetzt begraben wir unsere Kinder, unsere Städte, unser Leben.

Wenja ruft mich alle drei Tage per Video an, sein Kommandeur hat das irgendwie organisiert. Eine Nachbarin von unten kommt und hält das Telefon. Tja, und jetzt? Ich werde ihn nie wieder sehen.

Fedjas Kommandantur rief mich an und teilte mir mit, dass er verletzt ist. Wenja hat es bestätigt und versichert, es sei nichts Schlimmes: ein Schrapnell durch die Schulter. Der Nerv wurde leicht getroffen, aber er werde sich erholen. Wenja sagte, er habe ihn gesehen, es sei wirklich alles in Ordnung.

Aber er klang so seltsam, ich glaubte ihm nicht. Ich fing an zu schreien, ich wollte, dass Fedja selbst anruft. Am nächsten Tag rief er wirklich an. Auch per Video. ›Mama, ich bin's‹, sagte er. Ich wurde fast verrückt, ich glaubte nicht, dass es wirklich seine Stimme ist. Ich fragte ihn, wo wir im Urlaub waren, als er fast ertrunken wäre, ich wollte wissen, an welcher Schulter er ein Muttermal hat, wer sein Vater und ich in dem Märchen waren, das ich ihm jede Nacht vor dem Schlafengehen erzählte.«

Irma weint nicht, sie japst eher: Atmet mit einem kurzen krächzenden Ton ein, ohne wieder auszuatmen. Ich berühre sie an der Schulter. Sie schüttelt meine Hand ab. Erzählt weiter: »Sie haben gesagt, sobald er sich erholt hat, würden sie ihn zu mir lassen. Ich muss ihn anfassen, ihn riechen, damit ich glaube, dass er es ist. Aber in dem Moment dachte ich: Was, wenn nicht? Was, wenn sie mir einen anderen schicken? Ihm alles über Fedja erzählen, ihm Ukrainisch beibringen, und er macht dann wie ein Hund diese Tricks nach. Wie soll ich wissen, ob er lügt, ob das wirklich mein Sohn ist?«

Ich finde diese Sorge absurd. Streichle ihren Arm. Und sage den Satz, der ihr Vertrauen zu mir zerstören wird. Aber ich tue es unbewusst. Ich sage: »Nicht doch, Sie sind doch seine Mutter. Sie werden ihn erkennen. Unter Tausenden würden Sie ihn erkennen.«

»Was verstehen Sie überhaupt davon? Waren Ihr Mann, Ihr Sohn jemals im Krieg?«

Nein, waren sie nicht. Ich schüttele den Kopf, aber das kann sie nicht sehen.

»Ist Ihnen klar, dass es nur noch uns drei gibt: Fjodor, Wenja und mich? Wir haben sonst nichts und niemanden mehr. Unser Haus ist weg, unser Bett, in dem wir geschlafen haben, unsere alten Eltern müssen vor den neuen Herren kuschen. Haben Sie das Wort Besatzung schon mal gehört? Haben Sie überhaupt von diesem Krieg gehört?

Ich … ich … ich weiß nicht, wie ich zulassen konnte, dass Sie herkommen.«

Sie tastet über den Tisch, findet das Glas, trinkt.

Während sie trinkt, schaue ich sie an und verstehe, dass zwischen uns alles verloren ist. Und es geht nicht darum, dass ich ihren Arm berührt habe.

Irma spricht ohne Ausrufungszeichen. Sie sagt es mir nicht ins Gesicht, sondern leicht an mir vorbei, zu dem Sonnenfleck auf dem Tisch. Aber jedes Wort lässt mich zusammenzucken. Auch das sieht sie nicht. Sie spricht einfach, und ich höre zu. Dann kann ich nicht mehr zuhören. Ich verberge mein Gesicht in meinen Händen. Halte den Atem an. Ich weiß, dass ich nicht weinen darf, denn wenn ich weine, was soll sie dann tun? Und ich weine nicht. Aber auch das sieht Irma nicht. Sie wird laut.

»Weißt du was. Du kannst dir dein Mitleid sonst wohin stecken, dein ganzes Mitgefühl, deine Fragen.

Scher dich zum Teufel mit deinen Versuchen, uns zu verstehen.

Fick dich.

Du und dein Land, fickt euch.

Verreckt.«

Ich drehe mich um, um zu gehen. Sie sieht es nicht, aber spürt es wahrscheinlich. Sie sagt zu meinem Rücken: »Das sage ich dir jetzt im Namen des ganzen ukrainischen Volks: Fick dich.

Verschwinde von hier, sofort.

Und lass die Tür zum Lüften offen.«

Ich lasse die Zimmertür und die Haustür offen stehen. Laufe so lange draußen herum, bis ich nicht mehr kann. Der Spätherbst bricht in Wind und Regen aus. Die Menschen wickeln sich in Regenmäntel, suchen Unterschlupf. Ich laufe bis in die Leipziger Innenstadt und wieder zurück. Es wird langsam dunkel. Ich finde ihr Fenster im zweiten Stock und betrachte es lange. So lange, bis mir die Kraft ausgeht, bis ich bis auf die Knochen durchgefroren bin. Erst dann gehe ich wirklich.

Ich weiß, sie hat nicht gesehen, dass ich zurückgekommen bin.

Ich kann nicht erklären, warum ich das gemacht habe. Alle Erklärungen sind nichtig.

Genau einen Monat, nachdem ich Irma kennengelernt habe, wurde Cherson befreit. Ich traute mich nicht, Irma anzurufen und ihr davon zu erzählen.

Ich bin sicher, sie hat es auch ohne mich erfahren.

ACHT STUNDEN

Tamara ist groß und schlank, mit diesem Teint, der bei jedem Licht und Wetter rote Wangen zaubert. Sie trägt einen blauen Pullover und eine Lederjacke. Die langen dunkelblonden Haare trägt sie offen.

Ihr Bus aus Luhansk kommt am Moskauer Busbahnhof Nowojasnewo an. Dort treffen wir uns zum ersten Mal persönlich, obwohl wir uns schon seit fünf Jahren kennen.

Tamara hat mir eine Schachtel Pralinen mitgebracht, *Wetscherni Donetsk*, *Donezk bei Abend*. Vor lauter Überraschung lasse ich die Schachtel fallen: Ich hätte nicht gedacht, dass die Schokoladenfabrik in Donezk noch in Betrieb ist, dass man unter Bombenhagel Pralinen produzieren kann. Tamara hebt sie auf. Drückt sie mir in die Hand, sieht sich interessiert um:

»Sind wir schon in Moskau?«

»Ja«, sage ich, »aber noch nicht ganz im Zentrum.«

Wir gehen runter in die Metro. Auf den Bildschirmen in den Zugwagen laufen Nachrichten aus der Hauptstadt und dem ganzen Land; der Nachrichtenticker berichtet vom Krieg, bringt Statistiken, Stellungnahmen des Verteidigungsministeriums, Dollar- und Euro-Kurse. Aber die Fahrgäste nehmen die Bildschirme kaum zur Kenntnis, sind in ihre Smartphones vertieft.

Eine Stimme fordert die Passagiere auf, aufeinander achtzugeben, älteren Fahrgästen, Menschen mit Behinderung und Passagieren mit Kindern den Platz zu überlassen.

Der Zug fährt ab.

»Ihr lebt hier ja wie die Maden im Speck«, sagt Tamara. Und noch irgendwas, das ich wegen des Metrolärms nicht höre. Sie winkt ab: Später.

Wir steigen aus und schlagen die Richtung der onkologischen Klinik ein.

Tamara fragt: »Schaffen wir das wirklich?«

»Ich hab's dir doch versprochen«, antworte ich.

Wir haben sehr wenig Zeit: acht Stunden. In dieser Zeit müssen wir mit dem Onkologen sprechen, der eine Gewebeprobe aus Tamaras Brust entnimmt, ihre Krankenakte liest und uns sagt, was man gegen den bösartigen Tumor unternehmen kann. Anders ausgedrückt: Wir müssen entscheiden, ob Tamaras Krebs in Luhansk, unter Kriegsbedingungen, behandelt werden kann. Eine andere Möglichkeit zieht Tamara aber auch gar nicht in Betracht. Ich war es, die sie zu der Reise bewegt hat. Sie wollte gar nicht nach Moskau kommen.

Alles, was die Medizin angeht, müssen wir über Kontakte machen: Tamara hat keinen russischen Pass. Weder mit dem ukrainischen noch mit dem Pass der Volksrepublik Luhansk würde man sie in Moskau behandeln.

Für das Medizinische haben wir zwei Stunden eingeplant. Danach wollte ich Tamara die Stadt zeigen. Sie hatte mich gebeten: »Zeig es mir so, dass ich mich für immer daran erinnere. Ich glaube nicht, dass ich noch mal wiederkommen werde.«

Unser Plan sieht vor, dass Tamara nach der Untersuchung, der Stadtführung und einer Souvenir-Shoppingtour in einem großen Moskauer Einkaufszentrum wieder in den Bus steigt, der sie zurück nach Luhansk bringt. Das Ticket kostet 2699 Rubel, umgerechnet etwa 35 Euro.

»Du kaufst einfach ein Ticket«, sagt Tamara auf dem Weg zur Klinik, »und schon gibt es keinen Krieg mehr! Friede, Freude, Eierkuchen. Und die Menschen, alle so satt und zufrieden. Echt, wie die Maden im Speck. Als wär das unser Krieg da drüben, und ihr hättet damit nichts am Hut. Ihr Russen habt's echt raus.«

Zwischen Luhansk und Moskau liegen 1000 Kilometer. Wenn ich mit Tamara telefoniere, höre ich oft Explosionen, manchmal bricht die Verbindung ab. Manchmal verschwindet auch Tamara, und wenn sie wieder auftaucht, schreibt sie, dass sie ein paar Tage im Keller sitzen musste, den die regionalen Behörden als Bombenschutzbunker bezeichnen, oder dass der Sendemast von einer Rakete getroffen und lange repariert wurde. Oder sie schreibt nichts, außer: »Hi, ich lebe noch.«

In Moskau – und das schockiert Tamara – erinnert kaum etwas an den Krieg: hier und da ein Georgsband in Form eines Z oder V an einer Fassade, Fotos von Armeeangehörigen auf Werbetafeln, ausgestattet mit QR-Codes, die auf nicht-existierende Internetseiten führen, und hin und wieder ein patriotischer Schriftzug auf einem PKW.

»Krass!« Tamara kommt aus dem Staunen nicht raus. »Das ist ein Leben! Und so geht das die ganzen acht Jahre?«

»Ja.«

»Krass. Als wär ich auf dem Mond gelandet. Ich brauch mal 'ne Kippe.«

Während sie sich eine ansteckt, frage ich: »Bei wem sind deine Kinder jetzt?«

»Bei meiner Schwester. Ich hab gesagt: ›Bleibt bloß im Keller.‹ Am meisten Angst habe ich, dass *dieser eine* Treffer dann kommt, wenn ich nicht in der Nähe bin. Weißt du, was ich meine?«

Ich nicke.

Tamara spricht weiter: »Zusammen ist es weniger schlimm. Aber die, die in dem Moment getrennt waren, leiden später sehr. Das kannst du nicht verstehen, glaub's mir einfach.«

Sie tritt ihre Zigarette mit dem Absatz aus. Wir stehen vor der Klinik. Ich frage:

»Wie fühlst du dich?«

»Alles okay, mach dir nicht ins Hemd. Ich werd's überleben.«

Und zwinkert mir zu.

Hier sage ich ihr endlich, dass ich in diesen acht Stunden gerne ein Gespräch auf Band aufnehmen möchte. Tamara verzieht das Gesicht.

»Du bist ja dreist. Und Shoppen fällt aus? Wir erzählen lieber meine Lebensgeschichte? Na gut. Aber ändere den Namen wenigstens. Das spricht sich sonst rum bei uns.«

Wir betreten das Gebäude: Empfang, Schuhüberzieher, Anmeldung.

Tamaras Laune verfinstert sich sichtlich.

Bei der Biopsie bin ich nicht dabei. Ich sitze im Flur und lausche den Geräuschen im Behandlungsraum: das metallische Klimpern von Instrumenten, die Stimmen von Tamara, dem Arzt und der Krankenschwester. Worüber sie sprechen, kann ich nicht ausmachen, aber ich höre Tamara lachen.

Ich denke daran, wie wir uns vor fünf Jahren zum ersten Mal über das russische *Facebook* V*Kontakte* schrieben: Ich hatte vor, einen Dokumentarfilm über die Kontaktlinie zu drehen – so hieß zunächst im Militärjargon und dann auch im Volksmund die hypothetische Grenze zwischen der Ukraine und den selbst ernannten Volksrepubliken LNR und DNR, die seit 2014 durch das russische Militär kontrolliert werden. Der Dokumentarfilm sollte von den Menschen handeln, die an dieser Kontaktlinie leben und unter Dauerbeschuss stehen.

Ein befreundeter Journalist stellte den Kontakt zu Tamara her. Während draußen tagtäglich geschossen wurde, verdiente die Mutter von zwei Kindern aus dem Dorf Trjochisbenka in der Nähe der Stadt Schtschastje, zu deutsch Glück, in der Region Luhansk ihren Unterhalt mithilfe einer Webcam: Gegen Bezahlung per *Paypal* zog sie sich vor der Kamera aus oder hatte Cybersex mit ausländischen Kunden.

»Ich nehm weder unsere noch eure. Die sind alle pervers. Nur Ausländer! Die Amis – das sind die Besten: Bezahlen, erledigen das Geschäft und wünschen dir noch einen schönen Tag, ganz ohne perverse Spielchen«, erzählte mir Tamara im Sommer 2020 am Telefon.

Damals wollte ich mit einem Drehteam nach Luhansk kommen – und Tamara die Sache mit der Webcam beenden und als

Kassiererin in einem Einkaufszentrum anfangen: »Gott sei Dank wird es langsam ruhiger hier. Der Ausnahmezustand ist vorbei, es wird wieder Zeit, aufs rechte Gleis zu wechseln. Ich will ja nicht, dass mein Schatz nach Hause kommt, und ich halte meine Muschi in die Kamera«, witzelte Tamara.

Tamaras Ehemann war im Herbst 2014 als Freiwilliger in die Bürgerwehr der LNR eingetreten, nachdem sein vierzehnjähriger Bruder bei einem Mörserfeuer von ukrainischer Seite eine schwere Splitterverletzung erlitten und ins Koma gefallen war. »Er sagte: ›Jetzt reicht's, das ist der letzte Tropfen, das kann ich nicht auf mir sitzen lassen.‹ Er wollte uns beschützen gehen. Ich hab zu ihm gesagt: ›Roma, spinnst du, wie willst du uns in irgendeinem verschissenen Bataillon beschützen? Da sind nur solche wie du, die lassen alle ihre Kinder zu Hause. Wir sind doch hier, quicklebendig. Bleib bei uns und beschütz uns hier mit deinem Gewehr, damit nicht irgendein Dreckschwein kommt, deine Frau am Arsch begrapscht und deine Kinder abknallt.‹ Aber nein, er ist gegangen. Von solchen gab's viele. Klar, das war schön einfach: Du ballerst rum und säufst Wodka – null Verantwortung. Und deine Frau und die Kinder verstecken sich im Keller vor den Bomben. Aber du bist ja ein edler Krieger. Verteidigst deine scheiß Heimat. Wer ist sie, diese Heimat? Wo ist sie? Ich hab den Überblick verloren«, sagte Tamara damals, 2020, zu mir.

In den sechs Jahren, die die Kämpfe im Donbass andauerten, hat sie ihren Mann nur einmal gesehen: Sie liefen sich zufällig in Luhansk über den Weg. Dorthin war Tamara mit den Kindern vor den schweren Kämpfen um Schtschastje geflohen und dann in der Hoffnung auf ein besseres und ruhigeres Leben auch geblieben.

Obwohl der wahre Grund für den Umzug, wie Tamara mir erklärte, das stabilere und schnellere Internet war, das es ihr erlaube, ihre Arbeit in der Cybersex-Branche störungsfrei auszuführen. Diese Branche war für Tamara immer eine temporäre

Lösung gewesen, von ihren Kunden erzählte sie vergnügt und ohne Scham: »Es wird immer im falschen Moment geschossen. Ich hatte mal einen Kunden, einen alten Herrn aus Oregon oder so. Er war schon fast so weit, kurz vorm Kommen, ich reibe meine Titten und alles, stöhne – und dann: Bamm! Explosionen, Schreie. Er fragt: ›What happened, baby?‹ Er meinte, was ist los, warum ist es so laut bei dir? ›Ach, nichts‹, sage ich, ›nichts happened. Bei den Nachbarn ist ein Schrank umgefallen. Lass dich nicht ablenken, honey, dawai, dawai!‹ Na ja, ich werd jedenfalls was zu erzählen haben, wenn wir alt und grau sind. Falls wir das noch erleben.«

Die Tür zum Behandlungsraum geht auf. Tamara kommt raus. Blass, trotz der roten Wangen.

»Hast du Schmerzen?«

»Weißt du, ich hab immer gedacht, wenn man ein Körperteil falsch benutzt im Leben, *da* bekommt man Krebs«, bemerkt Tamara scharfsinnig.

Wir gehen zusammen zu meinem Bekannten, dem Arzt, um über Tamaras Befund zu sprechen. Der Arzt erklärt lange, welche Optionen Tamara hat, betont ihr junges Alter, dass man schöne Implantate einsetzen kann, falls es nicht gelingt, die Brust zu retten; die wären dann sogar besser als die echte Brust, immerhin hat Tamara ja zwei Kinder, und die Form …

Tamara unterbricht ihn: »Kann ich das zu Hause machen lassen?«

»So, dass die Brust erhalten oder eine gute Mastektomie gemacht wird – nein.«

»Das meine ich nicht. Kann ich das Nötigste zu Hause machen lassen, ohne Extras? Ich brauche *dieses Organ* nicht, ich will nur nach Hause. Das war ihre Idee.« Tamara nickt in meine Richtung. »Sie hat gesagt, dass ich bei uns keine Chance habe, nur in Moskau.«

Der Arzt betrachtet Tamara, sieht in ihren Befund, dann wieder zu Tamara: »Ich muss mal kurz telefonieren.« Er geht raus.

»Du hast gesagt, wir machen nur das CT, von dem Rest war nie die Rede«, zischt mich Tamara an.

»Ein CT heilt aber keinen Krebs«, entgegne ich.

Tamara hat mir lange nichts von ihrer Krankheit erzählt. Erst als sich herausstellte, dass alle Computertomografen in Luhansk bis auf einen infolge der Beschüsse beschädigt sind, hat sie sich an mich gewandt. Die Wartezeit für das einzige verbliebene Gerät betrug über drei Monate. So viel Zeit hatte Tamara nicht. Sie rief mich an und bat, ihr zu helfen. Da überredete ich sie, nach Moskau zu kommen.

Der Arzt kommt zurück und sagt: »Der Chirurg, der Sie in Luhansk operieren wird, ist einer der besten Spezialisten auf seinem Gebiet, er ist der Vater von einem Kollegen hier in Moskau. Das wusste ich nicht, tut mir leid. So klein ist die Welt … Das Einzige, was in Luhansk im Moment nicht verfügbar ist aufgrund der … nun, der hoffentlich vorübergehenden Schwierigkeiten, ist die Computertomografie …«

»Weil eine Rakete eingeschlagen hat. Deswegen funktioniert nichts«, hilft Tamara dem Arzt auf die Sprünge.

»Also, wir machen das CT jetzt gleich, dann können Sie nach Hause, werden dort operiert und …«

»Die Titten brauche ich nicht.«

»Wenn das so ist, hat Ihr Spezialist mein vollstes Vertrauen.«

Wir gehen raus. Wechseln in einen anderen Trakt der Klinik. Dort bekommt Tamara ihre Computertomografie.

Während ich im Flur auf sie warte, kommt der befreundete Arzt zu mir. Er wirkt verstört: »Hör mal, ich dachte, die hätten da überhaupt keine Onkologie. Ich dachte, da wäre die reinste Zombie-Apokalypse.«

Ich schweige.

Der Arzt sagt: »Ich habe den Sohn gefragt, warum sein Vater nicht wegwollte. Weißt du, was er geantwortet hat?«

»Was?«

»Dass jemand doch dableiben musste, um sich um die Patienten zu kümmern. Komisch, dass wir überhaupt nicht daran denken, dass es nicht nur die Kriegsverwundeten gibt. Alles andere ist ja auch noch da. *Plus* die Verwundeten. Natürlich, was sonst.«

Aus dem CT-Raum kommt Tamara zufrieden. Während der Untersuchung konnte sie sogar etwas schlafen. Der Moskauer Arzt sieht sich die Bilder an, telefoniert wieder leise mit irgendwem. Notiert sich meine E-Mail-Adresse, um mir die Biopsie-Ergebnisse zukommen zu lassen: Die braucht man, um sagen zu können, ob Tamaras Krebs operativ entfernt werden kann oder eine Chemotherapie und Bestrahlung notwendig sind.

Wir verlassen die Klinik.

Sie fragt: »Zigarette?«

Wir rauchen.

Eine Hochzeitsgesellschaft fährt vorbei. Aus dem Fenster der schwarzen Limousine schießt ein Champagnerkorken in den Moskauer Himmel. Aus den Lautsprechern schallt der Song *Pereschiwu, Ich werd's überleben,* von Monetotschka. Die jungen Leute singen mit, lachen.

Tamara schaut der Limousine hinterher. Sie sagt: »Dein Bekannter hat sich gewundert, dass dieser Arzt dableibt und weiter operiert. Ist das so schwer zu verstehen? Das Leben geht überall weiter. Die Menschen passen sich irgendwie an. Und wo sie sich anpassen, da gibt es auch Krebs. Oder bekommt nur ihr Krebs, vom schönen Leben? Und solche wie wir sollen an den Kugeln sterben? Aber wir leben auch. Unsere Kinder bekommen sogar Mandelentzündung, stell dir vor!«

Wir steigen wieder in die Metro, und wieder betrachtet sie interessiert, aber jetzt mit einer Prise Verachtung, die Passagiere.

Wir fahren zum Roten Platz, gehen spazieren. Holen uns in einem Einkaufszentrum ein Eis.

Sie nimmt einen Bissen, noch einen. Schmeißt den Plastiklöffel plötzlich weg, haut mit ihrer Faust auf den Tisch und sagt: »Scheiße, ich schnall's nicht.«

Sie sieht sich die Leute im Café an, sieht mich an, zerknüllt die Serviette. Wiederholt: »Katja, ich schnall's nicht. Ich kapier einfach nicht, wie das passieren konnte. Die haben uns doch gesagt: Euer Leben ist so schwer, weil die Ukraine euch nicht braucht, kommt zu uns, wir werden euch beschützen, wir lassen euch nicht im Stich. Sie haben uns gesagt, Russland sei so groß, so stark, so reich, und die Ukraine würde wenn nicht morgen, dann übermorgen auseinanderbrechen, weil sie von Clowns, Juden und Junkies regiert wird, die ihr Volk hassen. Und was ist jetzt, Katja? Erklär mir bitte, wie das passiert ist? Wir haben euch geglaubt, und euch war das alles völlig egal? Ihr habt einfach nur große Töne gespuckt? Ihr lebt hier, als wär nichts passiert, und wir haben gar nichts mehr? Haben Menschen verloren? Wofür sind diese Menschen gestorben? Für die russische Welt? Für eine fixe Idee? Welche Idee, verflucht? Die von eurem Putin, damit er sich groß und wichtig vorkommt? Fickt euch doch mit euren Ideen, euer Putin soll zum Teufel gehen. Alles, was ihr könnt, ist zerstören. Warum seid ihr überhaupt zu uns gekommen, warum habt ihr euch das Maul zerrissen, wenn euch dieser Krieg überhaupt nichts angeht? Eure Kinder gehen zur Schule und essen Eis, während unsere in Kellern sitzen. Weißt du, was sie lernen? Sie lernen, wie man einem Schwerverletzten mit einem Gummizug das abgerissene Bein abbindet, damit er nicht verblutet. Ihr habt Schulbücher, oder? Ein Bildungssystem? Lernt Englisch? Was ist das für eine russische Welt, in der man die einen dafür opfert, dass es den anderen nur noch besser und satter geht? Es reicht, lass uns fahren, ich kann nicht mehr. Mir ist schlecht. Wo ist dieser Bahnhof.«

Zum Busbahnhof fahren wir schweigend. Tamara schaut sich weder die Passagiere an noch die Metro, sie will nichts mehr davon wissen.

Bevor der Bus abfährt, sage ich zu ihr: »Tamara, du kannst in jede Richtung fahren: in die Ukraine, nach Europa, das wäre alles machbar. Du könntest sogar nach Russland. Du sprichst doch Russisch. Tamara, bitte, du hast doch Kinder. Sie dürfen nicht im Krieg aufwachsen.«

Sie schweigt. Spielt mit dem Reißverschluss ihrer Lederjacke. Ihre Finger sind lang und rosa, die Nägel kirschrot lackiert. Sie lässt den Zipper rauf- und wieder runtergleiten. Rauf und runter. Rauf. Runter. Dann sagt sie: »Als wir zum ersten Mal evakuiert wurden, fuhren wir mit Bussen. Alle saßen und lagen dicht gedrängt. Auch im Gang. Eine Familie – ich weiß nicht, woher sie kam, ich sah sie zum ersten Mal – hatte eine Leiche im Gepäckraum dabei. Sie wollten alle zusammen fliehen, aber der Mann wurde unterwegs getötet. Sie nahmen ihn trotzdem mit, nur dass er jetzt in einem Sack lag. Es war sehr anständig von dem Busfahrer, dass er das erlaubt hat. Sie haben damit jemand anderem den Platz weggenommen.

Unterwegs weinte die Mutter die ganze Zeit, die Kinder weinten auch oder stellten Fragen, dass einem selbst die Tränen kamen: ›Wann steht Papa wieder auf? Fährt Papa mit? Wohin fahren wir? Wird Papa auch dort sein?‹

Furchtbar.

Die Großeltern fuhren auch mit. Die Oma schien nicht mehr bei klarem Verstand, sie sang vor sich hin. Die ganze Zeit über hat sie irgendwelche alten Lieder gesungen. Und eins davon hat mir meine Oma immer zum Einschlafen vorgesungen. Das eine mit den Tanten und Onkeln, die schlafen müssen, kennst du das?

Alle Tiere müssen schlafen,
Bären, Elefanten,
Auch die Tanten und die Onkel müssen schlafen,
Nur nicht bei der Arbeit!

Als Kind habe ich mir dann immer diese Tanten und Onkel vorgestellt, wie sie ausgerechnet bei der Arbeit schlafen. Das fand ich immer witzig. Ich schlief mit einem Lächeln ein. Und da singt sie dieses Lied – oder hab ich mir das alles eingebildet?

Jedenfalls schlafe ich ein. Zum ersten Mal in dieser ganzen Zeit bin ich ganz ruhig eingeschlafen. Obwohl ich mitten im Gang auf irgendwelchen Taschen lag.

Und da träumte ich, dass die ganze Stadt schläft. Entweder schlafen alle oder sie sind tot. Niemand ist wach zu kriegen. Es ist totenstill: die Autos stehen still, die Vögel schlafen in den Zweigen. Und die Menschen sind in der Position erstarrt, in der sie gerade waren: sitzend, stehend, auf einem Fußgänger-übergang, beim Einkaufen. Nur ich bin wach. Ich gehe zu ih-nen, berühre sie – nichts. Alles ist eingefroren. Ich schaue nach oben und sehe ein Loch, als hätte sich der Himmel aufgetan, und in der Öffnung steckt ein Raketenkopf. Auch die Rakete ist eingefroren, eingeschlafen, ich weiß nicht, wie ich das sagen soll. Aber mir ist klar: Solange alle schlafen, bleibt die Rakete dort oben, fällt nicht runter. Aber sobald die Welt erwacht, be-ginnt auch sie zu fallen. Ich habe die Wahl: Ich kann alle aufwe-cken, und die Rakete schlägt ein. Oder ich lasse sie schlafen und lebe allein weiter, mit dem Tod, der über mir hängt.

Da bremst der Bus ruckartig, und ich wache auf. Manchmal denke ich an diesen Traum und kann mich nicht entscheiden, was ich tun soll. Was würdest du tun?«

Tamara sieht mir direkt in die Augen. Ich weiß nicht, was ich sagen soll. Ich antworte: »Ich weiß es nicht, Tamara, ich habe darauf keine Antwort.«

Sie klopft mir auf die Schulter: »Tja, wir haben jeder unser Schicksal. Ich hab mir euch heute in eurem Moskau angesehen und verstanden, dass für die einen das Leben ein Ponyhof ist und für die anderen eine Hure. Wir haben uns das nicht ausge-sucht. Es ist, wie es ist. Also dann, ich muss los.«

Tamara hat sich nie wieder bei mir gemeldet.

Von dem Chirurgen in Luhansk, dessen Sohn meinen Arzt kennt, weiß ich, dass Tamaras Operation gut verlaufen ist. Sie hat sich gegen die Mastektomie entschieden.

FLASCHE

Der Name des tschechischen Theaters *Husa na provázku* bedeutet in etwa so viel wie *Gans am Schnürchen*. Es befindet sich in Brno und ist immer im Mittelpunkt des Geschehens: kontroverse Aufführungen, aufsehenerregende Vorstellungen, skandalöse Projekte.

Das alles erfahre ich erst, als ich nach Brno komme.

Ich fahre dorthin, um Larissa zu treffen.

Aber Larissa hängt in Charkiw fest: Die Stadt steht unter massivem Beschuss durch die russische Armee, die Infrastruktur ist zerstört, Wohnhäuser und andere zivile Objekte sind von der Stromversorgung abgeschnitten. In Charkiw ist es dunkel und kalt. In einer dieser dunklen kalten Charkiwer Wohnungen sitzen Larissa und ihre Mutter, während ich in Brno auf sie warte.

Ich spaziere an der beleuchteten Fassade des Theaters auf und ab und wundere mich über den witzigen Namen.

Larissa schickt mir eine Nachricht, schlägt vor, dass wir uns gegen Mitternacht zu einem Videocall verabreden – dann sei das Stromnetz weniger beansprucht und das Internet schneller.

Larissa schickt mir die Adresse ihrer Wohnung in Brno, in der wir uns an diesem Abend hätten treffen sollen.

Ich könne zu ihrem Haus laufen und es mir von außen anschauen, sagt sie.

»Stellen Sie sich einfach vor, wie es da drin aussieht, Sie sind doch eine Schriftstellerin, Sie haben Fantasie«, schreibt Larissa.

Ich danke ihr für das Vertrauen. Ich werde hingehen und es mir ansehen, allerdings erst später.

Jetzt studiere ich das Theaterprogramm der *Gans am Schnürchen*, in der Hoffnung, etwas darauf zu entdecken, das mir die Wartezeit bis Larissas Anruf verkürzt, und sehe die Ankündigung einer Podiumsdiskussion zum Ukraine-Krieg mit »Kulturschaffenden und Vertretern der Opposition aus Russland und Belarus«, wie ich dank Google Translate erfahre.

Geführt wird die Diskussion von tschechischen Moderatoren. Ich gehe hin. Der Saal ist voll besetzt. Auf der Bühne sitzen der Leiter der belarussischen Stiftung BYSOL Andrej Strischak, der belarussische Dichter Andrej Chadanowitsch und die Journalistin Iryna Chalip, die eine Haftstrafe wegen Teilnahme an den Protesten gegen Lukaschenko abgesessen hat. Von russischer Seite sind anwesend: Die Schriftstellerin Anna Starobinets, IT-Manager Lew Gerschenson und der Politikwissenschaftler Alexander Morosow.

Die Ukraine ist auf der Bühne nicht vertreten. Vielleicht, weil man den Teilnehmenden nicht zumuten wollte, Seite an Seite mit Vertretern der Aggressor-Staaten zu sitzen. Auf der Bühne sitzen also drei russische, drei belarussische Staatsbürger und die tschechischen Moderatoren, während Ukrainerinnen und Ukrainer sowie andere Anwesende aus dem Publikum Fragen stellen können.

Die Antworten werden übersetzt. Hin und wieder geht ein Raunen durch den Saal, wie ein Meeresgrollen oder ein Rauschen im Wald.

Niemand ruft dazwischen. Aber die Stimmung ist zunehmend angespannt: Die Gäste auf der Bühne werden gefragt, ob sie Ukrainern in die Augen sehen könnten. Die einen sagen Ja, die anderen Nein. Aber alle beteuern, dass sie ukrainischen Geflüchteten helfen würden. Oder es zumindest versuchen.

Dann fragt jemand aus dem Publikum, ob ihnen klar sei, dass sie alle gemeinsam mit Putin die Schuld an dem Angriffskrieg tragen würden. Jeder antwortet etwas anderes. Man zitiert Karl Jaspers und diskutiert über den Begriff der kollektiven Schuld und das eigene Verhältnis dazu.

Mir kommt es merkwürdig vor, dass eine Schriftstellerin, ein Dichter, ein ITler und eine Journalistin und ehemalige politische Gefangene sich stellvertretend für Russland und Belarus verantworten sollen. Aber dem Publikum offenbar nicht. Sie fragen und fragen.

Zufällig kenne ich die Hälfte der Gäste auf der Bühne persönlich, sie sind aus ihrem jeweiligen Land geflohen. Die einen bereits vor Jahren, die anderen im Februar 2022. Keiner von den Menschen, die dort auf der Bühne der *Gans am Schnürchen* sitzen, hatte jemals etwas mit der politischen oder wirtschaftlichen Führung in Russland oder Belarus zu tun, und doch sitzen sie auf dieser Bühne als Vertreter ihres Landes – also als Mittäter in diesem Krieg. Und das Publikum will von ihnen wissen:

»Finden Sie nicht, dass die beste Lösung für Russland der Zerfall wäre?«

»Wünschen Sie sich wirklich eine Niederlage der russischen Armee und den Sieg der ukrainischen?«

»Was verstehen Sie genau unter einem Sieg für die Ukraine?«

»Wie können Sie Russisch in den Ländern sprechen, die sich offen gegen die russische Aggression in der Ukraine stellen?«

»Warum werden ukrainische Flüchtlinge in Russland festgehalten?«

»Warum schweigt die Opposition, warum protestieren die Menschen nicht?«

»Wo sind die Kinder, die man illegal aus der Ukraine nach Russland gebracht hat?«

»Warum ...«

»Was ...«

»Warum haben Sie ...«

»Wo haben Sie ... Wie?«

»Ihre Armee? Sagten Sie gerade ›unsere‹?«

Schämen Sie sich nicht?

Aggression

Putin

Sie sind Putin, Putin, Putin

Russisch ist die Sprache des Krieges
Sie riecht nach Blut
Blut
Russland riecht nach Blut
Sie riechen nach Blut
Warum sprechen Sie Russisch?
Wie können Sie den Ukrainern in die Augen sehen?
Wie können Sie?
Wie?
Sie? Sie! Sie! …

Mir wird unwohl. Ich verlasse den Saal. Auf der Straße ist es kalt und nass. Während ich drin war, hat jemand mit schwarzem Edding »Slava Ukraini«, »Ruhm der Ukraine«, auf das Programm geschrieben. Es duftet nach Glühwein und etwas anderem, das unterschwellig – oder unerbittlich? – nach Weihnachten riecht.

Ich laufe durch die Straßen. Weiche den Blicken der Menschen aus. Ich habe das Gefühl, wenn ich sie ansehe, werden sie wissen, dass ich Russin bin und … Was? Werden sie mich aus der Stadt werfen? Ins nächste Flugzeug nach Russland setzen? Oder lieber auf die Bühne des Theaters *Gans am Schnürchen* und mich ausfragen, wie ich immer noch auf Russisch denken kann? Und ob ich den Geruch von Blut an mir rieche? Ob ich verstehe, dass auch ich eine Mitschuld an Putins Krieg trage und dieses Brandmal nie mehr loswerde?

Larissa schreibt. Sie kann jetzt telefonieren.

Ich rufe sie an.

Sie hält ihr Handy in der Hand. Das Bildschirmlicht beleuchtet ihr Gesicht. Sie trägt eine Jacke über dem Pullover.

Ich frage: »Wie geht's dir?«

»Es ist kalt. Als die Bomben fielen, hatte ich Angst. Jetzt ist es nur noch kalt. Ich bin müde. Wegen der Russen bin ich immer in irgendwelchen Klimafallen gefangen. Im Sommer bin ich vor Hitze gestorben, und jetzt sterbe ich vor Kälte.«

Ich denke: »Klimafallen« – interessanter Ausdruck.

Larissa fügt hinzu: »Das ist irgendwie lustig.« Aber sie lacht nicht.

Ich frage sie »Warum bist du nach Charkiw gefahren? Es ging dir doch gut in Brno?«

»Ich musste die Sache mit meiner Schwiegermutter zu Ende bringen. Schließlich hatte alles, was mit mir passiert ist, auch mit ihr zu tun. Ich wollte nur das Beste.«

»Hat alles geklappt?«

»Es hat geklappt. Sie ist in Charkiw, in der Klinik. Aber jetzt bombardieren sie uns, und es ist kalt dort. Wir sind ja gesund und verstehen, was los ist. Aber sie ist es nicht. Sie … Wie soll ich das sagen … Sie lebt in ihrer eigenen Welt. Sie ist wie ein großes Kind. Sie hat keine Kontrolle über sich selbst, sie spürt sich nicht. Die Krankheit macht, dass sie die ganze Zeit wie in einem Dämmerzustand ist, aus dem sie nicht herauskommt. Stell dir vor, du tappst wie blind durch dein Unterbewusstsein, und draußen explodieren die Bomben, ständig passiert irgendwas, du wirst gepackt und von einem Ort zum nächsten verfrachtet. Und jetzt noch die Kälte. Ich mache mir große Sorgen um sie. Wir wissen nicht, wie ihre Wahrnehmung ist, was ihr wie viel Angst macht. Wir wissen wenig über solche Menschen, was wirklich in ihnen vorgeht. Wir können nur Vermutungen anstellen.

Als Kolja und ich geheiratet haben, ging es ihr auch schon nicht gut, aber sie erkannte uns noch: Sie wusste, wer Kolja ist, mich erkannte sie manchmal. Dann wurde es immer seltener. Es ist hart, das mitanzusehen: Als würde die Person von einer unsichtbaren Kraft in eine andere Dimension gezogen. Du willst sie zurückhalten, an der Hand zurückziehen. Aber es geht nicht. Am Ende wurde Koljas Mutter ins Krankenhaus eingeliefert, weil es gefährlich für sie wurde, allein zu leben. Wir besuchten sie zweimal die Woche. Da erkannte sie niemanden mehr.

Als Kolja zur Armee ging, besuchte ich sie alleine. Ich fühlte mich verantwortlich, solange er weg ist. Wir kennen uns ja schon ewig. Kolja und ich haben uns kennengelernt, als ich fünfzehn war und er achtzehn. Seine Mutter war immer gut zu mir. Sie hat uns immer …«

Die Verbindung bricht ab.

Ich wähle ihre Nummer – nicht erreichbar. Ich versuche es wieder – ohne Erfolg.

Ich lese die Nachrichten: Russland bombardiert die Ukraine. Luftalarm im ganzen Land. Auch in Charkiw.

In meinem Hotel in Brno ist es warm. Nebenan höre ich einen Mann und eine Frau auf Französisch streiten. Er stößt wütend irgendeinen Fluch aus und knallt die Tür zu.

Larissa ruft an. »Das war Kolja, mein Mann! Sein Anruf kam dazwischen.«

»Wie geht es ihm?«

»Okay. Er ist nur sehr müde.«

»Wie lange habt ihr euch nicht mehr gesehen?«

»Es muss jetzt ein halbes Jahr her sein. Im Sommer war ich in Dnipro, da habe ich schon in Tschechien gelebt. Er hatte Urlaub. Wir haben eine knappe Woche zusammen verbracht. Es war schwer. Als hätten wir beide mehrere Leben hinter uns. Als wäre es immer noch derselbe dir so vertraute Mensch, aber zehn Jahre älter als sein Selbst, das du kanntest.

Ich habe ihn die ganze Zeit angeschaut, versucht zu verstehen, was sich an ihm verändert hatte. Aber ich habe es nicht geschafft. Er war einfach anders. Ich warte darauf, dass der Krieg vorbeigeht, damit wir richtig reden können, darüber, wie wir weiterleben wollen. Über alles.

Ich möchte ihn um Verzeihung bitten. Diesmal richtig.«

»Wofür?«

»Dass ich so schwach war. Ich hätte mich besser verhalten müssen, als das alles passiert ist. Aber ich konnte nicht. Ich dachte, ich wäre stark, dass ich es schaffen würde, aber es passierte alles so schnell. Und es stellte sich heraus, dass ich schwächer bin, als ich dachte.«

Larissas Atem geht schnell und kurz. Sie bittet mich um eine Pause. Sie legt das Telefon mit der Kamera nach unten, ich kann weder sehen noch hören, was sie macht. Nach viereinhalb Minuten kommt sie zurück und sagt: »Ich bin bereit. Aber unterbrich mich bitte nicht. Ich erzähle alles, und dann kannst du Fragen stellen.«

Ich nicke.

Sie beginnt: »Kolja ist 2020 zur Armee gegangen. Als Vertragssoldat. Er hat sich freiwillig dafür entschieden, bewusst. Wir haben alles besprochen. Er wurde an der Kontaktlinie zur DNR eingesetzt, da war es noch verhältnismäßig ruhig. Ich hatte keinen Grund zur Sorge. Aber dann begann der Krieg.

Für mich begann er etwas früher als für die anderen: Am 19. Februar hat er mir so eine Nachricht geschickt … Sagen wir, er hat sich verabschiedet. Die Nacht war wohl sehr schwer gewesen.

Ich will das jetzt nicht vorlesen, es ist zu persönlich, das machen meine Nerven nicht mit. Aber dem Sinn nach schrieb er, ich soll mich um mich und seine Mutter kümmern. Und dass ich wegfahren solle, sobald ich kann.

Es hat mich natürlich geschüttelt vor Angst. Wir hatten ein paar Tage lang keinen Kontakt. Dann tauchte er wieder auf und sagte, dass alles in Ordnung sei, die Lage schien sich beruhigt zu haben. Aber da ging es richtig los: Am 24. Februar fielen Bomben, Panzer rollten durch Charkiw, Panik brach aus. Kolja meldete sich nicht, ich wusste nicht, was ich tun sollte. Zwei Wochen lang versteckten wir uns in Kellern und Schutzbunkern, manchmal wurden wir von den Beschüssen zu Hause erwischt. Dann lagen meine Mutter und ich aneinandergeschmiegt zwischen zwei tragenden Wänden und beteten. Weißt du, wie man zwei tragende Wände findet?

Ich suche jetzt in jedem Raum, in den ich komme, sofort automatisch nach zwei tragenden Wänden. Wenn es keine gibt, fühle ich mich unwohl.

Ich hatte das Gefühl, dass ich langsam dem Verstand verliere: diese ständige Angst, das Warten auf den Einschlag, immer das Gefühl, dass du weder dich selbst noch die Schwächeren beschützen kannst. Mein Stiefvater ist zur Teroborona gegangen, und meine Mutter und ich waren zu zweit völlig aufgeschmissen. Da sagte ich zu ihr: ›Mama, lass uns weg von hier.‹

Wir hatten Glück. An der Grenze lernten wir einen Freiwilligen kennen, der uns nach Brno brachte. Er hat uns gerettet. Wir fanden schnell eine Wohnung, alles schien sich irgendwie zu fügen.

Aber Koljas Mutter war noch in Charkiw. Als ich zu Atem gekommen war, beschloss ich, sie da rauszuholen. Verstehst du, die psychiatrische Klinik, in der sie lebte, lag in der Besatzungszone: Es gab keinerlei Verbindung, ich wusste nicht einmal, ob sie noch lebt. Jetzt verstehe ich, dass es ein Fehler war. Aber ich beschloss, auf eigene Faust hinzufahren und sie irgendwie da rauszuholen. Kolja und meine Mutter sagten beide, ich soll bloß da wegbleiben, ich soll warten, bis unsere Armee die Besatzer vertreibt. Aber ich konnte nicht. Vielleicht bin ich wirklich nicht die Hellste, aber es kam, wie es kam. Ich schicke dir jetzt ein Video, damit du alles verstehst. Es wird eine Weile dauern, bis es hochgeladen ist.«

Sie schickt mir tatsächlich ein Video, es dauert fast zwanzig Minuten. Eine weiße Linie läuft um einen blauen Kreis, das Video lädt. Larissa sagt: »Ich habe erst versucht, Freiwillige zu finden, aber niemand wollte in die russisch besetzten Gebiete fahren. Von ukrainischer Seite sowieso nicht, und auf der russischen weißt du nie, wer da wirklich ein Freiwilliger ist und wer …«

Die Verbindung bricht ab. Die Nachrichten berichten wieder von Raketenangriffen.

Das Video ist fertig geladen. Ich mache es auf. Es ist der Mitschnitt eines Videoanrufs:

Zwei Männer in Tarnuniform und Sturmhauben stehen links und rechts neben Larissa. Ihr T-Shirt ist zerrissen, Larissa selbst sieht zerzaust und sehr verängstigt aus. Einer der Männer sagt in die Kamera: »Sie kommt hier nicht raus, das war's. Aber wenn du mit uns kooperierst, wird alles gut, du kriegst Geld, deine Frau zurück, alles. Und wenn du nicht kooperierst, kannst du sie abschreiben. Dann schicken wir sie an die Front, putzen, sauber machen, den Jungs aushelfen, die seit Monaten keine Frau hatten. Sag uns, wo du bist, wo du dienst, in welchem Truppenteil, mit wem.«

Nikolai antwortet, er diene seiner Heimat, der Ukraine, und sei an der Front.

Den Mann mit der Sturmhaube macht diese Antwort wütend, er schlägt Larissa ins Gesicht. Jetzt schreit sie selbst in die Kamera: »Rede, du Arschloch, sag's ihm!«

»Rede«, wiederholt der Mann mit der Sturmhaube ruhig, »wenn du willst, dass sie am Leben bleibt.«

Larissa weint. Eine Zeit lang sagt niemand etwas. Als hätte sich die Verbindung aufgehängt.

»Hast du mich gehört?«, fragt der Mann Nikolai.

»Ja«, sagt Nikolai.

»Hör auf …«, schreit Larissa abgehackt. »Rede einfach!«

»Wie viel wollt ihr? Wollt ihr Geld, damit ihr sie gehen lasst?«, versucht Nikolai nervös, die Entführer zu überzeugen. »Ich hab zwei-, dreitausend, die kann ich euch geben! Sie wollte nur meine Mutter abholen.«

»Hör auf! Rede!!!«, brüllt Larissa.

Die Männer nicken zustimmend und ermutigen Nikolai: »Hast du sie gehört? Rede!«

Nikolai schreit, damit Larissa ihn auch hört: »Ich hab euch nichts zu sagen! Was soll ich sagen? Dass ich Soldat bin? Was soll ich euch sagen? Ich weiß nicht, was ihr wollt!«

Die vermummten Männer werden konkreter:

»Welche Einheit?

Welche Aufgaben?

Wer ist der Verantwortliche?

Wer kontrolliert die Truppen?«

Nikolai versteht offenbar weder, was sie mit »verantwortlich« meinen, noch mit »kontrolliert«. Einer der Männer schlägt Larissa, der andere stellt weiter Fragen, aber niemand hört den anderen mehr.

»Dienstgrad, Vorname, Nachname, Rang.«

Schrei.

»Ich bin einfacher Soldat.«

»Warte, ich kann nichts hören. Hör auf zu schreien, du Schlampe.« Der Mann dreht sich zu Larissa, drückt ihr Gesicht mit einer Hand zusammen. »Fresse halten, Fotze. Sonst erwürg ich dich. Wiederhol.«

Nikolais Antworten gefallen dem Mann mit der Sturmhaube nicht, er droht damit, Larissa die Zunge abzuschneiden, sie schreit wie am Spieß, Nikolai verliert kurz die Fassung, spricht dann wieder ruhig weiter.

»Sie sind also ein Sadist, verstehe ich das richtig?«, fragt er den Mann in der Sturmhaube.

»Ich sorge dafür, dass die sowjetische Herrschaft auf nazi-faschistischem Gebiet wiederhergestellt wird. Ich bin der Große Entnazifizierer, ich entnazifiziere euch Schwanzlutscher. Weißt du, wie viele schon durch meine Hände gegangen sind und wie viele noch kommen?«

»Aber ihr wollt doch Frieden in der ganzen Welt. Die Menschen befreien. Damit sie so glücklich leben wie in der Sowjetunion«, versucht es Nikolai.

»Frieden, klar. Weil ihr … Hör mal zu. Ihr habt einen Clown an die Macht gebracht. Eine Witzfigur …«

»Meine Frau versucht, meine behinderte Mutter zu retten.«

»… und den Krieg angefangen.«

»Welcher Clown?! Sie versucht nur, meine behinderte Mutter zu retten, die im Kriegsgebiet ist!«

Plötzlich wird es still, kurz scheint es, als würden die Sprechenden nicht mehr komplett aneinander vorbeireden. Aber die Stille wird von Larissas Schrei zerrissen:

»Hör auf! Jetzt ist nicht die Zeit für deine …« Larissas Stimme überschlägt sich. »Hol mich einfach hier raus! Hör auf, den Klugscheißer zu spielen!«

»Liebes, ich habe gesagt, du sollst nicht dahinfahren …«

»Hör zu, wir stellen dir hier ganz konkrete Fragen«, spricht wieder einer der Männer.

»Bist du völlig bescheuert?!«, brüllt Larissa. »Tu was!!«

Sie schreit wieder los. Das Video bricht ab.

Ich spule zurück und wieder vor. Ich halte das Video an, versuche, den Ausdruck in den Augen der maskierten Männer zu lesen, Larissas Verletzungen zu erkennen, versuche zu begreifen, dass das, was ich da sehe, kein Traum ist, keine Illusion, keine Inszenierung.

Larissa ruft zurück. Charkiw wurde wieder beschossen. Die Verbindung war weg. Larissa fragt:

»Hast du es gesehen?«

Ich sage, ich weiß nicht, wie sie das ausgehalten hat.

»Ich hätte ihn nicht anschreien dürfen, ich hätte das alles nicht glauben dürfen, ich hätte stärker sein müssen, verstehst du?«, sagt sie.

Ich verstehe nicht. Ich frage, wie sie überhaupt in diesem Zimmer mit diesen Leuten gelandet ist.

Larissa sagt: »Ich hatte beschlossen, Koljas Mutter selbst zu holen. Ihre Anstalt war in Striletscha, einem Dorf direkt an der russisch-ukrainischen Grenze. Von ukrainischer Seite kam man nicht durch, da waren überall Truppen stationiert. Also beschloss ich, über Russland zu fahren. Am 16. August fuhr ich über die tschechische Grenze nach Polen, dann nach Belarus und weiter nach Russland.

Am Grenzübergang in Brjansk nahmen sie mir mein Handy weg. Durchsuchten es lange und zeigten mir dann Fotos von

Kolja, die ich vor der Reise gelöscht hatte: in Uniform und ohne, aus unserem Urlaub.

›Gehört der zu Ihnen?‹, fragten sie.

Ich sagte Ja.

Es hatte keinen Sinn, zu lügen. Ich erklärte alles haarklein, sagte, dass ich wegen meiner Schwiegermutter hier sei. Sie ließen mich passieren. Ich hatte nicht das Gefühl, dass irgendetwas faul war.

Ich fuhr nach Belgorod, weil ich dort im Internet jemanden gefunden hatte, der uns mit einem Minibus in die Besatzungszone bringen wollte. Wir verabredeten einen Treffpunkt an einem Checkpoint in Belgorod.

Ich übernachtete in einer Mietwohnung, und als die Freiwilligen mir ein Signal gaben, fuhr ich zu ihnen. Dort kamen vier maskierte Männer in Militäruniform ohne Erkennungszeichen auf mich zu. Sie packten mich an den Armen, stießen mich wortlos ins Auto, zogen mir eine Tüte über den Kopf und fuhren los.

Ich weiß, das ist nicht so wichtig, aber kann ich etwas über diese Tüte sagen? Sie war sehr fest. Ich dachte, ich würde ersticken. Ich versuchte, meinen Kopf so zu halten, dass ich von unten Luft bekam, aber es ging nicht. Ich schluckte die Luft wie ein Fisch und bekam nicht genug. Das war im Auto. Danach schlugen sie mich. Als sie mich schlugen, durfte ich die Tüte etwas anheben und atmen. Sehr freundlich.«

Sie atmet, als hätte sie die Tüte wieder auf dem Kopf. Dann beruhigt sie sich. Erzählt weiter:

»Sie schlugen mich nicht mit den Händen. Sie schlugen mich mit einer Flasche. Einer Plastikflasche mit Wasser. Weißt du, warum? Ich hatte keine Ahnung, aber das hinterlässt keine Spuren. Man sieht nichts. Es entstehen keine oberflächlichen Verletzungen, nur tiefe, innere. Ich konnte lange keine Plastikflaschen mehr sehen. Alles zog sich in mir zusammen.

Das ist jetzt weg.

Jedenfalls schlugen sie mich, und einer würgte mich die ganze Zeit, hielt mir mal den Mund, mal die Nase zu. Er fand ein Kosmetikmesser in meiner Handtasche und fuhr mir damit die ganze Zeit über die Kehle. Ein anderer stieß mir die ganze Zeit seine Pistole in die Brust. Drohte damit, mich zu erschießen. ›Dann hat sich die Sache‹, sagte er.

Irgendwann dachte ich wirklich, dass sie mich gleich umbringen. Aber sie taten es nicht, sie wollten irgendwas von mir, sie fragten die ganze Zeit nach den HIMARS – wo, wie viele und so weiter. Sie wollten nicht einsehen, dass mein Mann ein einfacher Vertragssoldat war, kein Offizier, nichts Besonderes.

Ich sagte es ihnen. Aber sie glaubten mir nicht. Dann riefen sie Kolja an. Davor zerrissen sie mir das T-Shirt und die Jeans – um ihn einzuschüchtern.

Ich schäme mich bis heute, dass ich nicht zu ihm gesagt habe: ›Kolja, schick sie zum Teufel, lass sie reden, mir geht‘s gut, kämpf weiter.‹ Ich schäme mich, dass ich in Panik geraten bin, verstehst du. Und ihm Angst eingejagt habe.«

Sie wischt sich die Augen. In der Dunkelheit sehe ich ihre Tränen nicht. Sie sagt:

»Nach dem Anruf hatten sie ihren Dampf abgelassen. Den Rest erledigten sie wie automatisch. Aber mir war es im Grunde auch schon egal, ob sie mich umbringen oder nicht. Ich hatte keine Kraft mehr, mich zu fürchten.

Diese Uniformierten brachten mich in ein Belgoroder Gefängnis, hängten mir eine Strafanzeige wegen Drogenbesitzes an und sperrten mich für zehn Tage in eine Einzelzelle. Danach ist mir nichts Schlimmes mehr passiert. Schlimm war es für meinen Mann und meine Mutter, die mich gesucht haben. Fünf Tage lang suchten sie das ganze Grenzgebiet ab. Dann fanden sie mich endlich. Ich sage jetzt nicht, wie genau. Es ging über russische Menschenrechtsaktivisten, Menschen, die alles riskieren, um solche wie mich da rauszuholen. Ich will nicht sagen, aus dem Jenseits, aber aus den ausweglosesten Situationen. Sie kämpfen gegen die riesige Maschine der russischen Sicherheitsbehörden, und manchmal gewinnen sie. In meinem Fall war es wie im Film: Ich bekam Besuch von einer jungen Frau, die sich als Anwältin vorstellte.

›Ich habe einen Brief für Sie von Ihrem Onkel aus Woronesch.‹

Ich sagte: ›Ich habe keinen Onkel in Woronesch.‹

Und sie: ›Doch, Sie erinnern sich bloß nicht.‹

Sie überreichte mir einen Brief von meiner Mutter, da war auch eine Nachricht von meinem Mann. Er schrieb, dass mich nach Ablauf der Haftstrafe jemand abholen würde und ich mir keine Sorgen machen solle.

Und tatsächlich holten mich diese junge Anwältin und ein russischer Menschenrechtler, Roman Kisseljow, ab. Ihm verdanke ich meine Rettung. Sie halfen mir, aus Russland rauszukommen. Das ist eigentlich alles.«

Sie macht eine kurze Pause und ergänzt: »Oder eigentlich auch nicht. Ich habe Kolja seitdem nicht gesehen, und am Telefon lässt sich nicht alles erklären, verstehst du.«

Ich nicke. Die Verbindung bricht wieder ab.

Nebenan hört man Stöhnen und das Quietschen des Betts – meine französischen Nachbarn haben sich offenbar versöhnt.

Ich gehe an die frische Luft. Steuere die Adresse an, unter der Larissa und ich uns hatten treffen wollen. Ein ganz normales Haus, drei Stockwerke, große Fenster. Im ersten Stock sind drei Fenster dunkel. Das muss Larissas Wohnung sein. Ich rufe sie an, halte die Kamera drauf: »Ist sie das?«

»Ja, das ist sie. Ich habe keine Ahnung, wie wir jetzt zurückkommen sollen und wann.«

»Warum bist du diesmal nach Charkiw gefahren?«

»Ich wollte meine Schwiegermutter umarmen. Mein Herz hat geblutet. Als die ukrainische Armee das Grenzgebiet befreite, wurde die psychiatrische Anstalt nach Charkiw evakuiert. Es gab Opfer unter dem Personal und den Patienten. Mehrere Menschen. Aber das ist keine offizielle Information.«

»Hast du vor, nach Brno zurückzukehren?«

»Ich weiß es nicht. Mein ganzes Leben steht Kopf. Meine Mutter und ich sind eigentlich hergekommen, um unsere Sachen endgültig zu holen, wichtige Papiere und Wertsachen mitzunehmen. Und vor allem, damit ich meiner Schwiegermutter in die Augen blicken und ihr sagen kann, dass ich für immer weggehe. Ich war zweimal bei ihr, habe ihre Hände gehalten, aber brachte es nicht übers Herz. Außerdem fühle ich mich Kolja gegenüber verpflichtet. Wenn ich hier bin, ist die Wahrscheinlichkeit höher, dass wir uns bald sehen und wirklich sprechen können, verstehst du? Zeig mir noch einmal die Fenster.«

Ich drehe die Kamera um, zoome noch einmal heran.

Larissa sagt: »Wenn ich dort bin und unsere Nachrichten lese, ist das alles wie im Nebel, wie hinter einer Milchglasscheibe: Ein Kind ist gestorben, drei Jahre alt, eine Bombe hat ihm sein Beinchen weggerissen. Wo passiert das? Mit wem? Nicht mit uns … Dort geht das Leben seinen Gang, Theater, Cafés, Arbeit. Das ist sicher auch gut so, aber ich kann mich noch nicht an diesen Rhythmus gewöhnen, obwohl ich schon immer davon geträumt habe, in Europa zu leben. Aber wahrscheinlich nicht so. Nicht so.

Die Menschen dort leben ihr Leben, aber ich träume nachts nur von dieser Flasche, die auf mich einschlägt. Ich will schreien, aber ich kann nicht, ich habe keine Kraft, keine Luft in der Lunge. Jetzt bin ich in Charkiw, um mich herum herrscht die Hölle: Jeden Tag werden Menschen von den Raketen getötet, jeder Tag bringt neues Leid. Aber ich bin zu Hause, bei meinen Leuten, näher bei Kolja. Und die Flasche verschwindet, ich träume nicht mehr von ihr. Ich habe keine Angst mehr vor ihr. Ich überlege sogar, mich zur Rettungssanitäterin ausbilden zu lassen und an die Front zu gehen. Ich könnte mich nützlich machen. Dann könnte ich Kolja beweisen, dass ich nicht die bin, die ihn am Telefon vor lauter Angst angebrüllt hat. Dass ich anders bin, etwas wert. Was denkst du, was soll ich tun?«

PEPPA WUTZ

S ascha wurde zu Gastfreundschaft erzogen. Entsprechend empfängt sie uns: Auf dem Tisch liegt eine Tischdecke, darauf stehen Teller mit hübsch angerichteten Butterbroten, Teigtaschen, Pralinen, eine Servierschale mit Mandarinen. Ich komme mit einem ganzen Drehteam. Wir sind es gewohnt, dass man uns mit Leckereien empfängt. Auch Sascha hat sich alle Mühe gegeben.

Aber als wir endlich vor ihr stehen, bittet sie uns nicht zu Tisch. Sie kann es nicht.

Genau das sagt sie: »Ich kann das nicht. Es fühlt sich falsch an. Ihr bringt uns drüben um, und ich soll hier Tee mit euch trinken.«

Dann lässt sie den Kopf sinken und sagt: »Entschuldigt, bitte.«

Aus dem anderen Zimmer schallt es: »Hallo! Ich bin Peppa Wutz! Das ist mein kleiner Bruder Schorsch, das ist Mama Wutz, und das ist Papa Wutz!«

Jeder, der Kinder hat, erkennt diese Stimme sofort. Ich habe Kinder. Das ist Peppa Wutz – eine britische Zeichentrickserie über eine Familie von Schweinchen, die lachen, grunzen und niemals traurig sind.

Sascha sagt: »Katja guckt die ganze Zeit diese Serie. Das beruhigt sie. Sie hat sie auch vor dem Krieg schon geliebt, aber nicht so wie jetzt. Sie versinkt darin, als würde nichts anderes auf der Welt existieren. Und da ist ja auch was dran. Katja hatte es immer gut. Eine große glückliche Familie: Papa, Mama, Oma, Opa, und sie im Mittelpunkt. Wir wollten ihr zum fünften Geburtstag ein Brüderchen schenken, erzählten zum Spaß, dass wir ihn Schorsch nennen würden. Aber damit ist es jetzt vorbei. Also, stellen Sie schnell Ihre Fragen, wir haben ungefähr zwanzig Minuten, dann kommt sie angerannt. Sie ist sehr schreckhaft geworden, ihr jagt alles Mögliche Angst ein. Soll ich mit dem ersten Kriegstag beginnen?«, fragt Sascha übergangslos.

Sie steht auf und lehnt die Tür an, sodass ihre vierjährige Tochter unser Gespräch nicht hören, aber Sascha sie im Blick behalten kann. Und schnell bei ihr ist, falls etwas sein sollte.

Sascha bewegt sich unsicher durch die Wohnung, zieht die Schultern ein, als würde sie nichts berühren wollen. Man sieht, dass die Wohnung ihr fremd ist. Ich deute auf eine Ikone im Wohnzimmerregal:

»Ist die von Ihnen?«

»Ach was«, winkt Sascha ab, »das gehört alles der Besitzerin. Katja und ich hatten Glück mit der Wohnung. Sie gehört der Tochter der Frau, die obendrüber wohnt, eine Polin. Die Tochter ist zum Arbeiten in England, glaube ich. Solange lässt sie uns hier wohnen. Es war alles etwas verwahrlost hier, ich habe erst mal die Böden geschrubbt und geputzt. Aber ich versuche, lieber nichts groß anzufassen, wer weiß. Sehen Sie das Kristall im Schrank? Ich habe gleich zu Katja gesagt: Geh da ja nicht dran, Gott behüte. Fragen Sie ruhig, was soll ich Ihnen erzählen?«

Ich frage Sascha, was sie von Beruf ist.

»*Schwatschka*«, antwortet sie.

Es ist ein ukrainisches Wort, das ich nicht auf Anhieb verstehe. Ich frage noch mal nach.

»Schneiderin, meine ich, tut mir leid. Aber als der Krieg begann, habe ich nicht als Schneiderin gearbeitet. Unsere Katja war oft krank. Ich war erst mit ihr zu Hause, dann habe ich in der Krippe angefangen, damit ich bei ihr sein kann. Wir haben sie uns sehr gewünscht, wir hatten Angst, sie zu verlieren. Sie war von Geburt an kränklich. Also ließ ich sie nicht aus den Augen, wollte immer bei ihr sein. Mein Mann hat gesagt: Wenn

187

Katja in den Kindergarten geht, hörst du in der Krippe auf und arbeitest wieder als Schneiderin. Ich liebe meinen Beruf. Ich hatte sogar schon eine Schneiderei gefunden. Im April sollte ich anfangen.

Tja, was soll ich sagen. Im Februar wurde unser Leben auf den Kopf gestellt. Ihr seid gekommen und habt alle Pläne zunichtegemacht.

Papa Wutz und Mama Wutz fahren mit Peppa und Schorsch ins Krankenhaus, damit sie eine Spitze gegen die Grippe bekommen. Peppa Wutz und Schorsch haben große Angst vor Spritzen.

Katja kommt mit dem Tablet ins Wohnzimmer. Setzt sich zu Mamas Füßen auf den Boden.

»Katjuscha!«, sagt Sascha sofort. »Steh auf, du erkältest dich noch! Kann sie hier im Zimmer blieben? Stört sie?«

Ich hole mein Geschenk für Katja aus der Tasche. Als ich mich mit Sascha für das Interview verabredete, habe ich sie gefragt, was ihrer Tochter eine Freude machen würde. Ich habe zwei Peppa-Wutz-Puzzles dabei. Katja stellt das Tablet auf die Rückenlehne des Sofas und packt ein Puzzle aus, ohne den Blick vom Bildschirm abzuwenden.

»Peppa, du bist schon zu groß für den Einkaufswagen«, sagt Papa Wutz. »Aber du kannst beim Einkaufen helfen.«

»Grunz-grunz.«

»Wir brauchen: Tomaten, Spaghetti, Zwiebeln und Kartoffeln, grunz-grunz.«

»Ich finde alles! Grunz.«

»Oje, das ist doch viel zu viel!«, sagt Sascha traurig. »Sie hat sowieso schon so viele Spielsachen hier, wie sollen wir das denn alles mitnehmen?«

»Wohin?«

Die Frage trifft sie unvorbereitet:

»Na ja, irgendwohin werden wir doch wohl von hier aus fahren?«

»Irgendwann. Was war noch mal Ihre Frage?«

Ich habe noch keine gestellt.

Peppa Wutz' Papa kommt von der Arbeit ganz geschafft nach Hause. Mama, Peppa und Schorsch haben etwas gekocht. Papa setzt sich hin, und alle lachen über seinen dicken Bauch. Die ganze Familie amüsiert sich köstlich. Grunz-grunz.

»Papa«, sagt Katja. »Mama, da ist Papa.«

»Ach, Papa«, sagt Sascha. »Wie geht es wohl unserem Papa? Wissen Sie, als der Krieg begonnen hat, habe ich ihn nicht aus dem Haus gelassen, ich bin überall selbst hingegangen: In den Schutzbunker mit Katjuscha, zum Einkaufen, zum Wasserholen. Ich sagte: Bleib zu Hause, ich brauche dich, ich liebe dich, ich werde dich beschützen. Ich weiß, dass du kein Feigling bist, du musst niemandem etwas beweisen. Ich will keine Witwe sein, ich brauche eine richtige Familie, wir müssen Katjuscha durchbringen, bleib zu Hause, warte ab. Verstehen Sie, er hat nicht gedient, er hatte keine Kampferfahrung. Ich wollte ihn beschützen. Und nun?«

»Was ist nun?«

»Nichts! Er ist dort, und wir sind hier. Der Ukraine gehen die Soldaten aus, wenn er nicht morgen dran ist, dann eben übermorgen. Er wird sich nicht verstecken, er ist stolz. Er wird dort hingehen … Ich will nicht einmal daran denken. Wissen Sie, ich habe jedes Mal gedacht, schlimmer kann es nicht mehr kommen: Auf meine Stadt, auf alles, was ich liebe, fallen Bomben, was könnte schlimmer sein? Aber dann kam der Panzer in unsere Straße. Hat sich umgeschaut und ist wieder weg.

Dann wurde es noch schlimmer: Katjuscha bekam Fieber. Mein Mann schlief im Flur, Katjuscha und ich im Badezimmer, angezogen und in eine Decke gewickelt. Katjuscha weinte die ganze Zeit, so herzzerreißend. Wissen Sie, wie Kinder vor Schmerzen weinen, heulen?

Es raubte mir den Verstand. Draußen fallen Bomben, und dein Kind ist krank. Kann es noch schlimmer kommen? Es kann. Es stellte sich heraus, dass sie eine Mittelohrentzündung hatte. Ich rannte durch den Bombenhagel mit ihr zum Arzt, versuchte, Antibiotika aufzutreiben. Die Apotheken waren leer, alles für die Verwundeten. Aber ich fand welche …«

So weckte das laute fliegende Haus die ganze Nachbarschaft. Es war Frau Mümmel mit ihrem Rettungshubschrauber.

»He, Papa Wutz, ist alles gut bei euch da unten?«

»Ja, wir brauchen nichts!«

»Katjuscha«, sagt Sascha, »machst du bitte etwas leiser? Tante Katja und ich können uns gar nicht verstehen. Wo war ich stehen geblieben? Ach ja, für den 3. April wurde eine Brotlieferung angekündigt. Ich bin natürlich hin. Es war eine riesige Schlage. Ich stand etwa zwanzig Minuten an, dann wurde ich irgendwie unruhig. Ich drehte mich um und wollte wieder nach Hause. Da höre ich hinter mir plötzlich ein Pfeifen und ein Geräusch, als würden viele Leute gleichzeitig einen Seufzer ausstoßen. Ich drehe mich um – und sehe, dass mitten in die Schlange eine Bombe eingeschlagen hat. Es war ein Blutbad, ein Gemetzel. Menschen zuckten mit abgerissen Gliedmaßen, der reinste Horror, Gott behüte, dass man so etwas sehen muss. Aber ich habe es gesehen. Alles in mir erstarrte zu Eis, mir wurde schwindelig, ich bekam keine Luft mehr. Ich wollte hinrennen, den Menschen helfen, aber ich rannte in die andere Richtung, nach Hause zu Katjuscha. Und während ich rannte, schlug eine zweite Bombe ein. Ich drehte mich nicht mehr um.«

»Wissen Sie, von wem die Bomben kamen?«
»Natürlich weiß ich es.«

Sie sieht mich verwundert an, dann fragt sie ganz langsam:
»Kann man bei Ihnen alles sagen? So, wie es ist?«
»Ja, natürlich, Sascha, sprechen Sie.«
»Es waren die Raschisten.«

»Raschisten, die Russen, eure Leute, verstehen Sie? Hören Sie mich? Das waren eure Bomben, sie beingen unsere Leute um. Und ich weiß nicht, warum, was wir euch getan haben. Warum tut ihr das? Womit haben wir das alles verdient? Unsere Stadt, Charkiw, war immer russischsprachig, aber ich weiß, dass es die Ukraine ist, Charkiw ist die Ukraine. Ich kann auch Ukrainisch sprechen, wenn es sein muss. Ich bin noch in der Sowjetunion geboren, aber ich kann mich nicht daran erinnern, ich weiß nicht, was dort gut war und was schlecht. Aber diese Zeit ist vorbei, es ist eine neue Zeit angebrochen. Wir haben in Frieden gelebt, wir wollten nichts von euch. Was ist daran verkehrt? Wieso seid ihr zu uns gekommen?«

»Das ist ein Wunschbrunnen, Peppa. Man kann eine Münze hineinwerfen und sich etwas wünschen.«
»Darf ich mir auch etwas wünschen?«
»Aber natürlich, Peppa. Hier hast du eine Münze.«

»Hier hast du eine Münze«, wiederholt Katja. Sascha greift nach meiner Hand, sagt: »Das mit den Raschisten tut mir leid, verzeihen Sie. Es sind die Nerven. Wissen Sie, mein Mann und ich waren noch vor Katjas Geburt in St. Petersburg, in Russland. Es ist sehr schön dort, wir mochten es sehr. Wir haben auch Verwandte in Russland, aber entfernte, wir haben lange nicht gesprochen, und auf dieser Reise haben wir auch nette Leute kennengelernt, saßen im Café zusammen. Wir waren doch irgendwie befreundet, was ist dann passiert? Sie haben doch sicher auch Bekannte in der Ukraine. Niemand hat euch etwas getan. Warum tut ihr uns das an? Ich weiß nicht, was ich denken soll, ich verstehe nicht, was ihr von uns wollt, ich verstehe nicht, wie ich mit euch umgehen soll. Jedenfalls ... Verzeihen Sie.«

Sascha beißt sich auf die Unterlippe. Mir ist klar, dass ich etwas antworten muss. Ich nehme ihre Hand und sage: »Sie müssen sich nicht entschuldigen. Sie haben mit allem recht. Nicht ihr wart es, die Bomben auf unser Land geworfen habt, sondern wir. Ich habe keine Worte, die genug wären, Sie um Verzeihung zu bitten.«

Ich glaube, ich weine. Ich weine nie bei Interviews. Aber jetzt kann ich die Tränen nicht zurückhalten. Die Türklingel rettet mich: Die polnische Nachbarin, von der Sascha die Wohnung hat, fragt, ob alles in Ordnung sei, ob Sascha etwas vom Markt brauche.

Sie sprechen in einer Mischung aus Polnisch und Ukrainisch. Die Nachbarin erkundigt sich nach unseren Drehteam. Fragt noch mal nach:

»Aus Russland?«

»Ja«, nickt Sascha.

Die Nachbarin sieht mir direkt in die Augen und sagt auf Englisch: »Murderers.« Und zu Sascha auf Polnisch: »Do widzenia.« Dreht sich um und geht. Sascha schließt die Tür. Und seufzt plötzlich sehr tief: »Was habt ihr bloß angerichtet. Wie konntet ihr alles um euch herum für so viele Jahre kaputt machen, so viele Leben zerstören? Wir haben doch nur dieses eine Leben. Genau wie ihr. Es lässt sich nicht wiedergutmachen, ist euch das eigentlich klar? Das ist für immer.«

»Was ist für immer?«

»Der Fluch.«

Katja ist mit dem Puzzle fertig. Sie löst sich vom Tablet und sagt: »Ich gehe jetzt in den polnischen Kindergarten. Da kriege ich von allen Geschenke. Auch Peppa Wutz. Willst du mal sehen?«

Ich will.

Katja verschwindet im anderen Zimmer. Sascha sagt: »Als wir an der Grenze waren, hat sie ihre Peppa in dem Gedränge verloren. Sie war untröstlich. Unsere Freiwilligen haben sofort hier angerufen, damit man so ein Schweinchen für sie auftreibt. So wusste ganz Piastów schon, dass Katjuscha Peppa Wutz liebt.«

Katja kommt mit einem großen und zwei kleineren Plüsch-Schweinen wieder. Eines davon ist Schorsch.

Ich frage sie: »Sprechen deine Schweinchen auf Polnisch oder Ukrainisch?«

»Sie sprechen in meiner Sprache. Welche Sprache spreche ich, Mama?«, will Katja von Sascha wissen.

Sascha und ich schauen uns an.

»Du bist aber dünn!«

»Ja, ich mache eine Schoko-Diät.«

»Ach so! Unsere Kleine macht eine Diät!«, sagt im Peppa-Wutz-Universum eine Nachbarin zur anderen.

In meinem Universum sagt Sascha aus Charkiw zu mir: »Ich bedauere, dass ich zugesagt habe, mit Ihnen zu sprechen. Es ist zu viel, es tut zu sehr weh. Ich rede, aber leichter wird mir nicht davon. Aber wenn wir schon dabei sind, erzähle ich zu Ende … Die Angst raubte mir den Verstand. In der Stadt wurde es immer gefährlicher. Mein Mann und ich entschieden, dass ich wegmuss. Ich packte unsere Sachen und ging mit Katjuscha zum Bahnhof. Es war sehr voll, auf dem Bahnsteig kriegte man kaum Luft. Wir standen eine Weile im Gedränge, aber im Zug war einfach kein Platz. Alle fuhren weg, Frauen, Kinder, Männer, mit Kinderwagen, mit Hunden, eine alte Frau hatte sogar eine Ziege dabei. Ein anderer trug eine Kiste mit gackernden

Hühnern. Alle wollten aus der Stadt raus, ich weiß nicht, wohin. Wir wussten es ja auch nicht, wir versuchten uns wie alle anderen durchzudrängeln, mit den Ellbogen, wir wollten in diesen Zug. Aber wir passten nicht mehr rein. Dann hörte man auf dem Bahnsteig Schüsse – das waren Männer von der Teroborona, die in die Luft schossen, damit die Menge zurücktritt, damit die Menschen sich nicht an den Zug klammern. Kaum setzte sich der Zug in Bewegung, wurden wir wieder bombardiert. Alle rannten in Panik auseinander, wer schnell genug geschaltet hatte, in die U-Bahn. Ich hatte wieder schreckliche Angst. Ich überlegte nicht mehr, ob ich mehr oder weniger Angst hatte. Ich war wie ein Tier, eine wild gewordene Katze: Wenn es knallte, warf ich mich einfach auf Katjuscha, deckte sie mit meinem Körper zu. Jetzt denke ich, dass ich das nicht hätte machen dürfen, dass sie durch meine Angst nur noch mehr Angst bekommen hat.

Am Abend ging der nächste Zug. Da setzten wir die Ellbogen schon mehr ein, stießen Leute weg, drängelten uns vor ... So schnell passt sich der Mensch an. Wir wurden alle zu Tieren, die ums Überleben kämpfen. Niemanden interessierten noch Höflichkeit und Anstand. Du rettest deine Kinder und dich selbst. Reine Instinkte. Sonst nichts.

Im Zug saßen überall Menschen: im Eingang, im Durchgang, auf dem Boden. Manche mit zwei Kindern, andere mit vier, dazu die Haustiere. Wissen Sie, was mich erstaunt hat? Es war still. Wir fuhren lange, aber die Kinder schrien nicht, die Hunde bellten nicht. Die meisten Kinder schliefen, die Mütter weinten. Ich sah in die Gesichter um mich herum, und mich packte das Grauen, ein schwarzes Grauen ganz tief in der Magengrube. Ich dachte, wie sollen wir nach all dem weiterleben? Wie werden wir sein, wir, die lebend aus diesem Krieg herauskommen? So etwas vergisst man nicht, verstehen Sie? Diese Bilder wird man nie wieder los.«

»Herr Bulle hat für Herrn Zwerg einen ganzen Lastwagen neuer Freunde mitgebracht.«

»Aber Gärten sind für Pflanzen, nicht für Zwerge«, beschwert sich Opa Wutz. »Grunz-grunz.«

Katja stellt das Tablet wieder lauter. Wir hören unser eigenes Wort nicht mehr. Katja will unsere Aufmerksamkeit. Sascha bittet sie, noch ein paar Minuten Geduld zu haben, aber Katja hat keine Lust mehr.

»Ich will spielen. Erzählst du ihr von Papa? Wie wir immer gespielt haben? Papa war mit mir im Park. Hast du das erzählt? Können wir spielen?«

»Natürlich. Aber erst sprechen wir zu Ende, okay, mein Schatz? Tante Katja ist extra hergekommen.«

»Ihr habt genug gesprochen, jetzt spielen wir.«

Sascha überredet Katja zu einem Kakao und Waffeln. Katja setzt sich zu uns an den Tisch. In ihrem Tablet gehen Peppa Wutz und ihre Klassenkameraden zu einer Weihnachtsvorstellung ins Theater. Katja ist zufrieden.

Sascha sagt: »Unser erster Zug ging bis Dnepropetrowsk, auf Ukrainisch Dnipro, kennen Sie die Stadt?«

»Meine Großmutter lebte dort.«

»Ist sie Ukrainerin?«

»Sie ist Jüdin. Sie wurde in der Ukraine geboren.«

»Unsere Schwiegermutter lebt in Dnipro. Wir kamen mitten in der Nacht an, schliefen direkt am Bahnhof. Dort war es auch brechend voll: Alle zu Tode erschöpft, niemand hatte noch Kraft. Mein Mann bekam uns erst beim dritten Versuch in den Zug nach Lwiw. Und ich wurde von zwei Gefühlen überwältigt: von der Freude, dass Katja und ich gerettet sind, und der Panik, dass ich meinen Mann vielleicht nie mehr wiedersehe. Ich sehe ihn jetzt noch vor mir, wie er da steht und winkt, lächelt und weint. Und Katjuscha und ich fahren einfach weg. Und ich weiß nicht, wie ich weiterleben soll.

Jetzt geht es mir nur in meinen Träumen gut. Dann sehe ich meinen Mann. Letztens habe ich geträumt, dass wir ans Meer fahren. Die Sonne schien so leuchtend hell. Und das Wasser glitzerte. Ich war noch nie am Meer. Wir hatten vor, ans Meer zu fahren, wenn Katjuscha größer ist. Ich war so neugierig, wie es wohl ist. Und ich wollte es Katjuscha zeigen. Wir hatten sogar schon angefangen zu sparen. Aber dann kam der Krieg dazwischen. Und jetzt träume ich immer vom Meer. Manchmal ist es ruhig.

Aber vor ein paar Tagen, kurz vor Ihrem Besuch, habe ich geträumt, dass das Wasser immer höher steigt, ich kann nicht mehr stehen, und schwimmen kann ich auch nicht. Ich schaue zurück und sehe das Ufer nicht mehr. Ich weiß nur, dass dort Katjuscha und ihr Papa auf mich warten. Ich bekomme Panik, ich schreie, versuche zu schwimmen. Dann wache ich auf. Ich war ganz nass, schweißgebadet. Katjuscha schlief ruhig neben mir. Ich versuchte, meinen Mann anzurufen, wollte ihm von dem Traum erzählen, aber er ging nicht dran. Wissen Sie, man sagt, ein böser Traum wird nicht wahr, wenn man ihn gleich jemandem erzählt.«

Sie verliert den Faden. Nach einer Weile spricht sie weiter: »Verstehen Sie, ich will damit sagen, dass wir ganz normale Leute sind, wir haben ganz normale Berufe: Ich bin Schneiderin, mein Mann ist Bauarbeiter. Ich will zurück und meine Stadt wiederaufbauen, die ihr zerstört habt. Aber ich weiß nicht, wann das alles vorbei ist. Und ich kann mit meiner Kleinen nicht zurück, solange ihr Raketen auf uns schießt. Sie kommen doch von dort, können Sie mir sagen, wann das alles aufhört? Wissen Sie irgendetwas?«

Ich weiß nichts. Ich drehe Peppa Wutz in meinen Händen, das größere der Plüschtiere. Plötzlich grunzt und singt sie in meinen Händen los. Vor Überraschung zucken wir alle zusammen.

»Sie singt! Sie singt!«, freut sich Katja.

»Und wir dachten, sie wäre kaputt«, sagt Sascha. »Aber sie war gar nicht kaputt, sondern nur müde. Sie muss gar nicht repariert werden, sie musste sich nur etwas ausruhen.

Vielleicht ist das mit dem Leben auch so? Vielleicht repariert es sich von selbst? Man muss ihm nur etwas Zeit lassen, abwarten? Und dann kommt alles in Ordnung? Aber ich weiß ja, dass nichts in Ordnung kommt, solange Krieg ist. Wie kann man das alles beenden, wissen Sie das vielleicht?«

»Mama, nicht, Papa kommt und repariert alles. Nicht mehr sprechen, spielen!«, sagt Katja. Sie ist mit ihrem Kakao fertig und scheint genug von dem Zeichentrickfilm zu haben.

Sascha nimmt sie nicht wahr.

»Ich habe keine Ahnung, wie es weitergeht, das ist das Schlimmste. Ich muss doch meiner Tochter irgendetwas sagen, was soll ich ihr sagen? Dass ich es nicht weiß? Dass ich durchdrehe, wenn sich ihr Vater ein, zwei Tage nicht meldet? Dass unsere Nachbarin ihren Mann an seinem Arm identifizieren musste? Dass der Vater meines Patenkinds Bohdan verschollen ist und seine Familie seit Wochen nicht weiß, wo er ist? Ist das nicht eine Ironie des Schicksals: Die Mutter wollte sich vor dem Krieg von ihm scheiden lassen, sie haben sich auseinandergelebt. Und plötzlich – Krieg. Er ist Feuerwehrmann in Isjum. Und eure Soldaten kommen dahin und tun Dinge, die ich nicht einmal aussprechen kann. Jetzt ist sie weder Frau noch Witwe, sie können nichts mehr klären. Womit hat sie das verdient, womit haben wir das verdient? Das lässt sich nicht wiedergutmachen. Das ist unverzeihlich. Mir fällt kein anderes Wort ein. Ich will nicht hassen, aber ich kann nicht damit aufhören. Er frisst mich auf, dieser Hass, mir wird selbst davon übel, aber ich lese die Nachrichten, was ihr mit uns macht, und kann nicht aufhören.«

Katja legt plötzlich das Tablet weg und stellt sich zwischen Sascha und mich. Sie berührt uns nicht, aber sie breitet die Arme aus und sagt: »Hört auf, darüber zu sprechen!«

Sascha fragt sie: »Über was, Katjuscha?«

»Darüber! Hört auf! Nicht mehr sprechen! Nicht mehr, nicht sprechen, stopp, ich will nicht mehr, hört auf! Stopp! Aufhören!«

Katja weint, versucht, mich zu schlagen, dann Sascha. Sascha schließt sie in die Arme, hält sie fest. Katja trommelt ihr mit den Fäusten auf die Brust, auf den Kopf, auf die Schultern.

So geht das mehrere Minuten. Dann hört Katja genauso plötzlich auf zu weinen, wie sie angefangen hat. Sascha stellt ihre Tochter auf den Boden. Und Katja sagt jetzt noch mal ruhig: »Hört auf, darüber zu sprechen.«

»Worüber sollen wir denn sprechen, Katja?«, frage ich mit der schlichten Hoffnung einer Erwachsenen, dass Kinder rein und unschuldig sind und sie es deshalb besser wissen, direkt von Gott.

»Von etwas Gutem«, antwortet Katja.

»Etwas Gutem?«

»Ja«, zuckt sie mit den Schultern. Und wendet sich ohne besondere Überleitung, ohne Pause, an ihre Mutter: »Ich bin müde, ich will auf deinen Schoß, ich kann nicht mehr stehen.«

Sascha fängt sie gerade noch auf: Katja ist eingeschlafen.

»Sie müssen gehen«, sagt Sascha über die Schulter zu mir.

Wir packen zusammen.

In der Tür steckt uns Sascha die Butterbrote zu: »Für den Weg. Sie waren doch für euch. Tut mir leid, dass es so gekommen ist.«

ROAMING

Im Februar 2022 ist der Krieg in Russland unsichtbar. Es liegt nur eine Art Unruhe in der Luft: Die Menschen sind nervös, ungeduldig, streiten sich schneller und schieben das Geschehen, je länger es andauert, immer weiter weg. Sie nennen den Krieg nicht Krieg, sie sagen dazu »es«, »die Ereignisse«, »das, was am Vierundzwanzigsten passiert ist.«

Bald nach Kriegsbeginn wird die Frontlinie im Volksmund als *lenta*, »Absperrband«, bezeichnet, und die Kämpfe als das, was »jenseits des Bands« passiert.

6. März 2022

Am zehnten Kriegstag finde ich mich in einem Zugabteil mit Kostik wieder. Wir fahren nach Perm. Zwanzig Stunden Weg und Gespräche liegen vor uns.

Schnell stellt sich heraus, dass Kostik und seine drei Kameraden von »jenseits des Bands« kommen. Aber sobald der Zug sich in Bewegung setzt, klettern seine Kumpel auf ihre Liegen und drehen sich zur Wand. Kostik und ich bleiben unter uns.

»Wer holt dich ab?«

Er zuckt mit den Schultern.

»Deine Mutter?«

»Kann sein.«

»Und dein Vater?«

»Den kenn ich nicht. Meine Mutter war allein mit uns. Einmal haben wir meinen Opa besucht. Er lebt im Norden, in der Nähe von Magadan. Seltsamer Typ. Als er jung war, ist er zum Arbeiten nach Kolyma, auf einen Bau. Beim Fundamentausheben ist er auf einen Erschießungsgraben gestoßen. Da oben ist doch das ewige Eis, verstehen Sie? Die Leichen haben noch ganz frisch ausgesehen. Da waren Frauen dabei, sogar Kinder. Die Leute sagen, mein Opa hätte damals den Verstand verloren: Er hätte fast seine eigene Frau und die Kinder im Suff umgebracht.

Er saß zehn Jahre, glaube ich. Als er rauskam, zog er raus aus der Stadt. Lebte alleine im Wald.

Als mein Bruder und ich klein waren, ist meine Mutter mit uns da hingefahren, damit wir ihn mal kennenlernen. Sie meinte zu ihm: ›Ich bin alleine, es ist hart, komm doch mit, lebe bei uns, hilf mir, die Jungs großzuziehen. Ich habe sonst niemanden.‹ Und er hat sie angeschaut und gesagt: ›Du spinnst, du weißt gar nicht, wovon du redest. Ich bin längst tot, was soll ich toter Mann bei deinen Kindern?‹«

Der Zug hält, Kostik will kurz auf den Bahnsteig, eine rauchen. Es ist kalt. Ich stehe neben ihm. Er sagt: »Ich bin nur zur Armee, weil ich nicht wusste, was ich sonst machen will. Ich dachte, ich geh erst mal hin und sehe dann weiter. Im Dezember unterschrieb ich den Vertrag: Ich wollte meiner Freundin ein *iPhone* schenken. Im Januar wurden wir nach Belgorod versetzt. Ob für Übungen oder nicht – keiner wusste was: Es war kalt, nichts zu fressen, die Kommandeure schnauzten nur rum, niemand hatte einen Plan. Wir haben uns gerade damit abgefunden, plötzlich: Fertig machen, Übung!

Wir kapierten nicht: Was für 'ne Übung, verfickt? Was ist los? Sie steckten uns in Lastwagen, verteilten Waffen, Munition – nicht wie bei einer Übung. Paar von den Jungs haben versucht, Fragen zu stellen, aber das wurde denen schnell ausgetrieben.

Ich schrieb meiner Mutter: ›Wir werden versetzt, ich melde mich.‹ Sie schickte mir ein Herzchen. Meiner Freundin schrieb ich lieber nichts. Sie soll einfach warten, dachte ich.

Wir waren lange unterwegs, standen mehr rum, als zu fahren. Im Laster war es warm, die Jungs schliefen. Im Schlaf sieht man aus, wie man als Kind aussah, wussten Sie das? Ich schlief nicht, war irgendwie nicht müde. Ich wollte durch die Plane auf die Straße schauen, aber es war dunkel. Plötzlich bekomme ich eine SMS: ›Willkommen in der Ukraine! Sie sind jetzt im Roaming mit Beeline!‹ Ich raffte nichts: Was für ein scheiß Roaming?«

Er reibt sich die Augen, als würde er mir zeigen wollen, wie er sie in der Nacht zum 24. Februar in dem beheizten Armeelaster gerieben hat, während er die ukrainische Grenze überquerte.

Seine Hände sind schmutzig. Der Schmutz hat sich tief unter die Nägel gefressen. Er fährt sich mit der Hand übers Gesicht, die Bartstoppeln kratzen hörbar an der Haut.

Wir steigen wieder in den Zug. Er macht seinen Armeerucksack auf. Holt blaue Gummilatschen raus. Tauscht sie gegen die mit braunem Dreck verkrusteten Kampfstiefel. Holt eine Tüte mit Lebkuchen raus, bietet mir welche an. Ich lehne ab. Er nimmt einen, legt den Rest wieder zurück.

Der Armeerucksack riecht nach Feuer, Erde und nach etwas, das schwer fassbar ist – dem Geruch des Krieges. Er lässt sich nicht mit Worten beschreiben, aber er ist für jeden, der einmal dort war, unverkennbar.

Ich frage ihn: »Urlaub?«

Er pult den Dreck unter den Fingernägeln hervor.

»Nein. Wir sind selbst weg. Also ich. Wir haben uns geweigert.« Er mustert mich ein paar Sekunden schweigend. Schließlich überwindet er sich:

»Wir sind abgehauen. Wir haben den Dienst verweigert. Sie haben gesagt, dass wir dafür in den Knast kommen.«

Unter den drei Fahnenflüchtigen scheint Kostik so etwas wie der Anführer zu sein. Die beiden anderen liegen nicht mehr mit dem Rücken zu uns auf ihren Pritschen, sondern sitzen und hören aufmerksam zu. Kostik ergänzt: »Sie haben gesagt, es gibt ein Tribunal. Wir werden angeklagt, als Deserteure.«

Ich frage, was sie dazu bewogen hat.

»Unser Kommandeur ist verbrannt.«

Menschen laufen durch den Gang, Kostik verstummt. Die anderen schweigen auch.

Als die anderen Zuggäste außer Hörweite sind, spricht er weiter: »Wir wussten nicht, was uns erwartet. Sie haben uns gesagt, das wird wie ein Geländemarsch: Wir gehen voran, hinter uns Panzer, Deckung aus der Luft. Die einheimische Bevölkerung würde uns erwarten, niemand würde sich wehren.

Aber es war alles ganz anders. Wir kamen in die Hölle, verstehen Sie? Jeder einzelne Baumzweig hasste uns, die Schüsse kamen von überall. Wir wurden komplett alleingelassen. Glauben Sie mir nicht?

Es herrschte das totale Chaos, ich lüge nicht. Kein einziger General. Niemand übernimmt das Kommando, alle rennen durcheinander, brüllen vor Angst. Wir stießen auf unsere eigenen Leute, sie schossen auch, dann eröffnete der Feind ein Trommelfeuer. Unser Kommandeur wurde von einer Granate getroffen. Er verbrannte vor unseren Augen. Ein Mensch, einfach so verbrannt, verstehen Sie? Da haben wir kehrtgemacht: Ne, Leute, so haben wir nicht gewettet. Irgendein Klugscheißer meinte: Dafür knallen sie euch ab, sie machen kurzen Prozess. Aber das war uns scheißegal, oder, Jungs?«

Die Jungs schauen aus dem Fenster. Der Zug schaukelt beim Fahren, und es sieht aus, als würden sie nicken. Aber sie nicken nicht. Sie schauen nur raus.

»Jedenfalls sind wir abgehauen. Da drüben, hinter dem Band, haben alle Verständnis. Klar hieß es, wir hätten die Hosen voll, wären keine Männer und so. Aber wer gesehen hat, was wir gesehen haben – und ich werd Ihnen jetzt nicht alles erzählen –, der versteht das. Aber als wir in Belgorod ankamen, ging es los: ›Denkt ihr, ihr kommt einfach so davon? Wir knallen euch ab!‹ Sie nahmen uns die Dienstmarken ab und sagten, das Geld für Februar könnten wir vergessen. Das war's also mit dem *iPhone*. Na ja, Hauptsache, sie buchten uns nicht ein.«

Der Zugbegleiter verteilt Tee.

»Wir haben Kontakt zu einer Frau in Moskau, die solchen wie uns hilft. Sie hat gesagt: ›Keine Panik, niemand wird euch erschießen.‹ Sie hat uns auch mit den Zugtickets geholfen. Am Neunten treffen wir den Anwalt. Mal sehen.«

Ich frage ihn, ob er den Vertrag auch unterschrieben hätte, wenn er gewusst hätte, dass man ihn in den Krieg schickt.

Kostik schweigt. Der Zug schaukelt und klopft. Er schweigt immer noch. Sieht mich an. Mit seinem Mondgesicht, den Ringen unter den Augen, verängstigt. Nach Krieg riechend.

»Ich wollte einfach etwas Geld verdienen, ich verstehe nichts von Politik.«

Ein Zeitungsverkäufer geht durch den Wagen. Die Zeitungen stecken in einem Metallkorb. Schlagzeilen über den Krieg, der in den Zeitungen als »militärische Spezialoperation« bezeichnet wird, drängen sich ins Blickfeld.

Kostik bittet mich: »Wenn ich heute Nacht schreie, wecken Sie mich ruhig. Ich habe jetzt immer denselben Traum ... Egal. Wecken Sie mich jedenfalls.«

Er hat nicht geschrien.

Als wir am nächsten Morgen in den Bahnhof einfahren, hält unser Zug, um einen entgegenkommenden durchzulassen. Er ist mit Panzerwagen und anderem Kriegsgerät beladen.

»Der Krieg hat immer Hunger«, sagt Kostik.

Am Bahnhof erwarten ihn seine Freundin und seine Mutter, einer von seinen Kameraden wird von der Großmutter abgeholt. Den dritten holt niemand ab. Er raucht und tritt von einem Fuß auf den anderen, während die Jungs ihre Angehörigen umarmen.

Später schrieb mir Kostik, dass es vor Gericht gut gelaufen sei, die Verträge seien aufgelöst worden, niemand wurde bestraft, nur das Geld für Januar und Februar hätten sie nicht bekommen.

Als im September die Mobilmachung ausgerufen wurde, tauchte er bei seinem Großvater unter. Seine Freundin kam nicht mit.
Wie es seinen Kameraden nach der Gerichtsverhandlung ergangen ist, wusste Kostik nicht genau: Der eine sei »vom Radar verschwunden«, der andere habe sich nach einem kurzen Aufenthalt zu Hause auf Drängen des Vaters hin als Freiwilliger gemeldet – er stammte offenbar aus einer Militärfamilie.
»Dann ist es wohl sein Schicksal«, schrieb Kostik in seiner letzten Nachricht an mich. Seitdem habe ich nichts mehr von ihm gehört.

24. März 2022

Ich bin zu einem Zoom-Meeting eingeladen, an dem 62 Frauen teilnehmen: Es sind Ehefrauen, Schwestern und Mütter russischer Soldaten, die an der Front gelandet sind. Viele haben keine Kamera, aber von den anderen verstecken die meisten ihr Gesicht nicht. Eine halbe Stunde dauert es, bis alle die Technik im Griff haben: den Ton, das Bild, das Mikro. Bei der einen hört man ein Kind herumrennen, bei einer anderen den Fernseher im anderen Zimmer, bei der Dritten wird lauthals gestritten.
Ihre Männer, Brüder und Söhne gehören zu den Armeeangehörigen, Vertragssoldaten und sogar Wehrdienstleistenden, die Ende Februar 2022 an vorderster Front an dem Einmarsch in die Ukraine beteiligt waren.
Nach einem Monat Krieg ist das Schicksal von über der Hälfte der Männer unbekannt. Die Frauen, die wissen, dass ihre Liebsten in Gefangenschaft sind, werden beneidet: Das bedeutet, sie leben.
Manche stellen Screenshots von Videomitschnitten in den Chat: Ein Mann mit bandagiertem Kopf und einem Stumpf anstelle eines Arms, und direkt danach das Foto einer Frau mit

einem hübschen Brünetten in Militäruniform auf der Wassil-jewski-Nehrung in St. Petersburg.

Dazu ein Text: »Das ist mein Mann K. S., geboren 19xx, Hub-schrauberpilot, schwer verwundet, mutmaßlich Oblast Myko-lajiw, mehr ist mir nicht bekannt. Wenn Sie ihn finden, sagen Sie ihm, dass ich ihn sehr liebe und auf ihn warte.«

Ich spreche und spreche mit den weinenden Frauen. Sie bekla-gen sich über die fehlenden Informationen, über die Angst, die Drohungen seitens der Einheiten, denen ihre Männer angehört haben. Sie erstellen Listen und übermitteln sie in privaten Gruppen den ukrainischen Behörden, sie verfassen Petitionen und löschen sie wieder, streiten miteinander, ob es Sinn macht, in die Ukraine zu fahren und nach ihren Männern zu suchen.

Das Thema Krieg sprechen sie überhaupt nicht an. Sie sind überwältigt von Kummer und Schmerz.

Schließlich sage ich, dass ich ihnen nur dabei helfen kann, ihre Geschichten an die Öffentlichkeit zu tragen, von ihnen zu er-zählen, von ihren Söhnen, Ehemännern und Brüdern. Und auf diese Weise vielleicht den Anfang für eine langwierige Suche zu legen, mithilfe der ukrainischen Seite versuchen, herauszu-finden, wer lebt, wer verletzt ist. Wer gefallen ist.

Ich biete ihnen an, sich in den nächsten Tagen bei mir zu mel-den, wenn sie bereit sind, sich vor laufender Kamera mit mir zu unterhalten.

Im Namen der Mütter und Schwestern von verschollenen Mi-litärangehörigen schreibt mir eine Mutter: »Wir haben uns ge-gen die Interviews entschieden. Die Kommandantur war in unserer Einheit. Sie erklärten, sie würden alles tun, sie haben uns die Papiere gezeigt. Aber die Ukraine weigert sich, die Of-fiziere auszutauschen. Sie sagten, wir sollen uns gedulden, es werde bald eine Offensive geben und sie würden befreit. Ent-schuldigen Sie die Störung.«

Von den 62 Frauen erklären sich nur drei zu dem Interview bereit, es sind die Mütter von drei Vertragssoldaten. Mit den anderen wird mich das Schicksal nicht mehr zusammenführen.

Gegen Mai wird der Krieg auch in den russischen Städten sichtbar. Man kann ihm jetzt auf jedem Bahnhof in Russland begegnen: In die sommerlich bunte Menschenmenge, die gedankenversunken ihren Beschäftigungen nachgeht, keilt sich ein Strom aus schwarz-grünen
Soldaten, Soldaten, Soldaten.
Erwachsene Männer um die vierzig und ganz junge Burschen. Mit selbst gebastelten Knieschützern, gebrauchten Kampfstiefeln und Schutzwesten aus dem Secondhand. Sie kaufen sie selbst. Manche müssen sich dafür Geld leihen. Für die ganz Jungen kaufen sie ihre Mütter.

2. Oktober 2022

Am Gepäckschalter im Moskauer Flughafen Wnukowo versucht eine Menschentraube, die Mitarbeiterin zu überreden, einen Helm und eine Schutzweste im Handgepäck eines Passagiers durchzulassen, der als Freiwilliger in den Krieg zieht.
Sie bleibt stur: »Übergewicht.«
Die Menschentraube: »Aber er zieht doch in den Krieg.«
Ich halte die Szene in meinem Notizbuch fest. Ich schreibe: »Meine Heimat sammelt und opfert ihre Kinder einem unbekannten Drachen, um ihr gewohntes Leben zu retten, um dem eigenen Tod zu entfliehen. Aber wozu will man leben, wozu sich retten, wenn man seine Kinder dafür verliert?«
Die Dame am Schalter lässt die Schutzweste tatsächlich durch: Immerhin zieht er in den Krieg. Im Flugzeug nach Pskow sitze ich zufällig in derselben Reihe wie der junge Mann: Er am Fenster, ich am Gang. Die Sonne scheint auf sein Gesicht, er ist jung, gut aussehend, breitschultrig. Ein Ehering steckt an sei-

nem Ringfinger. Am Flughafen erwarten ihn zwei Jungs in Tarnuniform. Aus dem Gespräch wird klar, dass sie zusammen gedient haben. Jetzt fahren sie gemeinsam in ihre alte Einheit, um sich freiwillig für den Kriegsdienst zu melden.

Ich werde von Sascha abgeholt. Er sagt, dass sich normalerweise Profis als Freiwillige melden: Sondereinsatzkräfte, Fallschirmjäger, Sturmtruppen. Der Krieg sei eben auch ein Beruf. Und dann: Du lässt dich doch auch nicht vom erstbesten Arzt operieren. Ich fahre fast aus der Haut, um etwas zu erwidern. Aber dann denke ich daran, wie lange wir uns kennen, und halte den Mund. Wir wollen schließlich noch den ganzen Tag zusammen verbringen.

Wir stehen in freundschaftlichem Kontakt, obwohl wir sehr unterschiedliche Positionen vertreten. Aber der Krieg lässt selbst die stärksten Familien zerbrechen. Deshalb – und weil ich Sascha gut kenne – sage ich lieber nichts.

Dafür spricht Sascha: »Willst du mich nicht fragen, was ich von der ganzen Sache halte? Oder sprichst du nur mit Weicheiern?«, Sascha hat vor sechs Jahren, 2016, sein Bein im Donbass verloren. Er hat in beiden Tschetschenienkriegen gekämpft und an diversen Militäroperationen teilgenommen. Er diente in einem Sturmbataillon der Spezialeinheiten. Bis zur Rente hätte er noch drei Jahre gehabt. Damals bereute er, dass er es nicht geschafft hatte. Jetzt bereut er, dass er nicht in diesen Krieg ziehen kann.

Sascha fährt ein Auto für Schwerbehinderte. Das macht ihn rasend. Er sagt: »Wo wart ihr denn, als das alles anfing? 2014, 2015? Hat euch irgendwie gejuckt, als die uns vernichtet haben? Als sie Kinder erschossen haben? Wohnhäuser bombardiert?«

Ich sage: »Sascha, bevor 2014 die russische Armee im Osten der Ukraine aufgetaucht ist, hat niemand auf irgendwen geschossen.«

»Das glaubst auch nur du.«

Sascha steckt sich eine Zigarette an.

»Du verstehst bloß gar nichts von Geopolitik. Es geht doch überhaupt nicht um die Menschen. Wir sind bloß kleine Leute, Soldaten. Der Mensch lebt kurz, aber ein Imperium lebt ewig. Der Feind will unser Imperium zerstören. Wir müssen unser Leben für die Heimat opfern. Du weißt doch, wie man sagt: Ohne Rücksicht auf Verluste. Der Verlust – das ist dein Leben. Du sollst dich nicht daran festklammern. Der Krieg zeigt dir, ob du ein Stück Scheiße bist oder nicht, ob du dich verkriechst und im Selbstmitleid versinkst oder ob du dich dem Kugelhagel stellst und direkt ins Paradies einziehst.«

»Wozu, Sascha?«

»Wozu was?«

»Wozu in den Kugelhagel, wenn man auch nicht sterben und nicht töten kann?«

»Erklär das mal denen.«

Sascha parkt das Auto vor einem grauen vierstöckigen Gebäude – das ist die hiesige psychiatrische Anstalt, die im Frühjahr 2022 zum Hospital für Schwerstverletzte umfunktioniert wurde. Sascha hat darauf bestanden, es mir zu zeigen. Er ist der Meinung, das würde mich umkrempeln.

Vor dem Krankenhaus warten ein paar Menschen mit Mitbringseln für ihre Angehörigen. Darunter eine Frau mit einem Einmachglas voll Suppe und Teigtaschen. Sie sagt der Krankenschwester am Rezeptionsfenster, sie sei wegen ihres Sohns hier. Sie nennt den Namen, den Vornamen und das Geburtsdatum.

Ich rechne automatisch nach: 19 Jahre.

Die Frau gibt die Lebensmittel ab und nimmt draußen auf der Bank Platz.

Ich setze mich neben sie. Sascha raucht ein Stück weiter.

Sie heißt Ljubow Iwanowna. Sie ist nicht die Mutter, sondern die Großmutter. Sie sagt: »Ich habe meinen Gena noch nicht gesehen. Sie sagen, er hat beide Augen verloren. Er wird jetzt blind sein, ein Invalide. Außerdem soll er eine Kontusion haben, aber das habe ich auch noch nicht gesehen. Ich muss ihn irgendwie zurückbekommen, ihn mir anschauen, bis jetzt sind das alles nur Worte, Worte, Worte. Leere Worte. Die Ärzte sind natürlich gut, aber wir glauben ja niemandem mehr, Sie wissen ja selbst, in was für einem Land wir leben, die da oben denken nur an sich.

Sobald er rauskommt, werden wir sehen. Schon das Wort: Kontusion. Mein Vater kam mit einer Kontusion aus dem Krieg zurück. Dem Großen Vaterländischen, da haben wir gegen die Faschisten gekämpft. Und jetzt wieder, nur heißt das jetzt anders, Große Vaterländische Spezialoperation, jaja. Aber es geht um das Gleiche. Wir gegen den Rest der Welt. Sie hassen uns, aber wofür? Was haben wir ihnen getan?

Es gibt schon so viele neue Gräber in der Stadt, so viele Verletzte, Invaliden. Gena wird auch einer, wie es aussieht. Und wer wird ihm helfen? Ich bin schon alt.

Ich habe gehört, dass man sich freikaufen kann, wenn man Geld hat. Aber woher sollen wir Geld haben? Seine Mutter sitzt im Gefängnis, sonst hat er niemanden. Also ist er gegangen …

Jetzt kann man nichts mehr machen. Ich will nur, dass sie ihn mir zurückgeben, meinen lieben Gena. Ich werde ihn pflegen. Ich habe meinen Vater gepflegt und meinen Mann. Auch ohne Krieg – er war Alkoholiker. Und Gena werde ich auch pflegen, solange ich kann. Er ist doch ein Held. Seine Heimat hat ihn geschickt, und er war sich nicht zu schade.«

Ich biete Ljubow Iwanowna an, sie in die Stadt zu fahren. Sie lehnt ab. Bleibt lieber noch sitzen. Vielleicht kommt ja eine Krankenschwester raus, die sie nach ihrem Gena fragen kann. Oder vielleicht haben Angehörige von den anderen Verletzten etwas zu berichten. Der letzte Bus geht um fünf Uhr abends. Ich winke Sascha zu: Wir fahren!

»Jetzt schon?«

»Ja.«

Sascha seufzt: »Ach, meine kleine Reporterin.«

Ich frage ihn, warum er keinen Rollstuhl will und keine Prothese, warum er lieber seit sechs Jahren auf Krücken läuft.

»Keine Ahnung. Bin ich behindert oder was? Ich will kein Invalide sein. Als sie mich ausgemustert haben, hab ich mich fast zu Tode gesoffen. Aber ich überlebte irgendwie, Gott sei Dank. Jetzt trainiere ich die Jungs in meiner Einheit. Ist ja keiner mehr da, alle an der Front. Also nehmen wir Saschka. Nütz ich wenigstens noch was. Und solchen wie dir zeig ich auch noch, wie man seine Heimat liebt.«

»Du meinst, ich liebe sie nicht?«

»Ich meine, du hast keine Ahnung vom Leben. Im Leben ist es so: Entweder du oder sie. Wenn wir sie nicht angegriffen hätten, hätten sie es getan.«

»Wenn sie angegriffen hätten, wäre es auch mein Krieg. Aber so nicht.«

»Du tust mir leid.«

»Mir tun wir alle leid.«

Zu Beginn des Krieges versprach der russische Präsident Wladimir Putin, den Müttern und Witwen für jeden Gefallenen 12 000 000 Rubel zu zahlen.

200 000 Dollar.

Das sind zwanzig Einzimmerwohnungen in einer mittelgroßen russischen Stadt, zum Beispiel in Pskow, wo es an die zwanzig Militäreinheiten gibt.

Je länger der Krieg andauert, desto schwieriger wird es für die Hinterbliebenen, irgendwelches Geld zu bekommen.

Die Entschädigungen werden selten von Vätern in Empfang genommen, genau wie die Särge aus dem Kriegsgebiet. Die Soldaten, die in den Krieg ziehen, werden selten von ihren Vätern verabschiedet. Und nie von ihren Großvätern. Obwohl das Interesse an diesem Krieg und das Bild, dass die Teilnahme eine besondere Heldentat sei, eine Ehre und sogar ein Privileg, unter dem Slogan »Danke Großvater für den Sieg« wiederbelebt wurde.

26. April 2022

»Kirill hat keinen Vater«, sagt Irina. Ob in ihrer Stimme eine Kampfansage mitschwingt oder die Verzweiflung einer einsamen Frau, kann ich nicht beurteilen. Ich sehe sie zum ersten Mal in meinem Leben.
Wir setzen uns schon für das Interview hin, da erinnert sie sich an ihre Medizin und geht noch mal zurück zu ihrer Jacke. Am Revers stecken ein Bändchen in den Farben der russischen Flagge und ein schwarz-gelbes Georgsband. Irina holt eine Handvoll Tabletten und Herztropfen aus ihrer Jackentasche. Gibt ein paar Tropfen in ihr Wasserglas. Der Geruch breitet sich im Zimmer aus. Er riecht zugleich nach Zuhause und nach Krankenhaus. Süß und bitter.
»Von mir aus können wir«, sagt Irina, und wir starten die Aufnahme.

»Am 26. August 2021, an seinem zwanzigsten Geburtstag, ist mein Sohn Kirill Tschistjakow aufs Einberufungsamt gegangen. Er hielt den Militärdienst für seine Pflicht; er war auf der Kadettenschule, wollte nach der Armee auf die Militärhochschule. Das war sein Ziel. Das verfolgte er.
Ich habe mich nie in Männerangelegenheiten eingemischt, ich unterstützte meinen Sohn bei allem. Er ist meine Stütze. Ich habe noch eine jüngere Tochter, aber Kirill ist Kirill.
Er kam zur Artillerie. Es schien gut zu laufen, er diente zuerst in der Nähe von Petrosawodsk. Im November gab man ihnen SIM-Karten, damit sie ihre Mütter anrufen konnten, er rief

mich an und sagte, dass man ihn nach Luga schickt, das ist bei Sankt Petersburg. Aber vor allem war Kirill jetzt in einem neuen Truppenteil. Nicht mehr bei der Artillerie, sondern bei der Aufklärung. Ich mische mich nicht in diese Männersachen. Dann eben Aufklärung. Ich war nur traurig, dass er jetzt weiter weg von zu Hause ist.

Silvester rief er an, wir konnten reden. Im Januar 2022 fuhr ich ihn besuchen. Das war am Siebenundzwanzigsten. Unterwegs rief er mich an und sagte, die Verpflegung sei mies, ob ich nicht für alle was mitbringen könnte, wenn ich komme. Also kaufte ich für alle vierzig Jungs ein. ›Deine Mutter ist super‹, hat er mir später von ihnen ausrichten lassen. An dem Tag hatte ich ihm noch ein neues Smartphone geschenkt. Wir nahmen ein Video für seine Großmutter auf. Weißt du, alle sprechen von mütterlichem Instinkt. Aber ich hatte keine Vorahnung, nichts: Wir lachten, machten Selfies – sonst nichts. Doch. Ich hatte ihn gebeten, mir seine Marke zu zeigen, sie hing an einer Kette. Und ich machte ein Foto davon. Warum?«

Irina trinkt das Wasser mit den Herztropfen in großen Schlucken. Ich höre, wie das Glas gegen ihre Zähne schlägt, sehe, wie ihre Hand zittert und wie Irina dieses Zittern zu verstecken versucht. Sie sagt: »Moment.«

Sie kneift die Augen zusammen. Sitzt ein paar Sekunden mit geschlossenen Augen da und gibt dann das Kommando: »Okay, weiter.« Und wir machen weiter.

»Am 27. Januar habe ich meinen Sohn also zum letzten Mal gesehen. Am 31. Januar rief er mich an und sagte, dass auf sein Konto Geld überwiesen würde, 40000 Rubel, weil er ein Dokument unterschrieben hat und jetzt auf Vertragsbasis dient. Alle Jungs in seiner Einheit hätten unterschrieben, und er freute sich, dass der Dienst jetzt wie eine Arbeit bezahlt wurde.

Am 1. Februar rief Kirill an und sagte, dass sie zu Übungen nach Kursk fahren. Ich wollte wissen, wo das ist. Er sagte, ich soll googeln.

Ich sah nach: Es war richtig weit. Aber er versprach, sich zu melden. Eine Woche später rief er an, die Verbindung war schlecht. Er sagte, sie seien die ganze Zeit bei den Übungen, im Feld: Matsch, Schlamm, ständig nasse Füße, weil die Stiefel nicht dichthalten. Aber immerhin gab es eine Banja, in der sie sich waschen konnten.

Ich fragte: ›Wie viele seid ihr?‹

Er antwortete: ›Mama, wir sind die ganze Zeit im Feld, wie soll ich das wissen?‹

Am 22. Februar rief er an: ›Mama, wir fahren zum Üben an die Grenze, für einen Monat, der Kommandant sagt, es wird keine Verbindung geben.‹

Ich fragte: ›Welche Grenze?‹

Und er: ›Die ukrainische.‹

Das machte mich irgendwie wütend: ›Welche Grenze? Was habt ihr da verloren? Warum ohne Verbindung? Warum lügst du?‹

Aber er antwortete mir ganz ruhig, die Führung habe von Übungen gesprochen, sie würden unsere Grenzen verstärken wollen. Ich solle damit rechnen, dass er einen Monat lang kein Netz hat, aber danach solle es Urlaub geben, und er würde kommen. Dann fügte er hinzu, dass er alle seine persönlichen Gegenstände (Militärausweis, Handy, Bargeld, Karte) in eine Kiste gelegt und dem Kommandanten gegeben habe. Das gefiel mir gar nicht.

Ich schrie: ›Und deine Marke, wo ist deine Marke? Zeig sie mir!‹

Er zeigte sie mir. Das beruhigte mich ein wenig.

Und dann kam der 24. Februar. Ich verstand nicht gleich, habe eins und eins nicht zusammengezählt. Aber die Mütter in unserem Chat fingen an, Fragen zu stellen. Dann durchfuhr es mich. Wie eine eiskalte Dusche.

Ich beschloss, in der Einheit anzurufen, nachzufragen, was da überhaupt los war, warum sie meinen Sohn und die anderen ohne jede Ausbildung in den Kampf schicken. Das ist doch eine Spezialoperation, da dürfen nur speziell ausgebildete Leute hin. Die sollen kämpfen.«

Ich hake noch mal nach: »Wenn Kirill also besser ausgebildet gewesen wäre, hättest du kein Problem damit gehabt, dass er in den Krieg zieht?«

Irina überlegt: »Na ja, unser Präsident und der Verteidigungsminister hatten doch Informationen, dass sie uns angreifen wollten, uns drohten, nicht? Das kam ja nicht aus heiterem Himmel. Ich habe keine Ahnung von Politik. Ich hatte keine Zeit. Ich habe meine Kinder großgezogen.«

Sie bittet um eine Pause. Schaltet ihr Telefon ein. Die Nachrichtentöne überschlagen sich. Im März 2022 hat Irina eine Chatgruppe für Angehörige von Soldaten gegründet, die in der Zone der »militärischen Spezialoperation« gelandet sind, wie der Krieg in Russland genannt wird. Auch Irina nennt ihn so.

»Ich antworte den Mädchen, okay?«, fragt sie.

Irina hört sich durch die Sprachnachrichten, in denen Frauen unter Tränen von der Suche nach ihren Söhnen oder Ehemännern erzählen. Spricht tröstende Worte auf. In der zehnminütigen Pause höre ich Irina sechs Sprachnachrichten mit Ratschlägen und Trost aufnehmen. Sie sagt: »Es ist überall das Gleiche: Jemand vermisst sein Kind, aber in der Einheit, im Ministerium, überall wird man abgewimmelt. Wir sind niemand.«

Ich frage sie, was sie noch von ihrem Sohn Kirill weiß. »Am 14. März 2022 rief er mich per Video aus der Ukraine an, von einer fremden Nummer. Ich habe die Nummer gespeichert. Darüber habe ich dann in den sozialen Netzwerken einen Kameraden von ihm und dessen Verlobte gefunden. Er ist am 28. März 2022 gefallen, das ist bestätigt.

Aber da hat er noch gelebt, alle haben gelebt. Kirill rief mich an, und während wir telefonierten, ging ein Mörserbeschuss los, ich hörte Maschinengewehrsalven. Ich fragte: ›Was ist das? Wo bist du? Wo ist deine Schutzweste?‹

Er sagte: ›Mama, ich hab andere Sorgen, meine Stiefel sind noch in Kursk gerissen, ich musste sie mit Draht flicken, aber sie fallen immer noch auseinander. Im Dorf kam die Tage eine Hilfslieferung an, da hab ich mir Turnschuhe besorgt.‹

Er zeigte mir sogar diese Turnschuhe, aber die Sonne war zu hell, ich konnte nichts erkennen.

Ich fragte: ›Bekommt ihr genug zu essen? Wer ist überhaupt zuständig für euch?‹

Und er: ›Im Dorf gibt es ein paar, die Mitleid haben und uns was zu essen geben. Aber sonst ist es schwer, wir können nicht mal Wasser kaufen, hier hat niemand auf uns gewartet.‹«

Irina trinkt. Ich betrachte sie: Lange Haare, entschlossenes Gesicht, Ringe unter den Augen, rote, wunde Haut um die Nase. Das kommt vom vielen Weinen.

Sie zeigt mir Screenshots von dem Videoanruf mit Kirill. Warum hat sie die gemacht? Sie hat künstliche Nägel, die dumpf auf den Bildschirm des Smartphones klacken. Der Bildschirmhintergrund zeigt Irina, Kirill und seine jüngere Schwester Elja. Sie stehen vor einem Weihnachtsbaum.

Irina sagt: »Das letzte Mal hatten wir am 22. März Kontakt, da war er in einem Keller. Er rief von einer ukrainischen Nummer aus an. Er hat nicht viel gesagt, nur: ›Mama, du darfst nichts glauben, was sie im Fernsehen erzählen. Das ist alles gelogen, Mama!‹ Ich fragte, was meinst du genau, was macht ihr in diesem Keller?

Ich fragte:

Wie seid ihr dort gelandet?

Wo sind eure Befehlshaber?

Was haben sie zu euch gesagt?

Was ist euer Plan?

Wann kommt ihr zurück?

Ich fragte,

fragte

und fragte.

Zum Schluss wollte ich wissen: ›Wie soll ich dich da rausholen?‹ Und er nur: ›Ach, Mama.‹ Und legte auf.

Auf der Nummer, von der er angerufen hatte, erreichte ich eine Frau, eine Ukrainerin. Sie hatte große Angst, mit mir zu sprechen. Wie ich sie verstanden habe, ist sie über Russland nach ›klein Europa‹ geflohen, ich weiß nicht, was da ist. Sie sagte, sie hätte ein Baby, sie fürchte sich. Sie bestätigte mir, dass mein Sohn und noch ein paar andere Jungs bis zum 26. März in ihrem Haus gewohnt haben, sie hatte sie versteckt. Aber dann ging es nicht mehr. Das hat sie gesagt: ›Ich bat sie zu gehen, weil es für meine Familie gefährlich war.‹ Ich fragte, ob wir uns treffen können, fügte hinzu, es sei wichtig, dass sie alles erzählt. Ich glaube, das habe ich sogar geschrien: Dass es wichtig ist, weil es Opfer gibt.

Sie fragte: ›Wer?‹

Ich sagte es ihr. Sie brach in Tränen aus. Weinte laut. Und legte auf. Dann schrieb sie mir eine Nachricht: ›Mala Rohan. Rufen Sie mich nicht mehr an.‹

Sie machte das Handy aus. Ich erreichte sie nicht mehr.

Ich gab ihre Daten an das Verteidigungsministerium weiter, an unsere Einheit, ich schrieb ihnen, wollte wissen, was mein Sohn in Mala Rohan gemacht hat? Was ist das für ein Ort? Was passierte da?

Und sie: ›Woher wissen Sie das alles? Das sind Geheiminformationen.‹

Am 11. April 2022, um 14:10 Uhr, bekam ich einen Anruf aus dem Verteidigungsministerium. Der Offizier teilte mir mit, Kirill befinde sich in ukrainischer Gefangenschaft. Das sei offiziell.

Am 12. April, 7:30 Uhr, wieder ein Anruf aus dem Ministerium: Ihr Sohn Kirill Tschistjakow gilt als verschollen.

16. April, 13:20 Uhr, wieder: ukrainische Gefangenschaft.

Ich war schon ganz aufgedunsen vom Weinen, ich sagte in den Hörer: ›Entscheiden Sie sich mal! Was ist das, einen Tag ist er in Gefangenschaft, und am nächsten Tag läuft er frei rum? Was habe ich da für einen Superman? Erklären Sie mir, wie das sein kann? Von wem bekommen Sie die Informationen?‹ Und er: ›Aus der Einheit.‹ Ich hetze in die Einheit. Aber dort will mit uns Eltern niemand reden.«

Irina zeichnet mit dem Finger auf ihrem Knie einen Plan der Gegend um Mala Rohan und erzählt von den Kämpfen Ende März 2022 in Biskwitny, in Zirkuny, wie viele gefangen genommen wurden, wie viele gefallen sind. Sie hat diese paar Märztage bis auf die Stunde genau rekonstruiert. Sie hat Videos von allen Gefangenen und allen Toten um Mala Rohan in jenen Tagen. Auf keinem ist ihr Sohn zu sehen.
Ich frage sie, warum dieser Krieg ihrer Meinung nach überhaupt geführt wird.
»Wenn man es Krieg nennt, dann erklärt sich alles von selbst. Dann verteidigen wir, unsere Jungs, unsere Heimat. Aber wenn es eine Spezialoperation ist und unsere Söhne, Männer, Brüder vermisst werden, dann wollen wir, dass das anders gehandhabt wird.«
»Was ist der Unterschied?«
»Der Unterschied ist, dass es bei einer Spezialoperation kein Gesetz zum Schutz von Kriegsgefangenen gibt. Eigentlich ist es ein Krieg, aber formell eine Spezialoperation zur Vernichtung des Faschismus.«
»Glauben Sie daran?«
»Ich habe nie in der Ukraine gelebt, ich war nur zu Besuch da, ich weiß es nicht.«
»Wurden Sie von Faschisten überfallen?«
»Nein … Ich war in den 1990ern in Charkiw, auf der Krim, in Mykolajiw, vielleicht sogar in Lwiw, im Restaurant. Aber das ist ewig her. Vielleicht hat sich etwas geändert? Vielleicht wissen wir nicht alles, vielleicht hat sich wirklich diese Wut auf uns angestaut?«

27. November 2022

Vor zwei Tagen, am 25. November, traf sich Präsident Wladimir Putin mit Frauen, die als Mütter von Armeeangehörigen vorgestellt wurden, die in der Ukraine kämpfen.

»Eure Jungs haben dieses Schicksal gewählt«, sagte Präsident Putin zu den Frauen.

Als Irina Tschistjakowa von den Plänen für dieses Treffen erfuhr, beantragte sie im Kreml mehrfach die Teilnahme. Im November 2022 hatten sich in Irinas Chatgruppe bereits um die 1000 Mütter von Armeeangehörigen versammelt, die entweder verschollen, gefallen oder in Gefangenschaft geraten waren. Auch sie verlangten schriftlich, dass Tschistjakowa ihre Interessen bei dem Treffen mit Putin vertritt.

Aber niemand lud Irina ein.

»Ich weiß nicht, wer diese Frauen bei dem Treffen waren. Ich hätte dort sein müssen. Ich hätte ihm gesagt, was uns deren Krieg kostet, welchen Preis wir dafür bezahlen, ich hätte gefragt, wie unsere Kinder überhaupt dort gelandet sind, warum und wer sie dort hingeschickt hat. Was wir dort überhaupt verloren haben.«

In den sieben Monaten, die wir uns nicht gesehen haben, hat Irina abgenommen, sie ist härter und strenger geworden. Sie hat die Beruhigungsmittel und Herztropfen abgesetzt. Auf dem Revers ihrer Jacke sind keine Georgsbändchen mehr zu sehen, und ich frage sie, warum sie sie überhaupt getragen hatte.

»Kirill hat mir das Bändchen von der Feier zum Tag Russlands mitgebracht, bevor er zur Armee ist. Ich beschloss, es als Talisman zu tragen, bis er zurückkommt. Und dann – bis nach dem Krieg … Dann habe ich es ganz abgenommen. Wie sollte mir das bei der Suche nach meinem Sohn helfen?«

Ich frage Irina, wie ihr Leben in den vergangenen sieben Monaten war.

Sie antwortet: »Ich habe ihn gefunden.«

Sie atmet kurz und schnell, um nicht loszuweinen. Vor dem Interview hat sie gesagt, dass sie auf keinen Fall weinen will. Jetzt atmet sie die Tränen weg und schluckt sie runter.

»Wie?«, frage ich.

Sie erzählt: »In diesen siebeneinhalb Monaten habe ich 25 000 Kilometer zurückgelegt, zu Fuß, mit dem Auto, mit dem Bus, mit dem Zug und per Anhalter. Ich fuhr bei Militärangehörigen und Lkw-Fahrern mit. Bei jedem, der bereit war, mich mitzunehmen, der sich kurz in meine Lage versetzte. Ich war überall, im Donbass, in Mariupol und in Mirny. In Makeyevka, Kupiansk, Bakhmut – überall. Unter Bomben und Granatenbeschuss. Diejenigen, die unsere Kinder dort hinschicken, die sich herauswinden und so tun, als sei nichts geschehen, die müsste man dort hinschicken. Aber ich war selbst dort.«

»Warum?«

»Ich habe meinen Sohn gesucht. Ich bin jedem Hinweis nachgegangen, jeder Information. Ohne Erfolg. Alle Fäden rissen irgendwann ab. Aber ich musste diesen Weg gehen. Weil ich mit meinen eigenen Augen sehen musste, was Krieg bedeutet, was Zerstörung ist, der Tod, verkrüppelte Menschen – Erwachsene ohne Beine, Kinder auf Krücken, mit abgerissenen Fingern. Solange die Menschen das nicht selbst sehen und nicht auf diesem Fernsehbildschirm des Teufels – wo die Ukrainer nicht mal Menschen sind, sondern nur ›Ukrofaschisten‹ und ›Banderowzy‹ –, sondern in echt, solange werden sie nicht verstehen, wie viel Leid der Krieg bringt. Die Tränen einer Mutter sind überall salzig. Bei uns wie bei ihnen. Niemand hat sein Kind zur Welt gebracht, damit es in den Tod geschickt wird. Niemand, glaub mir. Niemand.«

Irina verstummt und atmet.

Als sie sich wieder gefasst hat, fährt sie fort: »Ich habe zwei Monate in der Nähe der Front verbracht. Zwei Monate habe ich durchgeweint. Und das will ich dir sagen: Für jede Träne, jede einzelne, werden sie bezahlen, das kommt alles zurück.«

»Wer wird bezahlen?«

»Sie. Die, die uns, unsere Kinder, da reingezogen haben. Die, die diesen Krieg entfesselt und uns haben glauben lassen, dass es keinen Ausweg gab.«

»Glaubst du das?«

»Davon bin ich überzeugt. Weißt du, ich hätte nie gedacht, dass ich das mal sagen würde, aber sie haben etwas in mir geweckt. Mir war Politik zutiefst egal, ich bin mit dem Strom geschwommen und habe nicht über die nächste Hypothek hinausgeblickt. Aber ich bin aufgewacht. Ich werde ihnen nichts vergessen. Nichts vergeben.«

Irina zeigt mir auf ihrem Telefon eine Karte, auf der die Ortschaften, die sie besucht hat, grün eingekringelt sind. Sie sagt: »Aus dem Donbass bin ich zurück nach Karelien, aber ich war nur zwei Tage zu Hause. Wenn dein Sohn zwischen Himmel und Erde schwebt – ich weiß nicht, wie man als Mutter weiterleben kann, ohne bis zum Ende zu gehen, ohne genau erfahren zu wollen, was mit ihm ist, wie man nicht alles daransetzen kann, ihm zu helfen.

Jedenfalls fuhr ich nach Rostow am Don, in das Labor für Forensik des Verteidigungsministeriums, das dort seit dem Tschetschenienkrieg existiert. Jemand hatte mir geschrieben, dass mein Kirill dort sein könnte. Ich bekam ein Foto, einen verschwommenen Screenshot von einem Video unbekannter Herkunft. Aber ich musste jedem Hinweis nachgehen. Am 10. August kam ich in die Leichenhalle und verbrachte dort sechs Tage. Ich habe mir alle toten Jungs seit April angesehen. Dort liegen über 400 nicht identifizierte Körper. Ich fand zwei aus Kirills Einheit, sie waren seit März tot. Ich werde nicht erzählen, was ich dort alles gesehen habe.

Ich weiß nicht, wie manche ihre Söhne identifizieren: Bei Artilleriebeschüssen werden die Körper stark verunstaltet, manchmal ist nur eine Hand, ein Finger übrig. Manche kommen, nehmen den Leichensack mit und fragen gar nicht, ob es wirklich ihr Kind ist. Sie begraben die Überreste und nehmen das Geld. Ich kann mir das nicht erklären. Ich habe oft gehört: Nimm das Geld, du hast doch deine Tochter! Und wenn Kirill auftaucht, umso besser. Aber wie soll ich Geld für meinen Sohn nehmen, wenn er noch lebt? Ich habe ihn nicht für Geld auf die Welt gebracht. Und auch nicht, um ihn zu begraben. Ich verstehe diese Logik nicht.

Zwischen den Körpern in Rostow habe ich noch einen weiteren von Kirills Kameraden identifiziert, einen Waisenjungen aus Petersburg.

Die anderen Frauen und ich haben ein Begräbnis organisiert, ich fuhr hin. Wir nahmen Abschied.

Aber Kirill fand ich dort nicht.

Ich bin in diese Leichenhalle wie in die Hölle gestiegen. Ich habe eine Woche in der Hölle verbracht. Aber Kirill fand ich nicht.

Ich war so froh. Nur dass ich keine Kraft hatte, mich zu freuen. Weißt du, es gab Momente, da habe ich nur gebetet und in Gedanken wiederholt: Lieber Gott, lass mein Herz das aushalten. Gib mir Kraft und Tapferkeit, ihn zu finden.

Manchmal sperrte ich mich alleine in der Küche ein und heulte, betete: Nimm mich an seiner Stelle, ich will dieses Leben nicht! Aber einmal kam meine Tochter rein. Sie fragte mich: ›Mama, was ist mit mir? Bin ich denn nicht dein Kind?‹

Da habe ich mir geschworen, dass ich nicht mehr weinen werde. Bis ich ihn finde.

Und der Herr erhörte mich: Ich sah im Internet ein Video von einem Gefangenenaustausch, es hieß, einer der Männer sei aus Karelien. Ich dachte, wenn das einer von uns ist, werde ich ihn finden und über Kirill ausfragen, auch wenn ich mich dafür verbiegen muss.«

Wir machen eine Pause. Draußen wird es langsam dunkel. Irina steht am Fenster und telefoniert mit ihrer Tochter. Elja ist zwölf, aber Irina ist es schon gewohnt, sie alleine zu Hause zu lassen: So lange, wie der Krieg geht, so lange sucht sie schon nach ihrem verschollenen Sohn.

Ich habe Irina diese Frage schon im April gestellt, aber ich frage noch einmal:

»Warum, glaubst du, wurde dieser Krieg begonnen? Hast du das verstanden?«

»Nein. Ich bin überall gewesen und habe es immer noch nicht verstanden. Aber dafür etwas anderes. Ich habe die Ukrainer verstanden.

Schau mal, ich bin Patriotin meines Landes. Ich werde es bleiben, egal, was passiert. Und wenn jemand zu mir nach Hause kommt und mir oder meiner Tochter etwas antun will, dann werde ich diesen jemand mit bloßen Händen umbringen. Ohne mit der Wimper zu zucken. Wie haben sich die Ukrainer wohl gefühlt, als wir mit Panzern und Flugzeugen, mit Waffen und Bomben zu ihnen gekommen sind?

Bei uns darf man über diese Dinge nicht nachdenken, jeden Tag werden Gesetze erlassen, damit wir

schweigen,

schweigen,

schweigen.

Für jedes Wort, jede Frage droht man Müttern mit Gefängnis, will sie als Volksverräterinnen brandmarken. Aber dann werden sie jede Mutter und jede Frau, deren Kind, Sohn, Bruder, Ehemann dort drüben ist, zu Volksverräterinnen erklären müssen. Denn wir werden nicht schweigen.

Und über den Krieg sag ich dir Folgendes: Wenn wir uns verteidigen müssen, dann verteidigen wir uns hier, in unserem Land, in unserer Heimat. Wenn es unser Schicksal ist, zu sterben, dann nur hier, auf unserem Boden. Wir dürfen nicht irgendwo auf fremdem Boden liegen. Wir brauchen keinen fremden Boden. Wir haben ja nicht einmal gelernt, mit unserem eigenen vernünftig umzugehen.«

Sie dreht sich vom Fenster weg. Ich sehe jetzt noch deutlicher, wie sehr sie sich verändert hat. Das sage ich ihr. Ich sage auch, dass ich mir keine Hindernisse vorstellen kann, die sie nicht überwinden könnte.

Irina nickt. Sie erzählt weiter:

»Ich hatte drei Fotoalben mit je hundert Bildern: Fotos von Kirill und den Jungs, mit denen er gedient hat. Mit diesen Alben fuhr ich zu Kriegsgefangenen, die schon ausgetauscht wurden, zu Soldaten auf Urlaub, zu Verletzten. Niemand erkannte Kirill. Keinen der Jungs aus seiner Einheit. Aber ich spürte mit dem Herzen, dass mir dieser Mann aus Karelien helfen würde. Ich habe ihn zwei Wochen lang gesucht: über Bekannte, das Internet, die Behörden. Die Behörden waren natürlich keine Hilfe. Aber ich fand ihn. Besser gesagt, ich fand jemanden, der mir sagte, wo dieser ehemalige Kriegsgefangene wohnt: 140 Kilometer von unserer Stadt entfernt. Ich fuhr zusammen mit einer anderen Mutter hin, deren Sohn ebenfalls verschollen ist. Der Mann lebte nicht unter seiner Meldeadresse, aber wir machten ihn ausfindig. Er wollte nicht mit uns sprechen, aber ich rief ihm über den Zaun zu, dass ich eine Mutter bin, die ihren Sohn sucht, und ich nicht gehen werde, bevor er mit mir redet. Dass ich ein Recht darauf habe.

Er machte das Tor auf und nahm das Album. Er blätterte und blätterte, und plötzlich zeigte er mit dem Finger auf Kirills Foto und sagte: ›Der Kurze.‹ Ich verlor den Boden unter den Füßen, wirklich, es ist ein Gefühl, als würde man fallen. Ich packte ihn am Arm, rief: ›Sag, wo hast du ihn gesehen, wann?‹ Er antwortete: ›Er saß mit mir in einem Keller in Kyjiw. Ich weiß nicht, wie er heißt, wir durften nicht reden.‹ Aber er bestätigte mir, dass dieser Mann, dass mein Sohn lebte, gesund war, unverletzt. Dann erkannte er noch zwei andere aus dem Album. Ich schrieb sofort den Eltern.

Wir setzten uns kurz hin und redeten. Er wollte uns schnell loswerden, sagte, er habe viel zu erledigen: Er würde bald wie-

der zurück an die Front gehen. Mir fiel der Kinnladen runter:
›Wie?!‹

Er drohte mir: ›Halt dich da raus, Frau.‹

Aber mit leeren Händen ging ich trotzdem nicht. Ich zwang ihn, seine Aussage aufzuschreiben, dass er Kirill gesehen hat. Besser gesagt, ich schrieb – er konnte nicht selbst schreiben, weil die Finger an seiner rechten Hand gebrochen waren und ihm kaum gehorchten, aber er unterschrieb alles. Ich machte ein Foto von ihm mit dem Papier.

Dieses Foto schickte ich zusammen mit der Aussage ans russische Verteidigungsministerium. Ich hatte also die ganze Arbeit für sie gemacht, meinen Sohn gefunden und ihnen alles auf dem Tablett serviert: Ihr müsst ihn nur noch eintauschen.«

14. Dezember 2022

Ich fahre die 140 Kilometer von Petrosawodsk, um den ehemaligen Kriegsgefangenen zu finden. Ich habe mir in den Kopf gesetzt, dass ich selber mit ihm sprechen muss, Einzelheiten herausfinden. Ich finde die Straße, das Haus, stelle mich vor. Aber er will nicht mit mir reden.

»Verpiss dich«, sagt er ruhig. Spuckt auf den Boden. »Ihr scheiß Journalisten, schnüffelt rum, spioniert. Was wollt ihr überhaupt, verdammte Scheiße? Wir sterben im feindlichen Kugelhagel, und ihr … Verschwinde von hier, sofort, kapiert?«

Er hebt ein Holzscheit auf und tut so, als würde er es gleich auf mich werfen. Ich trete ein paar Schritte zurück. Ich frage, warum er nur so kurz zu Hause war. Er antwortet: »Was soll ich hier? Hier gibt es keine Arbeit, nichts. Nur Saufen. Ich hab schon den Vertrag unterschrieben. Kämpfen ist Männerarbeit, irgendeiner muss sie machen. Und ich bin gut darin.«

Ich sage, ich hätte gehört, dass seine Finger gebrochen sind.

»Die sind wieder zusammengewachsen«, erwidert der ehemalige Kriegsgefangene. Und fügt hinzu: »Hör mal, ich verliere die Geduld.«

Ich sage, dass ich gerne mit ihm sprechen würde, über die Gefangenschaft, über Kirill, über seine Ansichten.

»Da gibt's nichts zu besprechen«, fällt er mir ins Wort. »Die Leute lassen dort ihr Blut. Und du hältst besser dein Maul.«

Draußen ist es kalt. Aber es riecht angenehm nach Holzfeuer. Irgendwo bellt herzzerreißend ein Hund.

Ich laufe durchs Dorf. Es ist klein und mündet wenig überraschend in einen Friedhof. Es findet gerade eine Beisetzung statt, der Priester hält die Totenmesse, die Frauen unter den wenigen Trauergästen weinen.

Etwa hundert Meter weiter steht an einen Spaten gelehnt ein Mann und isst einen Apfel. Als ich genauer hinschaue, sehe ich, dass er eigentlich nur zum Schnaps davon abbeißt: In seiner Jacke steckt eine Flasche, an der er immer wieder nippt. Als er in mir eine Gesprächspartnerin erkennt, freut er sich sichtlich. Er überspringt den Small Talk und legt gleich los: »Ich werd nicht mehr schlau aus den Leuten: Leben, als wär nichts, man stößt sie mit der Nase drauf: Hier, ein Grab, ein Sarg, siehst du nicht? Wenigstens ist der zurückgekommen, nicht wie die anderen. Wie viele liegen dort schon? Meine Fresse, schaut euch doch mal um, was haben wir bloß angestellt? Einen verfluchten Schlachthof haben wir angerichtet, warum sieht das keiner? Sind euch die Augen rausgefallen? Habt ihr mal darüber nachgedacht, was euch alle dafür erwartet? Eure Kinder? Und deren Kinder? Aber nein … wozu nachdenken? Das sollen schön die anderen machen. Wir sehen nur unseren eigenen Bauchnabel und schweigen. Aber heb mal deine Nase hoch, sieh hin, verflucht. Sieh dir die Trümmer an, die Massengräber. Und mach dir klar, dass du das alles getan hast, du dreckiges Arschloch. Mit deinen eigenen Händen hast du das alles angerichtet. Und dafür wirst du büßen. Der Rest ist egal.«

Er hält mir die Flasche hin, ich lehne ab. Er trinkt aus. Setzt seine Mütze auf, klemmt die Schaufel unter den Arm und läuft davon. Irgendwo kräht ein unsichtbarer Hahn.

Bald kommt mein Bus. Es wird Zeit.

Im November 2022 hat das russische Verteidigungsministerium Kirill Tschistjakow offiziell als Kriegsgefangenen anerkannt. Aber in den Austauschlisten tauchte sein Name bisher nicht auf.

Im Januar 2023 erreichte Irina Tschistjakow aus mehreren Quellen in der Ukraine die Nachricht, dass ihr Sohn Kirill nie in Gefangenschaft gewesen, sondern im März 2022 bei Mala Rohan ums Leben gekommen wäre.

Manche von denen, die Irina angerufen und geschrieben hatten, boten ihr ihre Dienste bei der Identifikation von Kirills Leiche mittels DNA an, wenn sie auf eigene Kosten genetisches Material in die Ukraine schickt.

Die Dienstleitungen sollte Irina im Voraus bezahlen.

Die ukrainische Behörde, an die sich Irina mit einer offiziellen Anfrage gewandt hat, hat ihr empfohlen, persönlich in die Ukraine zu kommen, um nach ihrem Sohn zu suchen, ob tot oder lebendig. Aber das ist unmöglich: Die Visafreiheit für russische Staatsbürger ist seit Kriegsbeginn aufgehoben, und niemand von den Leuten, mit denen Irina in Kontakt steht, ist bereit, die Mutter eines Soldaten in die Ukraine einzuladen, geschweige denn, für ihre Sicherheit zu garantieren.

Im Februar 2023 erklärte das Verteidigungsministerium der Russischen Föderation, es wisse nicht, wo ihr Sohn sei, und schlug vor, ihn offiziell als verschollen anzuerkennen.

Irina lehnte ab. In den Fall Tschistjakow hat sich die ukrainische Abteilung der Menschenrechtsorganisation *Memorial* eingeschaltet. Man hat Irina versprochen, sie offiziell in die Ukraine einzuladen und bei der Suche nach Kirill zu unterstützen. Ich habe Irina mein Wort gegeben, dass ich sie begleiten werde.

SCHOKORIEGEL

Am Stadtrand sieht das polnische Łódź aus wie jede andere Provinzstadt in Osteuropa: rechteckige Wohnblocks, breite Straßen, die in großzügigen Ampelkreuzungen münden. Ein Einkaufszentrum. Ein Kino. Ein Denkmal. Niedrige Backsteinhäuser wechseln sich mit Plattenbauten ab. Je weiter man rausfährt, desto mehr Plattenbauten werden es.

In so einem wohnt Tanja, im ersten Stock. Im Erdgeschoss befindet sich eine Filiale der Supermarktkette *Żabka*.

Tanjas Wohnung besteht aus einem Zimmer mit Balkon und einer Küche.

Seit Mai 2022 hat Tanja vier Mitbewohner: drei fremde Menschen und einen Scottish Terrier. Auf dem Wohnzimmerboden liegen zwei Matratzen für die Frauen, hinter einem Vorhang in der Ecke schläft der einzige Mann. Er stellt sich von hinter dem Vorhang aus vor: »Onkel Sascha.«

Tanjas Schlafzimmer ist jetzt die Küche. Die Küche ist vorübergehend im Flur eingerichtet: Als ich Tanjas Wohnung betrete, stelle ich meine Tasche aus Versehen in einem Topf ab. Das sorgt für allgemeines Gelächter.

Tanja ist groß, hübsch und zurückhaltend. Sie ist Psychologin und kommt aus der russischen Stadt Tula.

2014, kurz nach der Annexion der Krim und dem Ausbruch der Kämpfe im Donbass, ist Tanja nach Polen ausgewandert. Sie sagt, sie habe nicht mitansehen können, wie ihre Landsleute seelenruhig die Okkupation fremder Gebiete und die Entfesselung eines Kriegs im Nachbarland tolerierten.

»Ich bin weg, weil ich mich schämte. Es war mir wichtig, meine Würde zu retten, meine Zurechnungsfähigkeit, wenn Sie so wollen. Es war ein Schock für mich, als ich feststellte, dass die

Bürger meines Landes bereit waren, so zu tun, als wäre nichts geschehen, dass sie den Kopf in den Sand steckten, um nicht aus ihrer Komfortzone zu müssen. Das war eine schleichende Psychose von nationalem Ausmaß. Ich wollte da nicht mitmachen«, sagt Tanja.

Nach dem Verkauf ihrer Wohnung in Tula teilte Tanja das Geld auf: Sie kaufte diese winzige Wohnung in Łódź und legte den Rest fürs Alter zur Seite.

Tanja und ich stehen auf dem Balkon – das ist der einzige Ort, an dem man ungestört sprechen kann, wenn alle da sind. Tanja spricht weiter: »Mit meinen Ansichten, die ich nicht bereit war zu verheimlichen, war in Russland für mich kein Platz mehr. Hier hat auch niemand sonderlich auf mich gewartet. Ich führte ein zurückgezogenes Leben. Ich dachte, ich lebe einfach mein Leben zu Ende, warte in Ruhe auf mein Alter und den Tod. Es ging mir gut: Ich las, ging im Park spazieren, verreiste manchmal, wollte mir einen Hund anschaffen. Niemand kennt mich hier, ich kenne niemanden – ein Neubeginn. Als der Krieg begann, dachte ich: ›Vielleicht ist alles so gekommen, damit ich zur richtigen Zeit am richtigen Ort bin?‹ Ich ging zum Einkaufszentrum, in dem ein Hilfszentrum für ukrainische Geflohene eingerichtet war und wo die Busse voller Menschen ankamen, und sagte: Ich bin alleinstehend, ich kann anpacken, ich habe keine Arbeit, keine Kinder und sehr viel Zeit, ich bin bereit, von früh bis spät zu arbeiten und mich nützlich zu machen, damit ich meine Schuld abbüßen kann …«

Tanja hält inne, aus der Wohnung dringt fröhliches Gelächter. Sie schaut liebevoll durchs Balkonfenster und sagt: »Es ist unglaublich, aber sie lachen viel. Und im nächsten Moment brechen sie genauso schnell in Tränen aus. Mein Leben ist jetzt einfach: Ich lache mit ihnen, ich weine mit ihnen, ich werde gebraucht. Das gibt meinem Leben einen Sinn. Wer weiß, wer hier wem hilft. Wollen wir reingehen?«

Die Frauen sind gerade dabei, den Tisch für den Tee zu decken.

Onkel Sascha kommt hinter seinem Vorhang hervor, und wir machen uns persönlich bekannt.

Es ist angerichtet. Stühle gibt es nur zwei, deshalb trinken die einen im Stehen, die anderen sitzen auf der Sessellehne. Der Herr im Haus ist Scottish Terrier Tyson. Er liegt auf Innas Schoß, die ihn immerzu füttert: »Friss, mein Guter, mein Retter, du.«

Tyson frisst die Haferkekse im Liegen. Er weicht nicht von Innas Schoß.

»So geht das seit Mariupol«, sagt Inna. »Als wir uns alle in Saschas Auto zwängten und losrasten, presste sich Tyson an mich und lässt mich seitdem nicht mehr los. Ich halte mich auch an ihm fest. Weine nachts leise in sein Fell. Oder laut. Wir haben nur noch uns zwei. Und wenn er nicht gewesen wäre, wäre ich auch nicht mehr hier.«

Inna richtet ihren Blick auf irgendeinen Punkt in ihrem Inneren. Sie schweigt, die anderen Anwesenden schweigen auch. Man hört Tyson schnaufen. Er regt sich auf Innas Schoß, verlangt noch einen Keks und holt sein Frauchen so wieder zurück in die Realität. Inna sagt: »Wissen Sie, ich war zufrieden mit meinem Leben: Ich habe als Schaffnerin gearbeitet, mein Mann in der Fabrik, wir hatten eine eigene Wohnung. Es war für uns beide die zweite Ehe. Eine späte Liebe, wie soll ich das beschreiben? Als wäre es die letzte – so sehr haben wir uns geliebt, aus voller Kraft. Manchmal schämten wir uns sogar ein bisschen. Wir waren wie die Teenies.

Jetzt, wo er nicht mehr da ist, kann ich es ja erzählen, oder? Dann ist es doch eher wie eine Erinnerung, nicht wie angeben?«

Sie fragt weder mich noch Tanja oder Sweta und Sascha, ihre Nachbarn aus Mariupol, die ihr zu Reisegefährten und Freunden geworden sind, zu Augenzeugen der schlimmsten Tage ihres Lebens. Sie fragt Tyson. Der leckt ihr übers Gesicht, über die Hände, dreht sich auf den Rücken, lässt sie seinen Bauch kraulen.

Ich sage: »Wie eine Katze.«

Inna tut an Tysons Stelle beleidigt: »Ich bin doch keine Katze, oder, Tyson? Ich bin nur ein Hund, der aus dem Krieg kommt. Ich darf jetzt alles, ich hab jetzt vor allem Angst. Wissen Sie, dass wir 900 Kilometer in Saschas angeschossenem Auto gefahren sind, ohne anzuhalten? Tyson lag in eine Decke gewickelt auf meinem Schoß. Als wir hier ankamen, war er die erste Zeit ganz nervös, jaulte, weinte, erlebte wohl immer wieder, was wir erlebt hatten. Dann nahm ich immer die Decke und ging mit ihm ins Auto. Ich legte ihn auf meinen Schoß, und er schlief ein. Dann saß ich da und dachte über unser Leben vor dem Krieg nach. Über unser Glück.«

Inna weint.

Tanja steht auf, umarmt sie und bedeutet uns, dass wir rausgehen sollen, sie kurz allein lassen.

Sweta, Onkel Sascha und ich gehen auf den Balkon. Wohin auch sonst?

Onkel Sascha zeigt auf den schwarzen durchlöcherten KIA, der unten an der Straße parkt. Sagt: »Wenn dieses Auto nicht gewesen wäre, hätten wir es wahrscheinlich nicht geschafft. Als wir die Stadt verließen, haben uns am Checkpoint die Kadyrowzy das Nummernschild vorne abgeschraubt und in den Graben geschmissen.«

Ich frage ihn: »Warum?«

Er lacht. Lacht lange, hustet, wischt sich die Tränen ab, die ihm vor Lachen kommen.

»Du bist echt lustig. Dass du solche Fragen stellst: Warum. Weil sie konnten! Wer das Gewehr hat, der hat das Sagen. So funktionieren die eben.

Sie zwangen uns auf die Knie, einer lief herum und stieß uns sein Gewehr in den Rücken: ›Faschisten, Banderowzy, gleich knallen wir euch ab!‹ Aber er hatte offenbar einen guten Tag. Trat einfach das Nummernschild ab, holte eine Rolle Gaffa raus und klebte das ganze Auto mit seinen Zs voll. Klebte sorgfältig, mit Genuss. Dann sagte er: ›Macht, dass ihr wegkommt, aber zackig, ich zähl bis zehn, dann schieß ich!‹ Und er schoss wirklich. Aber wir gaben Gas.«

Onkel Sascha zeigt mir auf seinem Handy Fotos von dem vollgeklebten KIA.

»Sascha, mach ihr doch keine Angst, erzähl ihr lieber, wie du zu unserem Versorger geworden bist und uns alle vor dem Hungertod gerettet hast.« Sweta knufft ihren Mann in die Seite, und sie lachen beide. Husten. Zünden sich Zigaretten an. Onkel Sascha sagt: »Bei uns gegenüber war eine Schule. Ich weiß ehrlich nicht, was die alle da wollten, aber es war so: Erst verschanzte sich die ukrainische Armee da, dann kamen die Kadyrowzy, dann wurden die Kadyrowzy von den Asowzy vertrieben, dann kamen die von der DNR, aber die haben die Ukrainer schnell ausgeschaltet, die waren die Schwächsten von allen. Aber als sie noch da waren, gingen sie in die Häuser, klauten oder machten einfach alles kaputt. Sie sagten: ›Ihr habt uns acht Jahre lang beschossen, unsere Kinder und Frauen haben in Kellern gehaust, jetzt wisst ihr auch mal, wie das ist!‹ Haben wir sie etwa angegriffen? Wollten wir das?

Wir wollten bloß nicht so leben wie sie.

Vielleicht gab es in der Stadt ja welche, die das wollten, aber als die russischen Soldaten kamen und zu wüten begannen, waren auch die schnell geheilt. Was ist das für eine russische Welt, die alte Omas zu Tode denazifiziert? Was sollen wir mit so einer russischen Welt?

Jedenfalls haben sie ewig um diese Schule gekämpft, und auf einmal waren alle weg. Ich ging nachsehen, ob sie vielleicht was zu futtern dagelassen hatten. Irgendwas Wertvolles muss doch da sein, wenn die sich so lange darum prügeln?

Da hatten wir gar nichts mehr zu essen. Wir waren ja außerhalb, abgeschnitten von den Hilfslieferungen, unsere Vorräte waren längst aufgebraucht. Es ging uns mies.

Jedenfalls komm ich da rein, Katja, und die Schule sieht aus! Mein Herz zog sich zusammen. Ich lief herum: blutige Lappen, durchlöcherte Schultische, ein Kampfstiefel liegt rum, die Tafel ist kurz und klein geschlagen, die Globusse, die Blumentöpfe, alles! Und da seh ich ein ABC-Buch, für Erstklässler. Das nehm ich mit, denk ich. Heb es hoch – und seh eine große Konservendose, noch unberührt. Ich denk, super, vielleicht ist da Hering drin oder Schmalzfleisch. Schlepp sie fröhlich in den Keller, und da brüllt mich unser ehemaliger Militär an: ›Was machst du, du Schwachkopf! Willst du uns alle umbringen? Das ist eine Mine!‹ Nimmt und pfeffert sie aus dem Keller. Und sie explodiert. Ich steh nur dumm da und kratz mich am Hinterkopf: Echt, ein Schwachkopf, was soll man sagen!«

Sie lachen wieder.

Tanja kommt auf den Balkon. Sagt, dass Inna sich beruhigt hat und weitermachen kann.

Onkel Sascha und Sweta bleiben draußen, rauchen noch eine.

Ich gehe mit Tanja zurück in die Wohnung. Tanja setzt sich neben Inna, falls es ihr wieder zu viel wird. Inna streichelt Tyson, erzählt: »Mein Mann dachte, dass er einen Schutzengel hat, dass ihm nichts passieren kann. Er hielt das alles für ein Missverständnis: ›Sie sind doch hier, sie werden sehen, dass wir keine Banderowzy, keine Faschisten sind, wir müssen uns nur ruhig verhalten. Sie sind doch unsere Brüder: Sie schauen sich um, sehen ihren Fehler, entschuldigen sich und gehen wieder.‹ Er sagte: ›Wir zwei schaffen alles. Wer soll uns denazifizieren, das ist doch alles Unsinn!‹

Also gingen wir nicht in den Keller. Wir blieben zu Hause, im fünften Stockwerk. Ich schlief im Flur, weil ich Angst hatte. Mein Mann im Schlafzimmer.

Das Wasser wurde sehr schnell knapp: Erst ließen wir es aus den Klimaanlagen ab, dann waren auch die leer. Aber wir versuchten, uns nicht gehen zu lassen. Sammelten Eis von den Pfützen, für uns, und damit wir den Hunden die Pfoten waschen konnten. Kochten das Schmelzwasser ab, machten Tee. Einmal haben wir die Hunde mit Bier gewaschen – da konnten wir nicht raus, weil geschossen wurde.

Aber mein Mann beruhigte mich: ›Inna, hab keine Angst, das ist bald vorbei. Sie kämpfen nicht gegen die Menschen, das ist irgendein Missverständnis.‹ Wir versuchten, ein halbwegs normales Leben zu führen.

Wir wohnten am Stadtrand, deshalb wurden wir als Erste eingenommen. Alle versuchten, sich bei uns zu verschanzen. Geschossen wurde ununterbrochen, daran gewöhnt man sich schnell. Ich versuchte, keine Angst zu haben. Ich war ja nicht alleine, ich hatte meinen Mann, das gab mir ein Gefühl von Sicherheit. Und die Hunde brachten Struktur rein: Schüsse hin oder her, aufs Klo müssen sie trotzdem, also gingen wir raus.

Wir hatten zwei Hunde: Tyson und Lada, auch ein Terrier, aber ein West Highland, weiß. Mein Mann sagte immer: Tyson gehört zu dir und Lada zu mir. Und er hat recht behalten – jetzt sind sie für immer zusammen.«

Inna verstummt. Tyson dreht sich zu ihr um und wedelt mit dem Schwanz. Sie streichelt ihn. Tanja sagt: »Inna, du schaffst das … Wenn du darüber sprichst, wird es leichter. Aber du musst auch nicht, wenn du nicht willst. Du musst nichts erzählen.«

Inna sagt: »Ich will es erzählen. Sie sollen es wissen. Sie sollen es aufschreiben. Sie werden sich dafür vor Gericht verantworten. Für meinen Mann, für meinen Hund, für uns alle, für unser Leben, das es nicht mehr gibt und nie mehr geben wird.«

Tanja nickt, sie nimmt Innas Hand. Inna erzählt: »An dem Morgen war Tyson sehr unruhig. Er zog mich um sieben Uhr morgens aus dem Haus. Die Sperrstunde ging bis acht. Aber ich sagte zu meinem Mann: ›Wlad, was soll ich denn machen, er ist ein lebendiges Wesen, ich kann ihn doch nicht quälen.‹ Also gehe ich mit Tyson runter in den Hof, er macht sein Geschäft, ich ducke mich vor den Schüssen. Ich beuge mich also über ihn und sehe, wie ein Panzer in den Hof rollt, es waren Kadyrows Leute. Er dreht seinen Lauf und schießt. Direkt auf unsere Wohnung. In der mein Mann und mein Hund schlafen. Ich schreie, und Tyson schaut mich nur an, er ist mittendrin. Hunde können ja nicht einfach aufhören, wenn sie schon angefangen haben.

Lustig, oder? Ich glaube nicht, dass ich Ihnen richtig erklären kann, wie das war. Sie werden nie das fühlen können, was ich in dem Moment gefühlt habe.

Ich stand da und sah zu, wie mein Haus brennt, und da drin die, die ich am meisten auf der Welt liebe. Und ich kann nichts tun, ich wiederhole nur: Wlad, Lada, Wlad, Lada …

Ich muss geschrien, irgendwas gemacht haben, hin und her gerannt sein, ich erinnere mich nicht. Das Nächste, was ich weiß, ist: Ich bin im Keller, Sweta gibt mir Tee, ich zittere. Und dann kommt Sascha, der Idiot, mit dieser Mine an. Das nennt man wohl Entschärfen der Situation.«

Ich verstehe nicht, ob sie weint oder lacht. Sie bebt bloß am ganzen Körper.

Tanja steht auf, legt ihr eine Decke über die Schultern. Streichelt ihren Rücken, sagt: »Es ist gut, Liebes, du hast es geschafft.« Und dann: »Lass uns eine rauchen gehen, Liebes. Es ist gut, wir können jetzt über andere Sachen sprechen, nicht mehr davon.«

Aber Inna spricht auch auf dem Balkon weiter: »Verstehen Sie, unser Haus stand in einem reinen Wohngebiet, kein Militär, keine strategischen Objekte. Das Einkaufszentrum *PortCity* und ein *Metro*-Markt – sind das etwa Militärobjekte?

Dieser Panzer, ich habe gesehen, wie er in den Hof rollte, er hat gesehen, dass es ein Wohnhaus ist. Hatte er eine Uhr? Hat er gesehen, dass es sieben Uhr morgens war? Da hat ein Mensch geschlafen! Wenn ein Mensch schläft, ist er warm, schutzlos. Morgens kam zu Wlad immer seine Lada … Es ist nichts mehr von ihnen übrig. Ich habe nichts gefunden. Ich habe kein Grab, keine Erinnerung, nichts. Nur dieses Video.«

Sie holt ihr Telefon raus und zeigt mir ein Video, das die Nachbarn aufgenommen haben. Man sieht Menschen über dem Feuer kochen, Kinder daneben herumwuseln, dann schwenkt die Kamera plötzlich nach links, und man sieht eine brennende Wohnung im fünften Stock. Dann bricht die Aufnahme ab.

Inna packt das Telefon weg: »Ich sehe mir immer wieder dieses Video an und versuche mir vorzustellen, was sie gespürt haben.«

Sweta legt ihren Arm um Inna, die ihren Kopf an Swetas Schulter lehnt. Vor dem Krieg kannten sich die beiden Frauen nicht, sie waren einfach Nachbarinnen.

Zwei Wochen nach dem Tod von Wlad und Lada beschlossen Inna, Sascha und Sweta, Mariupol zu verlassen. Die einzige Straße, die sie von ihrem Haus aus nehmen konnten, führte über den Ort Staryj Krym nach Russland.

Onkel Sascha, dessen Auto als Fluchtfahrzeug dienen sollte, brachte die Frauen bis zum Checkpoint und fuhr wieder zurück, um weitere Menschen aus dem Keller zu holen. Er sagt: »Natürlich hatte ich Schiss: Die Straße wurde von allen Seiten beschossen. Aber ich redete mir ein, dass ich dann wenigstens als Held sterben würde, und die Weiber würden schöne Lieder über mich dichten.«

Aber diesmal lacht niemand. Inna ergänzt: »Wir mussten an den gleichen Kadyrow-Kämpfern vorbei, die bei uns ihr Unwesen getrieben hatten. Wir erkannten sie schon an ihrem Akzent und an der Uniform. Sweta hat mit ihnen gesprochen, ich konnte es nicht. Die standen da ganz lässig, wie die Obermacker.«

Sweta übernimmt: »Sie fragten nach Inna, also sagte ich: Euer Panzer hat ihren Mann getötet. Und sie: ›Was lügst du da! Die Häuser waren leer, da waren nur ukrainische Scharfschützen, auf die haben wir gezielt.‹ Dann würde er wütend und fing an zu brüllen: ›Eure Männer bringen unsere Freunde um, unsere Kameraden, was wollt ihr von uns? Geht nach Hause. Eure Armee benutzt euch als lebendige Schutzschilde.‹

Dann sagte ich so was wie: ›Wer hat dich und deine Kumpels überhaupt gerufen, dass ihr hier sterben müsst? Vielleicht sind wir lebendige Schutzschilde, trotzdem sind wir für unser Land und gegen euch Orks und Okkupanten!‹

Aber ich glaube, das habe ich nicht laut gesagt. Ich dachte es nur. Wissen Sie, so viel Angst wie da hatte ich noch nie im Leben. Ich bin kein ängstlicher Mensch. Ich halte nichts von Feiglingen. Ich habe mich immer geprügelt und war nie um ein Wort verlegen. Aber er stand so riesengroß vor mir, mit seinem Bart, und hinter ihm die Macht, die Armee, euer riesiges Land. Und ich bekam richtig Angst. Ich schäme mich bis heute, dass ich ihm nicht ins Gesicht gesagt habe, was ich denke.«

Sweta verbirgt ihr Gesicht in Innas Achsel. Inna erzählt weiter, während Sweta schluchzt und einzelne Worte ergänzt.

»Sie haben sich nicht lumpen lassen: Zogen uns aus, haben sogar Tysons kleinen Anzug abgetastet. Was wollten die da wohl finden? Sie durchforsteten die Handys: sämtliche Nachrichten, Fotos. Völlig dreist lasen sie unsere Privatnachrichten vor und guckten uns dabei in die Augen: Wie wir wohl reagieren würden?

Dann zwangen sie uns, eine Videobotschaft aufzunehmen, über die Verbrechen der ukrainischen Soldaten und Russlands noble Mission zur Befreiung der unterdrückten Bevölkerung, diesen ganzen Scheiß.

Ich redete, und mir liefen die Tränen. Ich fühlte mich elend, aber wir mussten da irgendwie raus. Also sagte ich, was sie verlangten, bedankte mich für meine Befreiung – und vor meinem inneren Auge sehe ich immer wieder diesen Panzer, der sich umdreht, schießt, und im nächsten Moment geht alles in

Flammen auf, Feuer bricht aus, alles brennt, brennt, brennt vor meinen Augen. Mein ganzes Leben, mein ganzer Lebenssinn, die ganze Zärtlichkeit. Und dazu die Stimme dieser Reporterin, die an diesem Checkpoint war, um Interviews für die Propaganda zu führen: ›Wie stehen Sie zur militärischen Spezialoperation, die Russland durchführt?‹

›Gut. Ich unterstütze das Vorgehen des russischen Präsidenten Wladimir Putin und der russischen Armee …‹

Na klar unterstütze ich das. Ich bin so froh, dass ihr mich befreit habt. Das ganze Land kriegt sich nicht ein vor Freude. All diese Freiheit, die wir dank euch jetzt haben. Danke euch, danke, liebe Befreier! Wovon noch mal habt ihr mich befreit? Von meinem Mann, meiner Familie, meinem Zuhause, von allem? Jetzt bin ich ein freier Mensch, ja? Manchmal wache ich auf und habe das Gefühl, dass das ein Film war, dass das nicht mit mir passiert ist, nicht mit uns. Ich kann es noch nicht begreifen. Manchmal überkommt es mich nachts. Langsam, allmählich dringt es zu mir durch. Aber verstehen werde ich das nie. Sie sind gekommen, haben mein Leben zerstört, mich von meinem Zuhause befreit, von meinem Mann, von meinem Glück. Danke euch, Befreier. Schmort in der Hölle.

Am Ende zwangen sie uns, die SIM-Karten aus unseren Handys zu holen, nahmen sie uns weg und schossen auf die Geräte: Mein ganzes Leben mit Wlad, es war das Einzige, was ich von diesem Leben noch hatte. Ich brach in Tränen aus, und da kommt einer von denen zu mir an, klopft mir auf die Schulter und steckt mir einen Schokoriegel zu: ›Nicht weinen, Frau, das wird wieder.‹ Was wird wieder? Was? Was???

Ich biss mir auf die Lippe, verkniff mir eine Antwort. Ich glaube, ich hätte ihn mit bloßen Händen erwürgen können. Aber wir durften endlich fahren.«

Wir stehen zu viert auf dem Balkon. Fast so eng, wie zur Rush-hour in der U-Bahn oder im Bus. Ich glaube, es wird kalt, aber wir spüren es nicht. Tanja umarmt Inna und Sweta mit ihren langen Armen. Sie reichen ihr beide gerade mal bis zur Schulter, und es sieht aus, als würde Tanja über Inna und Sweta schweben. Inna drückt ihren Kopf in Tanjas Armbeuge, sagt: »Bevor ich Tanjuscha kannte, habe ich die Russen gehasst. Wir konnten Mariupol ja nur in Richtung Russland verlassen. Wir fahren, und ich hasse alles: die Städte, die Geschäfte, die Häuser, die Menschen. In der Flüchtlingsunterkunft bekamen wir einen Teller warme Suppe vorgesetzt: Bitteschön! Und dann meinte eine noch zu uns, wie man nur so undankbar sein könne. Wofür muss ich dankbar sein? Für einen Teller Suppe? Ich hatte meine eigene Suppe, wo ist sie jetzt? Früher habe ich mich gefreut, wenn mein Mann mir ein neues Telefon geschenkt hat, und jetzt soll ich mich über einen Teller Suppe freuen?«

Sweta übernimmt wieder: »Da war noch so eine Frau an der Essensausgabe, die Ukrainisch konnte, die wiederholte die ganze Zeit: ›Was wollt ihr alle hier, ihr treibt uns die Preise in die Höhe!‹ Ich wollte ihr antworten: ›Sperr mal die Augen auf! Es ist nicht unsere Schuld, sondern eure, das habt ihr eurem alten Knacker zu verdanken, der sich im Bunker versteckt.‹ Aber wir schwiegen, wir mussten ja dankbar sein, pfui Teufel.«

Onkel Sascha hustet: »Jetzt kommt schon, los! Weiter! Wir sind ja nicht auf der Stelle getreten, oder?«
Jetzt lachen wieder alle und erzählen wild drauflos, wie man sie in Taganrog in einen Zug nach Tula stecken wollte, wo sie in einem anderen Flüchtlingslager durch eine weitere Filtration gemusst und erst dann ihre Flüchtlingspapiere bekommen hätten. Und wie sie der Begleitperson mitten in der Nacht buchstäblich vor ihrer Nase über die Gleise des Bahnhofs entkommen sind. Sie rauchen, streifen die Tränen und die Zigaretten-

asche ab, fallen einander ins Wort, um von den persönlichen und kollektiven Heldentaten bei der Suche nach Essen und Benzin für den KIA zu berichten.

Tanja sagt: »Warum habe ich nur meine Wohnung in Tula verkauft! Da hättet ihr alle wohnen können!«
Und wieder prusten alle los.
Der Tee ist längst kalt. Tyson kratzt von innen an der Balkontür. Wir gehen wieder rein, bringen den Duft von Tabak, Sommerabend und Regen mit. Setzen uns hin. Inna nimmt Tyson auf den Schoß. Dann berührt sie mich an der Schulter und fragt: »Sie sind doch besser informiert als wir: Denken Sie, Mariupol wird wieder zur Ukraine gehören? Ich würde sehr gerne irgendwann nach Hause. Aber nur, wenn Mariupol wieder ukrainisch ist. Sonst kann es mir gestohlen bleiben.«

BROMBEEREN

Brombeeren werden im August geerntet. Im Morgengrauen, wenn sich die fleischigen Früchte schon mit Feuchtigkeit vollgesogen haben, aber noch nicht in der Sonne erschlafft sind. Man steckt den Arm durch die Blätter, greift eine Beere, dreht sie leicht, und sie löst sich mühelos vom Stängel. Dann legt man sie in den Korb und greift nach der nächsten. Ich habe versucht, die Brombeeren mit beiden Händen zu pflücken, um den Vorgang zu beschleunigen, aber es funktioniert nicht. Immer eine nach der anderen.

»Jede Beere braucht persönliche Aufmerksamkeit«, lacht Paola. »Lass dir Zeit. Vergiss alles andere und versuche zu genießen. Meine Brombeeren sind für den Genuss geschaffen: kein einziger Stachel.«

Ich versuche, mich auf die Brombeeren zu konzentrieren. Aber am Ende denke ich nur darüber nach, wie es kommt, dass Menschen zwar Brombeeren ohne Stacheln erfinden können, aber keine Welt ohne Krieg.

Ich kenne Paola seit vielen Jahren. Sind es sechs? Sieben? Zehn? Ich weiß es nicht.

Jedes Jahr warte ich ungeduldig auf den Sommer, damit ich auf Paolas Farm im Herzen der süditalienischen Provinz Latina fahren kann, um mit ihr Brombeeren zu ernten und darüber zu sprechen, wie das Jahr gewesen ist.

Zum ersten Mal wünsche ich mir, dass wir schweigen.

Paola sagt: »Es ist so schön, dass du da bist.«

Ich nicke.

»Ich habe auf dich gewartet.«

Ich drehe einer Beere den Schwanz ab.

»Ich brauche deine Hilfe. Ich habe drei ukrainische Flüchtlingsfamilien bei mir zu Hause: drei Frauen, fünf Kinder. Ich möchte, dass du mit ihnen redest.«

Die Brombeere in meiner Hand zerplatzt. Der dunkelrote Saft läuft über meine Finger.

Ich frage Paola: »Bist du sicher, dass sie Russisch sprechen wollen?«

»Sie sprechen untereinander Russisch. Als es ihnen ganz schlecht ging, haben wir einen Russisch-Dolmetscher aus Terracina kommen lassen.«

»Gut, natürlich spreche ich mit ihnen.«

Paola schüttet den ersten Korb Brombeeren in eine Plastikkiste.

»Lass uns bald hier Schluss machen, ich sage ihnen, dass du da bist. Sie werden sich freuen, Katerina. Ich habe ihnen immer wieder gesagt: Bald kommt Katerina, sie kann mit euch sprechen.«

»Und sie?«

»Sie weinen. Wir weinen alle die ganze Zeit. Das ist alles eine große Herausforderung. Mein Mann und ich hätten uns fast getrennt deswegen. Es ist schwerer als gedacht.«

»Was genau?«

»Mitzufühlen. Nicht, indem man eine ukrainische Flagge ins Fenster hängt. Sondern jeden Tag. Sie verbringen jeden Tag mit uns. Weißt du, was ich meine?«

Ich denke schon. Aber ich schweige und pflücke weiter Brombeeren.

Die Sonne geht auf. Die Hähne krähen. Irgendwo in der Ferne muht eine Kuh. Oder eine Büffelkuh: In dieser Gegend werden sie gezüchtet, um aus ihrer Milch den echten Büffelmozzarella herzustellen.

»Stellt dir vor, sie mögen keinen Mozzarella«, bemerkt Paola.

»Und Pasta mögen sie auch nicht, nichts mögen sie. Sie haben eine ganz andere Mentalität. Wir verstehen einander nicht. Kannst du dir das vorstellen? Sie sind hier ganz alleine in einer

Welt, in der sie niemand versteht, aber alle bereit sind, sie zu bemitleiden.

Als der Krieg begann, sammelten alle Spenden. Wir hatten nicht so viele Geflohene wie in Osteuropa, in Polen oder im Baltikum. Es ist zu abgelegen. Aber einige sind trotzdem hergekommen. Du hättest sehen sollen, wie die Menschen hier gestaunt haben: Manche Ukrainer sind mit teuren Autos gekommen, viele waren gut angezogen. Ich weiß nicht, was die Leute erwartet haben, Katerina, dass sie in Lumpen kommen, schmutzig, von Ekzemen übersät?«

Wir setzen uns für eine Pause hin. Wir haben zusammen vier Kisten schwarze süße Brombeeren gesammelt. Paola trinkt Kaffee und raucht. Sie sagt: »Ich werde dich nicht fragen, warum die Menschen in Russland schweigen.«

»Danke.«

»Aber ich glaube nicht daran, dass alle in Russland für den Krieg sind, egal, was die Zeitungen bei uns schreiben.«

»Natürlich nicht.«

»Wie konnte das dann passieren, Katerina?«

»Das frage ich mich jeden Tag.«

Paola streicht mir über den Arm.

Aus dem Haus kommt ein braun gebrannter, etwa zehnjähriger Junge.

»Das ist Vitalik«, stellt Paola vor, »der Sohn von Elena.«

Auf Italienisch bittet sie ihn, mich zu seiner Mutter zu bringen. Er nickt. Nimmt mich an der Hand und führt mich ins Haus.

Drei Frauen stehen in unterschiedlichen Posen in der Küche, eine von ihnen kocht.

Ich stelle mich vor.

Schweigen.

Ich sage, dass ich eine Freundin von Paola bin, dass ich jedes Jahr auf ihre Farm komme und diese Gegend und das Meer hier liebe.

Schweigen.

242

Ich bitte um Verzeihung, dass ich Russisch rede. Und füge für alle Fälle hinzu, dass ich Ukrainisch verstehe, weil ich dort Familie habe.

Die Frau in der Mitte der Küche zuckt mit den Achseln und sagt: »Elena.«

Und fügt gleich hinzu: »Wir kochen, bevor es wieder losgeht.«

»Bevor was losgeht?«

»Die Hitze. Es ist so heiß hier, dass ich mich nicht aus dem Haus traue.«

»Und ich will gar nicht raus«, sagt die zweite Frau. Sie steht am Fenster und raucht.

Wir stellen uns vor: Das ist Yulia.

Die dritte Frau dreht sich weg. Ich weiß nicht, ob sie das absichtlich macht. Sie schaut auf den Hof hinaus. Im Hof spielen die Kinder, spritzen sich gegenseitig mit Wasser voll. Paolas Farm verwandelt sich im Sommer in eine Art Ferienschule für die Kinder aus der Umgebung: Sie lernen, mit Tieren und Pflanzen umzugehen, Honig aus den Waben zu holen, ohne Angst vor den Bienen zu haben, mit Ponys in Kontakt zu treten, ohne auf ihnen zu reiten, und so weiter. Das Camp heißt *Tenda Verde*, das *Grüne Zelt*. Jetzt bekommt das Ganze einen neuen Sinn: Die ukrainischen Kinder lernen Italienisch, vergessen für eine Weile die Beschüsse, die Checkpoints, die Bombardierungen, dass sie ihr Zuhause verloren haben. Ein Verlust, der vielleicht auf den ersten Blick weniger grausam aussieht als die Bomben, aber nicht minder tiefe Wunden hinterlässt.

Ich erzähle den Frauen, dass der Ort, an dem sie gelandet sind, für mich der schönste auf der ganzen Welt ist. Ich sage ihnen, dass ich hier jede Gasse kenne, ich sage, wenn sie etwas brauchen, werde ich ihnen alles erzählen, alles zeigen, für sie übersetzen.

»Wir brauchen nichts«, sagt Elena.

Sie verstummt kurz und wiederholt: »Wir brauchen nichts.

Wir wollen überhaupt gar nichts mehr. Den Kindern geht es gut, sie haben sich eingelebt, sprechen schon deren Sprache, die Kinder unserer Gastgeberin haben es ihnen beigebracht.«

»Und Sie?«

»Und wir? Wir leben in den Nachrichten. Für uns ist alles dort. Du legst dich abends hin, liest, dass es drüben Luftalarm gibt, und es klingelt in deinen Ohren. Meine Sachen habe ich zwar mitgenommen, aber mein Kopf ist noch da, in meiner Küche …«

Yulia unterbricht Elena: »Die kommen alle zu uns, diese Italiener. Sagen, wir sollen ihre Sprache lernen, arbeiten gehen. Sie haben uns auf eine Exkursion mitgenommen, damit wir sehen, welche Berufe es hier gibt. Aber ich will nicht Bäckerin werden! Ich will nicht deren Brötchen kneten, ich will nicht Italienisch sprechen, verstehen Sie? Aber sie sind beleidigt. Die Freiwilligen rufen uns an und sagen, wir wären unhöflich. Unhöflich sind wir also!

Und dass wir vier Taschen voll Wintersachen haben, aber keinen Platz dafür? Oder dass mein Sohn zur Schule muss? Wohin soll er? Die nächste Schule ist Gott weiß wo, da kommt man nicht zu Fuß hin. Wo soll ich mit ihm hin im September?«

»Wir könnten ein Fahrrad für Sie besorgen«, sage ich.

»Besorgen Sie mir lieber 2021«, sagt Yulia. Und sieht mir in die Augen.

Die Frau am Fenster, die sich nicht vorgestellt hat, seufzt und legt die Arme um ihre Schultern, als wäre ihr kalt. Dabei prallt die Sonne schon, draußen sind es an die dreißig Grad.

Elena rührt den Topfinhalt um.

»Yulia kann nicht Fahrrad fahren. Außerdem weiß ich nicht, wie die das bei der Hitze hier überhaupt machen. Sie fahren immer auf der Straße, Gott behüte. Aber wer kein Auto hat, fährt Fahrrad.«

Es duftet süßsauer: Fleischeintopf mit Kartoffeln und Dörrpflaumen. So hat ihn auch meine Großmutter immer gekocht.

Ich frage Elena: »Woher kommen Sie?«

»Dnipro, Dnipropetrowsk, kennen Sie das?«

»Ja.«

»Da komme ich her. Wir alle«, sagt Elena. »Ich habe Tanz unterrichtet. Ich war mal Ballerina. Dann habe ich Kindern das Tanzen beigebracht, wir hatten ein eigenes Kollektiv, waren viel unterwegs. Mein Mann hat als Unternehmer gut verdient. Wir hatten eine Wohnung, ein Auto, alles. Es hat mir an nichts gefehlt. Warum muss ich jetzt ganz von vorne anfangen, ohne Mann, allein in einem fremden Land? Meine Cousine ist nach Russland. Nicht, dass es ihr dort viel besser geht, aber wenigstens versteht sie alles, meint sie.«

Ich frage, wo genau ihre Cousine ist.

Elena sucht in ihrem Handy, zeigt mir eine Adresse. Das ist am Stadtrand von Moskau.

Ich frage, ob ich ihrer Cousine etwas mitbringen soll, wenn ich demnächst nach Moskau fliege, ob ich mich irgendwie nützlich machen kann. Elena sagt, sie brauche nichts, eine Stiftung, *Haus mit Leuchtturm*, habe ihr geholfen. Noch bevor ich darüber nachdenken kann, ob ich das genau hier und genau diesen Frauen erzählen soll, sage ich: »Das ist die Stiftung, die ich unterstütze. Ich war vor Kurzem noch an der Spendenausgabestelle.«

»Und?« Ich weiß nicht, wer von den dreien gefragt hat, aber ich glaube, sie waren es alle zusammen.

Ich frage Yulia nach einer Zigarette und rauche ebenfalls aus dem Fenster. Ich weiß nicht, wo ich anfangen soll. Wie soll ich in drei Worten erklären, dass im Zentrum der Hauptstadt des Landes, das einen Krieg gegen ihr Land führt, zwei Etagen eines Backsteingebäudes, das der Stadt Moskau gehört, von einem Hilfsfond für ukrainische Geflüchtete besetzt wird, das Menschen gegründet haben, die vorher unheilbar kranken Kindern geholfen haben. Aber das ist genau der Text, den ich aufsage. Und ich füge hinzu, dass ich vor zehn Tagen dort gewesen bin und Menschen gesehen habe, die nicht einmal wegen der Kleidung, sondern wegen Lebensmitteln gekommen waren: Buchweizen, Zucker, Konserven. Manche hatten seit März keine Fleischprodukte gesehen. Ich komme in Fahrt und erzähle aus irgendeinem Grund ausgerechnet diesen drei Frauen, was für ein heftiges Gefühl mich in dieser Ausgabestelle überrollt hat.

Dass teure ausländische Autos vorbeifuhren, weil Moskau eine reiche Stadt ist und die Stiftung mitten im Zentrum liegt, während vor mir Menschen standen, die buchstäblich nichts hatten, die hungern mussten.

Sie unterbrechen mich nicht, und das spornt mich noch mehr an. Ich sage, dass es für viele Russen, die gegen den Krieg sind, die einzige Möglichkeit des Protests sei, ukrainischen Geflohenen zu helfen.

»Gibt es etwa welche, die dagegen sind?«, fragt Elena.

Ich sage, viele.

Sie stützt eine Hand in die Seite und sagt: »Also ich habe bisher von keinem Einzigen gehört. Meine Cousine hat erzählt, die Freiwilligen hätten ihr gleich aufgetragen: kein Wort über Politik. Wie in der US Army: Du stellst keine Fragen, und ich ficke nicht dein Hirn.«

Allgemeines Gelächter.

Drei Jungs und ein Mädchen kommen in die Küche gerannt: »Mokrina, Mokrina, Telefon!« Sie reichen der abwesend wirkenden jungen Frau, die am Fenster lehnt, ein Handy: Videoanruf. Der Mann auf dem Bildschirm sagt etwas auf Ukrainisch, und die junge Frau bricht sofort in Tränen aus.

Elena macht den Gasherd aus, Yulia gibt mir einen Schubs: Komm, gehen wir, Mokrinas Mann ist dran.

Wir treten auf die Terrasse. Die Mädchen ziehen die Tür hinter sich zu, zünden sich beide eine Zigarette an. Plötzlich bin ich eine Art Komplizin, also geben sie mir auch eine. Ich weiß nicht, worum es geht, aber ich fiebere mit ihnen mit.

»Die Geschichte ist kompliziert«, sagt Yulia, »das lässt sich nicht in zwei Worten erklären. Also, Mokrina ist aus Mykolajiw und ihr Mann Albert aus Winnyzja. Weißt du, was der Unterschied ist? Jedenfalls ist dieser Albert beim Militär, also … ein Asow-Kämpfer, klar? Bist du schockiert? Mokrina ist ein einfaches Mädchen, sie liebt ihn. Aber sie können keine Kinder bekommen. Also haben sie Geld gespart und wollten es mit künstlicher Befruchtung probieren. Ein halbes Jahr lang haben sie darauf gewartet: Er hat gedient, war selten zu Hause, beim Militär gehörst du ja nicht dir selbst. Der Termin war am 25. Februar. Tja, was soll ich noch sagen? Mokrina ist mit uns gekommen, hat ihre kleinen Bruder und Schwester mitgenommen, sie zieht die beiden anstelle der Eltern groß. Und ihr Albert wurde im Kampf verletzt.«

Ich mache ein entsetztes Geräusch. Elena stößt mich in die Seite: Reiß dich zusammen.

»Jedenfalls ist er jetzt dank seiner Verletzung zu Hause. Und sie« – Elena nickt in Richtung Küche – »hat ihn gebeten nachzufragen, wie es mit ihren Eizellen und Spermien aussieht. Ob sie überhaupt eine Chance haben, verstehst du?«

Um nichts Falsches zu sagen, nehme ich einen tiefen Zug an der Zigarette. Mir wird heiß.

Paola ruft die Kinder zum Frühstück. Und Mokrina macht die Tür auf, bedeutet uns reinzukommen.

»Und?!«

»Sobald ich meinen Eisprung habe, fahre ich.«

»Also hat's geklappt?!«

»Ja!«

»Mädels, darauf stoßen wir an!«, ruft Elena. Wie aus dem Nichts taucht eine Flasche Grappa auf. Ich werfe automatisch einen Blick auf die Uhr: 10:00. Aber eigentlich ist es auch schon egal.

Wir trinken darauf, dass Mokrina nach Dnipro fährt und schwanger wird.

Wir trinken darauf, dass alle nach Hause zurückkehren und das Umherziehen ein Ende hat.

Wir trinken darauf, dass es in Russland bald einen Machtwechsel gibt und niemand mehr denkt, dass Russland und die Ukraine ein und dasselbe sind.

Wir trinken darauf, dass ich bald nach Dnipro fahren und jene Adressen ausfindig machen kann, an denen sich meine Großmutter vor den Repressionen versteckt hat.

Ich weiß nicht, warum, aber ich erzähle, wie meine Großmutter nach Charkiw kam, um auf die Hochschule für Luftfahrt zu gehen, und ihr alle Hosen zu groß waren, weil sich nicht genug zu essen hatte. Wie meine Oma an einem Lauf für das Hochschulteam teilnahm und beim Rennen ihre Hose festhalten musste.

Dann erzählt Mokrina, wie sie auf *Amazon* Umstandskleidung für die ganze Schwangerschaft bestellt und alles in Dnipro gelassen hat.

Und dann erzählt Yulia, wie ihr ein Verwandter aus dem russischen Mineralnyje Wody geschrieben hat, dass sie noch ein bisschen durchhalten sollen, man würde sie bald befreien.

Wir schenken wieder nach.

Mokrina – hübsch, groß, braunäugig – dreht das Grappaglas zwischen ihren dünnen Fingern und sagt, an niemand Bestimmten gewandt: »Was, wenn ich schwanger werde, und der Krieg hört nicht auf? Wozu dann alles?«

»Kinder bekommt man nicht zu einem Zweck«, sagt Elena. Und fügt hinzu:

»Irgendjemand muss doch ein normales Leben führen dürfen.«

Mokrina weint als Erste. Unter Tränen sagt sie: »Albert meinte, dass wir einen Sohn bekommen müssen, damit er sich rächt. Aber ich will nicht ein Kind zur Welt bringen, das damit weitermacht!«

Yulia umarmt sie: »So darfst du nicht reden, Mokrina. Er lebt und will ein Kind mit dir. Sei doch froh!«

»Aber ich will nicht mehr kämpfen. Ich kann nicht mehr hassen, versteht ihr?«

Elena umarmt sie beide: »Unsere Kinder werden ihre Kinder hassen. Bis ins siebte Glied. Dagegen werden wir nichts tun können. Was sie verbrochen haben, kann man nicht verzeihen.«

Ich weiß nicht mehr, in welchem Moment ich auch anfing zu weinen. Ich erinnere mich nur, wie wir uns zu viert weinend in den Armen liegen. Und wie ich sage, dass Mokrina so ähnlich klingt wie »lacrima« – das italienische Wort für Träne. Und davon müssen wir noch mehr weinen.

Ich kann mich nicht erinnern, wann ich jemals in meinem Leben um zehn Uhr morgens so betrunken war.

Die Kinder kommen und gehen wieder.

Paola bringt uns Essen rein.

Jemand macht den Herd mit dem süßsauren Fleisch an und wieder aus, und wir sprechen darüber, dass die Italiener keine Suppen essen, von Borschtsch ganz zu schweigen, dass sie anstatt der süßen Knolle die Blätter essen, aber auch das nicht überall; dass sie keinen Schmand kennen und nicht wissen, wie gut Tomaten mit Zwiebeln, Schmand und Essig schmecken.

»Ihr Essig ist ganz anders«, sagt Elena vorwurfsvoll.

Ich glaube, das ist das Letzte, was ich von diesem Morgen noch definitiv weiß.

Wir liegen uns in dieser heißen italienischen Küche in den Armen und weinen: Elena, Yulia, Mokrina und ich, die aus unerfindlichen Gründen in ihrer Mitte gelandet ist. Wir weinen, jede um etwas anderes, und wir schämen uns nicht voreinander. Wir stimmen in das Weinen der anderen ein, wir holen kurz Luft und weinen dann weiter.

Ich weiß nicht, wie lange das so geht. Aber als alle Tränen vergossen sind, hören wir einfach auf.

Ich fühle mich leicht und gleichzeitig verlegen. Eine solche Art von Nähe habe ich nicht einmal mit Freundinnen erlebt, die ich seit Dutzenden von Jahren kenne.

Wankend gehe ich aus der Küche und sehe Paola. Sie bedankt sich. Ich murmele irgendetwas zurück, und sie sagt, während sie mich in ihr Auto verfrachtet, noch mal: »Danke dir, Katerina. Wir können das hier alles nicht verstehen. Ich habe heute gesehen, wie die Mädchen mit dir sie selbst waren. Wir ihr geweint habt. Mit mir weinen sie nicht, ich bin eine Fremde. Und du, obwohl du eigentlich der Feind sein solltest, bist eine von ihnen. Weißt du«, sagt Paola und fährt rechts ran, »ich glaube, mir ist gerade etwas klar geworden. Wenn du angegriffen wirst, heißt das nicht unbedingt, dass du gut bist. Nur dass der, der dich angreift, schlechter ist. Ich meine nicht euch konkret. Das ist bloß eine Beobachtung.«

Sie gibt wieder Gas und spricht weiter: »Wir haben von den Geflohenen erwartet, dass sie wie süße kleine Kätzchen sind. Wir dachten, wir würden ihnen die Hand reichen, ihnen unsere alten Sachen schenken, und das war's.

Aber es ist alles viel schlimmer und komplizierter. Wir verstehen eure Probleme nicht, wir haben genug eigene. Für uns haben sich zwei slawische Völker zufällig in der Nähe unserer Grenzen gestritten, und das ist gefährlich.

Ich verstehe alles, ich sehe, wie der Schmerz, der in eurem Tiegel hochkocht, nach außen dringt, sich ausbreitet und natürlich auch uns erreicht.

Aber so gut wie du werde ich sie nie verstehen. Ich bin froh, dass ich das wenigstens dir sagen kann.

Das Einzige, was wir den Menschen wirklich geben können, die vor dem Tod aus der Ukraine geflohen sind, sind Zeit und Geduld. Als der Krieg ausbrach, schien es mir das Einfachste auf der Welt zu sein – das ist etwas, das nie ausgeht und das jeder hat.

Aber ich sehe, wie das eine und das andere langsam versiegt. Und der Krieg geht weiter.«

Im Januar 2023 schlug eine russische Rakete in das Haus ein, in dem Yulia vor dem Krieg mit ihrer Familie gelebt hat. Weil sie nicht dort waren, ist weder ihr noch ihrem Mann oder ihrem Kind etwas passiert.

Elena hat sich in Italien eingelebt und will bleiben.

Mokrina ist schwanger. Sie bat mich eindringlich, den Ort, an dem sie das Kind zur Welt bringen wird, nicht zu nennen. Ja, sie ist schwanger.

KATZE

Im Mai 2022 erreicht mich eine Nachricht: »Hallo, hier ist Marina aus Mariupol. Ich habe Ihnen von den Kakerlaken erzählt. Können Sie reden?«

Ich kann.

»Wir sind in Breslau, Sie müssen herkommen. Hier sind Frauen. Frauen, die von euren Soldaten vergewaltigt wurden. Sie müssen sie sehen. Wenn Sie keine Angst haben.«

Ich fahre hin, aber die Frauen sind nicht mehr im Breslauer Flüchtlingswohnheim. Ich treffe Lisa. Sie ist Freiwillige, arbeitet seit Ende März mit Geflohenen in Warschau und ist jetzt in ganz Polen unterwegs. An diesem Abend hat Lisa eine Familie nach Breslau begleitet, die jetzt hier leben soll – oder, wie es offiziell heißt: sich integrieren.

Am nächsten Morgen fährt Lisa weiter nach Dresden, um dort jene Frauen abzuholen und nach Warschau zu bringen, wegen denen ich nach Polen gekommen bin. Aber Lisa will nicht mit mir über sie sprechen. Eigentlich will sie überhaupt nicht mit mir sprechen.

Lisa, die feuerrotes Haar hat und Männersachen trägt, legt die Akten demonstrativ auf den Beifahrersitz und verweist mich auf die Rückbank. Sie wollte mich gar nicht mitnehmen, aber Marina hat sie überredet.

»Komm mir bloß nicht mit Schuldgefühlen und dem ewigen 24. Februar, der dich nicht in Ruhe lässt, klar?«, sagt Lisa, die sofort zum Du übergeht. Ich nicke. »Ich hab echt genug von eurem Rumgejammer«, setzt sie einen Punkt und drückt aufs Gas. Von Breslau nach Dresden fährt man gute drei Stunden.

Ich tröste mich mit dem Gedanken, dass man ja auch mal schweigen kann. Und das tun wir.

Lisa hat die Akten mit der Vorderseite nach unten gelegt, aber ich weiß, dass da drin die Geschichten der Ukrainerinnen sind, die von russischen Soldaten vergewaltigt wurden: in Butscha, Irpin, Borodjanka, Bakhmut und woanders.

Im April 2022 gelang diesen Frauen die Flucht nach Polen. Erst in Breslau erfuhren einige von ihnen, dass sie schwanger sind. An das strikte Abtreibungsverbot in Polen hat zunächst niemand gedacht. Jetzt ist es zu einem Problem geworden, um das sich Lisa und andere Freiwillige kümmern.

Vor dreieinhalb Wochen hat Lisa die Frauen nach Deutschland gebracht, wo sie den Schwangerschaftsabbruch kostenpflichtig vornehmen lassen und sich regenerieren konnten. Jetzt fährt sie sie abholen.

Es regnet, und wir kommen nicht so schnell voran, wie Lisa gerne würde. Das macht sie nervös.

Vor dem Krieg hat Lisa in Kyjiw mit Frauen gearbeitet, die Gewalt erlebt haben: Sie brachte die Frauen in Notunterkünften unter, organisierte psychologische und juristische Hilfe. Die Organisation, für die Lisa tätig war, kooperierte eng mit ähnlichen Organisationen in Russland. Einige Kontakte bestehen immer noch. Wir haben gemeinsame Bekannte. Aber das hilft nicht.

Lisa unterbindet jeden Versuch, über die Frauen zu sprechen, deren Akten sich in den Ordnern auf dem Beifahrersitz befinden.

»Du wirst alles vor Gericht erfahren«, schneidet sie ab.

Nach etwa dreißig Kilometern wird sie etwas zugänglicher: »Hör zu, wir haben auch kein Recht, mit ihnen über irgendwas zu sprechen. Die Ermittlungen werden vom internationalen Strafgericht und seinen Bevollmächtigten durchgeführt. Man darf die Mädchen nicht als Opfer befragen, bevor es ein Ermittler getan hat. So sind die Regeln. Und der Ermittler war noch nicht bei ihnen. Also höre ich einfach zu, wenn sie sich aussprechen müssen, aber ich stelle keine Fragen. Als wir nach

Deutschland … also, zu dem Eingriff gefahren sind, hat eine von ihnen die ganze Zeit geweint, sie hat sogar geschrien. Sie ist 35, sie hat sich ihr ganzes Leben lang ein Kind gewünscht. Und jetzt das. Aber sie kann es nicht behalten, sie sagt: ›Wenn ich ihm in die Augen sehe, werde ich seine Augen sehen. Ich werde es hassen, ich werde es nicht in den Arm nehmen können.‹ Und weint. Da fingen alle im Auto an zu weinen, selbst ich. Jede aus ihrem eigenen Grund. Würdest du so eins bekommen?«

Noch dreißig Kilometer. Der Regen lässt nach. Eine Tankstelle. Wir halten für einen Kaffee an. Stehen und rauchen auf dem Parkplatz neben Lisas Auto, einem kleinen wendigen Jeep mit ukrainischen Kennzeichen und ukrainischen Flaggen an Front- und Heckscheibe. Um irgendetwas zu sagen, sage ich: »Schickes Auto.«

»Gehört nicht mir.«

Wahrscheinlich sollte ich fragen, wem es gehört. Aber meine Konversation mit der rothaarigen Lisa bewegt sich auf dünnem Eis. Jede Frage könnte die sein, wegen der sie mich endgültig aus dem Auto wirft. Deshalb schweige ich und betrachte sie nur: Der Wind zerzaust ihre roten Haare, die in der Sonne noch leuchtender sind. Eine Hand hat Lisa in die Tasche der Armeehose geschoben, in der anderen hält sie die Zigarette. Ihre Fingernägel sind schwarz lackiert. Sie nimmt einen letzten Zug, drückt die Zigarette aus, und wir fahren weiter.

»Willst du einen Witz hören?«, fragt Lisa und erzählt ihn, ohne meine Antwort abzuwarten: »›Lieber Weihnachtsmann, als ich mir gewünscht habe, nächstes Jahr viel zu reisen, zu trinken und endlich vor meiner Mutter rauchen und fluchen zu dürfen, habe ich bestimmt nicht das gemeint!‹ Lustig?«

»Ja.«

»Kein Stück. In den ersten Tagen dachte ich mir immer nur: Das passiert nicht mit mir. Es kann nicht sein, dass ich völlig die Kontrolle über mein Leben verliere und nichts mehr selbst bestimme. Ich! Die ihr ganzes Leben lang alles bestimmt hat.

Dieses Auto habe ich von einem Freund, wir haben zusammen studiert, er ist als Freiwilliger zur Armee. Er kam zu mir und sagte: ›Mach was Gutes mit dem Auto, hilf den Leuten.‹ Das war in den allerersten Tagen. Als alle unter Schock zwischen Parkhaus und U-Bahn hin und her rannten und sich vor den Bomben versteckten. Ich nahm den Schlüssel, guckte ihn an und dachte: ›Warum bist du ausgerechnet zu mir gekommen, wieso? Ich weiß nicht, was ich mit mir selbst anfangen soll, und da kommst du mit dieser Karre an.‹

Ich hatte meinen Führerschein erst seit Januar, ich hatte Angst zu fahren. Aber es hilft ja nichts, Augen zu und durch: Freunde von uns, denen mehrere Restaurants in der Stadt gehören, haben gleich beschlossen, Essen für die Leute zu kochen, für die Teroborona und so weiter. Und da wusste ich: ›Das ist es also, wofür ich Serhijs Auto brauche.‹ Also fing ich an, Essen auszufahren. Einmal war es verdammt knapp: Ich fuhr gerade in der Nähe vorbei, als die Russen unseren Fernsehturm trafen. Direkt vor mir sah ich ihn explodieren, eine riesige Rauchwolke, Feuer. Ich kreischte vor Angst los. Ich drückte das Gaspedal durch, einfach um nicht anzuhalten und mich unter dem Sitz zu verkriechen. Dann packte mich plötzlich das Gefühl, als wäre ich in irgendeinem Film: ›Lisa, bist das wirklich du? Oder bist du bei *Lara Croft* gelandet? Ist das jetzt wirklich dein Leben?‹«

Die Grenze zwischen Polen und Deutschland ist für die Autofahrer fast unsichtbar: endlose Felder, zwischendurch kleine niedrig bebaute Ortschaften, die sich an der Straße entlangziehen. Ein EU-Schild, das die Nähe zu Deutschland ankündigt. Die Ortsnamen klingen immer deutscher, bis sie gar nicht mehr polnisch klingen. Wir sind in Deutschland.

»Warum bist du aus Kyjiw weg?«, frage ich Lisa. Ich weiß, dass es ihr leichter fällt, mit mir zu sprechen, solange sie sich am Lenkrad festhält.

»Das ist eine witzige Geschichte«, findet Lisa und betrachtet mich im Rückspiegel, als wolle sie erst abwägen, wie gut mein Sinn für Humor ist.

Sie nimmt die falsche Ausfahrt, spannt sich wieder an, verflucht das Navi auf Ukrainisch. Dann erinnert sie sich, worüber wir gesprochen haben.

»Ich bin wegen meiner Katze weg. Meine Katze war trächtig. Eine Zeit lang bin ich mit Serhijs Jeep durch die ganze Stadt gefahren und hab die Tiere gefüttert, die von ihren Besitzern auf der Flucht vor dem Krieg zurückgelassen wurden. Plötzlich traf es mich wie ein Schlag: Was, wenn es in Kyjiw eine humanitäre Katastrophe gibt, und meine Katze bekommt fünf Kätzchen? Womit soll ich sie durchfüttern? Und dann dachte ich: Wie soll ich sie in den Bombenschutzkeller mitnehmen? Vor allem, wenn sie nach ihrer Mutter kommen? Meine Katze ist in diesem Keller durchgedreht. Jedenfalls war es eine sehr spontane und seltsame Entscheidung. Aber ist es okay, wenn ich mich dafür nicht rechtfertige?

Du kannst ruhig denken, dass ich bloß Angst bekommen habe und die Katze nur eine Ausrede ist. Ich hatte wirklich Angst: Ich bin bisher nur drei Wochen durch das menschenleere Kyjiw gefahren – keine Ahnung von nichts, die Regeln nur als Theorie. Ich setzte mich ins Auto, verließ Kyjiw und fuhr zwei Stunden lang einfach geradeaus. Hielt nur zwischendurch zum Weinen an.

Noch was aus der Rubrik ›Lustiges von Lisa‹: Im Mai 2021 habe ich in Kyjiw eine Wohnung gekauft, erst im Dezember war ich mit dem Renovieren fertig. Die ganze Zeit über hat mich der Gedanke verfolgt, dass dieser ganze bourgeoise Lebensstil nichts für mich ist. Ich habe mir Vorwürfe gemacht, dass ich so sesshaft und zufrieden geworden bin, in meiner Komfortzone festhänge. Für das neue Jahr nahm ich mir vor, mein Leben zu ändern, aus der Komfortzone rauszukommen. Ich wollte die Wohnung eine Weile meiner Mutter überlassen. Sie lebte immer noch mit meinem Bruder zusammen. Ich dachte, wenn sie erst gesehen hat, wie es ist, alleine zu wohnen, würden sie vielleicht mal voneinander wegkommen. Bei uns bin ich die Selbstständige; seit ich mit fünfzehn von zu Hause weg bin, mache ich alles immer alleine. Borja ist ganz anders. Er ist ein Muttersöhnchen. War.«

Wir schweigen wieder. Dresden ist nicht mehr weit. Aus irgendeinem Grund erzähle ich Lisa, dass meine Tochter auch Lisa heißt, dass ich einen Cousin namens Andrej und eine Cousine namens Natascha habe, die in Kyjiw leben. Außerdem einen Onkel Sascha, der auch in Kyjiw lebt, er …

Sie unterbricht mich:

»Und? Was hat dir das geholfen? Wie hilft das uns allen weiter? Wie hilft das uns allen«, wiederholt sie mechanisch, ohne zu fragen. Wir erreichen Dresden.

Lisa sieht mich im Rückspiegel an.

»Ich wollte dich nicht mitnehmen. Ich habe es gemacht, weil ich dir ins Gesicht sagen wollte, wie ich dich und euch alle, die ihr ach so mitfühlend seid, die nichts damit zu tun haben wollen, weil ›das alles Putin‹ ist – wie ich euch alle hasse. Ich dachte, dann würde es mir besser gehen. Aber nein. Immer habt ihr irgendwelche Entschuldigungen: Verwandte, einen tollen Lebenslauf, kleine Kinder, wohltätige Organisationen.

Nur ist das alles völlig egal, verstehst du? Es bedeutet überhaupt nichts. Ihr alle – dein anderer Cousin, der nicht in der Ukraine lebt, dein Klassenkamerad, dein ehemaliger oder jetziger Kollege, der Typ, mit dem du in der Schule unter der Treppe rumgeknutscht hast, völlig egal, wer genau – ihr alle kommt und bringt uns um. Und dann schreibt ihr bei *Facebook*, wie schlecht es euch geht. Ach, ach, wir sind doch so gut, wie ist das alles nur möglich, das sind nicht wir, das sind irgendwelche anderen Russen. Aber das seid ihr. Das wollte ich dir sagen, Katja.«

»Ich bin durch alle Stadien gegangen: Von akutem Hass und dem Wunsch, Borja an die Front zu folgen, bis hin zur völligen Apathie. Mit Antidepressiva ging es ein wenig besser. Es gab einen Moment, da habe ich ganz ernsthaft überlegt, einfach abzuhauen, nach Portugal oder so, einfach nur daliegen und in den Himmel schauen, alles vergessen: Wer ich bin, woher ich komme, was ihr mit uns gemacht habt. Aber ich will es nicht vergessen. Wenn ich mal Kinder habe, werde ich ihnen erzählen, was ihr uns angetan habt. Und dass wir nicht aufgegeben haben, das werde ich ihnen auch erzählen. Unsere Kinder werden stolz auf uns sein. Und eure werden euch verfluchen.«

Lisa fährt rechts ran und steigt alleine aus, um eine zu rauchen. Sie raucht an ihren Jeep gelehnt und sieht in den Himmel. Ich sehe ihr Gesicht nicht, nur die roten Haare, die im Wind hin und her hüpfen.

Als sie fertig ist, holt sie ihr Handy raus, telefoniert. Steigt wieder ein, ich höre noch das Ende: »Sagen Sie ihnen nichts. Ich bin in fünfzehn Minuten da.«

Legt auf.

Wir fahren weiter.

Ich frage: »Bleibst du über Nacht?«

»Mal sehen. Ich weiß nicht. Es gibt ein Problem.«

Kreuzung, falsche Abfahrt, Flüche zum Navi.

Das Gerät scheint verrückt geworden, wiederholt nur ständig: »Kehren Sie zum Startpunkt zurück.« Aber Lisa ignoriert die Anweisungen. Sie fährt einfach, um nicht anzuhalten, sie braucht diesen Umweg, um zu Ende zu sprechen. Sie erzählt: »Meine Mutter hat Borja schon immer mehr geliebt. Er sie auch. Sie sind ein Dreamteam. Ich bin anders. Ich bin mit fünfzehn ausgezogen. Habe immer alles alleine gemacht. Aber Borja – mimimi –, der übernimmt ›Verantwortung‹. Unser Vater ist gestorben, als ich noch ganz klein war, und Borja ist neun Jahre älter. Er hat sich eingebildet, dass er jetzt den Papa spielen muss. Für meine Mutter ist Boretschka immer der Beste,

Klügste, Verantwortungsvollste, Hübscheste. Ich habe das nie kapiert. Es hat mich rasend gemacht, dass ein dreißigjähriger Kerl immer noch bei seiner Mutti wohnt. Immer nur: Hauptsache, Mutti geht's gut, Hauptsache, Boretschka geht's gut.«

»Borja hätte alles werden können mit seinem Grips. Aber nach seinem Mathestudium und dem Wehrdienst ist er ins Aktiengeschäft eingestiegen. Saß vor dem Rechner und scheffelte haufenweise Kohle. Ich dachte, er würde auswandern, nach Thailand oder nach Amerika. Aber er kaufte sich ein Haus bei Lebediwka, einem Kurort bei Odessa, und nahm unsere Mutter mit. Mama hat dort einen Garten angelegt, pflanzte Tomaten, Erdbeeren, Blumen. Und Borja hat im Internet irgendwelche Hipster-Gin-Freaks kennengelernt, ist ein halbes Jahr später nach London und Norwegen, hat irgendwelche Kurse belegt. Und dann – es ist fast komisch – kaufte er für Unsummen ein Destilliergerät und fing an, selbst Gin herzustellen. Er pflanzte und erntete Wacholder, die Setzlinge hatte er aus Finnland oder so mitgebracht. Er sagte, das sieht vielleicht einfach aus: Wacholder, Kartoffelstärke, Zucker. Aber er konnte stundenlang Vorträge halten, welche Beeren richtig sind, welche nicht und wie man sie unterscheidet, lauter so Zeug. Ich habe das nie kapiert. Irgendwelche Grafikerfreunde haben für Borja ein hippes Etikett designt, und er ist damit allen auf die Nerven gegangen, ehrlich: Silvester – Gin, Weihnachten – Gin, Geburtstag – Gin. Borja brauchte kein Geld, er machte das alles zum Spaß. Ich bin selten zu ihnen rausgefahren in diese Landidylle. Aber das Haus war schön, zugegeben.«

»Als der Krieg losging, nicht jetzt, sondern 2014, unterstützte Borja die Armee. Humanitäre Hilfe, Geld. Manchmal brachte er die Sachen selbst an die Front. Jemand von seinen Armeefreunden kämpfte dort. Er kannte Leute.
Im Februar 2022 sagte er zu Mama, er hätte das nie für möglich

gehalten, aber unter diesen Umständen könnte er nicht zu Hause sitzen. Außerdem hätte er ja Erfahrung. Ich weiß nicht, ob ihm diese Erfahrung geholfen hat oder nicht. Borja ist bei Mariupol gefallen. Keine sechs Wochen später. Dass er tot war, sagte man uns gleich, aber seinen Körper mussten sie lange suchen. Meine Mutter war dort, hat ihn identifiziert. Und ich habe die ganze Zeit nur gedacht, dass ich an seiner Stelle hätte sein sollen. Das wäre für alle leichter gewesen. Jedenfalls«, Lisa hält an, dreht sich zu mir um. Sie sieht mich zum ersten Mal direkt an, spricht zum ersten Mal nicht mit dem Rückspiegel, mit der Luft vor sich, sondern mit mir: »Meine Mutter ist schon in Dresden. Sie weiß, wer du bist. Eigentlich war sie es, die mich überredet hat, dich mitzunehmen. Sie will mit dir sprechen. Frag nicht, was ich davon halte.«

Sie dreht sich wieder um, wir fahren weiter. Schweigend erreichen wir das Hilfszentrum – eine geräumige Wohnung am Stadtrand von Dresden, in der seit März 2022 wochenweise Familien wohnen, die aus der Ukraine geflohen sind. Manche werden psychologisch betreut, manche sind auf medizinische Hilfe angewiesen. Manche brauchen einfach eine Pause, bevor sie sich wieder auf den Weg machen.

Bevor wir aussteigen, frage ich sie: »Und deine Katze? Hat sie Junge bekommen?«

Lisa wirkt überrascht, als hätte sie die Katze schon vergessen. Aber sie antwortet: »Ja, es waren fünf. Verrückt, oder? Ich habe sie an Menschen verschenkt, die beschlossen haben, hierzubleiben. Als Einweihungsgeschenk – das soll Glück bringen.«

Wir steigen aus und gehen zu dem fünfstöckigen Backsteingebäude. Lisa gibt den Code ein, geht die Treppe in die erste Etage hoch. Die Wohnungstür steht offen. Das Erste, was wir sehen, ist eine Frau, die mit dem Rücken zu uns auf allen vieren mit einem Lappen den Boden wischt. Sie ist gerade fertig mit dem Flur.

»Warum überrascht mich das nicht, Mutter?«, fragt Lisa.

Die Frau steht auf, dreht sich zu uns um. Ihre Hände sind ganz rot von dem heißen Wasser, sie hebt sie und lässt sie wieder sinken, als könnte sie sich nicht entscheiden, ob sie Lisa umarmen soll oder nicht.

»Mein Kind«, sagt sie, ohne sich vom Fleck zu rühren, »meine Kleine.«

Lisa schiebt mich leicht zur Seite, geht zu ihrer Mutter und umarmt sie. Lisa ist groß, ihre Mutter reicht ihr gerade mal bis zur Schulter. Sie weint. Lisa scheint auch zu weinen, ich sehe ihr Gesicht nicht, nur die zuckenden Schultern. Aus den Zimmern kommen Frauen: die einen im Morgenmantel, die anderen im Jogginganzug. Dahinter folgen Kinder. Eine Weile sehen die Frauen Lisa und ihrer Mutter zu, wie sie mitten im Hausflur weinen. Dann gehen sie hin und umarmen sie, streicheln über ihre Schultern, die Haare. Die jüngeren Kinder stimmen in das Weinen der Frauen mit ein. Bald weint der ganze Flur. Jede in dieser Wohnung hat ihren eigenen Grund zum Weinen.

Lisa löst sich als Erste aus dem weinenden Frauenknäuel. Sie nennt ein paar Namen und sagt, dass sie sich fertig machen sollen. Eine der Frauen ruft:

»Lisa, trink doch wenigstens einen Tee, bevor du losfährst.«

»Geht das wieder los.« Lisa verdreht die Augen.

Auf dem Küchentisch stehen Tee und Süßigkeiten.

»Lisa, willst du was essen?«, fragt ihre Mutter.

Lisa stellt uns vor: »Olga Timofejewa – Katja.«

In der Küche riecht es nach Essen, die Frauen wuseln herum. Es werden Päckchen und Briefe nach Breslau gesammelt und Nummern ausgetauscht.

Lisa dreht sich zu mir: »Du hast hier niemanden gesehen und keine Namen gehört. Das ist nicht für die Presse bestimmt.« Sie deutet auf ihre Mutter: »Mit ihr kannst du sprechen. Alles andere ist verboten, klar?«

»Lisa«, versucht Olga Timofejewa einzugreifen.

»Mama, lass das. Komm, wir müssen reden.«

Sie gehen raus. Ich bleibe in der Küche mit ein paar der Frauen. Ich möchte sie anschauen, aber ich finde nicht die Kraft, den Blick zu heben. Zum Glück kommt der fünfjährige Wowa in die Küche gerannt, er befreit mich aus der misslichen Lage: Wir spielen, und ich kann so tun, als wäre ich beschäftigt.

Die Frauen bieten mir Tee, Kaffee und sogar Borschtsch an. Ich nehme alles dankbar an. Lisa kommt zurück und macht sich auch über die Rote-Bete-Suppe her. Die Frauen hier lieben Lisa, das spürt man: Sie reichen ihr Brot und Aufschnitt, erkundigen sich, wie es ihr geht. Die Stimmung lockert sich ein wenig: Sie tauschen Neuigkeiten aus, unterhalten sich über Menschen, die ich nicht kenne. Lisa beantwortet alle Fragen ausführlich, aber dann schiebt sie auf einmal den Teller weg: »Wir müssen.«

Die Frauen gehen und versammeln sich kurz darauf im Flur – angezogen, mit gepackten Taschen. Alle umarmen und küssen sich, wieder fließen Tränen.

Als sie durch die Tür gehen, treffen sich Lisas und meine Blicke. Sie wünscht mir viel Erfolg und sagt: »Lass meine Mutter nicht zu sehr leiden.«

Olga Timofejewa bringt Lisa und die Frauen, die sie mitnimmt, zum Auto. Kommt mit den Aktenordnern vom Beifahrersitz zurück. Sie muss sie der Organisation hier in Dresden übergeben. Es hat nur den Anschein, als würde alles, was mit den Geflüchteten außerhalb der Ukraine passiert, von alleine passieren. In Wirklichkeit gibt es überall kleine und große Organisationen, Menschen, die versuchen, jeden einzelnen Fall, jede Familie zu begleiten und die auftauchenden Probleme nach Möglichkeit zu lösen.

Die polnische Organisation, für die Lisa ehrenamtlich arbeitet, hat der deutschen Organisation Krankenakten von drei Frauen geschickt, die fast drei Monate in Dresden verbracht haben. Bei zwei von ihnen wurde ein Schwangerschaftsabbruch vorgenommen, bei der dritten eine komplizierte gynäkologische OP, danach folgte eine Rehabilitationskur. Die Berichte aus Dresden nimmt Lisa mit zurück.

Olga Timofejewa kommt in die Küche. Ich weiß nicht, ob ein Mensch innerhalb von Minuten altern kann. Aber es wirkt, als wäre mit Lisas Abreise alles Leben aus ihr gewichen.

Ich frage, ob wir unser Gespräch auf morgen verschieben wollen. Sie schüttelt den Kopf.

»Wissen Sie, ich habe Sie immer bewundert. Und Borja, mein Sohn, auch. Hat Lisa gesagt, dass sie einen Bruder hat? Hatte. Borja ist gestorben. Er war jemand, der keiner Fliege etwas zuleide tun konnte. Wir standen uns sehr nahe. Er hat Ihre Sendungen auch geliebt. Erinnern Sie sich, wie Sie noch vor der Krim bei uns an der Uni aufgetreten sind? Borja und ich waren da, um Sie zu sehen.

Ich bin keine gebürtige Ukrainerin, Katja. Meine ganze Verwandtschaft stammt aus dem Ural, meine Eltern sind zum Arbeiten nach Kyjiw gekommen, noch zu Sowjetzeiten. Ich bin hier aufgewachsen, aber meine Eltern waren Russen. Mein Mann, der war Ukrainer. Borja und Lisa sind es also zur Hälfte. Aber zu Hause haben wir Russisch gesprochen. Mit unseren Freunden auch. In unserem Bekanntenkreis war das so üblich. Ich hätte nie gedacht, dass es … ich weiß nicht, wie ich das sagen soll, Katja. Dass es bis zum Äußersten kommt? Aber das klingt irgendwie hochgestochen. Ich habe das Gefühl, dass ich verrückt werde. Der Hass bringt mich um den Verstand. Ich bin kein Mensch, der hassen kann. Es ist schwer für mich, dieses Gefühl zu ertragen, es frisst mich auf. Aber wissen Sie, wie ich mich fühle? Ich fühle mich, als hätte ich mein Leben umsonst gelebt. Ich habe die Ukraine geliebt, aber Russland liebte ich auch. Wir haben immer noch Verwandte in Perwouralsk. Auch die Kinder habe ich dazu erzogen, Russland als ihre zweite Heimat zu sehen und zu lieben. Du kannst von jemandem, den du liebst, nicht so einen Verrat erahnen, so eine barbarische Grausamkeit. Du erwartest das einfach nicht. Wir waren nicht darauf vorbereitet, Katja. Dann kam 2014. Russland hat sich genommen, was es zu fassen bekam. Für euch da drüben war das vielleicht keine Riesensache: Ihr seid ein so großes Land, wahrscheinlich habt ihr gar nicht gemerkt, wie ein ganzes Stück Land, das ihr euer Eigen nennt, im Blut ertrinkt, wie auch eure Jungs dort sterben. Aber wir haben gesehen, wie unsere Leute gestorben sind. In der Ukraine leben nicht so viele Menschen, dass wir mit ihren Leben so verschwenderisch umgehen können wie die Russen. Bei uns gab es an jeder Ecke Tote, Verletzte, Krüppel. Auch wenn es uns nicht persönlich betraf.

Borja hatte seinen Dienst zum Glück schon vor 2014 beendet, aber er hatte einen Offiziersrang, war als Fallschirmjäger ausgebildet. Hat Lisa Ihnen ein Foto gezeigt? Nein, natürlich nicht. Lisa ist selbst nach seinem Tod noch eifersüchtig, gönnt ihm nichts. Das lässt sich wohl nicht ändern. Sie als Mutter wissen natürlich, dass man nicht ein Kind mehr als das andere liebt. Aber Borja wurde mein engster Vertrauter, als mein Mann gestorben ist. Er wurde in der Silvesternacht von einem Auto überfahren, können Sie sich das vorstellen?

Ich dachte damals, es könnte nicht schlimmer kommen. Tja.

Lisa hat den Tod ihres Vaters nicht verkraftet, sie geriet außer Rand und Band. Sie war immer ein Papakind gewesen. Ich hatte weder die Kraft, sie festzuhalten, noch, ihr Temperament zu zügeln. Alle meine Tränen hat Borja getrocknet. Er hat mich da rausgeholt. Sie fragen sich wahrscheinlich, warum ich Ihnen das alles erzähle?

Ich erzähle Ihnen das, damit Sie uns besser kennenlernen, uns, eure sogenannten Feinde. Wir sind diese Banderowzy und Faschisten, die sie in eurem Namen vernichten.

Als die eine Heimat zur groß angelegten Vernichtung der anderen Heimat überging, hat sich mein Sohn auf die Seite der Heimat gestellt, die angegriffen wurde. Ich weiß nicht, was gewesen wäre, wenn die Ukraine Russland angegriffen hätte.

Aber das kann ich mir generell nicht vorstellen. Russland hat uns angegriffen. Russland ist gekommen und hat unsere Leben, unsere Häuser zerstört. Ich bin sicher, dass in dem Dorf, in dem Borja und ich lebten, genau das Gleiche hätte passieren können wie in Butscha. Es hätte überall passieren können.

Aber das darf nicht passieren, das ist unverzeihlich.

Deswegen ist mein Sohn an die Front gegangen, er wollte mich beschützen.

Im Februar, als der große Krieg begann, habe ich Ihnen einen Brief geschrieben, Katja. Sie haben ihn vermutlich nicht bekommen. Ich habe geschrieben, wenn die in eurem Namen gekommen sind, um uns zu töten, dann war alles, was Sie getan haben, umsonst. Dass Sie irgendetwas falsch gemacht haben. Auch Sie haben irgendwo einen Fehler gemacht. Oder wir haben den Fehler gemacht, Ihnen zu glauben. Ich weiß nicht alles über Sie … Ich weiß nur das, was man im Internet lesen kann. Aber Sie und Ihre Freunde – ihr seid keine unbedeutenden Leute in eurem Land. Und wenn vor euren Augen, in all den Jahren Ihrer aktiven Tätigkeit, dieses Etwas heranwachsen konnte, das uns jetzt umbringt, dann ist es auch eure Schuld, dass das möglich geworden ist. Das bedeutet, dass auch ihr ein Teil davon seid.

Antworten Sie mir bitte nicht. Ich möchte Ihre Rechtfertigungen nicht hören. Das ändert nichts. Ich will einfach nur, dass Sie wissen, dass Borja am 26. März bei einem Straßenkampf in der Nähe von Asowstahl durch einen Kopfschuss ermordet wurde. Die Kugel ist durch sein Auge eingedrungen. Seine Jungs haben ihn nicht auf dem Schlachtfeld zurückgelassen, dafür bin ich ihnen dankbar. Borjas Körper wurde aufs Fabrikgelände gebracht. Er lag dort, während um ihn herum Mariupol zerstört wurde, während Menschen gestorben sind, während überall Bomben fielen.

Die Nachricht von Borjas Tod erreichte mich Anfang April, aber ich glaubte nicht daran. Ich war sicher, dass er in Gefangenschaft geraten war, eine Kopfverletzung erlitten hatte und sich nicht erinnern konnte. Ich habe jeden Gefangenenaustausch verfolgt, ich bin hingefahren und habe mit den Befreiten gesprochen, ich habe alle nach Borja gefragt.

Am 3. April rief mich Vitya an, er war dabei, als Borja getroffen wurde. Er hat mir erzählt, wie es passiert ist. Er hat mich in Kyjiw besucht, seine Kommandeure haben ihm freigegeben. Er hat sich hingesetzt und mir in allen Kleinigkeiten erzählt, wie Borja gestorben ist. Ich habe ihm nicht geglaubt. Aber Vitya hat meine Hände in seine genommen, mich geschüttelt und mir in die Augen gesehen, er sagte: ›Olga Timofejewa, ich schwöre bei meiner Ehre, ich habe das alles mit meinen eigenen Augen gesehen, Sie müssen mir glauben, sonst verlieren Sie den Verstand. Ich habe Mütter gesehen, die bei der Suche nach ihren gefallenen Söhnen den Verstand verloren haben.‹

Ende April wurde Borja eingetauscht.

Ich musste seine Überreste in Kyjiw identifizieren. Ich habe mich danach eine Woche lang übergeben. Ich will Ihnen keine Einzelheiten erzählen, ich bin keine Sadistin. So etwas durchzumachen, ist für eine Mutter die Hölle.

Ich weiß nicht, wozu ich noch lebe, sicher nicht für Lisa, obwohl ich daran glaube, dass wir uns irgendwann aussprechen und uns näherkommen können.

Borja wird niemals Kinder haben, er wird mir keine Enkelkinder schenken. Wenn Lisa welche bekommt, werde ich versuchen, ihnen eine gute Großmutter zu sein.

Jetzt lerne ich Ukrainisch. Wenn der Krieg vorbei ist, werde ich nur noch Ukrainisch sprechen. Das ist mein Tribut an dieses Land, das sich nicht ergeben hat, sich nicht von euch hat brechen lassen, als ihr es so hinterhältig und heimtückisch angegriffen habt.

Ich bin in mehreren Chatgruppen, in denen Mütter nach ihren vermissten Söhnen suchen. Das sind ukrainische Chats. Aber manchmal trifft man dort auch russische Mütter. Solche, die kämpfen, die nicht bereit sind, ihre Kinder gegen Geld einzutauschen, so wie es ihnen die Regierung eures Landes vorschlägt.

Ich höre mir die Sprachnachrichten dieser Mütter an, sehe ihre Videos, und wissen Sie, was ich denke, Katja? Ich weiß genau, wofür mein Sohn gestorben ist. Und sosehr es mich schmerzt, ich bin stolz auf Borja und weiß, dass er ein Held ist.

Aber eure Söhne, wofür sterben die? Haben Sie sich diese Frage gestellt?

Und denen?

Das lässt sich alles nicht verzeihen, Katja. Versuchen Sie nicht, es von sich zu weisen, auch Sie sind ein Teil davon. Das wollte ich Ihnen sagen.

Und jetzt lassen Sie uns Tee trinken. Sie können hier übernachten, wenn Sie möchten. Die Zimmer der Mädchen, die Lisa mitgenommen hat, sind frei.«

SPECK

Ich koche nicht mehr. Wenn ich eine Bratpfanne sehe, dreht sich mir der Magen um. Ich koche überhaupt nicht mehr zu Hause. In meinem Kühlschrank steht nur Joghurt. Ich ernähre mich von Joghurt.

Sie sehen ja, diese Wohnung ist leer. Ich kann mich nicht überwinden, sie einzurichten. Die Vorhänge habe ich gekauft, weil ich Sie erwartet habe. Sonst nichts.

Zum letzten Mal habe ich im Februar 2022 Vorhänge gekauft, für meine Wohnung in Kyjiw. Das war der letzte Handgriff nach der Renovierung. Und jetzt?

Ich glaube, ich werde jetzt nirgendwo mehr für immer ankommen können.

Mit meinen Gedanken hänge ich in Borodjanka fest, an jenem schwarzen 10. März 2022: Ich stehe in der Sommerküche eines fremden Hauses und brate Speck in einer Bratpfanne. Die Bratpfanne hüpft: Panzer rollen auf uns zu, die ganze Erde zittert.

In diesem Moment hat sich ein Schalter umgelegt, wie eine Einmischung von außen, ich kann es nicht erklären. Ich sagte zu mir: Zhenya, du brätst diesen Speck fertig, auch wenn danach der Himmel einstürzt! Und ich briet weiter.

Das Haus schepperte, alles bebte, es war nicht nur Furcht einflößend, es war der Horror. Es wurde geschossen. Eine Kugel bohrte sich in den Fensterrahmen, einen halben Meter von mir entfernt. Aber ich konzentrierte mich auf den Speck.

Und wissen Sie, worüber ich nachgedacht habe? Ich dachte darüber nach, was wir falsch gemacht haben, dass alles so gekommen ist. Wann ist das passiert?

Ich meine nicht mich konkret, dass wir von allen möglichen Orten in der Ukraine ausgerechnet nach Borodjanka vor dem

Krieg geflohen sind, geradewegs in die Arme der russischen Armee. Das ist nun mal Schicksal. Ich meine etwas anderes.

Ich komme aus Donezk. Eure Propagandisten schreien die ganze Zeit: ›Wo wart ihr die letzten acht Jahre?‹ Wir waren zu Hause, in Donezk, bei unserem Land. Aber wo wart ihr? Ihr habt uns unser Land und unser Zuhause genommen. Das ist die einfache Antwort. Aber im Leben gibt es keine einfachen Antworten.

Während uns also die Panzer umzingeln, Sturmtruppen schießen, Flugzeuge über uns hinwegfliegen und uns bombardieren, brate ich Speck und denke an unser Leben vor dem 24. Februar 2022.

Ich wurde vor dreißig Jahren in Donezk geboren, die Sowjetunion war gerade auseinandergebrochen, ich erinnere mich nicht an sie. Ich wuchs in der Ukraine auf. Ich hatte dort alles: mein Zuhause, meine Eltern, Freunde, Arbeit, Freude. Ich war fröhlich, daran erinnere ich mich gut.

Falls das irgendwie wichtig ist, zu Hause reden wir russisch. Niemand hat es uns je verboten, so etwas gab es einfach nicht. In der Schule lernten wir Ukrainisch. Ich spreche beides fließend. Bei uns sprechen fast alle in meinem Alter und drunter zwei Sprachen. Unsere Eltern sprechen natürlich nicht so gut Ukrainisch.

Das schöne Leben endete für uns im Spätsommer 2013. In Donezk tauchten immer häufiger uniformierte Männer auf. Wir wussten nicht, woher sie kamen, wer sie waren. In der Stadt hieß es, es wären unsere eigenen Leute, Leute aus dem Donbass, die sich um das Schicksal ihrer Heimat sorgen würden. Sie spazierten in Zweier- und Dreiergrüppchen durch die Parks, sprachen die Menschen höflich an: ›Guten Tag, wir machen uns Sorgen um das Schicksal unserer gemeinsamen Region. Sie und wir – wir sind doch alle Russen, wir müssen die russische Welt verteidigen.‹ Und verteilten Flugblätter. Aber wissen Sie, was das Problem war? Das waren keine von uns. Sie redeten anders, eher, wie man weiter nördlich spricht, in Russland. Das war äußerst merkwürdig: Sie machten sich Sorgen um uns, aber waren gar nicht von hier.

Aber wir lebten unser Leben, wir wollten es auskosten. Wir hatten andere Sorgen.

Und während wir unser Leben lebten, kaperten sie die Regionalverwaltung und den Fernsehturm in Donezk. Früher haben wir im Fernsehen ukrainische Nachrichten geguckt, nach der Übernahme liefen plötzlich andere, ›regionale‹ Sendungen. Und das Bild änderte sich etwas.

Ach, was sage ich, es änderte sich völlig.

Im neuen Fernsehen liefen fast nur noch Nachrichten. Der Ton war alarmierend. Mehrmals am Tag hieß es, Donezk solle überfallen werden: Die Banderowzy würden kommen und die einheimische russischsprachige Bevölkerung foltern, dazu hätte man sie in speziellen Lagern in der Westukraine ausgebildet. Die ersten zehn, zwanzig Mal klingt das alles völlig absurd. Aber das waren nicht zwanzig Mal – es waren zwanzig Mal am Tag. Leute, die ständig am Fernseher kleben, so wie unsere Eltern, Menschen über fünfzig, die veränderten sich vor unseren Augen. Auf einmal hörte man sie Dinge sagen wie:

›Man will uns überfallen,

wir sind stolz und werden uns wehren,

wir wollen Kyjiw keine Steuern mehr in den Rachen werfen,

wir müssen die russische Welt verteidigen.‹

Damals hörte ich diesen Begriff zum ersten Mal: ›Russkij Mir‹, die russische Welt. Aber dann hörte man ihn ständig auf allen Kanälen, im Fernsehen, im Radio, die Leute redeten davon. Aus irgendeinem Grund sollten wir sie verteidigen, diese russische Welt.

Dann kam dieses Referendum. Niemand verstand so richtig, um welche Fragen es ging, aber der Grundgedanke war: Der Donbass soll von der Ukraine unabhängig werden. Und zwei Kästchen: Ja oder Nein.

Ich war nicht bei diesem Referendum. Ich dachte, das sei alles irgendein Spuk, eine Beschäftigungstherapie für die Rentner, damit sie Dampf ablassen und sich wieder beruhigen können. Aber ich irrte mich. Direkt nach dem Referendum wurde im Fernsehen zu Protesten aufgerufen: Für die Abspaltung von der Ukraine, für die russische Welt. Unsere Stadt, die immer für den Wohlstand und die Wirtschaft gestanden hatte, in der Politik keine große Rolle gespielt hatte, war plötzlich extrem politisiert. An den Haltestellen, im Bus, überall wurde jetzt von dieser ›russischen Welt‹ gesprochen, die man verteidigen müsse. Die Banderowzy waren kein abstraktes Konstrukt mehr. Man sprach jetzt ganz im Ernst von ihnen. Ich konnte das alles immer noch nicht glauben, dachte, diese Hirngespinste würden von alleine wieder verschwinden.

Dann hörte ich von Bekannten, dass junge Donezker eine Demo gegen die Abspaltung des Donbass planten. Die Botschaft sollte friedvoll sein: Ja, wir sind russischsprachig, aber wir sind Ukrainer, wir wollen uns nicht abspalten, wir sind für die europäischen Werte, wir lieben unser Land. Ich habe die Plakate gesehen, die meine Kollegen im Büro malten: ITler, Werbegrafiker, Designer … All diese tollen jungen Menschen, deren Leben in weniger als einem Jahr keinen Pfifferling mehr wert sein würde.

Sie nahmen ihre Plakate und gingen auf die Straße. Ich blieb im Büro, um zu arbeiten. Eine halbe Stunde später höre ich Schreie, Schüsse. Ich schaue aus dem Fenster und sehe, wie bewaffnete Leute über die Universitätsstraße rennen. Und meine ITler vor ihnen davon. Jemand wirft eine Rauchpatrone. Die Verbindung bricht ab. Alles verschwindet im Nebel.

Zehn Minuten später kamen die Jungs ins Büro gestürzt. Sie erzählten, Männer in Sturmhauben seien aufgetaucht und hätten die Demo auseinandergejagt. Sie hätten angefangen, die Protestierenden zu schubsen und zu treten, dann hätten sie mit ihren Gewehren in die Luft geschossen.

An dem Tag holte mich mein Vater von der Arbeit ab, ich versuchte ihm zu erzählen, was passiert war. Und er sagte: ›Ja, ich habe es im Fernsehen gesehen: Die Menschen wollten für die Verteidigung der russischen Welt protestieren, für die Unabhängigkeit des Donbass, aber sie wurden von Faschisten angegriffen. Die Banderowzy haben die Demo auseinandergejagt.‹

›Aber Papa, die Demo war doch für die Einheit der Ukraine! Meine Freunde waren da – das sind wir, wir wollen zur Ukraine gehören.‹

›Meine Kleine, was weißt du schon davon, ich habe es doch im Fernsehen gesehen: Die Menschen sind mit russischen Flaggen auf die Straße gegangen, und die verfluchten Banderowzy haben sie gestört.‹

Da traf es mich wie ein Blitz: Wir leben in zwei völlig verschiedenen Realitäten! Und das war mein eigener Vater. Es wollte mir nicht in den Kopf.

Aber dafür war auch keine Zeit, die Ereignisse überschlugen sich: Immer mehr Militärs kamen in die Stadt, immer öfter wurde geschossen, irgendwann hörte es gar nicht mehr auf, dann flogen Raketen, und dann … Dann gewöhnten wir uns daran. Wir lernten, die Entfernung einzuschätzen, die Art des Geschosses. Die Stadt versank in der Hölle des Kriegs. Und es gab noch so ein Detail, wissen Sie: Es flogen keine Flugzeuge mehr.

Ich habe es früher geliebt, Flugzeuge zu beobachten: Du legst den Kopf in den Nacken und stellst dir vor, wohin die Menschen fliegen. Der Flughafen von Donezk – der beste Flughafen der ganzen Welt, der zur Weltmeisterschaft so viele Gäste empfangen hatte – wurde in den ersten Kriegsmonaten zerstört. Er hörte auf, ein Ort der Freude zu sein, und wurde zum Grab.

Wir lernten, damit zu leben. Wir gewöhnten uns daran, schlafen zu gehen und nicht zu wissen, ob wir jemals wieder aufwachen würden. Das macht für immer was mit deiner Psyche. Eigentlich hörst du auf zu leben. Du funktionierst nur noch.

Aber ich schaffte den Absprung.

Ich fuhr für zwei Wochen zu Freunden nach Kyjiw. Ich hatte ein Rückfahrticket. Aber einen Tag nach meiner Ausreise wurde die Eisenbahnbrücke nach Donezk gesprengt. Das Ticket war noch da, aber der Weg nach Hause war weg.

Ich begann ein neues Leben in Kyjiw: fand Arbeit, eine Wohnung. Aber ich war wie auf der anderen Seite vom Mond gelandet. In Kyjiw waren die Leute der Meinung, die Donezker hätten sich den Russen ergeben, sie wären Separatisten und wollten nicht zur Ukraine gehören. Ich bekam zu hören, wir würden kein Ukrainisch sprechen, unser Land hassen und zu Russland gehören wollen.

In Kyjiw gab es ein eigenes Fernsehen. Es war anders, aber genauso effektiv. Das erschütterte mich.

Im Alltag zeigte sich das spätestens bei der Wohnungssuche: An Menschen aus Donezk wurde nicht vermietet. Es wurden tausend Gründe angeführt: von ›Ihr habt nicht zurückgeschossen, als die Russen kamen‹ bis ›Ihr habt kein Geld und könnt nicht zahlen‹. Aber der wichtigste Grund war, wie ich später verstand, der Schmerz. Schließlich fand ich eine Wohnung in Borispol. Gleich nebenan war der Friedhof: Jede Woche wurden dort die Jungs begraben, die aus dem Donbass zurückkamen. Sie wurden gleich nach der Schule einberufen – wenn sie nicht studieren gingen oder nicht schnell genug an der Uni waren – und an die Front geschickt. Zurück kamen sie in Holzsärgen. Hinter den Särgen liefen ihre jungen Mütter, ihre Klassenkameraden, ihre Freundinnen. Und in jedem dieser Menschen wuchs und wuchs der Hass. In erster Linie natürlich auf Russland. Aber auf den Donbass gleich mit.

Ich glaube, es war gut, dass meine Fenster auf diesen Friedhof hinausgingen. Das verhinderte, dass der Alltag in mein Leben einkehrte. Ich sah jede Woche den fremden Schmerz, aber ich gewöhnte mich nicht an ihn.

Alle paar Monate besuchte ich meinen Vater in Donezk. 2014

und 2015 war diese Strecke sehr gefährlich. Einmal wurden wir an einem Checkpoint angehalten, es hieß, wir müssten die Kämpfe abwarten. Wir warteten, dann fuhren wir weiter. Es schneite, das neue Jahr kam. Wir erhoben unsere Sektgläser, und draußen hörte man es knallen – war es ein Feuerwerk oder schoss man auf Menschen? Stellen Sie sich vor, sogar daran kann man sich gewöhnen.

Meine Stadt leerte sich. Sie glich einem Haus, das von einem Unglück heimgesucht und von seinen Bewohnern zurückgelassen wurde. Ihr Geruch ist noch da, die Sachen liegen achtlos verstreut, als würden ihre Besitzer jeden Moment zurückkommen, weil sie etwas vergessen haben.

Aber niemand kam zurück. Immer mehr Leute fuhren weg. Und die, die geblieben waren, wurden zu Schatten ihrer selbst: Niemand schrie mehr panisch, wenn eine Rakete eine Bushaltestelle traf und jemand starb. Man sammelte bloß pflichtbewusst die Scherben auf, lud das Opfer in den Notarztwagen und ging weiter seinen Geschäften nach. Können Sie sich den Grad der kollektiven Depression vorstellen, den meine Landsleute, mein Volk, meine Angehörigen erreicht haben? Das nennt man Resignation. Alle, die in der Stadt geblieben sind, haben sich abgefunden.

Nach dem Tod meines Vaters hörte ich auf, nach Donezk zu kommen.

Es war bitter, und ich schämte mich, aber ich spürte Erleichterung: Ich musste mir das nicht mehr mitansehen. Obwohl der Beschuss in den letzten Jahren abgenommen hatte, ging das Leben langsam bergauf, wenn man das von einem Ort sagen kann, aus dem alles Leben gewichen war ... Eine Bekannte sagte einmal zu mir: ›Zhenya! Heute war zum ersten Mal Stau in Donezk! Stell dir vor, die Autos kommen zurück!‹ Das war im Herbst 2021. Was danach war, wissen Sie ja.

Alle wissen das.

Die Welt kollabierte.

In meiner persönlichen kleinen Welt musste ich wieder vor dem Krieg fliehen. So landete ich in Borodjanka: im Jogging-anzug, alten Turnschuhen, mit einer Packung Taschentücher und einer Flasche Wasser. Wir waren mehrere Menschen in dem Haus. Meine Donezker Erfahrung im Abdichten von Kellern erwies sich als äußerst nützlich. In diesem Keller saßen wir mehrere Tage, es war auch ein Kind dabei, ein vierjähriges Mädchen. Ich spielte ein Spiel mit ihr: Wer länger schweigen kann. Ich versuchte sie darauf vorzubereiten, dass wir ganz still sein müssen, wenn Soldaten in unser Haus kommen. Manch-mal dachte ich: Mein Gott, was mache ich hier, sie werden uns sowieso finden und umbringen, dafür sind sie ja gekommen. Ihr Anführer hat ihnen weisgemacht, dass unser Land, unser Volk, dass ich und dieses Mädchen nicht existieren. Er hat es ihnen durch den Fernseher verkündet. Und jetzt sind sie hier, rücken immer näher.

Irgendwann wurde es unerträglich, einfach in diesem Keller zu sitzen. Wir fragten die Frau, die uns versteckte, ob wir nicht etwas im Haushalt tun könnten. So kam ich zum Speck. Und zu dieser Bratpfanne. Draußen wurde gekämpft, über unseren Köpfen kreisten Hubschrauber, und meine Welt schrumpfte auf diese verdammte Bratpfanne zusammen, ich krallte mich an ihr fest, als wäre sie meine einzige Überlebenschance. Wenn ich jetzt die Augen schließe, sehe ich vor mir, wie der Speck darin brutzelt, Blasen wirft und zischt, ich erinnere mich da-ran, was ich in diesen vier schrecklichen Stunden dachte, als die Panzer durch Borodjanka rollten.

Sie rollten an uns vorbei, in die Innenstadt, sie gingen in die Schule und in die Stadtverwaltung. Das ganze Grauen geschah achthundert Meter von uns entfernt.

Da beschlossen wir zu fliehen. Wir dachten, eine zweite Chan-ce gibt es nicht.

Wir banden weiße Laken ans Auto. Alle, die im Haus waren, stiegen ein, für Gepäck war kein Platz mehr. Dann fuhren wir los. Ich kniff die Augen zusammen, bis der Fahrer sagte: ›Wir sind durch, da ist die ukrainische Armee.‹

Da standen sie wirklich, wir schlossen uns der Kolonne an und erreichten die Straße nach Schytomyr.

Danach war alles wie bei allen: Kurze Etappen, Übernachtungen in fremden Häusern, fremde Kleidung, warmes Essen von Freiwilligen, Beschüsse, Bomben irgendwo ganz in der Nähe, und du bist wie ein gehetztes Tier, du rennst, um zu überleben.

Es wird viel von dem Hass gesprochen, den wir Ukrainer euch gegenüber empfinden. Ich glaube, beim Hass bin ich noch nicht angelangt. Im Moment empfinde ich noch blinde Wut: Ihr seid gekommen, habt alles zerstört, die Freude genommen, das Licht, das Leben, ihr habt es mit Füßen getreten. Wozu? Einfach so, weil ihr es könnt?

In einem der Freiwilligen-Zelte sah ich eine Frau, nur in Schlappen, ohne Jacke. Sie hatte ein Kind auf dem Arm. Ich habe nicht gesehen, wo sie plötzlich herkam. Aber im Licht der Laterne sah man, dass an ihrem Bein Blut herunterläuft. Ein Freiwilliger kam angerannt, rief nach einem Arzt, fragte: ›Sind Sie verletzt?‹ Aber sie weinte und weinte nur. Jedenfalls, man versorgte sie mit Tee, beruhigte sie, trieb eine Jacke und eine Mütze für ihr Kind auf. Und da sagte sie plötzlich: ›Mein Gott, ich schäme mich so, alle sind mit dem Krieg beschäftigt, und ich habe meine Tage.‹

Und da stimmten ich und die anderen Frauen in diesem Aufwärmzelt in ihr Weinen mit ein. Eine scheinbare Kleinigkeit, aber es macht mich so wütend. Das lässt sich nicht verzeihen.«

HONIG

Am 183. Kriegstag verlor die 84-jährige Swetlana Alexandrowna Petrenko aus dem ukrainischen Bakhmut den Verstand.

Oder anders ausgedrückt, Swetlana Alexandrowna fiel in ihre Kindheit zurück: Sie befand sich nicht mehr im Jahr 2022 in der ukrainischen Stadt Saporischschja, in die sie mit ihrer 66 Jahre alten Tochter Ljudmila geflohen war, als Bakhmut im Zuge des russischen Kriegs gegen die Ukraine in Schutt und Asche gelegt wurde.

Ihr Bewusstsein hatte Swetlana Alexandrowna in das Jahr 1942 versetzt, als diese Gegend von den Nazis okkupiert wurde. Swetlana Alexandrowna fragte jetzt immerzu:

»Mama, haben wir noch Honig? Werden sie uns umbringen, Mama?«

Der Verstand verließ Swetlana Alexandrowna im vollgepackten Bus, der Frauen, Alte und Kinder aus Bakhmut raus und nach Saporischschja brachte. Swetlana Alexandrowna saß am Fenster, eingekeilt zwischen fremden Bündeln und Taschen, ihre Tochter Ljudmila stand daneben.

Als der Bus die Stadtgrenze passierte, fing Swetlana Alexandrowna plötzlich an zu schreien: »Mama, Mama, ich habe Angst!« Ljudmila presste Swetlana Alexandrownas Kopf an ihren Bauch und hielt ihr den Mund zu. Später würde sich Ljudmila dafür schämen. Aber sie hatte Angst, dass man sie beide aus dem Bus werfen würde, wenn ihre Mutter nicht aufhörte zu schreien.

Aber niemand warf sie raus.

Swetlana Alexandrowna weinte und weinte und fragte in den Bauch ihrer Tochter hinein:

»Mama, Mama, wann kommt Papa zurück? Ist Opa für immer tot? Mama, was machen wir, wenn der Honig alle ist?«, wiederholte sie schluchzend.

Ljudmila kannte diese Geschichte. Als Swetlana Alexandrowna noch bei klarem Verstand war, hat sie ihr oft davon erzählt, wie die Nazis Artjomowsk, wie Bakhmut damals hieß, besetzt und ihren Großvater erschossen haben, weil er in einem Schuppen auf seiner Bienenfarm angeblich Partisanen versteckte.

Ob es diese Partisanen wirklich gab, wusste Swetlana Alexandrowna nicht: 1942 war sie vier Jahre alt. Aber ihr Großvater wurde vor ihren und den Augen ihrer Mutter erschossen. Diesen Anblick hat sie ihr Leben lang nicht vergessen. Swetlana Alexandrownas Geschichte endete immer mit der Hinrichtungsszene: »Er warf die Arme in die Luft, gab ein röchelndes Geräusch von sich und kippte nach hinten. Dann bewegte er sich nicht mehr. Nur der Bart zuckte noch, als würde jemand daran ziehen.« Ljudmila kannte diese Geschichte in- und auswendig. Und jetzt sah sie dabei zu, wie sich ihre 84-jährige Mutter in eine Vierjährige verwandelte und das Geschehene noch einmal erlebte. Swetlana Alexandrowna drückte sich weinend an Ljudmila, als wäre sie nicht ihre Mutter, sondern ihre kleine Tochter. Sie weinte und hatte Angst, dass der Honig nicht reichen und die Nazis sie umbringen würden. Als die Nazis 1942 nach Artjomowsk gekommen waren und mehrere Einwohner, darunter Swetlana Alexandrownas Großvater, erschossen hatten, wollten sie von den Leuten wissen, wer von ihnen sich mit Bienen auskannte. Swetlana Alexandrownas Mutter meldete sich. Lange tauschten die Nazis Milch, Brot und die Möglichkeit, am Leben zu bleiben, gegen den Honig ein. Und jetzt hatten die nicht enden wollenden Explosionen Swetlana Alexandrowna in jene Zeit zurückversetzt.

»Ich schaffe es nicht, sie hier rauszuholen«, schrieb Ljudmila aus dem Bus an ihre Tochter Schanna, die in der russischen Stadt Sokol in der Nähe von Wologda lebt.

»Mama, das ist die einzige Chance, bitte versuch es«, antwortete Schanna.

Noch bevor Artjomowsk zu Bakhmut wurde, hatte Schanna geheiratet und war nach Russland gezogen. Als 2014 russische Truppen in die Ukraine einmarschierten und der Krieg im Donbass begann, lag Bakhmut in unmittelbarer Nähe zur Kontaktlinie. Schanna beschwor ihre Mutter und Großmutter, die Stadt zu verlassen, wollte sie zu sich nach Russland zu holen. Aber die beiden Frauen weigerten sich strikt: »Das ist unser Land, hier liegen unsere Vorfahren. Und wir werden auch hier sterben. So funktioniert das Leben nun mal, schreib dir das hinter die Ohren«, sagte Swetlana Alexandrowna am Telefon zu ihrer Enkelin. »Nur weil du nicht danach lebst, heißt das nicht, dass andere das auch dürfen.«

Damit war das Thema Umzug beendet.

Und dann begann der große Krieg.

Am 186. Tages dieses Krieges, mitten im Hochsommer 2022, traf sich Ljudmila mit dem Leiter der Abteilung für Innere Medizin des städtischen Krankenhauses in Saporischschja, das zu ihrer Überraschung planmäßig arbeitete und Patienten behandelte, deren Leiden nicht unbedingt mit dem Krieg zusammenhingen.

Aber Swetlana Alexandrownas Leiden hing mit dem Krieg zusammen: Der Moment, in dem Swetlana Alexandrowna anfing, sich als Vierjährige inmitten von Nazis zu wähnen, war offenbar der, als eine Rakete in das Haus einschlug, in dem sie mit ihrer Tochter lebte, und alles zerstörte, was ihnen lieb und teuer gewesen war. Die beiden Frauen überlebten durch ein Wunder. Zum Zeitpunkt des Angriffs waren sie unterwegs, um humanitäre Hilfe zu holen. Als Swetlana Alexandrowna die rauchenden Ruinen sah, brach sie zusammen. Leute kamen angerannt, es herrschte Aufruhr. Swetlana Alexandrowna und Ljudmila wurden vorübergehend in einem ehemaligen Wohnheim untergebracht; man untersuchte sie, versorgte sie mit dem Nötigsten und sagte, sie sollten sich für die Evakuierung am nächsten Tag bereit machen. In diesem ganzen Chaos bemerkte niemand, dass Swetlana Alexandrowna langsam den Verstand verlor.

»Als ich sie im Bus nach ihrer Mutter rufen hörte, wusste ich sofort, dass es das Ende war, verstehen Sie?«, erklärte Ljudmila dem Arzt. »Wir können nirgendwohin, unser Haus ist zerstört, das ist alles, was wir hatten.«

Er nickte, streichelte Ljudmila den Rücken und versprach, Swetlana Alexandrowna in ein paar Wochen wieder auf die Beine zu bringen. Draußen waren Explosionen zu hören.

»Ich kann nicht sagen, dass ich ihm glaubte, aber ich musste etwas tun«, erzählt Ljudmila. »Ich begann nach einer Möglichkeit zu suchen, wie wir von dort wegkommen. Zuerst erzählte ich alles wahrheitsgemäß: Ich habe eine Tochter, sie wohnt bei Wologda, meine Mutter und ich wollen zu ihr. Meine Mutter ist alt, es wird schwer für sie, woanders hinzugehen. Aber wie sich herausstellte, konnten die internationalen Freiwilligen nur helfen, wenn man in die Westukraine wollte. Oder nach Europa. Aber nicht nach Russland. Nach Russland konnte man nur mit russischen Freiwilligen. Aber die waren auf der anderen Seite der Front. Wir interessierten sie überhaupt nicht. Wer hier war, der war auf der Seite der Banderowzy.«

Nach ihrer Evakuierung aus Bakhmut wurden Ljudmila und Swetlana Alexandrowna der internationalen Hilfsorganisation *Caritas* übergeben, deren Mitarbeiter Geflohene von Saporischschja mit Kleinbussen nach Polen, Lettland und Litauen brachten.

»Nach Russland wird Sie niemand fahren«, hörte Ljudmila von einer Freiwilligen, »das ist das Aggressorland.«

»Ich rief Schanna an und sagte: Meine Kleine, wir gehören nirgendwohin. Die Leute hier fahren in ganz andere Länder. Ich weiß nicht, was wir hier machen. Wir hätten nicht herkommen sollen, wir hätten zu Hause bleiben sollen. Da habe ich weniger Angst zu sterben«, erzählt Ljudmila.

Die paar Wochen, die der Leiter der inneren Abteilung für Swetlana Alexandrownas Behandlung anberaumt hatte, gingen zu Ende. Jeden Tag kamen die Freiwilligen der *Caritas* zu Ljudmila und fragten, wohin sie mit ihrer Mutter nun fahren wollte. Die Frist für den sogenannten verlängerten Aufenthalt für Geflohene in Saporischschja lief aus, und Ljudmila belegte die Transitwohnung ohnehin schon länger als üblich.

Da beschloss Schanna, ihre Mutter und Großmutter selbst abzuholen. Sie ließ ihren Mann und die Kinder zu Hause und versuchte, irgendwie nach Saporischschja zu kommen. Aber bei Belgorod war Schluss. An der Grenzkontrolle wurde sie angehalten und lange befragt.

»Der Offizier, der mich befragte, hatte Verständnis für meine Situation und vermittelte mir den Kontakt zu einem bekannten Kriegskorrespondenten«, erzählt Schanna. »Der versprach, zu helfen und meine Mutter und Großmutter in einem von ihren Lkw quer durch die Oblast Donezk bis an die Grenze zu bringen. Ich sollte sie am vereinbarten Ort abholen und mit dem Zug nach Hause bringen.

Wir kommunizierten über *Telegram*, besprachen schon die Details: Wie meine Mutter und Großmutter bis an die Kontaktlinie kommen würden, wie man sie in diesem Militär-Lkw sicher transportieren soll, ohne dass meine Großmutter Todesangst bekommt.

Aber dann verschwand er für mehrere Tage, und als er eines Nachts endlich anrief, sagte er: ›Hören Sie zu, Schanna, die Evakuierung fällt ins Wasser. Die Antonow-Brücke ist gesprengt, die Verbindung nach Cherson ist abgeschnitten, unsere Jungs machen die Biege. Jedenfalls haben wir jetzt wirklich andere Sorgen. Ich würde Ihnen raten, nach Europa zu gehen. Dort ist es ruhiger.‹«

So erfuhr Schanna noch im Sommer – also viel früher, als es durch die Medien ging –, dass die Antonow-Brücke nicht mehr existierte und sich die Lage der russischen Truppen bei Cherson radikal verschlechtert hatte.

»Wir sind einfache Leute, ich habe nie über die größeren Zusammenhänge nachgedacht. Wozu auch?«, fährt Schanna fort. »Aber als ich diesen Korrespondenten reden hörte, dachte ich an die ganzen Reportagen, die bei uns im Fernsehen laufen und wo es immer heißt: ›Wir lassen unsere Leute nicht im Stich‹, und wo unsere Armee einen Ort nach dem anderen einnimmt. Wo die Menschen unsere Soldaten mit Tränen in den Augen empfangen, sich bedanken. Geschossen wird nur von irgendwelchen Banderowzy. Und wissen Sie was, da dämmerte es mir allmählich: Meine Mutter und meine Großmutter – gehören die denn nicht zu uns? Warum holt sie dann niemand da raus? Oder nehmen wir diese Brücke: Warum hört man darüber nichts im Fernsehen?

Wir ertragen und erdulden die ganze Zeit alles, weil unsere Regierung uns darum bittet, immer verlangt sie etwas von uns. Aber wenn wir etwas brauchen, dann ist das plötzlich unsere Privatangelegenheit.

Ich saß in diesem Hostel in Belgorod, las auf meinem Tablet die Nachrichten, und mein Kopf explodierte fast. Ich bekam das Gefühl, dass wir alle einer riesigen Lüge zum Opfer gefallen waren. Während wir mit unseren alltäglichen Dingen beschäftigt waren, mit dem Überleben, wurde hinter unserem Rücken eine riesengroße Lüge gesponnen.«

Schanna trägt einen grünen Pullover mit aufgedruckten orangefarbenen Lilien und tiefem Ausschnitt. Während Schanna redet, breitet sich eine Röte auf ihrem Dekolletee aus, kriecht ihren Hals hoch und bedeckt schließlich das ganze Gesicht. Schanna glüht förmlich. Sie hat sich noch nie erlaubt, schlecht über die russische Regierung zu reden. Nein, anders: Sie hat überhaupt noch nie mit jemandem über die russische Regierung geredet. Schanna erzählt weiter: »Meine Mutter rief an und sagte, dass Großmutter morgen entlassen wird. Und dass sie zwei Möglichkeiten haben: Entweder sie fahren zurück nach Bakhmut oder mit der *Caritas* nach Warschau oder Riga. Das waren die einzigen Städte, die sie zu diesem Zeitpunkt noch anfuhren.«

Ljudmila berührt ihre Tochter an der Schulter, sie möchte etwas hinzufügen. Sie zeigt mir auf ihrem Handy ein Foto von Swetlana Alexandrowna: Sie trägt ein farbenfrohes blau-grünes Hauskleid und lächelt in die Kamera. Neben ihr steht Arm in Arm der Leiter der inneren Abteilung.

Dann sagt Ljudmila: »Stellen Sie sich vor, dieser Arzt hat sie geheilt. Er hat mir unsere Großmutter wieder gesund zurückgegeben. Aber er betonte, sie brauche Ruhe und noch mal Ruhe. Wo sollte ich diese Ruhe hernehmen? Ich nahm seine Hand und flehte ihn an: ›Geben Sie mir bitte ein Medikament für die Reise, nur damit sie auf mich hört und keine Angst hat.‹ Da gab er mir anderthalb Packungen Phenazepam. Deshalb wollte ich seinen Namen nicht nennen, verstehen Sie? Ich wusste zu dem Zeitpunkt überhaupt nicht, wohin wir fahren. Schanna übernahm die Führung aus der Ferne.

Ich verabreichte unserem Mütterchen einfach die Tabletten, und sie war glücklich und entspannt. Den Stress hatten wir. Ich weiß gar nicht, wie ich das überlebt habe. Aber meine Tochter sagte: ›Mama, du schaffst das.‹ Und ich habe es geschafft, sehen Sie?«

Ljudmila weint. Schanna tätschelt ihr den Kopf: »Ist ja gut, Mama.«

Wir sitzen in der warmen und engen Küche der Monosiedlung Sokol in der Oblast Wologda. Swetlana Alexandrowna steht in ihrem blau-grünen Hauskleid am Herd und brät Quarkpfannkuchen.

Schanna erzählt: »Am schwierigsten war es, die beiden zum Lügen zu bewegen. Sie sollten der *Caritas* sagen, sie hätten sich entschieden, nach Warschau zu fahren. Punkt, kein Wort von Russland.

Meine Mutter sagte immerzu: ›Schanna, was ist, wenn ich das nicht kann, was ist, wenn deine Oma sich verplappert?‹

Und ich antwortete: ›Mama, ich verlange doch nichts Übermenschliches, du sollst einfach lügen! Das ist nichts Schlimmes, eine Notlüge, davon stirbt doch niemand.‹

Jedenfalls wurden sie in den Bus gesetzt, und in Warschau hatte ich Leute gefunden, die sie aus diesem Bus wieder rausholen ... Na ja, sie wurden quasi entführt.«

Ljudmila und Swetlana Alexandrowna bekreuzigen sich gleichzeitig. Ljudmila erzählt weiter: »Ich hatte Angst, dass meine Mutter wieder den Verstand verliert oder die ganze Wahrheit sagt. Aber unser Bus kam nachts an, sie war müde und schläfrig von den Tabletten, ich glaube, sie hat gar nicht verstanden, was passiert ist.«

»Ach, sag doch so was nicht vor den Leuten, alles habe ich verstanden«, lacht Swetlana Alexandrowna und wendet die Pfannkuchen.

Jetzt spricht Schanna: »Seien Sie bitte nicht enttäuscht, dass ich Ihnen nichts über die Menschen sagen kann, die mir bei der Aktion geholfen haben. Aber da waren Ukrainer dabei, Russen und Belarussen. Und wissen Sie, was mich am meisten erstaunt hat? Es gab keinerlei Feindseligkeit. Niemand nannte mich Aggressor oder meine Mutter und Großmutter Bandera-Faschisten. Sie halfen uns einfach: Holten sie aus dem Bus in Warschau, brachten sie für ein paar Tage an einen Ort, an dem sie sich erholen konnten, versorgten sie mit Essen und Trinken, wärmten sie, dann wurden sie in den Bus nach Minsk gesetzt, und von dort aus ging es mit dem Auto weiter nach Moskau. Das haben alles ganz normale Menschen gemacht, verstehen

Sie? Nicht die Regierung, nicht irgendwelche Kriegsreporter, sondern Menschen. Und wenn ich Ihnen nur die Vornamen sage? Vielleicht lesen sie irgendwann Ihr Buch und erkennen sich wieder. Schreiben Sie:

Tatjana, Katja, Maxim, Lena, Nikolai Sergejewitsch und Olja.«

Ljudmila meldet sich wieder zu Wort:

»Zu Olja möchte ich noch etwas sagen. Sie hat uns in Minsk abgeholt. Und sie hatte Behälter mit Essen für uns dabei. Alles frisch gekocht, noch heiß, eingewickelt in Handtücher und einen Pullover. Ich sage zu ihr: ›Olja, wie sollen wir dir denn dein Geschirr zurückgeben?‹ Und sie lacht nur: ›Na, das sehen wir dann.‹ Und so fuhren wir davon.«

Schanna erzählt weiter: »Als ich die beiden in Moskau sah, fingen meine Hände und Knie an zu zittern. Wir fielen uns in die Arme, und so standen wir zu dritt umschlungen da. Meine Mutter dachte, ich hätte alles im Griff gehabt, dass ich gewusst hätte, wie ich sie da rausholen soll, dass ich mir alles ausgedacht und organisiert hätte, dass ich … ich …«

Schanna sucht nach den passenden Worten. Aber stattdessen findet sie ein Geschirrtuch, das sie sich vor den Mund hält, um nicht loszuweinen. Die Worte kommen, sie fährt fort: »Ich wusste nicht, wie das alles ausgeht. Ich wusste nur, dass wir auf uns allein gestellt sind. Und dass ich meine Mutter und meine Großmutter bei mir haben will, dass ich eher sterbe als aufgebe.«

Die drei umarmen sich wieder, weinen.

Schannas Mann Waleri kommt in die Küche, und sofort wird die Küche noch kleiner.

»Geht das wieder los«, sagt Waleri mit seiner Bassstimme. »Wo Frauen sind, da fallen Tränen.«

Allgemeines Gelächter.

Waleri sagt: »Erzählt der Frau Reporterin lieber von eurer Aufklärungsarbeit.«

Sie lachen wieder. Schanna schildert weiter: »Ich war mit den beiden in der Fabrik, um sie meiner Chefin zu zeigen. Sie lässt uns bei der Arbeit einen Z-Anstecker tragen, das mache man jetzt im ganzen Land so, sagt sie, als Zeichen des Kampfs gegen den Faschismus. Also habe ich ihr meine Mutter und Großmutter vorgestellt, gezeigt, dass sie keine Nazis sind, dass meine Großmutter selbst Opfer der Nazis war. Sie hat ihre Geschichte erzählt, von dem Honig und wie ihr Großvater erschossen wurde, stimmt's, Oma?«

Swetlana Alexandrowna nickt: »Ja, ganz recht.« Und verteilt die Pfannkuchen auf die Teller.

»Ich weiß nicht, ob das gewirkt hat oder nicht. Aber ich muss meinen Anstecker nicht mehr tragen«, sagt Schanna. »Es gibt auch andere, die ihn nicht tragen. Aber über die Gründe sprechen sie lieber nicht, aus Angst vor Konsequenzen.«

Am Tisch geht es geschäftig zu, Schälchen mit Schmand, Marmelade und Honig werden hin und her gereicht.

Wir essen.

Beim Tee frage ich: »Was nun? Gibt es Pläne?«

»Was sollen wir schon planen, das bisschen Leben bringen wir auch hier zu Ende«, sagt Ljudmila. »Zurück können wir nicht. Schauen Sie mal: Das ist das Haus, in dem wir in Saporischschja bei der *Caritas* gewohnt haben. Und das ist die Ecke, an der wir in den Bus nach Warschau gestiegen sind, hier, bei der Post, sehen Sie?«

Sie zeigt mir Videos auf ihrem Handy: Das erste zeigt einen rauchenden Krater anstelle eines Hauses. Das zweite den schwarzen verkohlten Rumpf eines Gebäudes, vor dem ein ramponiertes, durchlöchertes Schild mit der Aufschrift »Poschta« liegt. Sie zeigt mir weitere Videos und Fotos von Zerstörungen; auf den meisten sind keine Menschen zu sehen. Als ich mir die Bilder anschaue, muss ich daran denken, wo die ganzen Menschen jetzt wohl sind, was aus ihnen geworden ist.

Wie von ganz weit weg höre ich Ljudmilas Stimme: »In Artjomowsk ist sogar der Friedhof zerstört. Selbst unsere Gräber gibt es nicht mehr. Nichts ist geblieben.«

Ich antworte nicht, und sie denkt, ich hätte sie nicht verstanden.

»Ich meine Bakhmut«, erklärt Ljudmila.

»Ja, ich weiß – Artjomowsk heißt jetzt Bakhmut.«

Wir schweigen alle. Schanna rührt mit einem Löffel im Tee.

Der Hund unter dem Tisch bellt kurz und dumpf im Schlaf.

Auf dem vereisten Fußballfeld, das man aus Schannas Fenstern sieht, kicken drei Jungs einen Eimer anstelle eines Balls durch die Gegend. Der Schnee fällt in dichten gleichmäßigen Flocken. Es ist grau, obwohl die Sonne auf dem Höchststand ist. Heller wird es nicht.

Wir verfallen alle in Starre, einen Art Dämmerschlaf an diesem Küchentisch, ermattet von der Wärme und der fehlenden Notwendigkeit, etwas zu sagen, irgendwohin zu rennen, irgendetwas zu tun. Wir starren aus dem Fenster: auf die Jungs, den Eimer und den Schnee.

Swetlana Alexandrowna berührt mich an der Schulter: »Mögen Sie Honig, meine Kleine?«

Ich zucke zusammen.

»Ich wollte Ihnen etwas für den Weg einpacken, wir haben viel davon.«

WILDE SCHWÄNE

Hamburg ist eine große und solide Stadt, wie ein Hochseeschiff. Sie liegt ja auch am Meer.

Im Dezember ist es in Hamburg kalt, windig und leer. Die Menschen retten sich, indem sie die Stadt nach Kräften weihnachtlich schmücken, ihr mit ihrer Anwesenheit Gemütlichkeit und Wärme verleihen. Zum Abend hin gelingt das fast: Vor den Weihnachtsmarktständen tummeln sich Menschen, es duftet nach Bratwürstchen, Glühwein und Tannen.

Morgens beginnt alles von vorn: Der Weihnachtsmarkt hat geschlossen, die Straßen sind leer, nass und grau.

Ich gehe in eine Kirche, um mich etwas aufzuwärmen. Es ist die evangelische Hauptkirche Sankt Katharinen. Der Gottesdienst wird gerade abgehalten.

Der Pfarrer liest aus dem Matthäusevangelium. Ich lausche dem Moment, als die Jünger Jesus auf dem Meer gehen sehen und erschrecken. Sie halten ihn für einen Geist; sie sind durcheinander und wollen fliehen. Er spürt das. Bedeutet ihnen mit einer Geste, innezuhalten.

»Ich bin es; fürchtet euch nicht!«, sagt der Pfarrer.

Als ich wieder gehen will, beginnt die Orgel zu spielen. Ich bleibe auf der Schwelle stehen. Schade, ich hätte gerne zugehört. Aber ich bin schon spät dran und eile zum Bahnhof. Dort bin ich mit Danila verabredet, am Taxistand. Er schrieb, ich würde ihn am Rollstuhl erkennen.

Als ich ihn sehe, winke ich und laufe zu ihm. Nach ein paar Metern bleibe ich stehen, damit er mein erstauntes Gesicht nicht sieht: Er wirkt so viel älter als auf seinem *Telegram*-Profilbild.

Die Erklärung dafür kenne ich selbst: Krieg.

Ich reiße mich zusammen, trete näher, reiche ihm die Hand und frage zur Sicherheit: »Danila?«

Der Mann im Rollstuhl wedelt erschrocken mit den Armen: »Nein, Nein, das ist ein Fehler. Ich brauche nichts von Ihnen!« Ich ziehe peinlich berührt meine Hand weg. Sehe mich um. Überprüfe den Standpunkt auf meinem Handy. Stimmt alles. Es klingelt: »Warte, bleib, wo du bist! Ich sehe dich, Moment!«

Er ruft meinen Namen und kommt vom anderen Ausgang des Bahnhofs auf mich zugerast: Stößt sich mit einem Fuß vom Boden ab, lehnt sich leicht nach vorne, hält sich mit beiden Händen an den Griffen des manuellen Rollstuhls fest.

Groß, blond, braune Augen. Blaue Trainingsjacke mit der Aufschrift »Mariupol 1960«.

Er erklärt gleich: »Das war ein Fußballverein bei uns. Meine Mutter war die Krankenschwester. Nicht in der richtigen Liga, bei den Jugendlichen. Als ich weg bin, hab ich sie ihr abgeluchst. Als Erinnerung.«

Wir finden heraus, dass es zwei Taxistände am Bahnhof gibt, jeweils an den gegenüberliegenden Ausgängen. Während ich ihn hier gesucht habe, hat er auf der anderen Seite auf mich gewartet. Wir lachen und beschließen, ins *Starbucks* zu gehen. Ich biete ihm an, den Rollstuhl zu schieben. Er winkt ab: »So weit kommt's noch. Ich fahr liebend gerne selbst. Sonst werd ich noch faul und so ein Weichei, das allen zur Last fällt. Es ist verlockend: Während ich auf dich gewartet habe, wollten mir schon zwei Leute Kleingeld geben. Krass, oder?.«

»Na ja, die Leute wissen nicht, wie sie dir sonst ihre Hilfe anbieten sollen. Geld ist eben am einfachsten.«

»Am allerwenigsten will ich bemitleidet werden. Ich brauch kein Mitleid. Ich will wie jeder andere behandelt werden, klar?« Klar, was gibt's da nicht zu verstehen.

Wir umrunden den Bahnhof und treffen wieder auf den anderen Rollstuhlfahrer, den ich zuerst für Danila gehalten hatte.

Ich sage: »Stell dir vor, ich dachte erst, du wärst das.«

»Jetzt echt? Wir haben doch null gemeinsam!«

Wir lachen. Der Mann im Rollstuhl streckt seinen Daumen in die Luft. Er freut sich offenbar für uns, dass wir uns gefunden haben und gemeinsam ins Café gehen. Oder eher, dass ich Danilas Rollstuhl hinterherhetze – er ist ganz schön schnell.

Die Rollstuhlrampe zum *Starbucks* reicht nur bis an die letzten drei Stufen. Danila tut so, als wäre es ein Kinderspiel, sie auf einem Bein hochzuhüpfen, und ich, als wäre es eins, seinen Rollstuhl hochzutragen. Mir fällt auf, dass der Griff kaputt ist. Ich frage Danila: »Warum hast du niemandem gesagt, dass dein Rollstuhl kaputt ist?«

Er antwortet: »Ist doch kein Ding. Ist ja nur vorübergehend. Bald bekomme ich die Prothese, solange geht es schon.«

Der Barista fragt, ob wir den Kaffee zum Hiertrinken oder to go möchten.

»Hiertrinken, natürlich.«

Hier riecht es nach Ingwerplätzchen und Zimt, es spielt leise Weihnachtsmusik. Hier ist es warm. Natürlich hier.

Während wir auf den Kaffee warten, plaudern wir: Danila wurde über Rostow am Don, der Stadt meiner Kindheit, aus Mariupol evakuiert; der Freiwillige habe zu ihm gesagt, die beiden Städte würden sich ähneln.

»Das stimmt null«, empört sich Danila. »Eure Straßen sind total kaputt, die Leute fahren wie die Berserker, als hätten sie nie was von Verkehrsregeln gehört, aber vor allem riecht es ganz anders. Aber was erzähl ich dir das, du weißt ja selbst, dass es kein Meer gibt bei euch, das ist doch wohl das Mindeste! Wo es kein Meer gibt, gibt es keinen Pier, und wenn es keinen Pier gibt, ist das kein Leben.«

Er scrollt auf seinem Handy nach unten und zeigt mir die Hafenpromenade in Mariupol bei Vollmond. Ich sage: »Über so einen Pier kann man nur flanieren, wenn man die richtige Begleitung hat.«

290

»Ehrlich gesagt, nicht unbedingt. Er ist so schön, dass es auch alleine geht. Die Sommernächte in Mariupol sind überhaupt immer sehr schön. Waren. Schade, dass du das nie erlebt hast.«

Der Kaffee ist fertig. Wir fragen, wo wir uns hinsetzen können. Die junge Frau antwortet mit einem Lächeln, dass sich die Tische im oberen Bereich befinden. Nein, einen Aufzug gibt es nicht.

Wahrscheinlich entgleist mein Gesicht, denn Danila packt mich am Ellbogen und flüstert: »Lass, das lohnt nicht. Wir gehen einfach nie wieder zu *Starbucks*. Wir suchen uns einfach draußen ein Plätzchen, okay? Du frierst doch nicht, oder? Bist du warm genug angezogen? Ich schon. Aber ich friere sowieso nie, mir ist bei jedem Wetter warm.«

Irgendwie ergibt es sich, dass er das Interview anfängt und nicht ich. Er sagt:

»Soll ich dir einfach erzählen, wie alles passiert ist, oder hast du andere Fragen?«

Mir wird klar, dass ich möglichst lange nicht erfahren will, wie alles passiert ist und was genau. Ich will: Kaffee trinken, durch das weihnachtliche Hamburg spazieren, mein Rostow und sein Mariupol vergleichen, darüber diskutieren, was wohl besser schmeckt: die Süßkirschen oder die Sauerkirschen aus Melitopol; an welchem Strand bei Mariupol man gut schwimmen kann und nicht erst meilenweit durch das knietiefe Wasser waten muss.

Mir wird plötzlich klar, dass ich ein Feigling bin. Und schwach. Ich will nicht über den Krieg reden. Ich will nicht mit ihm über den Krieg reden. Ich will so tun, als gäbe es diesen Krieg überhaupt nicht. Als hätten wir uns das alles nur eingebildet.

Aber während wir unseren Kaffee trinken und ich versuche, meine erste Frage zu formulieren, bekommen wir beide die gleiche Nachricht: Wir haben dieselben *Telegram*-Kanäle abonniert. Die Nachricht lautet: Jetzt, in diesem Moment, hat Russland einen weiteren massiven Beschuss der Ukraine gestartet. So zu tun, als wäre das alles nie passiert, geht nicht.

Danila ist 21 Jahre alt. Die Trainingsjacke mit dem Schriftzug »Mariupol 1960« verdeckt die Narben von der Splitterverletzung am linken Arm, aber ich weiß, dass sie da ist. Das fehlende linke Bein lässt sich ebenfalls schwer ignorieren. Deshalb sage ich: »Lass uns dort beginnen, wo schon Krieg war, aber ihr nicht aus Mariupol wegwolltet. Kannst du mir erklären, warum?«

»Das war eine Frage des Prinzips. Das ist meine Stadt: mein Pier, mein Theater, meine Straßen, mein Vergnügungspark. Ich wollte nicht weg. Wie denn? Niemand hat irgendwo auf mich gewartet, ich wollte zu Hause sein, also bin ich geblieben. Ich war ja auch nicht alleine: Da waren die Kurze, meine Mutter und ihr Freund. Wir blieben zusammen.

Besser gesagt, blieb ich mit der Kurzen in unserer Wohnung im 23. Bezirk im Westen von Mariupol, wo es halbwegs sicher war, und meine Mutter bei ihrem Freund. Seine Wohnung lag im schwer umkämpften Kirow-Viertel im Nordwesten der Stadt, in der Nähe von Asowstahl.

Aber erst waren wir alle zusammen. Ungefähr bis zum 3. März ging unser Leben normal weiter, obwohl schon geschossen wurde. Am 3. bin ich noch auf die Arbeit, aber es gab nichts mehr zu tun. Sie verteilten einfach die Lebensmittel – ich habe in einem Supermarkt gearbeitet – und sagten: ›Adios, alle ab nach Hause.‹

Ich brachte meine Mutter zu ihrem Freund ins Kirow-Viertel, wollte sie in drei bis vier Tagen wieder abholen kommen. Die Öffentlichen fuhren nicht mehr, wir mussten laufen. Von unserer Wohnung aus ist das eine knappe Stunde, wenn man schnell läuft, sonst etwas mehr.

Ich ging zurück nach Hause. Ich konnte die Kurze nicht so lange allein lassen.«

»Kurze« nennt Danila seine Stiefschwester Katja. Sie ist fünfzehn. Er zeigt mir ein Foto auf dem Handy: ein Selfie mit einer Freundin. Er sagt: »Du hast doch gefragt, warum die Leute nicht wegfahren: Die Kurze hat ihre beste Freundin in Mariupol, sie können nicht ohne einander. Ist das kein guter Grund?« Ich kann nicht schnell genug antworten. Danila packt sein Telefon weg. Er redet weiter: »Katja und ich waren in Sicherheit. Ich bin immer noch überzeugt, dass unsere Wohnung der sicherste Ort in ganz Mariupol war. Wenn die Bomben fielen, saßen wir im Durchgang zwischen zwei Zimmern. Wenn es ruhig war, machte jeder sein Ding.

Also dachte ich, ich gehe meine Mutter lieber nicht abholen, mir war unwohl dabei, die Kurze allein zu lassen. Aber dann kam der 8. März, und meine Mutter stand plötzlich in der Tür: ›Packt eure Sachen, wir gehen zu uns.‹ Ich sagte: ›Mama, das ist unlogisch. Du bringst uns ins neunte Stockwerk eines Hochhauses direkt neben Asowstahl. Niemand hat vor, Mariupol aufzugeben, du siehst doch, dass hier kein Stein auf dem anderen bleiben wird. An uns werden die Kämpfe vorbeiziehen, aber bei euch im Kirow wird es heiß hergehen. Und dann sind wir auch dran, Mama.‹

Was meinst du, hat sie wohl auf mich gehört? Richtig, hat sie nicht. So ist das manchmal mit den Frauen: Wenn sie sich einmal entschieden haben, kommt man mit Argumenten nicht weiter. Also packten wir unsere Vorräte zusammen, nahmen unsere Taschen und machten uns auf den Weg zu ihrem Freund. Mit Pausen brauchten wir anderthalb Stunden.

Was interessiert dich noch?«

»Erzähl einfach weiter.«

Aber Danila muss plötzlich dringend eine SMS schreiben. Zucker in den Kaffee tun und so weiter.

Dann sagt er unvermittelt: »Willst du was Cooles hören? Ich hab keine Phantomschmerzen mehr im Bein, das ging die ersten paar Monate so, richtig fies. Jetzt ist noch der lustige Teil übrig: Manchmal juckt es mal am Knie, mal an der Wade, mal an der Ferse. Und wenn ich gerade mit den Gedanken woanders bin, vergesse ich es und versuche mich zu kratzen. Also, was willst du wissen?«

»Kannst du erzählen, wie es weiterging?«

Er erwidert: »Ab welchem Moment?«

Und lächelt aus irgendeinem Grund. Danilas Lächeln ist gutmütig, breit und sehr ruhig. »Was dann geschah, war einfach eine Verkettung von Zufällen. Das ist schwer zu erklären.«

»Du musst nicht, wenn du nicht willst oder wenn es dir schwerfällt.«

»Es fällt mir nicht schwer. Ich denke gar nicht so viel darüber nach. Es ist nur so: Es war Zufall, verstehst du?«

Wir schweigen. Ein paar verirrte Schneeflocken lösen sich von den tiefen grauen Wolken. Ein Obdachloser kommt und geht, mit Münzen in seinem Pappbecher klimpernd. Irgendwo auf einem Marktplatz nimmt ein Kinderkarussell seine Arbeit auf. Der Wind weht Fetzen von *Jingle Bells* herüber.

Danila erzählt: »Es ist ganz einfach. Es war der 19. März, gegen 9, 9:30 Uhr morgens. Wir saßen in der Wohnung des Freundes meiner Mutter. Besser gesagt, die Kurze stand in einer Ecke im Hausflur, ich stand schützend hinter ihr. Da war eine tragende Wand, der sicherste Platz. Meine Mutter saß am Eingang in die Küche auf einem Stuhl. Ihr Freund etwas weiter am Fenster.

An diesem Morgen wurde Kirow lange und schonungslos bombardiert. In dieser Position waren wir wahrscheinlich schon mehrere Stunden. Und vielleicht eine Viertelstunde vor ›meinem‹ Einschlag sagt meine Mutter: ›Danja, setz dich doch. Du bist bestimmt müde.‹

Und wir tauschten die Plätze: Ich setzte mich hin, und sie stellte sich neben die Kurze.

Du weißt ja, der Tod kommt immer auf leisen Sohlen. Das Geschoss, das dich trifft, hörst du nicht. Und meins hörte ich auch nicht.

Ein Blinzeln, und im nächsten Moment sitzt du nicht mehr,

sondern liegst. In deinen Ohren piepst es höllisch, und es riecht ekelerregend. So riecht ein Einschlag. Nach Schießpulver wahrscheinlich.

Zuerst dachte ich, ich wäre blind: Es war stockfinster. Dann setzten sich der Staub und der Rauch allmählich, und ich sah, dass eine Zimmerwand fehlte. Dahinter tat sich ein Abgrund auf, aus dem grell die Sonne schien. Niemand war bei mir, es war still, ich hörte nichts als dieses Piepsen.

Ich zwang mich, von dem Licht wegzukriechen, zur Haustür. Ich zwang mich, ruhig zu bleiben. Ich robbte einfach in den Hausflur, weil irgendwo dort meine Mutter und Katja sein mussten. Dass der Freund meiner Mutter tot war, wusste ich sofort: Er stand am nächsten an der Wand, die jetzt fehlte.

Ich robbte ins Treppenhaus, zum Fenster, drehte mich vom Bauch auf den Rücken, zog mich hoch und setzte mich hin. Ich sah Katja, sie hatte einen Splitter im Bein, aber nicht schlimm. Meine Mutter war heil. Aber da sah sie mein Bein und fing an zu kreischen. Ich hatte Kopfschmerzen, mein Kopf explodierte fast. Ich sagte zu ihr – ich fluchte, ehrlich gesagt, aber so war der Moment: ›Mama, du bist Krankenschwester, was schreist du so! Ich hab ein Ladekabel in der Hosentasche. Bind das Bein ab, merk dir die Uhrzeit und geh in der Wohnung was für meinen Arm suchen.‹«

Am Hamburger Rathaus schlägt die Uhr. Er nippt an seinem Kaffee und schweigt, um nicht gegen sie anschreien zu müssen. Ich frage: »Woher weißt du das alles? Abbinden, Uhrzeit …«

»Na, meine Mutter ist doch Krankenschwester! Irgendwer musste in dem Moment ja Ruhe bewahren. Und dieser jemand war ich. Weißt du, ich sagte zu mir: Danja, verabschiede dich von deinem Bein, aber jag niemandem Angst ein. Und so übernahm ich die Kontrolle, bis die Soldaten kamen. Katja ging nach unten und sagte Bescheid, was bei uns passiert war: ein 200er, ein 300er. Die Soldaten kamen schnell.«

»Welche Soldaten?«

»Ukrainische. Wir waren noch auf der Seite, die von der ukrainischen Armee kontrolliert wurde. Deren Kommandeur war ein guter Typ, wir haben uns später angefreundet. Aber da schnauzte er mich an: ›Was macht ihr überhaupt hier? Gestern gab es den Befehl, dass alle in den Keller müssen, weil geschossen wird.‹

Ich schnauzte zurück: ›Wo wart ihr denn? Ich weiß nichts von einem Befehl!‹

Dieser Kommandeur holte den Soldaten, der das ganze Haus warnen sollte.

Der antwortete: ›Jungs, scheiße, tut mir leid. Ich bin nur bis zur sechsten gekommen.‹

Ich guck den Kommandeur an: ›Noch Fragen, warum wir hier sind?‹

Sie schwiegen. Dann holten sie einen Militärarzt, er legte mir einen Spezialverband an. Mir war schon ganz kalt vom Blutverlust, also wickelten sie mich in eine Wärmedecke. Ich klopfte noch Sprüche, und der junge Kommandeur wunderte sich: ›Wo nimmst du die Kraft her?‹

Mir war klar, dass ich wenig Auswahl hatte: Wenn ich aufgebe, dann für immer. Also beschloss ich, mit dem Aufgeben noch zu warten.

Sie brachten mich nach unten, brachen die Tür zu einer Wohnung im Erdgeschoss auf. Dort blieb ich eine Weile liegen, der Beschuss ging weiter. Dann trugen sie mich in den Keller. Da waren auch meine Mutter und die Kurze. Die Soldaten sagten, sie würden mich ins Krankenhaus bringen, sobald das Schlimmste vorbei ist. Aber es wurde immer weitergeschossen. Willst du was Krasses hören? Meine Mutter hat später erzählt, dass ungefähr eine Stunde, nachdem sie mich aus diesem Keller geholt haben, eine Bombe dort einschlug. Fast alle sind gestorben.«

Er braucht eine Pause, das sieht man ihm an. Immer noch lächelnd greift er nach dem Kaffeebecher. Mir fällt auf, dass seine Hand zittert:

»Danila, du frierst ja!«

»Nein. Meine Hände zittern immer, schon seit der Kindheit.«

Ich berühre seine Hand, sie ist eisig.

»Danja, du frierst.«

»Lass uns das hier zu Ende bringen, dann gehen wir ins Warme. Lass uns das Thema erst abschließen, okay?«

Ich nicke.

Er fährt fort: »Die Sache war, dass die ukrainische Armee auf dem Dach unseres Hauses und des Nachbarhauses Artilleriebeobachter positioniert hatte. Die Russen beschossen sie. Am nächsten Tag gegen Mittag wurde es ruhiger. Die Soldaten trieben ein Auto für mich auf und überredeten einen Mann, der mit uns im Keller saß, mich ins Krankenhaus zu bringen. Meine Mutter und die Kurze beschlossen, nach Hause zurückzugehen. Also, zu uns nach Hause, in den 23. Sie wohnen jetzt immer noch dort. Gestern haben sie angerufen und erzählt, dass die neue Regierung ihnen Heizkörper installieren will. Aber das klingt für mich jetzt alles wie aus einer anderen Welt.

An dem Tag fuhren wir lange. Normalerweise sind es zehn bis zwanzig Minuten bis zum Krankenhaus, aber jetzt: hier Minen, dort eine gesprengte Brücke. Die Stadt glich einer Zombie-Apokalypse: ausgebrannte Busse, Autos, Leichen, Bombenkrater. Wir fuhren im Zickzack. Ich versuchte, möglichst wenig aus dem Fenster zu sehen, mir war schlecht.

Irgendwann kamen wir endlich an, aber es war alles dunkel: Es gab kein Krankenhaus mehr.

Wir drehten um und fuhren in ein anderes Krankenhaus. Wieder eine Stunde lang vorbei an Minen und Ruinen. Ich weiß nicht, wie wir es geschafft haben, nicht in die Luft zu fliegen, aber auf einmal standen wir vor dem Hotel-Restaurant *Wilde Schwäne*. Es war von einem Holzzaun umgeben. Und plötzlich taucht hinter diesem Holzzaun das Gesicht eines ukrainischen Soldaten auf, so ein wohlgenährtes, mit dicken Backen. Er schießt in die Luft, lässt uns anhalten:

›Hier kommt ihr nicht durch. Da ist Russland, die DNR, Soldaten. Die Russen.‹

Mein Fahrer fängt an, lauthals zu diskutieren, ich höre nur, wie er schreit:

›Ich hab hier einen Schwerverletzten, einen 300er, der macht's nicht mehr lang, lass uns durch, du Arschloch!‹

Irgendwo in einer Windung meines Hirns verstehe ich, dass er mich meint. Dass ich der schwer verletzte 300er bin. Ich kann nicht sagen, dass ich in Panik geraten wäre. Aber wenn überhaupt, dann war das wahrscheinlich der Moment. Danach war mir egal, was mit mir passierte. Ich sah auf diese *Wilden Schwäne,* und meine Brust zog sich so komisch zusammen: Ob aus Mitleid mit mir oder Mitleid mit allen, oder gar nicht aus Mitleid, sondern weil ich sie alle verfluchte. Hauptsache, es war bald alles vorbei. Der Fahrer riss mich aus diesem Zustand. Ich hörte, wie er den Soldaten anbrüllte:

›Fick dich, ich fahr jetzt!‹

Und der Soldat brüllte zurück: ›Wenn du fährst, dann schieß ich, ich hab dich gewarnt!‹

Aber wir gaben Gas, und er schoss nicht. Wir fuhren ins Krankenhaus. Unterwegs mussten wir an vier anderen Checkpoints vorbei, alles Russen. Wir kamen durch. Sie schauten ins Auto, sahen mich und stellten keine weiteren Fragen. Am zweiten Checkpoint schickten sie ein Auto mit uns mit, damit niemand schießt.

In der Aufnahme wurde ich sofort von einem Chirurgen untersucht. Der Arzt wollte, dass ich meinen Fuß bewege.

Ich bewege ihn. Er sagt: ›Amputieren.‹ Und ich: ›Okay.‹«

»Das hast du gesagt – okay?«

»Hätte ich diskutieren sollen? Ich verstand ja alles, es war keine Überraschung für mich. Die Sache ist die: Wenn man am 20. März 2022 in Mariupol jemandem das Bein retten wollte, musste man fünfzehn Leben dafür opfern. Sie lagen ebenfalls in der Aufnahme und verbluteten. So einfach.

Oder nicht ganz. Danach sollte ich meine Hand bewegen. Ich brauchte bestimmt vierzig Sekunden, um sie zu heben. Es tat höllisch weh. Aber innerlich sagte ich zu dem Arzt: ›Wenn du mir auch noch den Arm amputieren willst, dann mach ich dich eben mit einem Arm und Bein einen Kopf kürzer, darauf kannst du Gift nehmen.‹ Als hätte er meine Gedanken gelesen, sagte er: ›Gut, den Arm können wir dranlassen.‹ – ›Na vielen Dank, richtig nett von dir‹, dachte ich. Sie legten mich sofort auf den OP-Tisch, und los ging's.«

Er zieht den Ärmel der »Mariupol 1960«-Jacke hoch, und ich sehe vier dunkelblaue diagonale Narben: vier Brüche durch eine Splitterverletzung, mehr schlecht als recht zusammengewachsene Knochen. Danila meint: »Halb so wild, Hauptsache, die Hand funktioniert. Und für das Bein kommt bald die Prothese.«

Ich frage, wie die Chancen stehen, dass er sie hier in Hamburg bekommt.

»Ich muss auf die Versicherung warten. Dann sehen wir weiter. Das Leben hat mir beigebracht, nicht zu viel zu erwarten.«

»Wie gefällt es dir in Hamburg?«

Er antwortet: »Ganz okay. Ich gewöhne mich langsam dran.«

Er erzählt, dass er die Prothese erst in Sankt Petersburg machen lassen wollte und dort hingefahren ist. Aber man konnte ihm nicht helfen: Sie hatten nicht die technischen Möglichkeiten für Danilas speziellen Fall. Er beschreibt seinen Weg nach Hamburg: Bus bis Rostow, Zug bis Sankt Petersburg, Auto bis Riga, wieder Bus bis Klaipeda, Fähre nach Kiel, Bus nach Hamburg. Flüchtlingslager, in dem er Glück mit den Nachbarn hatte, wie er sagt.

»Normalerweise blüht in diesen Lagern die Kriminalität. Aber ich hatte Glück mit meinem Zimmer: eine Familie mit zwei Kindern, ein verheiratetes kinderloses Paar, eine andere Familie mit drei Kindern, eine ältere Afroamerikanerin und ich. Dann bekam ich eine Aufenthaltsgenehmigung und zog in ein

Altenheim um. Da sitzen fast alle im Rollstuhl. Ich warte auf die Entscheidung der Versicherung: Die wollen immer neue Dokumente, Bescheinigungen, Nachweise. Das frisst meine ganze Zeit.«

Ich frage: »Wem gibst du die Schuld an dem, was passiert ist?«

»Findest du wirklich, darüber sollte ich nachdenken? Was hätte ich davon, selbst wenn ich es wüsste, wenn ich ihn beim Namen nennen könnte?

Der Soldat, der nicht zu uns hochgekommen ist, der Artilleriebeobachter auf unserem Dach, der Typ, der das Geschoss geladen hat, das uns traf, der Typ, der den Befehl gab, der, der die Truppen einmarschieren ließ, der, der den Krieg begonnen hat, wer?«

Ich weiß nicht, was ich ihm antworten soll. Ich frage noch mal: »Was denkst du?«

»Ich denke, es waren die Umstände. Wir haben sie uns nicht ausgesucht. Wir waren zufällig die Stadt, über die der Angriff stolpern würde. Wir wurden geopfert. Wir wurden nicht verschont. Wir sind dageblieben und wurden von beiden Seiten als Waffe benutzt. Wir waren keine Menschen, sondern Argumente im Krieg, Spielfiguren. Mit unseren Leben wurde der Krieg ausgebremst, das war unser Los. Ich schätze, so ist das wohl im Krieg?«

»Willst du irgendwann nach Mariupol zurück?«

»Nein, ich habe mich am 29. Mai 2022 für immer verabschiedet. Das war mein letzter Tag in der Stadt. Ich war im Meer schwimmen, in meiner Lieblingsbucht. Und ich habe mich verabschiedet. Das war's. Mich gibt es dort nicht mehr.«

»Auch, wenn Mariupol wieder ukrainisch wird?«

»Darum geht es nicht. Wenn du durch die Hölle gegangen bist, durch die wir gegangen sind, ist es dir nicht mehr wichtig, wer an der Macht ist. Verstehst du das nicht?

Lass es mich so sagen: Wenn du starke Schmerzen hast, dann zählt für dich nur, dass diese Schmerzen aufhören. Ob man dir dafür eine Tablette, einen Saft oder ein Schlafmittel gibt, oder ob man dir dafür das Bein abschneidet.

Jeder, der diesen unerträglichen Schmerz erlebt hat, wird das bestätigen.

Wir haben das erlebt. Wir als Stadt. Wir als Menschen. Ich weiß nicht, ob die Menschen die Kraft haben, noch mal durch diese Hölle zu gehen, wenn Mariupol zurückerobert wird. Ich glaube, es reicht. Der Mensch kann alles ertragen, das weiß ich. Aber jetzt ist wichtig, dass nicht mehr geschossen wird. Dass die Menschen in Frieden leben können. Wenigstens etwas.

Meine Mutter und die Kurze sind in Mariupol. Ich wollte die Kurze herbringen, aber sie will nicht. Meine Mutter will auch nicht. Sie haben ihre Wohnung, kennen dort alles. Aber ich will nicht mehr hin, egal, ob die Stadt russisch ist oder ukrainisch. Früher war es meine Stadt, und jetzt ist sie das nicht mehr. Verstehst du?«

Er lächelt wieder. »Mach dir keinen Kopf. Du warst nicht mit uns dort. Du kannst das nicht verstehen.«

Ein junger rothaariger Typ in Daunenjacke gesellt sich zu uns. »Das ist mein Kumpel, er heißt auch Danila, aus Kyjiw. Wir haben uns hier in Hamburg kennengelernt. Wir wollen eine Runde um die Häuser ziehen, kommst du mit? Wir sind doch fertig mit meinem Bein und mit Mariupol, wir können jetzt über was anderes reden, oder? Denkst du auch mal an die Zukunft?«

LEHRBUCH

Verurteilst du mich? Sag, verurteilst du mich? Alle verurteilen mich. Du auch?« Rita steht schwankend auf. Stützt sich mit beiden Händen auf den Tisch. Rita will noch etwas sagen, schüttelt ungelenk den Kopf und verliert dabei ihre runde Harry-Potter-Brille. Sie segelt von ihrer Nase und plumpst direkt ins Weinglas.

Popmusik schallt durch die ganze Bar.

Rita setzt sich. Fischt die Brille aus dem Weinglas, wischt sie mit einer Serviette sauber. Sie nickt sich selbst zu, als würde sie ihren Monolog fortsetzen, aber man hört die Worte nicht, nur Musik.

»Rita!«, ruft Himchan und springt auf.

Doch zu spät. Rita weint schon.

Himchan streichelt ihr über die Schulter, den Rücken, wischt ihre Tränen weg. Rita setzt sich auf Himchans Schoß, legt beide Arme um seinen Hals und ihren Kopf auf seine Schulter.

Rita ist groß und füllig, sie hat Sommersprossen und einen dichten roten Haarschopf. Himchan ist klein und dunkelhaarig.

»Ein echter Koreaner. Aus Korea. Südkorea, natürlich«, hatte Rita geschwärmt, als wir uns zum ersten Mal begegneten. Und sie hat nicht gelogen.

Rita sitzt in einer Bar in Vilnius, der Hauptstadt von Litauen, auf Himchans Schoß.

Sie weint, schluchzt – und schläft plötzlich ein.

Es ist der 24. Februar 2023, ein Jahr seit Kriegsbeginn. Und Ritas Geburtstag. Sie ist heute 26 geworden. Und hat Himchan geheiratet.

Die Bar leert sich. Rita wacht auf. Wir gehen, eigentlich führen Himchan und ich Rita unter die Arme gestützt über das Kopfsteinpflaster von Vilnius.

Es schneit langsam, als würde der Schnee nicht fallen wollen: Die Schneeflocken verweilen einen Moment lang unter der Straßenlaterne, wehren sich, weichen aus, streiten mit der Schwerkraft, als wüssten sie, dass sie unten auf der Erde nichts Gutes erwartet. Als würden sie hinauszögern wollen, dass dieser Februar, dieser Winter und Ritas Abend zu Ende gehen.

»Dieser Februar wird zu Ende gehen«, hört man Ritas Stimme plötzlich. Wir bleiben unter der Laterne stehen. Rita holt ihre Zigaretten raus und steckt sich eine an. Sie steht ihr nicht. Sie hustet. Und übergibt sich plötzlich. Wäscht sich das Gesicht mit Schnee. Die Wimperntusche ist unter ihren Augen verschmiert. Das sieht man im Licht der Laterne.

»Dieser Februar wird trotzdem vorbeigehen«, wiederholt Rita jetzt sicherer. »Und wir werden alles verstehen. Besser gesagt, ihr werdet alles verstehen. Ich habe es schon verstanden. Deshalb werde ich nicht mehr hier sein. Eigentlich bin ich jetzt schon nicht mehr hier.«

Rita übergibt sich wieder.

Himchan und ich verständigen uns mit den paar Brocken Englisch, die wir beide gemeinsam haben, Rita in die Mietwohnung zu bringen, in der sie und Himchan wohnen.

»Ich habe sie noch nie so betrunken gesehen«, sagt Himchan. »Ich bin schuld. Bald ist dieser Tag vorbei.« Er streichelt Ritas Rücken und sagt etwas auf Koreanisch zu ihr. Rita antwortet. Es klingt harsch, als würden sie sich streiten. Aber dann weint sie wieder. Wir sind zu Hause.

Himchan bringt Rita ins Badezimmer. Ich bleibe in der Küche. Durch die Wand hört man Wasserplätschern und ihre Stimmen. Sie sprechen Koreanisch.

Die Küche ist wie der Rest der Wohnung mit Kisten, Taschen und Koffern vollgestellt.

Auf dem Tisch liegt ein Stapel Fotos: Junge Menschen, die ich nicht kenne, feiern, küssen sich, prosten der Kamera zu, schneiden Grimassen. Manche der Männer haben Hüte auf, die Frauen Perücken, Rita trägt ihre Harry-Potter-Brille, einen schwarzen Fledermausumhang und eine Krone auf dem Kopf. Auf einem der Fotos trägt sie ein junger Mann im Elfenkostüm auf den Armen. Sie lachen beide.

»Die habe ich ausgedruckt. Ich weiß nicht, ob ich sie mitnehmen soll oder nicht«, sagt Rita, als sie aus dem Badezimmer kommt. Sie hat einen Bademantel an, ein Handtuch um den Kopf gebunden und sieht frischer aus. Rita setzt sich neben mich.

Geht die Bilder durch. »Das war 2021. Mein Geburtstag. Den haben wir in Kyjiw gefeiert. Wir haben getrunken und uns amüsiert. Das sind meine Kommilitonen, viele haben wie ich im Wohnheim gewohnt. Ich komme aus Irpin, die anderen von überallher.

Das ist Serjoscha.« Sie zeigt auf den Elf. »Er ist aus Donezk. Er ist im Sommer gestorben.

Das ist Olja. Sie schon im April. Viele von uns sind sofort an die Front. Wir sind ja Medizinstudenten. Wir können … wir müssen helfen.«

Rita legt die Fotos auf den Tisch.

»Mariam, wir nannten sie Marina. Sie ist aus den Karpaten, aber eigentlich kommt sie aus Tadschikistan, ihre Eltern sind geflohen, als dort Krieg war. Mariam ist jetzt an der Front.

Und das ist unser Ljoscha. Er ist in Kyjiw. Arbeitet im Krankenhaus. Er sagt, es fehlen so viele Hände, dass man die Karriereleiter quasi hochspringt. Er ist in der Chirurgie und operiert schon. Davon konnten wir früher nur träumen.

Das ist Valera, er fährt Medikamente aus.« Auf der verschwommenen Aufnahme zieht ein blauäugiger Junge seine Wangen lang und streckt die Zunge raus. »Er war zweimal verwundet, wurde sogar vom Präsidenten ausgezeichnet. Einmal fuhr er im Auto und geriet unter Beschuss, und neben ihm – ein Bus voller Menschen. Valerka hat die Leute da rausgezogen, Erste Hilfe geleistet, dafür bekam er einen Verdienstorden. Er hat sich etwas erholt und ist wieder losgefahren. Verstehst du, alle, das ganze Land ist jetzt an der Front, auch die, die physisch nicht dort sind. Irgendwo ist es das Adrenalin, irgendwo der Drang nach Gerechtigkeit ... Und was ist Gerechtigkeit, wenn nicht auch Adrenalin?«

Rita seufzt und lässt ihren Kopf hängen.

»Ich weiß nicht ... Ich verstehe es immer noch nicht. Ich wurde am Vierundzwanzigsten von Explosionen geweckt. Ich dachte, unsere Spaßvögel hätten ein Feuerwerk für mich veranstaltet. Aber ein Mädchen – sie hat nicht mit uns studiert, nur auf unserer Etage gewohnt – kreischt plötzlich los. Sie kreischt und kreischt ganz hoch und schrill, noch lauter als die Explosionen. Dieses Kreischen hörte ich den ganzen Weg, bis ich aus der Ukraine raus war. Dann hörte es auf.

Sie kreischte, weil sie den Verstand verloren hatte. Und ihr Kreischen raubte einem selbst den Verstand. Ich packte zum Beispiel aus irgendeinem Grund meine silbernen Pumps ein, die ich abends zu meiner Geburtstagsparty anziehen wollte. Ich wollte als Eiskönigin gehen. Mein Geburtstag fällt immer auf die Karnevalswoche. Seit dem ersten Semester haben wir an meinem Geburtstag immer Karneval gefeiert. Aber 2022 hat Russland einen Karneval für uns veranstaltet ...«

Rita nimmt eine Zigarette, zündet sie an und raucht aus dem Fenster. Ich habe nicht bemerkt, wie Himchan in die Küche gekommen ist: Er steht auf und öffnet auch den oberen Fensterflügel.

»Er ist toll, oder.« Rita stellt es eher fest, als dass sie fragt. »Weißt du noch, wie ich dir von ihm erzählt habe? Hast du mir damals geglaubt?«

Geglaubt schon. Aber ich hätte nicht gedacht, dass ich bei ihrer Hochzeit dabei sein würde.

Wir haben uns vor einem Monat kennengelernt: Auf dem Flug eines europäischen Billigfliegers erkannte mich eine Stewardess. Und während sie mal mit Getränken, mal mit Essen, mal mit dem Duty-Free-Angebot vorbeikam, erzählte sie mir, dass sie am 24. Februar Geburtstag hat, aus Irpin kommt und dass sie nie wieder zurückblicken, ihren Geburtstag feiern oder an den Jahrestag des Krieges denken wird. Weil sie am 24. Februar 2023 heiratet: Ihr Zukünftiger, ein Koreaner, habe ihr gesagt, dass man jedes schlechte Datum mit einem guten überschreiben muss. Dann würde das schlechte aufhören zu existieren.

»Sprechen Sie Koreanisch?«, fragte ich Rita damals im Flugzeug.

Sie nickte stolz.

In der Tasche, von der sich Rita weder in der Luft noch am Boden trennt, befindet sich ein Taschenlehrbuch für Koreanisch. Auf dem Umschlag ist vor einem Hintergrund aus Schneegipfeln ein Vogel abgebildet, der auf einem Zweig sitzt.

»Als ich acht war, waren meine Mutter und ich in Lwiw«, erzählt Rita, während sie Fluggäste zur Toilette vorbeilässt. »Und da sah ich in einem Buchladen dieses Koreanisch-Buch. Ich heulte, ich flehte meine Mutter an, es mir zu kaufen. Aber meine Mutter meinte zu mir: Du spinnst doch, da sind nur irgendwelche Hieroglyphen drin, lass uns lieber eine Puppe oder einen Magneten als Erinnerung kaufen. Aber ich blieb stur. Ich hatte in diesem Vogel, den Bergen, in allem ein Wink des Schicksals gesehen. Und ich überredete sie. Sie kaufte es. Zu Hause schlug ich es auf und begann, ganz alleine Koreanisch zu lernen. Total abwegig: Wer braucht in Irpin schon Koreanisch. Aber die Leute lachten mich nicht einmal aus, so abwegig war das. Ich lernte das ganze Buch von vorne bis hinten auswendig. Ich dachte, wenn ich es lerne, dann – Zack! – passiert in meinem Leben irgendwas Tolles. Aber nichts passierte. Irgendwann suchte ich mir eine Lehrerin im Internet, nahm Stunden per Skype. Zweimal die Woche, ohne Pausen, das Geld schickte ich ihr per *Paypal*. Ich habe nur ein paar Stunden ausfallen lassen, als ich für die Aufnahmeprüfungen in Medizin gelernt habe, sonst gar nicht. Die Mädels an der Uni wunderten sich: ›Was willst du denn damit?‹ Alle dachten, ich hätte irgendein Geheimnis. Aber nein, ich wollte es einfach lernen.«

Rita wird gerufen. Wir verabreden uns für nach dem Flug, sie muss weiterarbeiten. Ich stehe bei den Toiletten und schaue ihr nach.

Nach der Landung setzen wir uns in ein Café, gehen zum Du über, und ich frage sie als Erstes: »Wie bist du Stewardess geworden?«

Rita korrigiert mich: »Bordbegleiterin. So heißt es richtig. Eigentlich war es nur eine Anzeige. Ich habe sie gelesen, angerufen, den Kurs gemacht, alles, noch bevor ich überhaupt wieder klar denken konnte. Ich glaube, sie haben mich genommen, weil sie Mitleid hatten. Mit Flüchtlingen hat man Mitleid, wusstest du das nicht? Das ist nicht wirklich angenehm, man fühlt sich die ganze Zeit wie so ein kleines Kätzchen. Aber manchmal hilft es. Ich weiß nicht, was aus mir geworden wäre, wenn ich diese Anzeige nicht gelesen hätte. Ich habe dem keine große Bedeutung beigemessen. Mir war es egal, was ich mache. Nach dem 24. Februar war mir sowieso alles egal.

Ich weiß noch, wie ich, als ich aus dem Wohnheim rannte, in meine Tasche sah: Glitzerpumps, mein Ausweis und das Koreanisch-Buch. Bescheuert, oder? Aber mich wunderte gar nichts. Ich wollte nur meine Eltern holen, und ich fuhr nach Irpin. Ich fühlte nichts, keine Angst, keine Verzweiflung, keinen Mut. Ich wusste nur, dass ich zu meinen Eltern muss und sie abholen. Und dann mit ihnen zusammen raus aus dieser Hölle.«

Rita hält inne. Klopft ein paarmal mit ihren Fäusten auf den Tisch, ringt um Fassung. Setzt ihre Brille ab, putzt sie mit ihrem Ärmel, setzt sie wieder auf.

»Es fällt mir schwer, das auszusprechen, du bist wahrscheinlich der erste Mensch auf der Welt, dem ich das sage, aber ich wollte keine Sekunde lang kämpfen. Ich verstand auch die anderen nicht, die sagten: ›Keinen Zentimeter Land, keinen Schritt zurück, wir zerschlagen den Feind!‹

In diesen ersten Tagen hatte ich einfach nur Angst, ich sah – wie eine Vision, verstehst du? – ganze Ströme von Blut, Tausende von Toten. Und ich dachte: Wofür? Für eine Flagge, die über meinem Haus hängt? Was macht das für einen Unterschied?! Lasst die Menschen leben! Aber so zu denken ist unpatriotisch, nicht? So darf man heutzutage nicht denken. Alle kämpfen jetzt, bekriegen sich, erobern zurück. Mit solchen Ansichten landet man bald im Gefängnis. Denkst du, nur bei euch sperren sie die Leute ein, wenn sie nicht das Richtige denken? Aber ich bin nicht für euch.

Ich bin für niemanden, ich bin für die Menschen.

Ich werde dir nicht genau erzählen, wie ich nach Irpin gekommen bin. Ich habe Dinge gesehen, die zu vergessen ich mein ganzes Leben lang brauchen werde: Ich fuhr bei jemandem mit, als das Auto vor uns von einem Geschoss getroffen wurde, ich sah eine abgerissene Hand an uns vorbeifliegen. Sie flog wie eine Taube. Alle fingen an zu schreien, sprangen aus den Autos, rannten hin, um zu helfen, zogen die Opfer raus, aber sie waren alle schon tot. Niemand atmete mehr. Ich dachte damals: Ich habe so viele Jahre Medizin studiert – ich bin HNO-Ärztin für Kinder –, ich müsste Leben retten, Kindern das Atmen erleichtern, vielleicht auch einfach Kleinigkeiten heilen. Ich hatte mir mein Leben rosig ausgemalt. Und jetzt sitze ich hier im Dreck, in der Kälte, und messe einem blutüberströmten Menschen den Puls, damit ich verkünden kann, dass er schon tot ist, dass man ihn nicht mehr retten kann? Ist es das, wofür ich studiert habe? Wofür ich gelebt habe? Ist das mein Leben? Nein, sicher nicht.

Ich kam bei meinen Eltern an und rief: ›Packt eure Sachen!‹ Und sie: ›Was? Wohin?‹

›Wir fahren weg, alle, es ist Krieg!‹

Und da sagte meine Mutter ganz ruhig: ›Nur Feiglinge rennen weg.‹

Und dann: ›Das ist unser Boden, wir gehen nirgendwohin, sollen sie uns Alte doch mit ihren Panzern überrollen. Wir bleiben hier.‹ Meine Oma kam raus. Fuchtelte mit ihrem Gehstock vor meiner Nase herum, schimpfte mich aus, wo ich denn hinwill.

Ich blieb über Nacht, alles explodierte, die Verbindung war weg, der Strom die meiste Zeit auch. Da verstand ich: Nein, nein, nein. Ich kann so nicht.

Am nächsten Morgen redete ich noch einmal mit ihnen, diesmal unter Tränen. Meine Mutter schien zu verstehen, dass hier kein Leben möglich sein würde, aber mein Vater blieb stur, und ohne ihn würden weder meine Mutter noch meine Oma irgendwo hingehen. Die russische Armee rückte immer näher: Die Panzer donnerten, alles bebte, überall Panik.

Weißt du, ich bin ganz ehrlich: Von dort aus gesehen, wo ich in jenen Tagen war, sahen Bleiben und Kämpfen wie reiner Selbstmord aus. Ich will mich nicht rechtfertigen, mir ist klar, dass ich ein Feigling bin. Aber sogar, wenn ich Präsidentin des Landes gewesen wäre, hätte ich gesagt: ›Lasst uns aufhören zu schießen, lasst uns die Menschen retten, der Rest ist unwichtig.‹ Seltsame Logik, wirst du sagen, oder? Unser Präsident hat es nicht gemacht, und jetzt ist er ein Held, oder? Aber ich bin ja auch nicht Präsidentin. Mir sind die Menschen wichtiger als Ideen oder Staatsgebiete. Deshalb wollte ich auch Ärztin werden. Aber das sagte ich bereits.«

Rita trinkt ihren Kaffee – einen XL-Cappuccino – in wenigen Schlucken auf Ex.

Ich betrachte sie: Sommersprossen, Brille, rote Wangen, eine Mickey-Mouse-Geldbörse vor sich auf dem Tisch. Ich möchte wissen: »Heiratest du wirklich am Vierundzwanzigsten?« Sie beantwortet meine Frage nicht. Fährt stattdessen mit ihrem Bericht fort:

»Ich setzte mich in einen Freiwilligen-Jeep. Es stellte sich heraus, dass es Bekannte der Sängerin Switlana Loboda waren, die ihr halfen, ihre Familie zu evakuieren. Ich hatte Glück, sie quetschten mich als Vierte auf die Rückbank. Der Korridor, über den man die Stadt verlassen konnte, glich bereits einem Flaschenhals. Jemand gab uns per Funk Anweisungen. Er sagte, wenn man genug Gas gibt und über die Böschung fährt, würde das Auto hochfliegen und es über den Fluss schaffen. Aber wenn man nicht schnell genug ist, dann fliegt es nicht hoch, sondern fällt hinein. Und versinkt. Alle im Auto diskutierten, wie riskant das ist, ob man es wagen soll und überhaupt.

Und ich saß einfach mit geschlossenen Augen da und dachte, dass ich einfach nur um jeden Preis da rauswill, dass ich leben will, ich würde lebend mehr Nutzen bringen als tot. Im Krieg nützen nur die, die die Gesetze des Kriegs verstehen und akzeptieren, die sollen kämpfen. Alle anderen muss man einfach wegbringen und verstecken …

Solche Gedanken hatte ich, unzusammenhängend, kindisch. Ich schäme mich dafür: Wie viele Menschen haben das Gleiche gedacht, und jetzt sind sie tot, niemand hat sie gefragt. Aber ich hatte Glück: Unser Auto sprang hoch genug und flog über den Fluss, wir rasten Richtung Polen. Mein Krieg – das wusste ich genau – würde nach ein paar Wochen vorbei sein. Ich betete nur, dass wir da rauskommen. Und wir schafften es.

Drei Wochen später war ich in Vilnius. Ich saß auf einer Bank im Park und blätterte, um mich zu beruhigen, in meinem Koreanisch-Buch, in dem ich jeden Punkt auswendig kannte. Da kam Himchan und sprach mich auf Koreanisch an. Seitdem haben wir uns nicht mehr losgelassen.

Weißt du, Himchan sagt, jeder Mensch hätte seinen vorgezeichneten Weg, den er gehen muss, und wenn man davon abweicht, macht man es nur schlimmer. Als ich Himchan traf, dachte ich, jetzt ist endlich das passiert, worauf ich mich jahrelang vorbereitet habe. Jetzt kann ich mich entspannen. Und dann erklärte er mir, dass wir unbedingt an meinem Geburtstag heiraten müssten, um mit allem abzuschließen, um zu vergessen, dass an diesem Tag der Krieg begann. Ich will mich nicht daran erinnern. Kannst du das verstehen?«

An jenem Tag hatte mich Rita zu ihrer Hochzeit eingeladen, von der ich bis zuletzt nicht geglaubt hatte, dass sie tatsächlich stattfinden und ich live dabei sein würde. Die Hochzeit entpuppte sich als eine Party in einer Bar – die richtige Hochzeit feiern sie in Korea. Morgen, am 25. Februar, fliegen Rita und Himchan nach Seoul, die Sachen sind bereits gepackt.

Rita sagt: »Meine Eltern reden nicht mit mir. Sie halten mich für eine Verräterin. Aber ich will alles vergessen und neu anfangen. Ich werde Koreanisch sprechen, auf Koreanisch denken, ich werde Himchan so viele koreanische Kinder schenken, wie er will. Er meint, ich könnte vielleicht einen koreanischen Namen annehmen. Und dann werde ich verschwinden, mich auflösen in ihrem Land, in ihrer Kultur.«

Ich betrachte Rita und überlege, wie sie sich in Südkorea auflösen will. Rita erklärt mir: »Dort bin ich niemand, nur irgendeine Weiße, die ein Landsmann von ihnen unbedingt heiraten wollte. Für die sehen wir alle gleich aus, unser Krieg ist etwas Fremdes, sehr weit weg. Niemand wird mich mehr ausfragen. Und ich werde nichts mehr davon wissen wollen, verstehst du? So wird es sein. Ich habe schon alle *Telegram*-Kanäle gelöscht, meine ganzen Kontakte, außer meine Eltern. Sonst alle. Deshalb liegen die Fotos hier, ich wollte sie mir noch einmal anschauen und dann wegwerfen. Dieses Leben ist vorbei, jetzt beginnt ein neues. Verurteilst du mich?«

»Ich verurteile dich nicht, Rita.«

Ich möchte sie streicheln, in den Arm nehmen. Aber Rita schüttelt meine Hand ab und geht ins Schlafzimmer. Himchan folgt ihr, und als er nach ein paar Minuten wiederkommt, zuckt er ratlos mit den Achseln.

»Sie ist eingeschlafen.«

Und fügt entschuldigend hinzu: »Unser Flug geht um 6:45 Uhr. Wir müssen dreimal umsteigen.«

Ich erinnere mich, wie mir Rita erzählt hat, dass Himchan auf Koreanisch »der Starke« bedeutet. Zum Abschied bitte ich ihn, mir seinen Namen auf einen Zettel zu schreiben.

Er schreibt: 힘찬.

BORDSTEIN

Grenzübergang zwischen Russland und Estland, russische Seite, Schumilkino, 7. September 2022. Von hier aus sind es sechzig Kilometer bis nach Pskow, von Pskow gehen Züge nach Moskau und Sankt Petersburg: So sieht jetzt der Weg von Europa nach Russland aus.

Das Taxi, das mich zum Bahnhof in Pskow bringen sollte, ist nicht gekommen. Der Fahrer geht nicht mehr ans Telefon.

Es regnet.

Ich renne mit meinem riesigen Koffer von einem Auto zum nächsten und flehe die Fahrer an, mich mitzunehmen: In einer guten Stunde geht mein Zug nach Moskau.

Ich versuche es bei Privatfahrzeugen, Lkw und Minibussen, aber sämtliche Fahrer lehnen mit diversen Begründungen ab.

Der Regen wird stärker, obwohl das gerade noch unmöglich schien.

Auf der russischen Seite des Grenzübergangs hat sich in Richtung Estland eine Schlange aus Lastwagen und Autos gebildet: Die baltischen Staaten schließen die Grenze für Reisende mit russischen Pässen und Visa. Die Menschen versuchen, noch rechtzeitig rüberzukommen.

In der anderen Richtung, auf russischer Seite, stehen ein paar Pkw am Straßenrand: Die Fahrer schlafen zurückgelehnt in ihren Sitzen, während sie auf Passagiere warten.

In der Regel sind das Taxifahrer. Aber seit Kriegsbeginn warten an der Grenze auch Minivans mit ukrainischen Nummernschildern und Freiwilligen am Steuer: Die einen bringen ukrainische Geflüchtete von Russland nach Europa, die anderen umgekehrt. Die, die nach Europa fahren, halten die anderen für Verräter. Und umgekehrt.

Ich hetze von einem Auto zum anderen, aber niemand will mich fahren. Ich gebe nicht auf, klopfe wieder: eine weiße ausländische Marke, das letzte Auto in der Schlange der Wartenden.

Auf dem Fahrersitz döst ein bulliger Mann um die fünfzig mit kindlich roten Wangen. Ich wecke ihn und frage, ob er mich bitte nach Pskow fahren könnte.

»Schaffen wir das in ein paar Stunden? Ich muss meine Familie abholen«, lächelt er plötzlich breit und erinnert an einen Bären aus einem Zeichentrickfilm. »Ich habe meinen Enkel ein halbes Jahr nicht gesehen, das ist sehr lange.«

Er fragt nicht, wie viel ich bezahlen will. Stellt sich vor: Schenja. Und streckt mir seine riesige Hand entgegen. Auf dem Rücksitz liegen Kinderbücher auf Russisch und Chips in verschiedenen Sorten. Ich frage ihn, woher sein Enkel kommt.

»Aus Riga. Die Kinder sind gleich nach dem Krieg weg: Meine Tochter ist fünfundzwanzig, mein Enkel zweieinhalb. Ich habe Kinderbücher gekauft, und einen weißen Kater. Wie findest du ihn? Nicht zu gruselig für den Kleinen?«

Hinter dem Fahrersitz sitzt wirklich ein Kater. Ich habe ihn nicht gleich bemerkt. Ein großer weißer Plüschkater. Die gelben Plastikaugen schauen gleichgültig an mir vorbei aus dem Fenster, in den Regen hinaus. Ich finde ihn wirklich etwas gruselig. Aber das sage ich nicht. Dafür spricht Schenja: »Ich habe es satt, von ihnen getrennt zu sein, verstehst du? Hast du Kinder? Kleine? Na, wenn sie älter sind, wirst du es sehen: Wenn sie groß sind, bleiben sie trotzdem klein. Jetzt ist meine Tochter in Riga, und ich bin in Kupjansk. Ich kann ihr nicht helfen, kann meinen Enkel nicht in die Arme nehmen, und sie hat es dort auch nicht leicht – weder Geld noch Arbeit, keine Freunde, keinen Kindergartenplatz für den Kleinen.«

Ich kenne die Stadt nicht, schreibe das Wort »Kupjansk« in mein Notizbuch, damit ich ihn später danach fragen kann. Er spricht ohne Punkt und Komma, ich komme nicht dazwischen.

»Ist es okay, dass ich gleich Du sage? Tut mir leid, ich bin schon so lange allein unterwegs. Hatte niemanden zum Reden.

Weißt du, viele kommen wieder zurück. Es ist schwer in der Fremde. Die Mentalität ist ganz anders, die Menschen, niemand hat dort auf uns gewartet. Also sage ich zu ihr: ›Meine Kleine, es wird Zeit, dass ihr nach Hause kommt.‹

›Ja, Papa, komm uns holen.‹

Heute werde ich sie treffen, und morgen sind wir schon zu Hause. Meine Frau kann es kaum erwarten. Wir haben ein Festessen gekocht.«

Ich frage: »Wo liegt denn Kupjansk?«

»Bei Charkiw.«

Das ist in der Ukraine, also frage ich, warum er seine Tochter auf der russischen Seite abholt.

»Schon, aber wir gehören jetzt zu Russland. Seit dem 24. Februar sind sie da. Was denkst du denn? Unsere strammen Verteidiger – das Militär und die Zivilen – haben alle gleich am ersten Tag den Anker gelichtet und sind los, das Land verteidigen. Die russischen Soldaten kamen in die Stadt, ließen unseren Bürgermeister holen: ›Lässt du uns vorbei?‹ Was sollte er tun? Mit Mistgabeln auf sie losgehen? Wir sind jetzt, wie man das nennt, Kollaborateure. Ich kenne den Bürgermeister noch aus der Schule, ich sagte zu ihm: ›Gena, wenn die ukrainische Armee die Russen vertreibt, musst du mit ihnen rennen, die lynchen dich sonst als Verräter.‹«

Schenja lacht. Er hat ein sehr einnehmendes Lachen. Das sage ich ihm, er freut sich. Wir lachen zusammen. Es regnet, wir fahren nach Pskow: Zwei Menschen, die sich sonst niemals begegnet wären.

Er fragt, wann mein Zug geht, und als er hört, dass wir noch Zeit haben, schlägt er vor, an einer Raststätte Eis zu kaufen. Wir essen zusammen im Auto Sahneeis mit Vanillegeschmack, das wir beide lieben, und das verbindet uns.

315

Ich frage Schenja, wie es sich unter der russischen Herrschaft lebt.

»Der Mensch ist eine Ratte, er gewöhnt sich an alles. Irgendwie leben wir.«

Ich frage, was die Russen in Kupjansk verändert haben. Er zuckt mit den Schultern: »Pässe verteilt. Jetzt haben wir alle russische Pässe, kannst du dir das vorstellen? Ich wollte ihn zuerst nicht, aber ein Pass bedeutet Rente. Das ist wenigstens ein sicheres Einkommen. Ein wenig Alltag, verstehst du? Es ist nicht so, wie die denken.«

Ich verstehe nicht, was er meint, und hake nach.

»Ja, bist du denn vom Mond gefallen? Schnallst du nicht, was die machen? Wir gehören jetzt quasi denen, wir sind jetzt deren Staatsbürger, deren Volk, deren Schutzschild!«

Er wird wütend, drückt das Gaspedal durch. Ich kneife die Augen zusammen und drücke mich in den Beifahrersitz. Kiefern rauschen vorbei.

Kiefern, Kiefern, Kiefern.

Endlich erreichen wir Pskow. Eine Ampel am Ortseingang. Er muss bremsen und beruhigt sich etwas. Räuspert sich. Ich mache die Augen auf.

Er sagt: »Tut mir leid. Aber es ist doch klar: Wir sind jetzt Russen. Wir sind jetzt die, die sie beschützen kommen. Die ›russische Welt‹, schon mal gehört? Ich kenn mich jetzt aus mit Geopolitik. Wir alle kennen uns jetzt aus. Mit Geopolitik, mit Luftabwehrsystemen, mit Waffentypen: Wie ein HIMARS funktioniert, wohin er schießt, wie weit, ob die Luftabwehr anspringt oder nicht. Was will ich mit diesem ganzen Mist?

Ich war Lehrer für Chemie und Biologie an einer Dorfschule. In meiner Jugend wurde ich vom Wehrdienst befreit, weil es an Lehrern mangelte. Ich war gerne an der Schule, sehr sogar. Bringst den Kindern was Ordentliches bei, kommst nach Hause und lebst dein Leben. Als wir in Rente gingen, legten meine Frau und ich uns einen ganzen Hof zu: Hühner, Enten, sogar

Kaninchen. Fleisch, Eier – alles unser eigenes. Wir haben sogar in Charkiw verkauft, da leben meine Schwestern. Wir produzierten, sie verkauften. Es lief richtig gut in letzter Zeit, unser Leben war so gut, verdammt.«

Er spricht jetzt wieder ganz normal.

Die Ampel springt auf Grün.

Wir fahren eine Weile schweigend.

Er sagt: »Als die Russen kamen, haben sie allen die ukrainischen SIM-Karten abgenommen. Verteilten ihre eigenen, dieses verschissene *Mirtelekom*.«

Sein »verschissen« klingt so komisch, dass ich fast loslache. Aber ich verkneife es mir.

»Nachts schießen von Kupjansk aus russische Soldaten auf Charkiw, wo meine Schwestern leben. Und aus Charkiw schießt die ukrainische Armee auf uns. Aber die Luftabwehr funktioniert gut. Auf beiden Seiten. Morgens rufe ich von unterm Kopfkissen meine Schwestern an: ›Yak, sho, chy vsi zhyvi?‹ – ›Lebt ihr noch?‹ Wir wissen nicht, ob wir uns je wiedersehen oder wie es weitergeht.«

Ich frage, was die russischen Soldaten noch gemacht haben, abgesehen vom Verteilen von SIM-Karten der *Mirtelekom* und russischen Pässen. Schenja lacht zu meiner Überraschung los: »Du wirst es echt nicht glauben.«

Er scrollt durch seine Fotos im Handy, findet das richtige.

Für den Fall, dass ich nicht verstehe, erklärt er mir: »Sie haben die Bordsteine in den Farben der russischen Flagge angemalt. Bescheuert, oder?«

Ich frage: »Schenja, wenn du dir jetzt aussuchen könntest, wer die Stadt regiert: Russland oder die Ukraine?«

Schenja antwortet sofort, ohne nachzudenken. Offenbar hat er sich das schon oft selbst gefragt: »Wenn ich ehrlich bin, ist es mir mittlerweile egal. Ich will einfach nur, dass niemand mehr schießt. Ich will leben, verstehst du? Unser Leben war nie leicht, wir mussten überleben, um jeden Groschen kämpfen, haben von früh bis spät geackert. In den 1990ern gab es nichts zu fressen, aber das weißt du ja selbst.

Erst vor zehn Jahren hat sich alles eingependelt, erst da konnte ich mich endlich wie ein Mann fühlen: Ich konnte einen Fernseher kaufen, ein neues Auto. Letztes Jahr hat meine Tochter ihren Mann verloren, da sagte ich zu ihr: ›Mach dir keine Sorgen, Kind, komm zu uns, wir ziehen den Kleinen gemeinsam groß.‹ Wir hatten alles, was wir brauchen, verstehst du? Alles.

Angeblich geht es um die Sprache bei diesem Krieg, aber ich sag dir: Wer Russisch sprechen wollte, der sprach Russisch. Es gab vereinzelte Elemente, die Unfrieden stiften wollten, aber die Menschen wollten das nicht. Sie wollten leben, verstehst du?

Als der Krieg kam, fühlte ich mich nutzlos: Überall explodiert es, Militärs laufen mit Gewehren durch die Stadt, und ich kann nichts tun, niemanden retten, höchstens mit meinem Körper schützen, groß genug bin ich ja. Jetzt beruhigt es sich langsam. Es ist eigentlich ruhig, nur nachts knallt es immer noch. Tagsüber buddelst du im Garten, denkst, du hörst es knallen, aber dann wieder nichts. Dann eine Sirene. Aber auch wieder keine. Das nennt man Phantomsirene, hast du davon schon mal gehört?

Aber im Großen und Ganzen ist es ruhig. Man sieht wieder spielende Kinder in der Stadt. Das gibt dem Ganzen einen Anschein von Frieden. Die Soldaten haben gemeint: ›Wir sind hier für immer, wir gehen hier nicht mehr weg.‹ Und da dachte ich: Dann soll es wohl so sein: Dann sind wir eben Russen, dann leben wir eben so weiter, ich will nur meine Tochter und ihren Sohn holen, dann vergessen wir den Krieg, den verfluchten.«

Am Bahnhof umarmen wir uns. Im Stehen sieht er noch mehr aus wie ein Bär: Ich reiche ihm ungefähr bis zur Hüfte. Er will kein Geld von mir. Ich sage, dass der Plüschkater seinem Enkel bestimmt gefallen wird. Wir tauschen Telefonnummern aus, obwohl es keine Notwendigkeit gibt. Er begleitet mich noch zum Zug und fährt dann wieder zurück zum Grenzübergang Schumilkino, um seine Tochter und seinen Enkelsohn abzuholen.

Wenn man im Nachtzug von Pskow nach Moskau fährt, gibt es so gut wie kein Netz. Die Verbindung kommt erst morgens, kurz bevor der Zug Moskau erreicht. Die erste Nachricht, die ich lese, lautet: »Die ukrainischen Streitkräfte führen erbitterte Kämpfe um Kupjansk.« Ich sehe in meinem Notizbuch nach: Kupjansk. Ich rufe Schenja an.

Ich rufe um 6 Uhr an.

Um 7 Uhr.

Um 8.

Um 8:30.

8:45, 8:50, 8:53, 8:54, 8:55.

Ich erreiche ihn endlich um 9:30. Er ist fröhlich:

»Sie sind angekommen, wir haben ihn Pskow übernachtet und fahren jetzt nach Hause!«

Ich entgegne: »Schenja, ihr dürft da nicht hin. In Kupjansk ist es gefährlich.«

Er glaubt mir nicht. Er sagt, dass seine Frau ihn sicher angerufen hätte, dass er gleich seine Bekannten in der Stadtverwaltung fragt.

Ich sage, er braucht nicht die Stadtverwaltung zu fragen, ich lese ihm die Nachrichten laut vor, die Zusammenfassung der Ereignisse an der Front: »Die ukrainischen Streitkräfte rücken zwanzig Kilometer weit in das besetzte Gebiet nördlich von Isjum in Richtung Kupjansk vor …

Die russischen Truppen ziehen sich zurück und gehen entlang des Ostufers des Flusses Oskol in Verteidigung …

Die ukrainischen Streitkräfte haben das Westufer des Oskol befreit und setzen die Gegenoffensive fort …

Die Brücke über den Oskol, die die beiden Teile von Kupjansk miteinander verbindet, wurde gesprengt …«

Ich sage, sie können nicht, sie dürfen nicht dahin.

Er meint: »Das kann nicht sein.«

Er legt auf.

Ich rufe an um 10 Uhr.

Um 10:05, 10:07, 10:10.

Ich rufe an.

Rufe an.

Rufe an.

Endlich nimmt er ab, schreit in den Hörer: »Was willst du? Warum willst du mir Angst machen? Wer bist du überhaupt? Scher dich zum Teufel! Hör auf, mich anzurufen!«

Ich lasse mich nicht abwimmeln, ich sage ihm, dass der Weg nach Kupjansk durch meine Heimatstadt Rostow am Don führt. Dass dort meine Eltern sind, meine Kindheitsfreunde, dass wir uns etwas einfallen lassen werden. Ich sage, er soll fahren, wohin er will, aber seine Tochter und seinen Enkel soll er dalassen. Und den weißen Kater, füge ich aus irgendeinem Grund hinzu. Ich glaube nicht, dass genau das gewirkt hat, aber er stimmte zu.

Zwei Tage später, am 10. September, meldete er sich. Eine SMS: »Katja, das ist der Horror.«

Ich rief zurück, aber er ging nicht dran.

Seine Tochter, die mit ihrem kleinen Sohn und dem Plüschkater in der fremden Stadt zurückgeblieben war, hörte ebenfalls tagelang nichts von ihrem Vater.

Wir telefonierten, machten einander Mut, lasen die Nachrichten:

... mehrere Objekte in Kupjansk wurden von Raketen getroffen;

... nach schweren Kämpfen steht die Stadt Kupjansk am 206. Kriegstag wieder unter der Kontrolle der ukrainischen Armee;

... über der Stadtverwaltung von Kupjansk wurde die ukrainische Flagge gehisst;

... über den Aufenthaltsort des Bürgermeisters, dem Kollaboration vorgeworfen wird, ist nichts bekannt.

Schenja und ich sprechen endlich am 12. September 2022 per Video. Ich weiß nicht, wie man in fünf Tagen so viel Gewicht verlieren kann, ich erkenne ihn kaum wieder.

Er fasst die Neuigkeiten zusammen: In seinem Haus in Kupjansk ist eine Landmine explodiert, seine Frau war zu dem Zeitpunkt im Garten, sie wurde schwer verletzt und verlor einen Arm. Der halbe Garten ist zerstört, aber bei den Nachbarn sieht es noch schlimmer aus. Sein Hof existiert nicht mehr, seine Hühner und Enten rennen, betäubt von den Schüssen und Bomben, durch die Stadt.

Er sagt: »Ich weiß nicht, woher du wusstest, dass ich mit den Kindern da nicht hinfahren darf. Danke, dass ihr sie bei euch aufgenommen habt. Gott hat dich geschickt.«

Ich weiß nicht, was ich sagen soll. Mir fehlen die Worte.

Er spricht weiter: »Hey, jetzt wein doch nicht. Warum weinst du denn? Weißt du, was ich heute gedacht habe? Jetzt müssen wir die verschissenen Bordsteine wieder neu streichen.«

KISSENBEZUG

Ich bin in Rostow am Don im Süden Russlands geboren und aufgewachsen.

Unsere Familie ist zufällig dort gelandet: Nach Stalins Tod mussten sich die Nachkommen von Volksfeinden – zu denen auch meine Großeltern zählten – auf Befehl der sowjetischen Regierung hin dort ansiedeln, wo sie sich zum Zeitpunkt des Todes des sowjetischen Führers aufgehalten hatten. So kam es, dass der Nachkomme deutscher Gutsherren und die Urenkelin des Rabbiners eines ukrainisch-jüdischen Schtetls sich dort niederließen. Sie lernten sich kennen und heirateten. Ein Jahr nach dem Tod des Tyrannen kam in Rostow am Don meine Mutter zur Welt. Und ein Vierteljahrhundert später ich.

Im Nordwesten grenzt die Oblast Rostow an die Ukraine. Solange ich denken kann, fuhren von Rostow aus Reise- und Taxibusse nach Donezk, Luhansk, Mariupol und Melitopol. Die Menschen in Rostow sprechen ganz ähnlich wie die Menschen in der Ostukraine. Über die Jahre haben wir uns vermischt: Menschen aus benachbarten Siedlungen, Dörfern und Höfen heirateten, gründeten gemeinsame Haushalte, bekamen Kinder.

Als Russland und die Ukraine zwei unabhängige Staaten wurden, blieben die Angehörigen vieler Rostower auf der anderen Seite der Grenze.

Bis 2014 war das kein Problem: Die Menschen konnten sich genauso leicht und problemlos besuchen wie zu Sowjetzeiten. Dann wurde es schwieriger: Die Checkpoints wurden mit Stacheldraht und Sicherheitsbeamten ausgestattet, Menschen wurde die Einreise verweigert, manche verschwanden spurlos. In der Regel musste jeder, der seine Verwandten besuchen wollte, lange anstehen und erniedrigende Kontrollen über sich ergehen lassen.

Dennoch bestand die Verbindung zwischen den Oblasten Rostow und Donezk und Luhansk bis Februar 2022 weiterhin fort. Zum ersten Mal nach Ausbruch des Kriegs reiste ich nach Rostow am Don mit dem Zug. Das war im April 2022. Früher konnte man in Moskau in ein Flugzeug steigen, der Flug dauerte knapp zwei Stunden. Zur Weltmeisterschaft 2018 wurde in Rostow ein schöner neuer Flughafen gebaut. Seit dem 24. Februar bleibt er auf Putins Geheiß geschlossen.

Jetzt kommen die meisten Menschen mit dem Bus oder dem Auto nach Rostow. Zugtickets kosten dreimal so viel, man bekommt sie kaum noch. Ich hatte Glück. Wie die anderen Fahrgäste auch. Die Menschen sind sichtlich angespannt und verängstigt, sie fluchen, retten sich in Floskeln wie: »Früher oder später kommt schon alles in Ordnung.« Sie klingen nicht besonders überzeugt. Aber etwas müssen sie ja sagen.

»Hauptsache, wir leben«, seufzt eine Mitreisende, als wir in Rostow aus dem Zug steigen. »Nicht so wie bei denen«, nickt sie in die Richtung, in der sie wohl die Ukraine vermutet. »Ein Albtraum! Die Kinder …« Sie beendet den Satz nicht, winkt ab und geht. Ihr Rollkoffer poltert über den Bahnsteig.

Rostow ist meine Heimat. Hier leben immer noch meine Eltern, meine ehemaligen Lehrer, Freunde aus Kindheitstagen. Ich laufe vom Bahnhof nach Hause und fühle mich wie das kleine Mädchen von damals: Mein Schulweg, der Park, in dem ich mit meinem ersten Freund spazieren ging, die Tram Nummer 10, die mich immer zur Musikschule brachte.

Ich sehe den Don und verstehe, wie sehr ich mein Zuhause vermisst habe.

In Städten, die an einem großen Fluss liegen, spielt er immer die Hauptrolle. Unser Don ist groß, dunkel und mächtig. Rechts des Flusses lebt und arbeitet die Stadt, links von ihm erholt sie sich.

Das linke Donufer, oder wie die Einheimischen sagen, der »Lewberdon«, wird dominiert von Ferienanlagen, Erholungsheimen, Sanatorien, Grillplätzen, Cafés und teuren Restaurants.

Zu Schulzeiten gingen wir auf dem Lewberdon mit unserem Physiklehrer wandern. Er trug einen Strickpullover mit Rollkragen, spielte Gitarre und sang dazu. Natürlich waren wir alle in ihn verliebt.

Später kam ich mit meinem ersten Freund an diesen Ort: Wir rannten über den Strand, küssten uns im Schilf und schwammen. Dann trug er mich auf seinen Händen durch das schwere, undurchsichtige, samtweiche Wasser, und ich legte meinen Kopf zurück, blinzelte in die Sonne und flüsterte: Ich bin glücklich, glücklich, glücklich.

Ich brachte meine Kinder her, als sie klein waren – wir angelten und sahen vom linken Ufer auf das rechte hinüber. Vom flachen auf das hohe, vom wilden auf das bebaute, urbane. Ich brachte ihnen die Dinge bei, die ich wusste. Dass das ihre Heimat war.

Die schönsten Ferien meiner Kindheit verbrachte ich zweihundert Kilometer von hier entfernt: am Asowschen Meer, bei Berdjansk, nicht weit von Mariupol.

Im Jahr 2022 wurden diese Städte von den Truppen meines Landes bombardiert und besetzt.

Ein großer Teil ihrer Einwohner befindet sich jetzt in Rostow. Sie sind Geflüchtete, Menschen, die ihre Häuser, ihre Familie, ihre Heimat verloren haben.

Ich fahre über den Don in eines der größten Flüchtlingslager, das in der Ferienanlage *Aelita* direkt am Wasser eingerichtet wurde.

Die ersten knapp sechzig Menschen wurden bereits um den 20. Februar 2022 hierhergebracht, wenige Tage vor der groß angelegten russischen Invasion in die Ukraine. Man verteilte sie auf die Zimmer, die sie sich zu viert oder fünft teilten, und befahl ihnen zu warten, bis der Krieg vorbeiging, den niemand offiziell so nannte.

Aber er ging nicht vorbei, er ergriff die ganze Ukraine und säte Leid und Hass. Jetzt befinden sich in dem Lager über dreihundert Menschen. Sie bekommen Essen, Kleidung und Wachschutz. Am Eingang zum Gelände patrouilliert ein Polizist.

Er will meine Papiere sehen, notiert meine Daten, bringt mich zur Diensthabenden. Sie nimmt mir meinen Ausweis ab, wundert sich, dass ich eine Genehmigung habe, einen ganzen Tag unbegleitet im Lager zu verbringen. Das ist keinem einzigen unabhängigen Journalisten vor mir gelungen. So wurde meine Kindheit zur Eintrittskarte ins Flüchtlingslager am linken Flussufer des Don.

Ich laufe durch die Ferienanlage *Aelita* und betrachte ihre Bewohner. Ich kann ihre Blicke nicht lesen, ich weiß nicht, wie und warum sie hier gelandet sind. Wen sie verloren haben, bevor sie hierherkamen. Was für sie das Signal sein wird, nach Hause zurückzukehren.

Die Luft riecht nach Traubenkirsche. Ich schließe die Augen und atme tief ein: Verdammt, ich bin doch zu Hause, ich will bei meiner Mutter am Mittagstisch sitzen, ich will nicht über den Krieg sprechen.

Ich spreche seit zweieinhalb Monaten von nichts anderem, ich lese von ihm, ich sehe Videos von den andauernden Beschüssen und Bombardierungen, ich spreche mit meinen Freunden und Verwandten in der Ukraine, in deren Häuser der Krieg gekommen ist.

Meine halbe Familie ist dort, in Kyjiw, unter den Bombenangriffen. Mein Onkel Sascha, der meiner Mutter Kartenspiele beibrachte, als er klein war. Und als er groß war, das Dach des Flughafens in Borispol entwarf. Mein Onkel ist verdienter Architekt der Ukraine.

In Kyjiw ist mein Cousin Andrej, dessen Briefe aus der Armee ich aufbewahre. Darin brachte er mir bei, Puschkin zu verstehen. Einmal schickte er mir eine siebzehnseitige Analyse von Puschkins *Kapitänstochter*.

Dort, in Kyjiw, ist meine schöne Cousine Natascha, die ich als Kind bewunderte. Ich wollte so schön sein wie sie. Natascha ist verheiratet und hat drei Kinder. Sie wollen nicht weg. Wenn es draußen sehr schlimm wird, schickt sie mir alte Fotos von unserer riesigen Familie. Gestern, als Kyjiw erneut unter Beschuss stand, schickte sie mir ein Foto der lachenden Oma Katja, der Schwester meines Großvaters. Von ihr habe ich meinen Namen. Ich stellte es als Bildschirmhintergrund auf meinem Handy ein, aber dann änderte ich es wieder, damit ich nicht immer weinen musste.

Meine halbe Familie lebt in Kyjiw, der Stadt, gegen die Moskau nun Krieg führt – die Stadt, in der ich den Großteil meines Lebens verbracht habe und in der meine Kinder geboren wurden.

Aber mein Herz ist in Rostow. Von hier aus sind es eintausend Kilometer bis nach Kyjiw. Und genauso viele bis nach Moskau. Ich laufe durch die Ferienanlage, die jetzt ein Flüchtlingslager ist, und höre eine Stimme hinter mir: »Wie die Kirsche duftet, riechen Sie das, Kindchen? Als wäre die Welt in Ordnung.«

Ich drehe mich um. Sie steht in der Frühlingssonne und lächelt strahlend, schön, als würde sie leuchten. Ich nicke: Ja, ich rieche es.

Ich sage: »Hallo, ich heiße Katja. Ich bin Journalistin.«

Sie lächelt: »Das ist gut, dass Sie wissen, wer Sie sind. Wir haben es schon vergessen. Sie haben unser Leben dermaßen auf den Kopf gestellt und auseinandergenommen, dass wir gar nichts mehr wissen. Ich heiße Taissija, Taissija Michailowna. Wir sind aus Donezk. Ich bin fast sechsundachtzig, vielleicht will ich ja gar nicht mehr leben … Aber nein, ich muss. Siehst du, wie die Sonne scheint? Sie scheint, und ich gehe spazieren. Ich laufe bis zum Zaun, drehe um und laufe wieder zurück. Raus lassen sie uns ja nicht. Sagen, dass wir da nicht hingehen sollen. Warum? Weil es für uns gefährlich ist. Aber warum, was daran gefährlich sein soll, sagen sie nicht. Sie denken für uns, sie entscheiden für uns. Als könnten wir nicht selbst denken und entscheiden. Ich habe mein ganzes Leben für mich selbst gedacht. Ich habe auf dem Bau gearbeitet, den Haushalt geführt, Kinder großgezogen. Das habe ich alles selbst geschafft. Und wir haben keinen Krieg geführt. Wir sind im Krieg groß geworden, wir wussten, dass wir keinen Krieg brauchen, dass wir leben und unsere Kinder großziehen müssen.

Ich bin 1936 geboren, Kindchen. Und ich laufe und laufe. Wenn man nicht läuft, sitzt man nur, und wenn man sitzt, dann legt man sich irgendwann hin, und wenn man liegt, dann stirbt man. So ist das.

Dabei denke ich die ganze Zeit, wozu lebe ich überhaupt? Wäre ich vor zehn Jahren gestorben, wäre ich glücklich gestorben: Mein Mann wäre am Leben, es würde Frieden herrschen, meine Kinder sind erwachsen, haben selbst Kinder, Enkelkinder ... Alle blicken glücklich in die Zukunft. Wissen Sie noch, wie in diesem Lied: *Und vor uns nur das Glück.*

Aber ich lebte immer weiter. Wie viel Leid ich am Ende meines Lebens zu sehen bekam, so viel Leid. Wozu brauche ich das im Jenseits? Ich weiß es nicht. Zu irgendetwas muss es doch gut sein? Wozu nur?«

Taissija sieht mir in die Augen: »Wozu?« Aber ich habe keine Antwort. »Ich wüsste es auch gerne«, murmele ich. Aber sie hört es nicht. Sie wendet ihr Gesicht der Sonne zu. Sagt: »Mein Mann ist im Dezember gestorben. Ich habe getrauert, lange getrauert. Ich habe mich auf mein Bett gelegt und auf meinen Tod gewartet, Kindchen.

Und plötzlich kommen die Rettungskräfte, sagen: ›Das war's, Mütterchen, Evakuierung, es gibt einen großen Krieg.‹ Und ich: ›Was war denn die ganzen acht Jahre? War das etwa kein Krieg? Was ist jetzt anders, dass plötzlich Krieg ist?‹

Weißt du, Kindchen, was am Krieg so gefährlich ist? Selbst wenn dich keine Bombe trifft, frisst er sich ins Herz. Mein Mann war früher leitender Ingenieur, hat eine Großbaustelle geleitet. Dann ging er in Rente, aber der Verstand hört ja nicht auf zu denken. Er ertrug diese neuen Kriegszeiten nicht: Ständig wird geschossen, junge Menschen sterben, alte. Wer hat zuerst geschossen, auf wen, warum? Wer soll das noch wissen? Jedenfalls hat sein Herz das nicht ausgehalten. Sein Verstand hat sich getrübt, es verschwand nach und nach alles im Nebel. Der Herr hat ihn verschont … Er starb. Und mich holten die Rettungssanitäter. Ich meinte zu ihnen: ›Meine Lieben, lasst mich hier, was wollt ihr mit mir alten Frau. Lasst mich zu Hause sterben.‹

Aber nein, sie verpassten mir eine Spritze. Ich schlief ein. Als ich aufwachte, war ich hier, in diesem Ferienlager. Als würden wir Urlaub machen. Aber eigentlich sind wir wie diese Stopfenten, wissen Sie? Wir werden dreimal am Tag gefüttert und dürfen nicht raus.

Wir sitzen hier solange fest, wie in unserem Donezk der Krieg wütet.

Begleiten Sie mich zum Anleger? Die Luft ist so gut dort. Und eine Trauerweide wächst da auch. Ich liebe Trauerweiden. Ich sehe sie so gern an. Ich schaue und denke: So ein schöner Baum, wir sind uns so ähnlich.«

Wir spazieren hinunter zur Anlegestelle. Taissija Michailowna trägt weiße Tennisschuhe und ein cappuccinofarbenes Strickkleid. Ich frage sie, woher sie diese schönen Sachen hat. Sie freut sich über die Frage. Sie richtet ihr Kleid, stolz wie ein kleines Mädchen: »Sie wissen ja, Kleider machen Leute. Ich habe mein ganzes Leben lang selbst genäht und gestrickt. Jetzt liebe ich das Stricken noch mehr. Es beruhigt mich. Zu Hause hatte ich sogar eine Strickmaschine. Aber von Hand ist es trotzdem besser. Meine Hände langweilen sich hier. Müßiggang und Trübsinn sind der Niedergang des Menschen, wissen Sie das? Und wir haben beides.

Ich flehe sie die ganze Zeit an, dass sie mich rauslassen, wenigstens bis zum Nähladen, oder dass sie mir selbst Wolle und

Stricknadeln besorgen. Wenigstens einen Knäuel. Dann würde ich stricken. Ich würde alle in Ruhe lassen und selbst Ruhe haben.

So habe ich es zu Hause gemacht: Draußen fallen Schüsse, alles explodiert, und ich sitze neben meinem Mann und stricke. In den letzten Jahren sind wir nicht mehr in den Keller gegangen. Wir sind zu Hause geblieben, Kindchen. Wozu vor dem Tod weglaufen, wenn er gar nicht zu dir kommen will? Der Tod war unser Nachbar: Er holte die Jungen und die Gesunden.

Ein Stockwerk tiefer lebte ein Mann, er war so liebenswürdig, so gut, friedfertig wie ein kleines Kätzchen. Er lebte bei seiner Mutter, er war ihr Ein und Alles. Dann brachte er eine Frau mit nach Hause, es schien alles gut zu laufen. Aber im Winter wurde er eingezogen. Sie haben ihn direkt von zu Hause abgeholt, zwei Männer. Keine drei Wochen hat er durchgehalten. Kam im Holzsarg zurück, tja. Seine Mutter war am Boden zerstört. Und die Frau ist ganz schwarz geworden vor Trauer. Aber ich habe sie nicht mehr gesehen, sie haben mich ja hierher verfrachtet. Vielleicht hat man sie auch abgeholt?«

Die grauen Haare wehen im Wind, lassen Taissija Michailowna ganz schutzlos, ganz klein wirken. Ich möchte sie gerne umarmen, aber ich traue mich nicht, wir kennen uns ja kaum. Ich will ihr etwas Tröstendes sagen. Aber ich weiß nicht, wie man jemanden tröstet, der mit 86 Jahren in einem Flüchtlingslager gelandet ist, in dem er sich ein Zimmer mit fünf anderen teilen muss und Kühlschrank und Fernseher mit dem ganzen Haus. Während ich darüber nachdenke, erreichen wir den Anleger: Es sind viele Menschen da. Jemand hat den Popsänger Verka Serduchka auf dem Handy angemacht. Die Kinder tanzen zum Song *Alles wird gut*. Die Mütter rauchen und treten von einem Bein aufs andere. Man sieht, dass sie auch tanzen würden, wenn die Situation eine andere wäre. Vom Don her weht ein Wind. Es ist frisch.

Taissija Michailowna stellt mich vor: »Das ist Katja, sie ist Journalistin. Sie schreibt ein Buch über solche wie uns. Die Opfer des Krieges.«

Die Musik geht aus. Der Anleger leert sich rasant.

Zurück bleibt Olga, eine hübsche füllige Frau im Mohairpullover mit großen orangefarbenen Blumen. Olgas Lippen sind im passenden Farbton geschminkt. Olga sagt: »Sie sind doch Reporterin, können Sie die mal fragen, was die da machen, was das soll, ob sie vielleicht … Unmenschen sind?«

Es entsteht ein Pause. Ich schaue Olga an, sie schaut zur Seite. Die Frauen holen ihre Kinder vom Anlegeplatz, unten schlagen die Wellen gegen die Pfeiler, eine Möwe, die über uns hinwegfliegt, kreischt laut und hässlich. Taissija Michailowna hilft meinem ins Stocken geratenen Gespräch mit Olga auf die Sprünge: »Was meinst du genau, meine Liebe?«

Olga stemmt die Arme in die Seiten: »Na, das Feuerwerk. Jeden Tag knallen sie. Meine Kinder legen sich sofort auf den Boden und halten die Hände über den Kopf. Die Frauen werden alle blass, manche übergeben sich vor Angst. Das ganze Lager wirft sich bei jedem lauten Geräusch auf den Boden. Ist ihnen überhaupt klar, wo wir herkommen?«

Endlich verstehe ich, wovon sie redet: Gleich neben dem Ferienheim *Aelita*, das jetzt ein Flüchtlingsheim ist, befindet sich das Elite-Restaurant *Petrowskij Pritschal*. Es wurde Mitte der 1990er-Jahre eröffnet und war wohl das erste in der Stadt, das etwas von Großstadt-Chic hatte. Wie alle Restaurants am linken Ufer liegt es direkt am Wasser. Am Anfang des langen Stegs stehen zwei Kanonen. Jeden Tag um zwölf Uhr mittags schießen sie. Jedes Wochenende werden hier laute Hochzeiten und runde Geburtstage gefeiert, das Restaurant ist auf Monate im Voraus ausgebucht. Der Höhepunkt des Abends ist meist ein großes Feuerwerk. Alle in Rostow wissen das. Aber niemand von den Zuständigen hat daran gedacht, als man die Geflüchteten dort einquartierte.

Ich frage Olga: »Haben Sie sich beschwert?«

»Als ob uns jemand zuhören würde. Wir sind niemand und kommen aus dem Niemandsland.«

Olga zündet sich eine Zigarette an und wechselt zum Du: »Für dich hat der Krieg im Februar begonnen, oder? Weißt du, wie lange ich meinen Mann nicht gesehen habe? Seit November. Rechne mal nach: November, Dezember, Januar, Februar, März, April. Seit einem halben Jahr habe ich keinen Mann mehr, verstehst du?«

Taissija Michailowna fasst Olga am Ellbogen: »Reg dich nicht auf, Liebes. Wir haben es schon länger ohne Männer ausgehalten, Hauptsache, alle sind gesund. Ihr werdet euch wiedersehen und alles aufholen.«

Aber Olga spricht weiter: »Wir wollten nicht her. Wir hatten selbst ein Leben. Wie das in den letzten acht Jahren war, lassen wir mal kurz beiseite. Ich habe zwei Kinder großgezogen, der Kleine ist 2012 und der Große 2010 geboren. Es herrschte noch Frieden, im Krieg hätte ich keine Kinder bekommen, so eine bin ich nicht. Aber wir haben alles durchgestanden. Es war fast wieder ruhig bei uns in Donezk. Warum geht das alles wieder von vorne los mit diesem Krieg? Warum lasst ihr uns keine Wahl? Warum nehmt ihr uns alle unsere Männer weg, wen sollen wir lieben, mit wem Kinder machen? Ich sehe meinen Mann nicht, er schickt mir nur Fotos. Aber nicht von sich, sondern von den Bomben und Granaten, die auf unsere Stadt fallen. Hier, schau, sieh genau hin, und du auch, Großmutter, seht euch das an.«

Olga entsperrt ihr Handy. Zeigt uns lauter Fotos und Videos von Bombensplittern, manche rauchen noch. Olga scrollt durch die Aufnahmen, wir schauen sie uns an. Sie sagt: »Er ist Feuerwehrmann. Er dürfte nicht kämpfen. Sie sind einfach gekommen und haben ihn mitgenommen, mobilisiert, hieß es einfach. Welches Recht hatten sie dazu? Wir sitzen hier seit vier Monaten, dürfen nicht arbeiten, nicht rausgehen – nichts. Die Kinder rennen draußen herum, und ich? Ich gehe raus, eine rauchen, gehe wieder rein, mache ein Nickerchen, sehe fern. Im Fernsehen läuft ein Mist, sag ich euch! Da erzählt man uns, dass das alles hier« – Olga lässt ihren Blick über das Gelände wandern, die Kinder, die einen Frosch um den stillgelegten Brunnen jagen, die Männer, die Karten spielen, den Wachmann in der Kabine, den dreibeinigen Hund, der am Küchenausgang sitzt und auf ein Almosen wartet, das schicke Restaurant *Petrowskij Pritschal*, den Don –, »dass das alles für uns ist. Ihr bekommt alles von uns, sagen sie. Esst, greift zu. Danke. Wir sind satt. Wann hört das alles endlich auf? Können Sie mir das sagen? Wann?«

Taissija Michailowna kommt mir zu Hilfe: »Na, woher soll sie das denn wissen, Kindchen? Sie ist doch Reporterin, sie ist im Gegenteil hier, um mit uns über unser Leben zu sprechen. Sei doch nicht wütend.«

Olga geht plötzlich die Puste aus. Heiser sagt sie: »Ich bin fertig. Völlig am Ende, das ist alles.«

Taissija Michailowna bekreuzigt sich. Olga tritt mit der immer noch qualmenden Zigarette einen Schritt weg von ihr und steht plötzlich ganz nah bei mir. Sie erzählt: »Ich will leben, ich will wieder auf Reisen. Ich bin Zugbegleiterin, weißt du? Mein Leben sah so aus: drei Tage Arbeit, fünf Tage zu Hause. Ein perfektes Leben, dein Mann geht dir gar nicht erst auf die Nerven. Und jetzt? Jetzt soll ich ein Flüchtling sein, die Hand aufhalten? Wir hatten doch alles. Ich wäre ja auch gar nicht weg aus Donezk: Sie haben uns in diese Busse gepfercht, mitten in der Nacht hier abgeladen und befohlen zu warten, bis sie uns befreit haben. Wovon will man uns befreien? Wir waren doch frei, oder, Großmutter?«

Oma Taissija tätschelt Olgas Schulter. Fragt: »Kannst du nicht hier arbeiten, Kindchen? Welchen Pass hast du?«

»Ich hab sie alle: russisch, ukrainisch, den von der DNR. Wir haben genommen, was wir kriegen konnten. Aber jetzt heißt es, weil ich Bürgerin der DNR bin, gelten wir nicht als Flüchtlinge, sondern als Aussiedler. Uns steht weder Hilfsgeld noch eine Wohnung zu. Wir sind hier nur vorübergehend, wir müssen danach wieder zurück nach Hause.

Und arbeiten kann ich nicht, weil sie mich erstens nicht rauslassen, und zweitens habe ich ja die Kinder. Wer soll sich um sie kümmern? Hier ist jeder mit seinem eigenen Leid beschäftigt, alle sitzen und weinen darüber. Ich würde sofort in den Zug springen, bei der nächsten Gelegenheit.«

Olga schließt die Augen: »In meinem Wagen herrschten immer Ordnung und Sauberkeit, ich habe sogar einen Lufterfrischer gekauft, Rosa Orchideen. Ein rosa Läufer lag bei mir im Durchgang, millimetergenau. Ich habe die Wäsche gerne selbst ausgeteilt, ich liebe den Duft von frischer Wäsche, am besten, wenn sie noch ganz leicht feucht ist. Dann duftet sie nach Schnee. Ich bezog sogar manchmal die Betten selbst, es machte mir einfach Spaß.«

»Herr im Himmel!«, ruft Taissija Michailowna plötzlich entsetzt. »Das habe ich ja ganz vergessen!«

Olga und ich drehen uns um. Oma Taissija hat beide Hände auf ihre Wangen gelegt und blickt nervös um sich: »Ich habe ihn ja immer noch nicht gefunden, meine Guten. Ich habe gesucht und gesucht und finde ihn nicht.«

»Was suchen Sie? Wen?«

»Den Kissenbezug. Sie haben mir Bettwäsche gegeben, es ist alles da, nur der Kissenbezug fehlt. Eine Kleinigkeit, es ist fast komisch. Aber er ist weg. Die Mädchen in der Wäscherei haben mit mir geschimpft. Ich bin ihn suchen gegangen, dachte, vielleicht habe ich ihn auf dem Weg in mein Zimmer verloren. Aber er ist wie vom Erdboden verschluckt. Dann habe ich Sie getroffen und gar nicht mehr daran gedacht, ich habe meine Sorgen kurz vergessen. Aber als sie die Bettwäsche erwähnte, da ist es mir sofort wieder eingefallen. Sie haben nicht zufällig irgendwo einen Kissenbezug gesehen? Als ich ihn suchen gegangen bin, sagte ich zu mir: Wenn ich ihn finde, wird alles gut ausgehen. Aber dann habe ich Sie getroffen und alles vergessen.«

Bis zum Abend suchten wir nach dem Kissenbezug. Ohne Erfolg.

Ich fuhr nach Hause.

Versuchte, meine Eltern zu überreden, Rostow zu verlassen. Nicht für immer, nur vorübergehend. Sie weigern sich.

2014, als Russland die Militäroperation im Donbass startete, sah man von unserem Balkon schwarzen Rauch von den Explosionen aufsteigen, im Süden der Stadt hörten die Menschen es donnern.

Jetzt herrscht drei Autostunden von dem Haus meiner Eltern entfernt ein echter großer Krieg. Über ihrem Haus fliegen, wie über allen anderen Häusern der Stadt, mit ohrenbetäubendem Lärm Kampfjets vorüber. Hier und da hört man Knallgeräusche mit unklarem Ursprung, die Telefonverbindung bricht ständig ab. Auf dem Sewernoje-Friedhof wurde ein Raketensplitter aus dem Asphalt geborgen. In der Stadt wurde gestritten: ›Kam es von denen? Oder ist unsere nicht weit genug geflogen?‹ Anhand von Fotos wurde entschieden, dass es unsere war. Weder in den lokalen noch in den landesweiten Nachrichten gab es eine offizielle Stellungnahme dazu.

Ich stehe auf dem Balkon und blicke in die Richtung, in der in diesem Moment Häuser explodieren, Schützen aufeinander schießen, Granaten fliegen und Menschen sterben.

Ich kann nichts sehen. Es herrscht Nebel.

Ich verlasse Rostow.

Vier Monate später komme ich wieder. Die Stadt hat sich verändert. Der Krieg kommt spürbar näher, man kann ihn nicht mehr ignorieren. Die Zentralbibliothek, die Stadtverwaltung, das Einkaufszentrum, sämtliche öffentlichen Verkehrsmittel sind mit Zs und Vs in Schwarz und Orange überzogen, den Farben des Georgsbands. Im Kindergarten gegenüber läuft morgens so laut die Hymne der Russischen Föderation, dass man sie in unserer Wohnung hört. An der Kindergartenwand hängt ein Plakat mit dem Buchstaben Z. Ich sehe es jedes Mal, wenn ich aus dem Fenster schaue.

Die Rostower, an denen der Krieg noch vor Kurzem spurlos vorbeizugehen schien, reagieren jetzt auf jede Erwähnung gereizt bis aggressiv. Im Bus, auf der Straße und im Café höre ich das Wort »Krieg«.

Ich steige in ein Taxi. Im lokalen Radio, das den Krieg, wie überall in Russland, nicht Krieg nennt, wird berichtet, dass die Oblast Rostow rund 200 000 Geflüchtete aus der Ukraine aufgenommen habe.

»Zum Kotzen«, kommentiert der Taxifahrer. Und beschwert sich, dass die Flüchtlinge seinem Kumpel die Nummernschilder geklaut hätten.

Ich hake nach: »Sind Sie sicher?«

»Klar.«

»Und was wollten sie damit?«

»Weiß ich doch nicht. Aber weg sind sie.«

Alle Gespräche laufen früher oder später auf die Schuldfrage hinaus: Das Leben ist schwerer geworden, teurer, die Zukunft ungewisser. Meistens geben die Rostower die Schuld dem Nachbarland Ukraine und den Geflüchteten. Das liegt nah, viel näher als Moskau.

Der Taxifahrer bringt mich auf die linke Seite des Don. Ich bin privat in Rostow, aber ich will »meine« Geflüchteten besuchen. Ich habe oft an sie gedacht, aber aus irgendeinem Grund war ich mir sicher, dass niemand mehr in der Unterkunft ist. Sie soll ja temporär sein. Also habe ich in der Verwaltung angerufen und mich erkundigt. Wie sich herausstellt, sind alle noch da.

»Oma Taissija auch?«

»Wo soll sie denn sonst sein«, antwortet mir die muntere Frauenstimme.

Ich habe Geschenke für Oma Taissija dabei: Stricknadeln, Garn, bequeme Schuhe ohne Absatz und ein Set Baumwolltaschentücher.

Wir überqueren den Don und erreichen kurz darauf die Ferienanlage *Aelita*.

Fast alle, die ich kenne, sind immer noch hier. Aber es sind auch neue hinzugekommen: Mariupol, Rubischne, Charkiw, Popasna, Wolnowacha, Awdijiwka …

Die Alteingesessenen stellen mich vor, die Menschen kommen auf mich zu und zeigen mir Fotos und Videos von ihren Häusern vor dem Krieg, von Explosionen und Beschüssen. Erzählen mir ihre Geschichten. Wir tauschen Nummern aus. Ich verspreche, zu helfen, wo ich kann. Ich sage: »Ich werde es versuchen.« Aber meine Augen suchen nach Taissija.

Plötzlich wird mir klar, dass sie mir gefehlt hat. Dass es mir aus irgendeinem mir noch unbekannten Grund wichtig ist, sie zu sehen.

Man sagt mir, sie sei auf dem Anlegeplatz.

Ich sehe sie von Weitem: Da steht sie, die Hände unterm Kinn verschränkt, und blickt auf den Don hinaus.

Ich grüße sie. Sie sieht mich eine Weile aufmerksam an und grüßt zurück: »Guten Tag, und Sie kommen woher?«

Ich greife nach ihrer Hand:

»Ich bin es doch, Katja, die Journalistin. Wissen Sie noch, wir haben zusammen Ihren Kissenbezug gesucht. Ich bin wieder da. Erinnern Sie sich an mich?«

Sie lächelt und sagt: »Sie sehen so nett aus, Kindchen. Ihr seid alle so nett. Ihr habt mir so viel geholfen, ihr helft uns alle sehr. Möge Gott Ihnen Gesundheit geben.«

Und weiter: »Ich möchte so gerne nach Hause, Kindchen. Ich habe so eine schöne Aussicht von meinem Balkon. Ich habe Kinder, Enkelkinder, vier Urenkelkinder. Wir haben nie Krieg geführt. Wir haben ein gutes Leben gehabt, lebten in Frieden. Wir lebten und lebten, bevor mein Mann gestorben ist, er hieß

Wiktor Iwanowitsch. Er war ein sehr guter Mensch. Wir haben ein langes Leben gelebt. Aber seit er im Dezember gestorben ist, verstehe ich gar nichts mehr, alles ist durcheinandergeraten: Was für ein Krieg, welcher Krieg? Wo kommen Sie her, Kindchen?«

Ich halte ihre Hand fest. Sie spricht und sieht an mir vorbei. Und ich betrachte sie: ihr Lächeln, die hellen Augen, die weißen Haare, die seit unserem letzten Treffen länger geworden sind und jetzt im Wind wehen. Sie verschmelzen mit dem Himmel und scheinen durchsichtig: Als würde sich meine Taissija auflösen, verschwinden.

Ich versuche, sie mir einzuprägen: Das cappuccinofarbene Kleid, das sie auch am Tag unseres ersten Treffens getragen hat, wirkt jetzt zu groß, als würde es jemand anderem gehören. Aber es steht ihr trotzdem gut.

Das würde ich ihr gerne sagen, aber es geht nicht: Sie spricht in einem durch.

»Wir haben friedlich gelebt, taten niemandem was zuleide, wir kannten unseren Platz, mischten uns nirgendwo ein, wir hatten ein gutes Leben, Kindchen, ein sehr gutes. Wir hatten von allem genug. In meiner Kindheit, da war es anders, es war hart, wir haben gehungert: Ich war fünf, als die Faschisten kamen, mein Vater starb. Meine Mutter blieb mit uns zwölf Kindern zurück. Jetzt bin nur noch ich da. Ich vermisse sie alle so sehr … Besonders meine Mama. Meine Mama hatte so schöne Hände. Ihre Finger hatten Knoten, weil sie so viel arbeiten musste. Aber sie waren so lang, und die Fingernägel halbrund. Aber vor allem waren ihre Hände immer warm. Ich hatte es so gern, wenn sie mich umarmte. Sie hatte keine Zeit dafür, wann auch – die vielen Kinder, die viele Arbeit –, aber wenn, dann wurde einem gleich warm. Meine liebe Mama …«

Auch Taissija Michailowna hat lange Finger, an deren Knöcheln die Jahre und die Arbeit Knoten hinterlassen haben. Ihre Fingernägel sind schön und mandelförmig. Sie reibt sich die trockenen Hände. Seufzt. Sagt: »Wir, unsere Generation, wir haben gut gelebt, das Einzige, was wir wollten, war, dass es keinen Krieg gibt. Und es gab keinen Krieg, verstehen Sie? Das war das Verdienst unseres Volks, unserer Regierung. Wir haben den Hunger überwunden, alles. Ich habe immer hart angepackt, in der Fabrik gearbeitet, Waggons ausgeladen. Alle lachten, weil ich so stark und gesund war. Wir lebten hoch oben im vierten Stock, ganz weit konnten wir sehen. Aber Krieg haben wir nie gesehen ... Meine Liebe, kannst du mir vielleicht sagen, wann sie uns zurück nach Hause bringen? Ich habe doch Kinder, Enkelkinder ... Wissen Sie, wann wir zurückfahren? Arbeiten Sie hier?«

Ich streichele ihre Hand, richte ihre Haare, die der Wind schon ganz zerzaust hat. Aus dem Lautsprecher, aus dem die ganze Anlage mit einem staatlichen Unterhaltungssender beschallt wird, ertönt ein Lied, das sie zusammenfahren lässt.

Lidija Ruslanowa, die bekannteste Folkloresängerin ihrer Jugend, singt eine dieser durchdringenden russischen Balladen, die auf unbegreifliche Weise eine beschwingte Melodie in Dur mit einem traurigen Text in Einklang bringen. Ruslanowa singt:

»An das rasche Flüsslein
Trete ich und schau –
Nimm mein' Schmerz,
Rasch' Flüsslein,
Trag ihn mit dir fort ...
Nimm mein' Schmerz,
Rasch' Flüsslein,
Trag ihn mit dir fort.«[3]

Über Taissija Michailownas Wangen fließen schnelle stille Tränen, sie presst meine Hand zusammen. Sie sagt: »Ich kenne dieses Lied, ich erinnere mich an alles, nur die Worte wusste ich nicht mehr. Das ist unser Lied, ein Volkslied. Wir haben es immer zu Hause gesungen. So ein schöner Text … so tiefgründig. Sie singt von uns, von unserem Schmerz …« Taissija Michailowna schmiegt sich an mich, ich umarme sie. So stehen wir auf dem Anleger. Sie flüstert: »Ich möchte zu meiner Mama. Ich bin so müde, Kindchen, bitte bring mich nach Hause, zu meiner Mama.«

Ich bringe sie auf ihr Zimmer in Haus Nummer drei im Flüchtlingslager am linken Flussufer in Rostow am Don. Lege sie ins Bett. Sie schläft ein, während sie immer noch meine Hand festhält. Ich gebe ihr leise einen Kuss, bevor ich aus dem Zimmer gehe. Ich weiß nicht, ob wir uns jemals wiedersehen, aber mir ist klar, dass sie mich nicht erkennen wird, selbst wenn.

Ich gehe durch den Flur des Hauses Nummer drei im Flüchtlingsheim von Rostow.

Im Wohnzimmer läuft der Fernseher. Eine adrette Nachrichtensprecherin berichtet, dass in Mariupol die erste Ampel in Betrieb genommen wurde.

Ich weiß, dass ein Drittel der etwa zwanzig Menschen, die vor dem Fernseher sitzen, aus Mariupol kommt. Ich kenne viele von ihnen persönlich. Sie haben mir erzählt, wie schön ihre Stadt vor dem Krieg war: die Springbrunnen, die Parks, das Theater.

Auf dem Bildschirm sieht man die Ampel, die den wenigen Autos vor dem Hintergrund verkohlter Häuserfassaden verwundert zuzwinkert: rot, gelb, grün. Die Autos fahren los. Aber an der Querstraße sind gar keine Autos zu sehen. Wozu dann die Ampel?

Fragt sich die adrette Nachrichtensprecherin nicht, wo all die Ampeln in Mariupol geblieben sind, wenn das die erste sein soll?

Der Beitrag ist zu Ende. Niemand sagt etwas. Ein paar der Frauen gehen schweigend raus zum Rauchen.

Ich folge ihnen.

Auf dem Flur herrscht plötzlich Aufruhr: Meine Bekannte Olga hat ihren Zimmernachbarinnen die Tür vor der Nase zugeknallt und lässt sie nicht rein.

»Olja, mach auf, wir sind's! Olja, hör doch auf damit. Er taucht schon wieder auf, Olja. Das sind doch alles Betrüger!«

Olga schreit, sie wolle niemanden sehen. Aus dem Zimmer kommt Gepolter. Olga hat offenbar etwas Schweres gegen die Tür geworfen.

Die Mädchen erklären mir: Olgas Mann hat sich lange nicht gemeldet, und jetzt hat eine unbekannte Person bei Olga angerufen und ihr gegen Geld Informationen über ihren Mann angeboten. Aber ob er lebt oder nicht, ob er in Gefangenschaft ist oder in Freiheit, das sagte der Anrufer nicht. Olga hat einen Tag lang durchgehalten und schließlich die Nerven verloren.

»Er taucht schon auf«, sagt eine von Olgas Zimmernachbarinnen.

»Sie beruhigt sich schon«, stimmt ihre Freundin ein.

Sie setzen sich zum Rauchen draußen vor den Eingang.

Er tauchte nicht auf. Jedenfalls nicht in dem Monat, in dem ich noch Kontakt zu Olga hatte. Dann nahm Olga ihre Kinder, fuhr nach Donezk zurück, änderte ihre Nummer, und seitdem habe ich nichts mehr von ihr gehört.

Zum dritten Mal in diesem Jahr – dem schwärzesten Jahr meines Lebens – besuche ich Rostow im Dezember, kurz vor Silvester.

Mein Besuch fällt mit dem Todestag meiner geliebten Großmutter Rosa zusammen. Ich fahre zu ihrem Grab auf dem größten Friedhof in Rostow – dem Sewernoje.

Früher lag das Grab meiner Großmutter ganz am Rand, an der Straße. Seit ich das letzte Mal hier war, sind neue Gräber hinzugekommen. Ich muss lange suchen.

Ich wandere, bis zu den Knöcheln im Schlamm, zwischen den

Umfriedungen umher: Der Winter, der allen erst mit seinem tödlichen Frost einen Schrecken eingejagt hatte, wurde schließlich nass und matschig. Ich muss an die Soldaten denken, die nur hundert Kilometer von diesem Friedhof entfernt hüfthoch im gleichen Schlamm kämpfen.

Plötzlich fällt ein Schuss. Ich fahre zusammen, greife nach einem fremden Grabstein, sehe mich um: Über einem frischen Grab feuert eine Soldatenformation in die Luft. Die wenigen Trauergäste stützen eine weinende Frau. Am Saum ihres Kleids halten sich zwei etwa fünfjährige Kinder fest, Zwillinge. Der Sarg ist bereits in die Erde gelassen, die Friedhofsarbeiter schwingen die Schaufeln, schütten das Grab zu. Die Erde ist feucht, bleibt am Werkzeug kleben. Die Arbeiter sind genervt. Die Erde klebt auch an den Schuhen. Ich sehe, dass manche der Trauergäste Plastiküberzüge tragen, um sich nicht schmutzig zu machen. Die weniger praktisch Veranlagten waschen ihre Schuhe in den Pfützen und treten die Erde an den fremden Metallzäunen ab.

Ich schlage einen Bogen um die Trauergemeinde und sehe mir das Foto des Toten an. Er heißt Andrej, war dreißig Jahre alt. Graue Augen, Lächeln. Todestag 12. Dezember. Der Ort steht dort nicht. Ein Mann in Lederjacke legt gerade ein orange-gelbes Taxischild an Andrejs Kreuz.

Ich frage: »War er Taxifahrer?«

»Nicht ganz«, seufzt der Mann. »Er hat diesen *Solaris* auf Kredit gekauft, dachte, er könnte reiche Gäste herumkutschieren, aber dann kam die Mobilmachung, er bekam den Einberufungsbescheid und Tschüss. Sie mussten ihn im Genlabor identifizieren. So sieht das aus. So sieht jetzt unser Leben aus, zum Teufel.«

Der Mann schiebt mich zur Seite wie einen Vorhang und geht mit den anderen Trauernden zum Auto.

Ich drehe mich noch mal zu Andrej: Lächeln, Kreuz, Taxischachbrett.

Früher, wenn wir in meiner Kindheit herkamen, um die Gräber meiner Großeltern zu besuchen, liebte ich es, über den Friedhof zu streifen.

Ich las die Geburts- und Todesdaten, die Inschriften auf den Grabsteinen, dachte mir Geschichten zu den Toten aus, versuchte mir vorzustellen, wie sie gelebt, was sie gemacht, wen sie geliebt, wovon sie geträumt hatten.

Ich finde das Grab meiner Großmutter anhand der Grabsteine, die ich noch aus meiner Kindheit in Erinnerung habe.

»Hallo, Oma. Wie geht's dir?«, frage ich sie im Stillen.

Ich, die dich ihr ganzes Leben so sehr vermisst hat, habe mich so oft in diesem Jahr gefreut, dass du nicht mehr auf dieser Welt bist.

Denn das hättest du unmöglich überlebt.

Das hättest du nicht überlebt.

Ich erzähle meiner Großmutter von den Bomben auf Mykolajiw – die Stadt, die ihr als Elfjährige nach der Verhaftung ihrer Eltern 1937 Schutz geboten hatte: Ihr Vater wurde erschossen, ihre Mutter kam in ein Straflager für die Ehefrauen von Volksverrätern. Meine Großmutter konnte sich nach Moskau retten und überlebte.

Im Juni 1941 hatte sie noch einmal Glück: Sie durfte zum ersten Mal ihre Mutter im Lager besuchen. Meine Großmutter war gerade auf dem Weg nach Kasachstan, als der Krieg ausbrach. Alle, die sie in Mykolajiw gekannt und geliebt hatte, wurden erschossen – sie waren Juden. Meine Großmutter überlebte und kehrte nach dem Krieg in die Ukraine zurück. Sie machte ihren Abschluss an der Hochschule für Transportwesen in Kyjiw und reiste mit einer mobilen Einsatzbrigade, die aus »unzuverlässigen Elementen« zusammengestellt war, nach Rostow, um eine Eisenbahnbrücke über den Don zu bauen. Dort traf sie meinen Großvater.

Die Familienlegende besagt, dass sich mein Großvater in meine Großmutter verliebte, als sie bei einer Aufführung Taras

Schewtschenkos Gedicht *Jak umru, to pochovajte, Wenn ich sterbe, macht ein Grab mir*, auf Ukrainisch vortrug.

Ich erinnere mich sogar noch, wie meine Oma mir dieses Gedicht beizubringen versuchte. Sie ärgerte sich, dass ich das Wort »milyij« (»Liebster«) nicht richtig aussprach.

»Zuerst kommt ein y und dann ein i, hörst du das denn nicht?«, ermahnte sie mich.

Wie konnte das alles passieren, Oma? Warum?

Wie gut, dass du das alles nicht siehst, Oma.

Ich kaufe im Kiosk an der Bushaltestelle beim Friedhof Wasser, wasche mit der Hand meine Turnschuhe, wasche meine Hand. Es hilft nichts. Der Schmutz ist hartnäckig, kriecht unter die Fingernägel, spritzt auf die Kleidung, sogar mein Rucksack ist voller Schlamm.

Ich ärgere mich, weine. Ich weiß nicht, wohin mit mir und was tun.

Es passiert irgendwie von alleine, dass ich in die Flüchtlingsunterkunft am linken Flussufer fahre. Ich habe das Gefühl, dass es mich beruhigen wird, Taissija zu sehen. Ich werde einfach hinfahren, denke ich, selbst wenn sie mich nicht erkennt.

Weil ich in der Verwaltung niemanden erreicht habe, komme ich unangemeldet.

Weder die Verwaltung noch der Wachmann noch die Unterkunft selbst sind noch da.

Einige der Bungalows sind an Urlauber vermietet, die anderen stehen leer und warten auf die nächsten Feriengäste.

Ich gehe in die Küche, in die Wäscherei, zur Hausmeisterin, frage alle Mitarbeiter nach Oma Taissija, aber niemand erinnert sich an sie. Sie alle sind neu hier. Sie sagen, dass alle weggebracht wurden, in anderen Flüchtlingsheimen untergebracht, manche in Hotels, manche in Gemeinschaftsunterkünften für Familien …

»Die Alten wurden wohl in ein Altenheim gebracht, nach Ro-
wenki oder Neklinowka. Ich weiß nicht, wen Sie fragen könn-
ten. Die Verwaltung ist nicht mehr hier.«
Ich frage, ob es im *Aelita* im Herbst Todesfälle gegeben habe.
Die Frau antwortet: »Gott behüte, so etwas gab es nicht, nein.«
Ich gehe hinunter an den Don, zum Anleger. Er ist leer. Ich
sehe zu, wie ein Zug mit einem Pfeifen über die Eisenbahnbrücke rollt. Aus dem Restaurant *Petrowskij Pritschal* dringen Gelächter und Gläserklirren herüber.
Es ist windig. An meinen Füßen raschelt das trockene eisige
Schilf.
Der Krieg wütet immer weiter, verschlingt immer mehr Opfer
und hinterlässt von dem früheren Leben nur eine schmutzige
Blutspur. Aber hier am Anleger ist es still. Ich bin allein.
In meinem Kopf höre ich das Lied von Lidija Ruslanowa, das
ich vor drei Monaten hier mit Taissija Michailowna gehört
habe. Zu dem wir uns, wie mir jetzt klar wird, verabschiedet
haben:

An das rasche Flüsslein
Trete ich und schau,
Ob ich wohl mein' Liebsten seh',
Mein' treuen Herzensfreund.[4]

Taissija sagte damals, dass es ein Volkslied sei. Aber das stimmt
nicht. Die Musik und der Text stammen von dem russischen
Fürsten Jurij Neledinskij-Melezkij: Held des Türkischen Kriegs,
Befehlshaber bei der Belagerung des Dorfes Bendery, das in
der heutigen Republik Moldau liegt, Eroberer der Krim in
den Jahren 1770 und 1773. Er stieg zum Geheimrat von Kaiser
Paul I. auf und beriet den russischen Monarchen in Kriegsan-
gelegenheiten. Die Romanze *Fahr ich auf den Fluss hinaus*, die
von einer weiblichen Figur gesungen wird, schrieb er aufgrund
einer Wette mit seinen Freunden – allesamt Adlige und Offizie-

re. Sie wetteten, dass den Leuten die Fälschung nicht auffallen und sie das Lied für eine Volksweise halten würden. Und so kam es am Ende auch.

An das rasche Flüsslein
Trete ich und schau –
Nimm mein' Schmerz,
Rasch' Flüsslein,
Trag ihn mit dir fort ...[5]

Anmerkungen

1 *Иосиф Бродский.* Стихотворения и поэмы. – Washington; New York: Inter-Language Literary Associates, 1965, in der Übersetzung von Jennie Seitz, 2023.

2 Ilja Kormyltsiev, Dykhanije. © (Alesia Mankouskaya and Hunter Music), in der Übersetzung von Jennie Seitz, 2023.

3 Lidija Ruslanowa, Text von Jurij Neledinskij-Melezkij: Fahr ich auf den Fluss hinaus, in der Übersetzung von Jennie Seitz, 2023.

4 ebd.

5 Text von Jurij Neledinskij-Melezkij, in der Übersetzung von Jennie Seitz 2023.

Anhang / Glossar

Asowzy
Kämpfer des zur ukrainischen Nationalgarde gehörenden Asow-Regiments

Banderowzy
Auf Stepan Bandera zurückgehende nationalistische ukraini-sche Vereinigung

Banja
Die Banja ist ein russisches Dampfbad, das einer finnischen Sauna ähnlich ist, oder auch ein russisches Badehaus. Beheizt wird es im Unterschied zur finnischen Sauna mit einem Holz-ofen, der eine höhere Temperatur erreicht.

DNR
Selbst ernannte Volksrepublik Donezk

Filtration
Der Begriff beschreibt die Überprüfung ukrainischer Bürger vor dem Betreten des Gebietes Russland sowie Überprüfungs-vorgänge in den russisch besetzten Gebieten der Ukraine.

Georgsband
Von Katharina II. als höchste militärische Auszeichnung ge-stiftet, von den Bolschewiki abgeschafft, 1942 unter anderem Namen wieder eingeführt, 1992 wieder eingeführt als Orden des Heiligen Georg als militärische Auszeichnung in der Russi-schen Föderation. Aktuell von russischen Soldaten als Erken-nungsmerkmal für die Unterstützung des Angriffskrieges ver-wendet

HIMARS
Amerikanisches Mehrfachraketenwerfer-Artilleriesystem

Kontaktlinie
Im Militärjargon und folgend im Volksmund verwendeter Name für die hypothetische Grenze zwischen der Ukraine und den selbst ernannten Volksrepubliken Luhansk und Donezk, die seit 2014 durch das russische Militär kontrolliert wird

Kadyrowzy
Auf Ramsan Kadyrow, seit 2007 Präsident der autonomen Republik Tschetschenien der Russischen Föderation, zurückgehende Bezeichnung der Truppen, die den russischen Angriffskrieg gegen die Ukraine unterstützen

LNR
Selbst ernannte Volksrepublik Luhansk

Russki Mir
Die russische Welt. Von Wladimir Putin seit Anfang der 2000er-Jahre verwendeter Begriff für das russische Einflussgebiet zur ideologischen, politischen und geopolitischen Argumentation

SBU
Inlandsgeheimdienst der Ukraine

Teroborona
Freiwillige ukrainische Verteidigungstruppe

WSU
Die ukrainischen Streitkräfte

200er und 300er
Im Militärjargon Tote bzw. Verwundete

Sollten Sie psychologische Betreuung und Hilfe benötigen, wenden Sie sich bitte an den Rettungsdienst unter der Telefonnummer 112 (Deutschland, bundesweit) oder 142 (Österreich) oder 143 (Schweiz).

Ebenso hilft die Telefonseelsorge gern weiter unter den Nummern 0800 111 0 111 oder 0800 111 0 222 oder unter 116 123.

Die Nummer gegen Kummer für Kinder und Jugendliche lautet 116 111.

Hilfe zu finden ist ebenfalls per Mail unter
www.telefonseelsorge.de oder www.telefonseelsorge.at